KB216681

직지, 길을 가리키다

직지(直指), 길을 가리키다

천문학자 이시우 서울대 명예교수의 직지에 대한 단상

초판 1쇄 인쇄　2013년 8월 20일
초판 3쇄 발행　2014년 1월 30일

지은이　이시우
펴낸이　윤재승
펴낸곳　민족사
책임편집　사기순
디자인　남미영
기획편집팀　사기순, 고다영
영업관리팀　이승순, 공진희

출판등록　1980년 5월 9일 제1-149호
주소　서울 종로구 수송동 58번지 두산위브파빌리온 1131호
전화　02-732-2403, 2404
팩스　02-739-7565
홈페이지　www.minjoksa.org
페이스북　www.facebook.com/minjoksa
이메일　minjoksabook@naver.com

ISBN 978-89-98742-04-1 03220

천문학자
이시우 서울대 명예교수의
직지에 대한 단상

직지, 길을 가리키다

민족사

차례

중국의 선사

중국의 선사

책을 펴내며

고려 말엽 백운 화상(1299~1375)이 펴낸 《직지(直指)》의 원명은 《백운 화상초록 불조직지심체요절(白雲和尙抄錄佛祖直指心體要節)》인데 이를 줄여서 《직지심경(直指心經)》이라고도 한다. 이 책은 과거 칠불과 인도의 28조사 그리고 중국의 110선사들의 귀중한 가르침을 모은 것으로 선불교에서는 중요한 교과서로 다룬다. 또한 이 책은 금속활자본으로 우리나라의 금속활자가 세계 최초임을 입증한 귀중한 문헌이기도 하다.

《직지》의 내용은 주로 직지인심 견성성불(直指人心 見性成佛)이란 선불교의 입장에서 살펴본다. 선불교는 '마음의 불교'라고 하여 인간의 마음을 매우 중시하는 인불사상(人佛思想)을 근본으로 한다. 그래서 외부 세계의 현상은 모두 마음의 작용으로 이루어진다는 만법유심(萬法唯心)을 강조한다. 그리고 수행을 통한 깨달음을 매우 중시하는데, 글을 통한 알음알이로 이루어지는 것이 아니라 조사나 선사의 마음에서 마음으로 전해진다는 교외별전 이심전심(教外別傳 以心傳心)을 중시한다. 이 경우에 깨달음은 신비적이고 초월적 경지이므로 깨달음의 내용을 논리적으로 서술하거나 또한 검증할 수 있는 것이 아니다. 특히 한번 깨치면 그것으로 끝난다는 몰록 깨침인 돈오를 매우 중요시한다.

석가모니부처님 당시에는 인생의 생주이멸에서 나타나는 고통을 중시했다. 그래서 일체개고(一切皆苦)를 어떻게 해결하느냐가 주제였다. 석가모니부처님은 육체적인 고행이 아니라 마음의 번뇌를 여읨으로써 생사에 따른 고통이 사라진다고 보았다. 즉 고·집·멸·도 사성제와 계·정·혜 삼학을 잘 수행함으로써 고통을 해결할 수 있음을 보였다. 석가모니부처님이 6년의 고행과 수행 끝에 성도한 것은 생주이멸의 고통을 이겨내는 방법의 체득과 더불어 우주 만유의 연기적 이법의 정립이었다. 이들은 합리적이고 실제적인 것이지 결코 논리적 설명이 불가능한 신비적이고 초월적인 것이 아니다.

세상 만물은 서로 주고받는 상호 의존적 관계를 이룬다. 그래서 만물의 실체는 고정된 자성을 갖지 못하고 늘 변하기 때문에 석가모니부처님은 제행무상과 제법무아를 중시했다. 이들은 일체개고와 더불어 연기적 관계에 의해 일어나기 때문에 연기법을 만유의 생주이멸과 성주괴공의 근본 이법으로 보았다.

따라서 불교라는 종교가 없었던 당시에는 만유에 적용되는 합리적이고 논리적인 연기법이 부처님 교법의 근본이었다. 그래서 법은 현실에서 사실로 경험되는 것이고 또 어느 시대에나 적용될 수 있는 것이며 그리고 지혜에 의해 스스로 경험될 수 있는 것이라야 한다고 했다. 그리고 검증되지 않은 논리에 이끌리지 말며, 자신의 말에 대해서도 면밀히 검토해 보고 나서 옳다고 생각되거든 받아들이라고 했다. 결국 객관적으로 보편타당한 진리를 찾고자 한 석가모니부처님의 사상에는 어떠한 초월성이나 불가사의한 신비성도 내포되지 않는다.

석가모니부처님 사후 400년 내지 500년 이후에는 석가모니부처님의 뜻과 달리하는 여러 종파가 생기면서 불교라는 종교가 등장했다. 대승불교에 속하는 선불교는 유식사상과 사람이 부처라는 인불사상을 근본으로 한다. 그래서 선종의 조사나 선사들이 남긴 선어는 깨달음의 말로써 불가사의한 신비적 경향을 띠게 된다. 따라서 선어에서 의심으로 참구하는 활구活句라는 공안을 논리적이나 이론적으로 해석하는 것을 금기시한다. 이런 이유 때문에 선어는 특정 부류의 수행자나 연구자 이외의 사람에게는 금단의 과일과 같아 이에 접근이 거의 불가능한 것으로 여겨지고 있다. 그러나 무엇이든지 신비화하고 초월화하는 것은 비논리적이고 비합리적인 것을 절대적 권위로 치장한 것에 불과하다.

인간의 생각이나 사상은 절대적인 것이 아니므로 여러 측면에서 다양하게 살펴볼 수 있어야 한다. 석가모니부처님의 교법에 따르면 인간을 포함한 우주 만유는 불성을 지니므로 생주이멸과 성주괴공에 대한 연기적 불법의 진리는 논리적 설명이 가능해야 하며 그리고 어느 시대에나 지혜가 있는 사람이면 누구나 이해할 수 있어야 한다. 그리고 현대의 모든 학문은 인간과 인간 사이, 인간과 자연 사이 그리고 자연 만물 사이의 연기법을 근본으로 하므로 모든 학문의 지식은 연기법에 의해 통섭統攝되어야 한다. 따라서 현대인은 추상적이고 신비로운 것보다는 합리적이고 논리적이며 과학적인 통섭적 사고를 선호한다. 이런 관점에서 선어를 연기법에 따라서 논리적으로 살펴봄으로써 선어의 진가를 찾을 수 있고 일반 대중이 선어에 더 가까이 접근함으로써 삶의 지혜를 찾을 수 있는 계기가 될 수 있을 것이다.

이 세상에서 만물은 서로 주고받는 상호 의존적 관계를 이루고 있기 때문에 연기적 이법은 만유의 의존적 존재원리에 해당한다. 예컨대 프랑스 철학자 데카르트의 "나는 생각한다. 고로 존재한다" 라는 말은 주관적인 것으로 비연기적인 반면에 미국 생물학자 싱어의 "나는 연결되어 있다. 고로 존재한다" 라는 말은 외부 대상과 긴밀한 연기적 관계를 강조한 것이다. 실제로 지상이나 우주에서 외부와 완전히 고립된 채 홀로 존재할 수 있는 것은 어떤 것도 없다.

불립문자(不立文字－언어·문자를 세워 말하지 않는 것)를 근본으로 하는 선문에서는 논리적 설명이 가능한 것을 특히 사구(死句)라 하여 이를 기피한다. 그러나 선어 자체가 글로 남긴 것이므로 불리문자(不離文字－언어·문자를 떠나지 않는 것)로 글을 근본적으로 부정하는 것은 아니라고 볼 수 있다.

실제로 선어들 중에는 논리적 설명이 가능한 것이 적지 않다. 특히 과거 칠불의 게송에서는 특히 연기에 따른 중도 사상이 강조되고 있다. 그리고 사람이 부처라는 인불사상으로 인간의 마음만을 중시하고 외물을 경시하는 것이 아니라 마음에 따른 주관과 외물에 대한 객관이 다르지 않고 하나라는 주객불이의 만불사상(萬佛思想)을 보이고 있다. 이것은 자연의 외물에 불법의 진리가 들어있음을 강조한 것이다. 이처럼 선사들의 생각이 근본적으로는 만유의 연기적 불법에 근거하고 있음을 볼 수 있다. 《직지》 중에서 예를 살펴보면 아래와 같다.

달마 대사가 서쪽으로 온 까닭을 묻는 '조사서래의' 에 답한 것으로 조주 선사의 '뜰 앞에 잣나무(庭前栢樹子)' 를 비롯하여 '신 앞에 술을 바치는 깨끗한 그릇', '개울이 깊으면 바가지의 자루가 길다', '이 한 줄기는 이렇게 길고 저 한 줄기는 저렇게 짧다' 그리고 정전백수자에 대한 질문에 '처마 끝에 떨어지는 빗방울 소리' 등이 있다. 그리고 '무엇이 부처인가' 라는 물음에 약산 선사가 '이것은 무엇인가?' 라고 했다.

인간과 자연이 하나라는 천인합일의 연기사상을 나타내는 예로 백장 선사는 '마음이 목석과 같다' 라고 했고, 대매 선사는 다람쥐 소리를 듣고 '바로 이 물건이다' 라고 했으며, 용아거둔 선사는 '만약 사람의 마음이 나무처럼 되면 도와 더불어 서로 어기지 않으리라' 라고 했고, 천복승고 선사는 '마치 한 개의 돌덩어리와 같게 해야 하며, 또 불이 꺼진 식은 재와 같아야 한다' 라고 했다.

한편 깨달음이나 도에 대해서 사야다 존자는 '마음에 바라는 바가 없는 것을 도', 지공 화상은 '언어가 큰 도다', 지통 선사는 '할머니는 원래 여자다' 그리고 신안홍성 선사는 '그대는 도리를 지었는가?' 라는 물음에 '무슨 도리가 있겠습니까?' 라고 했다. 백운수단 선사는 '깨달음은 반드시 사람을 만나는 데서 시작해야 한다' 라고 했다. 도에 들어가는 길을 묻자, 현사사비 선사는 '개울물이 흘러가는 소리를 듣는가?' 라고 묻고는 '여기서부터 들어간다' 라고 했으며 그리고 제비 소리를 듣고는 '실상을 깊이 말하며 법을 잘 설하는구나' 라고 했다. '무엇이 대수산의 불법입니까?' 라는 물음에 대수법진 선사는 '돌이 큰 것은 크고 작은 것은 작다' 라고 했다. 지공 화상은 '언어가 곧 큰 도다' 라고 했다. 그리고 '무엇이 조사선인가?' 라는 물음에 도오 선사는 '강남땅 3월에 자고새가 울고, 백화가 만발하니 향기가 그윽함을 추억하도다' 라고 했다.

'무엇이 옛 부처의 마음입니까?' 는 질문에 혜충 국사는 '담장의 기왓장과 조약돌이다' 라고 했다. '미묘하고 청정하고 밝은 마음을 그대는 어떻게 이해하는가?' 라는 질문에 앙산 스님은 '산하대지와 일월성신입니다' 라고 했다.

《직지》의 원문은 무비 스님의《직지 강설》에 도움을 많이 받았다. 본서에서 선어는 모두 현재형으로 기술했으며 그리고 문장이 긴 경우에는 게송만을 취했다. 내용의 중요성에 비추어 일부의 선어는 다루지 않았다. 본서에서는 귀중한 선어의 뜻을 가능한 논리적으로 이해함으로써 누구나 선어에 쉽게 접할 수 있도록 불법의 근본 바탕인 연기법에 따라서 살펴보았다. 이러한 시도에서 선어를 부적절하게 서술한 것이 있을 수 있으므로 이에 대한 독자의 이해와 질정(叱正)을 바란다.

끝으로 본 저서의 원고를 철저히 읽으시며 내용을 잘 다듬어주시고 그리고 특히 선어의 한글 번역을 바르게 잡아주신 윤창화 대표님께 깊이 감사드린다. 아울러 이 책이 나오기까지 정성을 다해준 민족사 가족들에게 감사한다.

2013년 6월

이시우

과거 칠불

1 비바시불 非婆尸佛

◉ 비바시부처님은
과거 장엄겁 때의
부처님이시다
게송으로 말한다

몸은 모양이 없는
데서 나온 것이니
환술로 여러
형상들을 만들어
내는 것과 같네
환술로 만든
사람의 심식(心識)은
본래 없는 것이니
죄와 복도
모두 공하여
머무는 바가 없도다

사람의 몸도 없던 것이 생겨나는 것처럼 인간의 의식도 본래부터 있었던 것이 아니다. 그래서 "몸은 모양이 없는 데서 나온 것이니" 라고 했다. 몸이 생기면서 정신작용으로 마음이 생긴 것이다. 그렇다면 마음으로 분별되는 죄나 복이란 것도 실제는 없는 것인데 인간이 만들어 낸 말일 뿐이다. 그러니 죄나 복에 집착할 필요가 없다는 뜻에서 "죄와 복도 모두 공하여 머무는 바가 없네" 라고 한다.

연기집단에서는 상호 의존적 연기관계에 의해 모든 것이 이루어지기 때문에 죄나 복이란 것도 한 순간 즉 진화의 한 과정에서 분별적으로 나타나는 것이지 고정된 채 영속되는 것이 아니다. 연기법에 따르면 죄와 복은 양면성을 지닌다. 즉 복이 앞으로 나오면 그 뒤에 죄가 숨어 있고, 죄가 앞으로 나오면 복이 뒤로 숨게 된다. 이처럼 죄와 복은 함께 있지만 동시에 나타나지 않는 비동시적 동거성을 지닌다. 그러므로 연기의 세계에서는 상반되는 두 가지 중에서 어느 한 극단에도 치우치지 않는 중도를 중시한다.

사실 인간 사회에서 복은 영원히 계속되는 것이 아니고 또한 죄도 영원히 계속되는 것이 아니다. 그리고 죄나 복이란 것을 저울에 달 듯이 분명하게 가릴 수 있는 것도 아니다. 실은 복이나 죄는 본래부터 있는 것이 아니라 인간이 유위적으로 만들어 놓고 분별할 뿐이다. 그래서 "사람의 심식(心識)은 환술이라 본래 없는 것이니 죄와 복도 모두 공하여 머무는 바가 없네" 라고 했다. 따라서 복이나 죄란 것에 집착하지 말고 연기적 관계를 바르고 청정하게 이루어 간다면 그것이 바른 삶일 것이다.

2 시기불 尸棄佛

◉ 시기부처님은
장엄겁 때의
부처님이며
게송으로 말한다

온갖 선법도
본래 환(幻)이며
온갖 악업을
짓는 것도
역시 환이네
몸은 물거품 같고
마음은 바람과 같아
환에서 나온 것은
근본도 실상도
없도다

선악은 환술이고 심신도 환술 같아 모두가 허망하다고 했다. 실제로 이 세상의 모든 것은 물거품이나 바람처럼 생겼다가 없어지는 환술처럼 보이나 실은 이 모두가 연기적 이법에 따라 변화하는 생주이멸의 순환에 따른 것이다. 그러므로 환술 그 자체가 바로 연기적 변화로써 현실의 실제적 세계를 나타낸다. 불법은 이러한 연기법을 근본으로 한다.

따라서 모든 실체나 현상을 단순히 허망한 환술로 볼 것이 아니라 연기적 진화의 과정으로 보아야 한다. 그리고 이러한 연기는 실제적인 존재를 근본으로 하는 것이지 근본도 없고 실상도 없는 텅 빈 무에서 이루어지는 것이 아니다. 아무리 깨달은 눈으로 보더라도 현실은 연기적 실상의 세계이며 그리고 이것은 연기법을 근본으로 한다. 이처럼 연기관계에서 이루어지는 것은 모두가 변화하는 연기적 실상이다. "환에서 나온 것은 근본도 없고 실상도 없다" 라고 하지만 실제는 연기법을 근본으로 하며, 실상이란 고정된 것이 아니라 연기적 관계에 따라서 변하는 연기적 공으로서의 실상인 것이다.

경에서 이르기를 "연기법은 내가 만든 것도 아니고 역시 다른 사람이 만든 것도 아니다. 그것은 내가 세상에 나오거나 세상에 나오지 않거나 진리의 세계에 항상 존재하고 있다. 나는 이 진리를 스스로 깨달아 정각을 이루었고, 모든 사람을 위해 가르친다" 그리고 "만일 연기를 보면 곧 법을 보고, 법을 보면 곧 연기를 본다" 라고 했다. 이처럼 상호 의존적인 주고받음의 수수관계를 나타내는 연기법은 무시이래로 존재해 오고 있으며 그리고 연기법은 만유의 존재이법으로서 불법의 근본 바탕을 이루고 있다. 여기서 연기는 사건이 아니라 관계로 이해되어야 함을 유의해야 한다. 즉 연기는 서로 주고받음의 관계이다. 그리고 무위적 연기관계에서는 무위적으로 순응하고 적응하며 반응할 뿐이지 결코 무엇을 구하거나 얻고자 하는 작위적인 마음이 일어나지 않는다.

3 비사부불
毘舍浮佛

◉ 비사부부처님은
장엄겁 때의
부처님이니
게송으로 말한다

육체는
사대가 모여서
이루어진 것이고
마음은 본래
무생이기 때문에
경계 따라 생기네
경계가 없으면
마음 또한 없기에
죄와 복도
환술처럼 생겼다
사라지네

육신은 지(뼈), 수(물과 피), 화(열기), 풍(기)의 네 가지 구성 요소로 이루어졌다고 한다. 그러나 실제로 육신은 수많은 여러 성분의 분자들로 이루어졌으며, 공기를 마시고 음식을 먹으면서 살아가는 동안 계속 변하기 때문에 고정된 자성이 존재할 수 없게 된다. 육신의 구성 물질의 근원은 별이다. 즉 별들이 죽으면서 방출한 물질이 모여 태양계를 이루고 또 이 물질로부터 인간의 씨앗이 형성된 것으로 본다. 이런 관점에서 보면 인간의 구성 물질은 별에서 온 것이다.

사람이 태어날 때 부모로부터 선천적인 정보를 받아 나온다. 여기에는 생물학적인 유전적 정보와 구성 물질이 지닌 원초적인 우주적 정보가 들어 있다. 그리고 살아가면서 배우고 경험하면서 훈습되는 후천적 정보가 머릿속에 저장된다. 이들이 외부 경계 즉 대상을 접하게 되면 이에 상응하는 마음이 일어나게 된다. 그래서 "마음은 본래 생긴 것이 아니며 경계 따라서 일어난다" 라고 하는 것이다.

만약 외부 대상을 접하지 못하면 오직 머릿속에 있는 정보들에 의해서만 마음이 일어나게 된다. 이런 것이 상상이나 꿈으로 나타나는 경우이다. 일반적으로는 외부 대상의 객체가 없으면 상호 관계가 이루어지지 않기 때문에 마음이란 주체도 일어나지 않게 된다. 이와 같이 주체와 객체는 별개로 존재하는 것이 아니기 때문에 주객불이라고 한다.

죄나 복이라는 것도 원래부터 존재하는 것이 아니라 외부 대상에 따라서 일어나는 마음 작용이므로 환술과 같다고 하는 것이다. 복이라는 것도 영속되는 것이 아니라 대상이나 환경에 따라 일어나므로 복이 죄가 될 수도 있고 죄가 복이 될 수도 있다. 이런 모든 현상은 인간이 항상 외부 대상과 상호 의존적인 연기관계를 이루고 있기 때문에 일어난다. 이런 관점에서 인간을 포함한 우주 만물은 연기적 관계의 산물이다.

4 구류손불
拘留孫佛

◉ 구류손부처님은
현겁의 첫 번째
부처님이니
게송으로 말한다

몸의 실체가
없다는 것은
부처님의 견해며
마음은 환영과
같다는 것은
부처님의 생각이다
몸과 마음의 본성이
공함을 안다면
이 사람이
부처님과
무엇이 다르리오

인간이 태어나는 것도 연기적 관계에서 이루어지는 것이며, 자라면서 생각하는 마음이나 그 바탕이 되는 몸도 외부 대상과 끊임없는 연기적 관계를 거치면서 계속 변하게 된다. 그래서 몸과 마음이 환영과 같이 실체가 없는 텅 빈 연기적 공으로 보는 것이다. 결국 환영이란 변화하는 연기적 관계를 의미한다. 이러한 연기관계가 없다면 인간이나 만물은 존재할 수 없다. 이와 같은 연기적 이법을 잘 알고 정립하신 분이 바로 석가모니부처님이시다.

불교의 불법은 연기법을 바탕으로 하고 있다. 따라서 변화의 이법인 연기법을 바르게 이해하고 실천하는 사람은 누구나 부처가 된다는 것이다. 그래서 "몸과 마음의 본성이 [연기적으로] 공함을 안다면 부처님과 무엇이 다르리오"라고 했다.

흔히 불교는 '자신이 부처임을 믿는 종교' 라고 하면서 '사람은 부처이다' 라는 인불사상을 중시한다. 그러나 불교는 법성을 지닌 우주 만유의 부처를 그 대상으로 하므로 단순한 믿음의 문제가 아니다. 사람도 본래부터 부처이지만 탐·진·치의 염오심 때문에 내면의 불성이 밖으로 잘 드러나지 못해 부처가 되지 못하는 것이지 결코 믿음이 부족하기 때문이 아니다. 단순한 믿음이나 구함은 유위적이고 작위적인 것으로 무위적인 불법과는 거리가 멀다.

5 구나함모니불
俱那含牟尼佛

◉ 구나함모니부처님은
현겁의 두 번째
부처님이다
게송으로 말한다

부처란
몸을 보지 않고
아는 것이 부처이니
아는 것이 있으면
따로 부처는 없다
지혜로운 자는
능히 죄의 성품이
공임을 알기에
태연하여
생사를 두려워하지
않는다

안다는 것은 단순한 지식이나 지혜가 아니라 연기적 이법의 바른 이해와 실천이다. 이런 연기법만 바르게 알고 실천한다면 자신이 지닌 불성이 부처로 드러날 수 있다. 그래서 "부처란 몸을 보지 않고 아는 것이 부처이니 아는 것이 있으면 따로 부처는 없다" 라고 하는 것이다. 즉 부처란 특별한 형상을 지닌 것이 아니라 연기적 이법을 이해하고 실천하는 사람이 곧 부처이다. 우주 만유는 모두 법성을 드러내는 부처이다. 오직 빈손으로 태어나 밖에서 양식을 구해야 하는 인간만이 탐욕과 취착심때문에 연기적 이법의 불성을 잘 드러내지 못할 뿐이다.

선과 악은 본래부터 존재하는 것이 아니라 인간이 유위적으로 만든 말이며, 생과 사는 연기적으로 순환하는 것이므로 생과 사는 다르지 않는 생사불이의 관계를 가지며 이러한 이법의 이해를 무생법인(無生法忍)이라 한다. 이와 같은 연기법을 알고 실천하는 사람을 지혜로운 깨달은 사람이라 한다. 그래서 "지혜로운 자는 능히 죄의 성품이 [연기적] 공임을 알기에 태연하여 생사를 두려워하지 않는다" 라고 한다.

6 가섭불
迦葉佛

◉ 가섭부처님은
현겁의 세 번째
부처님이며
게송으로 말한다
일체 중생은
본성이 청정하여
본래부터
생멸이 없다
몸과 마음은
환영으로
생긴 것이니
환영으로
생긴 것에는
죄도, 복도 없다

연기의 세계에서는 모든 것이 변화하므로 고정된 자성이란 존재하지 않는다. 그래서 이런 변화의 현상을 연기적 공이나 환영으로 표현한다. 우주 만유는 여러 가지 원소로 구성된 연기적 집합체이다. 이들은 연기적 관계에 따라서 태어났다가 소멸하는 생멸의 순환을 이어간다. 인간의 육신과 마음도 역시 생멸의 순환을 이어가므로 환영과 같다고 하는 것이다. 이러한 연기의 세계에서는 고정된 자성이 존재할 수 없다. 그러나 태어날 때 가지고 나오는 본성은 염오심이 없는 청정무구한 불성으로, 살아가면서 생기는 생멸하는 마음이 아니다. 그래서 "일체 중생은 본성이 청정하므로 본래부터 생멸이 없다"라고 하는 것이다. 이런 청정한 본성을 무구심(無垢心)으로, 제 9식 아마라식이라 하며, 근본 불성에 해당한다.

인간이 유위적으로 만들어 놓은 죄나 복도 원래부터 있는 것이 아니라 연기적 변화 상태에서 차별적으로 분별한 것에 지나지 않는다. 그러니 복을 바라는 것도 허망한 집착이며 그리고 어느 것을 죄악시하는 것도 허망한 분별일 뿐이므로 〈선/악〉이나 〈행/불행〉 등에서 어느 한 극단에도 집착하지 않고 중도를 따름이 마땅하다.

7 석가모니불
釋迦牟尼佛

◉ 석가모니부처님은
현겁의 네 번째
부처님이며
게송으로 말한다

별을 보고
깨달았으나
깨닫고 나니
별이 아니네
사물을
따르지는 않으나
이 또한
무정물도 아니네

석가모니부처님은 새벽의 밝은 별을 보고 깨달았다. 이는 별 자체보다는 천체를 통해 우주 만유의 생주이멸과 성주괴공의 이법을 깨달은 것이다. 그리고 별과 같은 모든 사물은 무정물이 아니라 생명을 지닌 생명체로 보았다. 그래서 "사물을 따르지는 않으나 이 또한 무정물도 아니네" 라고 했다. 결국 석가모니부처님은 별을 보고 깨달음을 얻었으나 별에 국한하지 않고 우주 만유에 적용되는 연기적 이법을 찾았으며 그리고 우주 만물을 생의(生意-생명력)를 지닌 생명체로서 불법을 따르는 부처로 보았다. 그래서 "별을 보고 깨달았으나 깨닫고 나니 별이 아니네" 라고 했다. 즉 깨달음을 단순히 별에 국한되는 것이 아니라 우주 만물의 생주이멸에 관한 일반적인 우주 이법의 체득이었다. 이러한 부처님의 뜻이 아래 유가경의 게송에서도 엿보인다.

천길 못 밑에 신비한 용이 누웠으니
턱밑에 구슬이 달려 붉게 빛나네.
부처님과 조사의 가풍이 오직 이 한 법이라.
별을 보고 도를 깨달음은 고금이 같다네.

한편 승조(僧肇) 선사는 "하늘에 능하고 사람에 능한 자가 어찌 하늘과 사람의 소능(所能-부림과 구속을 받는 것)이 되겠는가?" 라고 했다. 이것은 하늘의 이치를 알고 인간의 이치를 아는 자가 어찌 만물에 속박되겠느냐는 것이다. 즉 하늘을 알고 인간을 안다면 석가모니부처님처럼 만유의 생주이멸과 성주괴공의 연기적 이법을 바르게 따를 수 있게 된다는 뜻이다.

경에서 이르기를 "슬픔을 거두고 잘 들어라. 하늘에서나 땅에서나 죽지 않는 것은 없다. 인연 따라 생긴 것은 변하고 바뀌지 않는 것이 없다. 죽지 않고 변하지 않게 할 수 없느니라" 라고 했다. 여기서 "하늘에서나 땅에서나 죽지 않는 것은 없다" 라는 것은 지상에서뿐만 아니라 하늘의 별들도 태어나면 인간처럼 살다가 언젠가는 빛을 잃고 죽음에 이른다는 별의 생주이멸을 지적한 것이다. 결국 석가모니부처님은 연기적 이법에 따라서 우주 만물의 생주이멸과 성주괴공에 관한 우주관을 처음으로 밝히신 성인이다.

중국에서 불교를 배척하는 배불사상 중의 한 예는 외부 사물은 실체가 없는 환상적인 헛것으로 보는 만법여환(萬法如幻)이었다. 그래서 송대의 장재(張載)는 "석가모니는 하늘의 성(性)을 망령되이 생각하고 하늘의 작용을 포괄할 줄 몰라서, 도리어 천지만물을 육근이 만들어 낸 환상이라고 생각했다. 그는 밝은 이치를 다 알지 못하고 하늘과 땅, 해와 달을 헛된 것으로 여기며, 이것들의 작용을 자신의 작은 몸으로 가리려 하고, 자신의 뜻을 큰 허공에 빠뜨리고 만다" 라고 했다. 결국 하늘의 천체들을 헛된 것으로 보았다는 것이다. 이것은 석가모니부처님이 별을 보고 성도한 사실과 반대되는 이야기다.

오늘날에도 출가자 중에는 석가모니부처님이 별을 보고 성도한 것은 사실이 아니라 오직 성도를 신비화하기 위해서 후대 사람들이 만들어 낸 허구의 말이라고 생각하는 경우가 적지 않다. 이런 현상은 불교를 오직 절대자나 초월자에 대한 신앙 중심의 종교로 보는 것과 다르지 않으며, 그리고 불교에 내포된 연기적 이법에 따른 과학적인 불교 우주관에 대한 무지를 스스로 드러내는 것이다.

◉ 석가모니
부처님이
영축산에서
설법할 때
하늘에서
네 가지 꽃비가
쏟아진다
세존이 꽃을 들어
대중에게 보이자
가섭 존자는
미소를 짓는다
세존이
나의 정법안장과
열반묘심을
마하가섭에게
부촉하노라
라고 말한다

이것은 염화미소라고 하여 부처님의 정법의 눈과 열반의 미묘한 마음을 가섭 존자에게 마음으로 전해 주었다는 것으로 선불교에서 가장 중시하는 이심전심의 효시이다. 이 당시에는 글이 없었기 때문에 마음에서 마음으로 전해 줄 수밖에 없었다. 그런데 부처님이 든 꽃을 모든 대중이 보았지만 오직 가섭 존자만이 미소를 지었다. 이것은 다른 사람들은 꽃을 꽃으로 보았지만 가섭 존자는 그 꽃에서 부처님의 불법을 깨달았다는 뜻에서 부처님이 바른 법의 눈과 열반의 미묘한 마음을 부촉하노라고 말했을 것이다. 만약 가섭 존자가 미소를 짓지 않았다면 부처님의 정법은 이어지지 못했을까?

◉ 석가모니부처님이
열반회상에서
손으로 가슴을 만지며
대중에게 말한다
여러분들은 나의
자마금색의 몸을
잘 살피고
우러러 보아
후회가 없도록 하라
만약 내가 멸도에
든다고 한다면
나의 제자가 아니며
또한 내가 멸도에
들지 않는다고 해도
역시 나의 제자가 아니다
그때에 백 만억 대중이
모두 함께
깨달음을 얻는다

사람이 태어날 때 본래부터 있었던 사람이 나오는 것이 아니라 형체가 없었던 물질이 모여 탄생하는 것이다. 마찬가지로 죽음도 본래부터 있었던 것이 아니라 살아 있었기에 맞이하는 것이다. 즉 생과 사는 본래부터 있었던 것이 아니라 태어났기에 죽음이 있고 죽음이 있기에 그 잔해에서 다시 새로운 것이 생겨나는 것이므로 삶과 죽음이 특별한 것이 아니다. 그래서 생(生)이면 사(死)이고 사(死)이면 생(生)이므로 삶과 죽음이 다르지 않다는 뜻에서 생사불이(生死不異)라 하고, 연속적인 생사의 순환에서는 특별히 생이나 사를 구별할 필요가 없기에 생도 아니고 멸도 아닌 불생불멸이라 한다.

생주이멸의 순환은 자연 만물의 존재에 대한 연기적 이법을 나타낸다. 이처럼 생사불이와 불생불멸의 깨달음이 무생법인이다. 그러니 열반에 들든 들지 않든 어느 것에도 집착할 필요가 없다. 그래서 "만약 내가 멸도(열반)에 들었다고 한다면 나의 제자가 아니며, 만약 내가 멸도에 들지 않았다고 해도 역시 나의 제자가 아니다" 라고 말한 것이다.

열반이란 이름이 열반일 뿐이며 어떤 특별한 상태로 정해진 것이 없다. 태어나 만물과 더불어 좋은 연기관계를 맺고 지낸다면 이것이 열반 상태이다. 삶과 죽음이 다른 것이 아니라 오직 형태가 다를 뿐인데 이를 분별함은 집착으로 번뇌만 일으키게 된다. 만물은 불생불멸로서 언제나 만물을 양육하고 또 양육에서 생을 얻으며 생이 끝나면 다시 만물의 씨앗으로 돌아가 무위적 연기의 순환이 계속된다. 이것이 바로 연기적 열반의 세계이다.

◉ 석가모니부처님께서
니구율 나무 아래에
앉아 계실 때
두 상인이 와서
묻는다
「혹시 수레가
지나가는 것을
보지 못 했습니까?」
「보지 못했네」
「그러면 소리는
듣지 못했습니까?」
「듣지 못했네」
「선정에 들어계시지
않았습니까?」
「선정에도
들어 있지 않았네」
「그러면 주무시지
않았습니까?」
「자지도 않았네」
상인들이
찬탄하며 말한다
「훌륭하고
훌륭하십니다
세존께서는
깨어 계시면서도
보지 않으십니다」
라고 말하고는
흰 천 두 필을
바친다

석가모니부처님은 보지도 않고 듣지도 않고 선정에 들지도 않고 잠도 자지 않은 상태였다. 그럼 아무런 생각도 없이 멍하니 앉아 있었던가? 아니다. 어떤 그 무엇인가에 열중한 상태에 계셨을 것이다. 이런 상태가 바로 안정되고 평온한 무심, 무념으로 대자연과 하나가 되는 물아일여(物我一如)인 천인합일의 경지이다. 부처님은 천상천하 유아독존으로 태어났지만 우주에서는 법성을 지닌 만물과 함께 불법을 따르는 평등한 보편적 존재이며 결코 신비스러운 초월자나 절대자가 아니다.

무위자연의 상태란 없는 듯이 하면서 있고, 변치 않는 듯이 하면서 변하고, 특별한 듯이 하면서 보편적이 되는 상태이다. 이처럼 보되 보이지 않고 듣되 들리지 않는 선정의 상태가 바로 무위적인 연기관계이다. 앞에서 석가모니부처님은 조용히 이러한 무위적 이법을 몸소 드러내 보이는 선정의 상태에 계셨다.

◉ 흑씨범지가
신통력으로
양손에 오동나무 꽃
두 그루를 들고 와서
부처님께 공양한다
부처님이
선인을 부르자
범지가 「예」 하고
대답한다
부처님이 말한다
내려놓아라
범지가 왼쪽 손에
들고 있던 꽃
한 그루를 내려놓는다
부처님이 또다시
선인을 불러서
「내려놓아라」
라고 한다

범지가 또다시
오른손에 있는
꽃 한 그루를
내려놓는다
부처님이 또 말한다
「선인아 내려놓아라」
범지가 말한다
「세존이시여
저는 지금 양손의
꽃을 모두
내려놓았는데
무엇을 더 내려놓으라
고 하십니까?」
부처님이 말한다
「내가 그대의 양손에
들고 있는 꽃을
내려놓으라고
한 것이 아니다

그대는 지금
마땅히 밖의 육진과
안의 육근과
그 중간의 육식을
일시에 내려놓고
더 이상
버릴 것이 없게 되면
이것이 그대가
생사를 벗어나는
경지이다」
범지가 그 말에
깨닫는다

외부 대상을 인식케 하는 감각기관으로 육근[六根 : 안근-시각, 이근-청각, 비근-후각, 설근-미각, 신근-촉각, 의근-사유기관]과 육근의 대상인 육진(六塵) [또는 육경으로 색경-모양과 색, 성경-소리, 향경-향기, 미경-맛, 촉경-접촉, 법경-의식하는 사고 대상] 그리고 이들에 의해 인식되는 육식[六識 : 안식-보는 것, 이식-듣는 것, 비식-냄새 맡는 것, 설식-맛보는 것, 신식-촉감, 의식-인식하여 구별하는 요별 작용] 등에 의해 대상을 의식하며 인식하게 된다. 외경을 인식하는 과정에서 집착이 생기면 번뇌 망상이 일어나게 된다. 그래서 부처님이 사물을 인식하며 분별은 하지만 이에 집착하게 되면 혼탁한 염오심이 생기는 것을 피하도록 집착하는 마음을 여의라는 뜻에서 '내려놓아라'라고 한 것이다.

범지가 부처님께 올리기 위해 오동나무 꽃 두 송이를 가지고 왔다. 부처님이 보시기에는 범지가 오동나무 꽃에 집착한다고 생각했을 것이다. 그래서 바깥 사물에 지나치게 집착하지 말라는 뜻에서 '내려놓아라' 라고 말했을 것이다. 이것은 단순히 마음을 비우라는 뜻보다는 집착을 여의어 탈자적(脫自的)인 무아의 경지에 이르는 무심·무념에 이름을 뜻한다. 흔히 깨닫는다고 하는 것이 마음을 내려놓은 것이 아니라 오히려 자신을 초월적인 높은 위치로 올리는 격이 되면 잘났다는 아상이나 안하무인격인 증상만을 키우게 된다.

그래서 대혜종고(大慧宗杲) 선사는 "깨달아 초월하기를 추구하지 말라" 라고 했다. 강함과 약함은 연기적 양면성을 지니므로 초인이 되고자 함은 오히려 내면의 허약함을 감추고자 하는 수단에 지나지 않는 것으로 볼 수 있다.

일상생활에서 집착심을 여의기가 그렇게 쉽지는 않다. 집착심을 '내려놓는다' 라고 말한다고 해서 집착심이 저절로 없어지는 것이 아니다. 삶 자체가 남과의 연기적 관계에서 이루어지고 있기 때문에 집착심의 여읨도 구체적인 연기관계를 통해서 이루어져야 한다. 그래서 적극적인 관계 속에서도 집착심을 여읜다는 생각조차 일어나지 않아야만 무심 무념의 여여한 경지에 이를 수 있게 된다.

인도의 조사

8 가섭존자
迦葉尊者

◉ 가섭 존자가
게송으로 말한다

법과 법은
본래
법이니
법도 없고
법 아님도
없도다
어찌 하나의
법에서
법이 있고
법 아닌 것이
있겠는가

불교에서 쓰이는 법에는 이법, 사물, 현상 등 여러 가지의 뜻이 있다. 이 게송에서의 법은 이법이나 이치를 뜻하는 것으로 보인다. 법이란 자연이나 인간 사회에서 일어나는 여러 가지 현상을 보고 이를 통해서 밝혀진 객관적으로 보편타당한 진리를 나타낸다.

이러한 진리는 영원히 고정된 것이 아니라 연기적 관계가 달라지거나 또는 인간의 관찰 영역이 확장됨에 따라서 언제든지 달라질 수 있는 것이다. 그러나 진리의 내용은 달라지더라도 진리로서의 법은 그대로 법이다. 따라서 법이란 단지 이름일 뿐이므로 예나 지금이나 법은 법이다. 실은 변하지 않는 것이 없다는 것이 변하지 않는 법으로 바로 연기법이다. 그러므로 연기법은 모든 것이 변한다는 것을 나타내는 변화의 근본 이법이다.

위의 게송에서 "법과 법은 본래 법이니 법도 없고 법 아님도 없다" 라는 것에서 법은 바로 변화하는 연기법으로 무시이래로 존재하는 이법을 뜻한다. 따라서 비법(非法)이니 불법(不法)이니 하는 것은 단지 연기적 진화과정에서 나타나는 비정상적인 상태를 분별해서 말한 것이며, 이 모두는 연기법이라는 한 법에 속한다. 그래서 "어찌 하나의 법에서 법이 있고 법 아닌 것(不法)이 있겠는가" 라고 했다.

9 아난존자 阿難尊者

◉ 전등계보에서
이르기를
교의 바다는
아난의 입에
쏟아붓고
선의 등불은
가섭의 마음에
점지해 준다
그래서 아난이
가섭에게 묻는다
「세존이 금란가사를
전해 준 것 외에
별도로 전해준 법이
있습니까?」
가섭이
아난을 부르자
아난이 「예」 하고
대답한다

가섭이 말한다
「문 앞에 있는
찰간을
넘어뜨려라」

아난 존자는 부처님 가까이 지내면서 부처님의 설법을 모두 암기했기 때문에 실제 가르침인 교를 전해 받았다고 하고 가섭 존자는 부처님의 마음을 읽고 그 뜻을 잘 알았다고 해서 선을 전해 받았다고 한다. 교는 경을 뜻하고 선은 마음공부를 뜻한다. 불교에서 교가 따로 있고 선이 따로 있는 것이 아니라 선과 교가 늘 함께하는 것이 불법을 바탕으로 하는 불교이다.

아난 존자가 부처님께서 금란가사를 전해 준 것 이외에 따로 무슨 법을 전해 받았느냐고 묻자 가섭 존자가 "문 앞에 있는 찰간을 넘어뜨려라"라고 했다. 간화선에서는 '문 앞의 찰간을 넘어뜨려라'라는 공안이 가섭이 아난을 인가했다는 뜻으로 보고 있다. 여기서 찰간을 넘어뜨린다는 것은 진리가 스승에서 제자로 그대로 이어진다는 사자상전(師資相傳)이 완료되었으므로 깃발을 내린다는 뜻으로 본다. 아마도 이런 목적으로 위의 공안을 만들었을지도 모른다. 그렇다면 이에 대해서는 더 이상 어떠한 설명도 허용되지 않는다. 이것이 바로 공안의 특징이다.

그런데 "세존이 금란가사를 전해 준 것 외에 별도로 전해 준 법이 있습니까?"라는 질문이 과연 깨달음에 대한 징표가 될 수 있는지? 왜냐하면 불법은 우주 만유에 내재하므로 이 법을 누가 전해 주고 누가 전해 받는 것이 아니기 때문이다. 인간의 경우에는 내면에 들어있는 불성을 언행을 통해서 스스로 드러내 보이면 된다. 이를 위해서는 만유 사이에 적극적인 연기관계가 무위적으로 이루어져야 한다.

한편 아난 존자가 형상을 가진 것에 대해 말한 것으로 보고 가섭 존자가 형상이 있는 깃발을 치워버리라고 했다고 본다면 이것은 마음 이외의 형상에 집착하지 말라는 뜻으로 볼 수도 있다. 이 경우에 아난 존자가 금란가사를 이야기한 것에 비추어 가섭 존자는 아난 존자가 형상에 집착한 것으로 보고 문 앞의 깃발을 넘어뜨리라고 한 것이 아닌가? 그렇다면 오히려 가섭 존자가 깃발이라는 형상에 집착한 것이 아닌가?

깃발을 넘어뜨리든 넘어뜨리지 않든 깃발은 깃발이다. 이것은 마음도 외부 객체의 형상을 통해서 일어난다는 뜻이다. 즉 마음과 그 대상이 되는 대경(對境)이 따로 있는 것이 아니라 마음의 주관과 대상에 대한 객관이 다르지 않다는 주객불이이다. 그러므로 우리의 인식에서는 마음이 가장 중요한 것이 아니고 외경이 가장 중요한 것도 아니다. 마음과 외경은 늘 함께하며, 이런 과정에서 인간의 아뢰야식에는 외경에 대한 다양한 정보가 들어있게 되어, 이런 정보를 토대로 해서 의식과 인식이 이루어지게 된다.

10 상나화수 존자 商那和脩 尊者

● 제삼조

상나화수 존자는
우바국다를 만나서
그를 시자로 삼고
묻는다
「네 나이가 몇 살이냐?」
「제 나이는
열일곱입니다」
상나화수 존자가
말한다
「네 몸의 나이가
열일곱이냐?
네 성품의 나이가
열일곱이냐?」
「우바국다가 스님의
머리카락이 하얗습니다
스님의 머리카락이
하얗습니까?

마음이 하얗습니까?」
라고 묻는다
상나화수 존자가 말한다
「단지 머리카락이 하얗지
마음은 하얗지 않다」
우바국다가 말한다
「제 몸의 나이가
열일곱이지
성품의 나이가
열일곱은 아닙니다」
상나화수 존자는
이 아이가
법의 그릇임을 알고
곧 출가시켜
구족계를 준다
그리고 말하기를
「여래가 최상의 법으로
가섭에게 부촉하고

그것을 전해 주고
전해 받아서
나에게 이르렀다
나는 지금
너에게 부촉하니
절대로 끊어지지
않도록 하라
나의 게송을 들어라
법도 아니고
마음도 아니며
마음도 없고
또한 법도 없네
이러한 마음과
법을 말할 때
이 법은
마음도 법도 아니다

상나화수 존자와 제자인 우바국다 사이의 이야기는 육신과 마음의 관계를 말한 것이다. 즉 몸은 젊어도 마음은 세상 도리를 아는 늙은 마음이고 또한 육신은 늙었으나 마음은 젊다는 이야기다. 여기서는 몸과 마음을 별개의 것으로 보고 있다. 그러나 몸이 없으면 마음도 없고 또한 마음이 없으면 몸은 있되 살아 있는 몸이 아니다. 몸과 마음은 분리될 수 없는 하나이다.

선종에서는 대경무심(對境無心)이라고 하여 외경을 경시하며 마음을 근본으로 삼는다. 그런데 우주 만유는 서로 독립된 별개로 존재하는 것이 아니라 서로 주고받는 상호 의존적인 연기관계에 얽매여 있다. 그러므로 마음은 항상 외물을 대상으로 해서 일어난다. 만약 마음이 외물에 무관하게 일어난다면 이것은 상상이고 공상에 지나지 않는 것으로 불법과는 무관하게 되므로 타자에게 아무런 도움도 주지 못한다.

게송에서 법(外境)도 아니고 마음도 아니라는 것은 법 따로 마음 따로 있는 것이 아니라는 뜻이다. 그리고 "이러한 마음과 법을 말할 때에 이 법은 마음도 법도 아니다"라는 것은 마음과 법이 별개로 존재하는 것이 아니라 상의적 관계를 이루고 있다는 뜻이다. 만약 우주에서 홀로 존재한다면 마음이란 것이 생길 수 없다. 일반적으로 마음이란 외부 대상과 연기적 관계에 의해서 이루어지는 것이다. 원효 대사가 "마음이 생기면 갖가지 법이 생기고 마음이 소멸하면 갖가지 법이 소멸한다" 라고 하는 것도 마음과 외물과의 상의적 관계를 보이는 것이다.

용아거둔(龍牙居遁) 선사가 "어리석은 사람은 경계를 없애고 마음을 없애지 않으며, 지혜로운 사람은 마음을 없애고 경계를 없애지 않는다" 라고 했다. 이것은 어리석은 사람은 외물에 쉽게 집착하기에 억지로 외물을 멀리하려고 하며, 지혜로운 자는 외물에 집착하는 마음이 없으므로 외물을 멀리하지 않는다는 뜻이다. 이처럼 외물에 대한 마음의 집착이 없으면 외물이란 대상도 무심하게 되고, 외물이 없으면 그에 따른 마음의 집착도 없어지게 된다. 이것을 상나화수 존자는 "법도 아니고 마음도 아니며 마음도 없고 또한 법도 없다" 라고 했다.

11 우바국다 존자
優波鞠多 尊者

◉ 제사조

우바국다 존자가
말한다
출가라는 것은
나와 나의 것이 없으며
나와 나의 것이
없으므로
곧 마음이 생멸하지
않는 것이다
이런 불생멸이 곧
항상한 도이며
모든 부처님도 역시
항상하다
마음은 형상이 없고
그 본체도 역시
그러합니다
존자가 말한다

그대는
크게 깨달아
통달했으니
마땅히 불법승을
의지해서 머물러라
게송으로 말한다
마음은 스스로
본래의 마음이요
본래의 마음에는
법이 있지 않네
법이 있고
본래의 마음이
있으면
마음도 아니고
본래의 법도
아니로다

출가 동기가 나와 나의 것을 없애고 생멸하는 마음도 없게 하는 것이라고 했다. 이는 일체 집착이 없는 무심을 뜻한다. 이것은 출가자뿐만 아니라 누구에게나 적용되는 불법이다. 그런데 과연 인간이 살아가면서 일체에 무심하게 지낼 수 있는가? 숨을 쉬고 물을 마시며 양식을 취해야 하는 것은 빈손으로 태어난 인간이란 존재의 운명이다. 그래서 외물에 의존해 살아가지 않으면 안 된다.

부처님은 우주 만유가 그대로 법성을 지닌 항상한 도라고 했다. 그런데도 법성을 지닌 외물에 전연 무관하게 무심으로 살아갈 수 있겠는가? 또한 자신이 외부로부터 어떤 것이든 보시를 받으면 응당히 그에 상응하는 대가를 치루는 것이 연기의 이법이다. 만약 보시만 받고 이에 상응하는 대가를 치루지 못한다면 출가자 이전에 한 인간으로서 그 존재가치를 상실하는 것으로 집단의 안정성을 저해하는 요인이 된다. 따라서 출가자도 재가자와 마찬가지로 마음의 중요성을 논하기에 앞서 먼저 연기법을 충실히 따르는 목적의식을 가지고 실천해야 한다. 그래서 출가자는 재가자들에게 삶의 모범을 보이는 것이 출가의 목적이 되어야 할 것이다.

위의 게송에서 "본래의 마음에는 법이 있지 않네" 라고 했다. 여기서 본래 마음을 무구한 청정심으로 볼 경우에 이 마음은 선천적으로 타고나는 근본심으로 우주심에 해당한다. 이 우주심은 우주 만유의 공통적인 물질의 속성(보편성, 평등성, 무위성, 이완성)을 나타내는 마음이다. 그리고 만물은 생의(生意)를 가지므로 탄생과 더불어 생의라는 생명력을 가지게 되며 이것이 곧 불성을 지닌 본래 마음이다. 그러므로 본래 마음이란 어떠한 유위적인 법에 의해 생기는 것이 아니다. 그래서 "법이 있고 본래의 마음이 있으면 마음도 아니고 본래의 법도 아니다" 라고 했다.

임제(臨濟) 선사의 무위진인(無位眞人-어떤 기준이나 계율에 구애받지 않는 마음 또는 사람), 무의도인(無依道人-어떤 것에도 붙잡히지 않는 수행자), 무사인(無事人-업을 짓지 않는 사람) 등에서는 사람이 중시되고 있다. 그래서 '사람은 부처이다'라는 인간중심의 인불사상을 중시한다. 그리고 '마음이 곧 부처이다'라는 즉심즉불(卽心卽佛) 또는 즉심시불(卽心是佛)에는 마음이 중시되는 선(禪)의 근본 취지가 들어있다. 이것은 마음은 그 위에 일체를 존재케 한다는 유심사상에 해당한다.

이처럼 불교가 인간의 '마음의 종교'라는 인불사상에 집착한다면 현대의 첨단과학문명시대에서 재가자를 제도한다는 것은 부질없는 허망한 꿈에 지나지 않게 된다. 왜냐하면 불교가 젊은 세대에게 외부 대상에 대해 호기심을 유발시킬 수 있는 논리적이고 과학적인 사고 능력의 함양에 아무런 보탬이 되지 못한다면 이들 세대와 멀어지게 됨으로써 중생 제도라는 출가의 근본 뜻이 흐려질 수 있기 때문이다.

12 제다가 존자 提多迦尊者

◉ 제오조
제다가 존자가
게송으로 말한다

본래의
마음 법을
통달하면
법도 없으며
법이 아닌
것도 없네
깨닫고 나면
깨닫지 못한
것과 같아
마음도 없고
법도 없다

본래의 마음 법이란 무엇인가? 앞서 살펴본 것처럼 불성을 지닌 본래의 마음을 청정한 우주심으로 본다면 본래의 마음 법이란 바로 무위적인 연기법이다. 즉 만물은 무위적인 연기법에 따라서 진화하며, 이런 생의(生意)의 이법 즉 마음 법이 바로 연기의 이법을 따른다. 그러므로 연기법을 통달하면 "법도 없으며 법이 아닌 것도 없다"라고 말할 수 있다. 여기서 있음과 없음은 연기의 양면성으로 비동시적 동거성을 지니므로 이들 중에서 어느 한 극단에도 치우치지 않는 중도의 중요성을 보이고 있다.

연기의 세계에서는 언제나 주고받는 변화가 일어나므로 법이나 법 아닌 것의 분별이 존재하지 않는다. 그러므로 깨달은 뒤에는 깨닫지 못한 것과 같다고 말할 수 있다. 만유가 언제나 여여한데 무엇을 깨닫고 무엇을 깨닫지 못한다고 분별해서 말할 수 있겠는가? 만약 특별한 깨달음이 존재한다면 거기에는 유위적으로 조작된 분별심이 내재할 것이다.

깨닫고 보면 깨달음이란 없다고 하면서 "마음도 없고 법도 없다"라고 했다. 이것은 마음이라는 주관과 법이라는 객관은 별개의 것이 아니라 주관이 존재하므로 객관이 존재하고, 객관이 존재하므로 주관이 존재한다는 주객불이를 뜻한다. 이런 관점에서 마음과 외부대상인 법을 분별해서 보는 것은 그릇된 것이다. 따라서 깨달음이란 특별한 것이 아니라 진실한 삶 그 자체를 뜻하는 것으로 볼 수 있다.

선에서는 불교를 깨달음의 종교로 본다. 그리고 임제 선사가 "마음 속으로 헤아리기만 해도 이미 틀려버리고, 생각을 움직였다 하면 이미 어긋난다"라고 하면서 깨달음에서는 눈앞에 현전하는 한 생각을 매우 중시한다. 또한 "여러분! 오직 번뇌 망상에서 벗어나 주체적 입장을 확보한 나 자신 하나면 됐지 다시 또 무엇을 찾겠는가? 그대 자신을 되돌아보아라"라고 했다.

이러한 주관적 깨달음은 구체적 삶의 과정인 연기관계를 거부하는 것과 다를 바 없다. 왜냐하면 인간을 비롯한 우주 만유는 무질서한 혼돈이 존재하는 보편적 세계에서 역동적인 연기적 삶을 이루어가고 있기 때문이다. 그러므로 개인적인 눈앞의 현실이 중요한 것이 아니라 서로 주고받는 연기적 세계에서는 종합적이고 전일적인 통섭적 사고와 이해의 바탕에서 깨달음(실은 깨달음이라 이름할 것도 없지만)이 이루어져야 할 것이다.

13 미차가 존자
彌遮迦 尊者

◉ 제육조
미차가 존자가
게송으로 말한다

무심하여
얻을 것도
없는데
얻음을 말하면
법이라 부르지
못하리
마음이
마음 아닌 것을
알면
곧 마음과
마음의 법을
알리라

"무심하여 얻을 것도 없는데 얻음을 말하면 법이라 부르지 못하리"라는 것은 유위적인 집착심에 관한 이야기다. 집착심이 없는 마음은 무위적으로 수용하고 적응하며 연기적 이법을 따르는 정신 작용이므로 특별히 마음이라 분별해서 부를 필요가 없다. 그래서 "마음이 마음 아닌 것을 알면 마음과 마음의 법을 알리라"라고 하는 것이다. 형태가 없는 마음은 외부에 대해 변화무쌍하게 작용하지만 항시 무집착의 무심을 유지하는 것이 중요하다.

그런데 인간이 사회 생활에서 무심의 상태를 늘 유지할 수는 없다. 인간은 연기적 관계로 최소한의 양식을 밖에서 얻어야 살아갈 수 있기 때문이다. 그러므로 완전한 무심이라기보다는 번뇌의 요인이 되는 집착의 염오심을 최소화하면서 연기관계를 조화롭게 이어가면 되는 것이다. 출가자로 산다고 해도 양식은 취해야 한다. 걸식을 하든 보시를 받든 양식 없이는 살 수 없다. 이러한 인간이 지닌 근원적이고 원초적인 집착심이나 번뇌는 피할 수 없다는 것이 인간 존재의 특징이다.

그러므로 인간을 지나치게 고상하고 우월적인 존재로 과장해서는 자연 만물과 평등한 연기관계를 이루어 갈 수 없다. 마음이란 것에도 크게 관심을 두지 말고 태어난 몸이 자연의 만물과 함께 조화로운 연기관계를 이루어 가도록 노력하면서 자연스러운 무위적 삶을 살아가는 것이 불법을 따르는 최선의 방법일 것이다.

14 바수밀 존자 波須密尊者

제칠조
바수밀 존자가
게송으로 말한다

마음은
허공계와 같아서
허공법과
같음을 보이네
허공을
깨달으면
옳은 법도
그른 법도
없도다

마음이란 육신에서 생기는 정신작용으로 나타나며 안팎의 대상에 대해 항시 변화한다. 이런 관점에서 고정된 정체성이 없는 마음의 무자성을 허공에 비유한다. 마음은 연기적 이법에 근거하여 옳고 그름을 판단한다. 위의 게송에서 "허공을 깨달으면 옳은 법도 그른 법도 없다"라는 말은 무자성의 깨달음은 연기법의 이해이며, 연기의 세계에서는 옳고 그름의 분별이 애초부터 존재하지 않는다는 뜻이다. 옳고 그름이라는 것도 인간이 유위적으로 만든 말일뿐이며 본래부터 존재하는 분별은 아니다.

무위적 연기의 세계에서는 대립적 분류가 필요하지 않지만 탐욕과 집착심을 지닌 인간 사회는 완전한 무위적 세계가 아니라 유위적으로 만든 언구에 근거한 연기의 세계를 이루고 있다. 그래서 연기의 양면성을 드러내는 〈시/비〉, 〈선/악〉, 〈고/락〉, 〈미/추〉, 〈행/불행〉 등의 분별적 언어가 존재하게 된다. 이들 각각은 모순대립의 관계가 아니라 긍정적인 대대적(對待的—상호 호응적) 관계이다. 예를 들면 선이 있기에 악이 있고 악이 있기에 선이 있는 것이다. 그리고 선함이 나타나면 악함이 감추어지고 악함이 나타나면 선함이 감추어지는 선악의 비동시적 동거성에서 선과 악은 부정적인 모순대립의 관계가 아니라 주고받음의 과정에서 나타나는 동등한 연기적 현상일 뿐이다. 그러므로 인간 사회에서는 옳은 법과 그른 법이 함께 존재함을 인정하지 않을 수 없다.

15 불타난제 존자
佛陀難提 尊者

◉ 제팔조
불타난제 존자가
게송으로 말한다

허공은
안팎이 없으며
마음법 또한
이와 같네
허공의 이치를
깨달으면
진여의 이치를
통달하리라

위의 게송은 마음이 일정한 형태를 갖지 않으므로 허공에 비유했으며 그리고 어떠한 번뇌와 집착도 없다면 허공처럼 치우치지 않는 진여의 이치를 알게 된다는 것이다. 그런데 앞서 살펴본 것처럼 마음을 허공처럼 모두 빈 것으로 표현하는 것은 마음이 아무런 작용도 하지 않고 오직 수용만 하는 것으로 착각하게 한다. 그러나 마음은 연기적 관계에서 서로 주고받음의 근원적 역할을 한다. 그러므로 단순히 수용만 하는 것으로 마음을 정의하거나 또 규정짓는 것은 잘못이다.

인류의 역사가 마음의 작용으로 이루어지는데 어찌 외부의 것을 무조건 받아들이기만 하겠는가? 지식과 지혜도 정신작용인 마음과 연관된다. 마음이 단순히 허공과 같다면 지식의 발달과 지혜의 증식은 이루어질 수 없으므로 인류 문명의 발전이 이루어질 수 없다. 아니, 애초부터 인류 문명을 논의할 계기도 되지 못한다. 또한 인간의 테두리를 벗어나 우주로 마음을 돌릴 수도 없다. 마음을 인간 세계에 국한된 관념적이고 정적 상태로 보는 한 역동적이고 적극적인 우주 만유의 연기적 세계를 살피고 분석하며 자연의 이법을 찾는 사유 활동을 할 수 없기 때문이다.

과학자이면서 인문학자인 제이콥 브르노우스키는《인간 등정의 발자취》에서 "그런데 어느덧 나를 둘러싸고 있는 서구 사회가 맥이 다 빠진 느낌이며, 또 지식에서 무엇인가로 도피했다는 것을 깨닫고선 무한히 슬퍼진다. 무엇으로 도피했는가? 선불교로 도피했다. 우리는 단지 동물에 불과하지 않는가 하는 따위의 심오한 듯하나 거짓된 질문으로 도피했고, 초감각적인 감지와 불가사의한 것으로 도피했다. … 지식이 우리의 운명이다. 예술의 경험과 과학의 설명을 마침내 한데 모으면서 스스로를 인식하는 일이 우리가 해결해야 할 숙제이다"라고 했다. 이것은 우리가 현실을 외면한 채 불가사의한 정신세계로 도피한다면 인간 문명의 등정이 계속 이루어질 수 없음을 피력한 것이다.

결국 종교가 인간 세계에 국한된 채 정신적 내면의 세계만을 다룬다면 자연과의 연기관계는 소홀해지고 인간이 자연을 마음대로 조정하고 파괴하게 된다. 그 결과 삶의 터전인 자연으로부터 소외되고 궁극에는 자연 선택으로 인류가 지상에서 사라질 수도 있다. 실제로 모든 종교가 무조건적 신앙이나 기원, 기복 그리고 내세의 편안한 삶을 바라는 데만 몰두할 뿐 자연이 어떻게 훼손되고 병들어 가는지에 대해서는 관심도 없고 또한 실질적인 대책도 세우지 못하고 있다. 불교는 타종교와 달리 과학적 우주관을 가지고 있음에도 불구하고 오직 마음속의 막연한 주관적 정신세계에만 집착하고 있는 것이 매우 안타까운 현실이다.

16 복태밀다 존자
伏駄密多 尊者

◉ 제주조
복태밀다 존자가
게송으로 말한다

진리는 본래
이름이 없지만
이름으로써
진리를 나타낸다
진실한 법을
얻으면
진실도 아니고
거짓도 아니다

진리니 법칙이니 하는 것은 인간이 만들어낸 말이다. 그래서 "진리는 본래 이름이 없지만 이름으로써 진리를 나타낸다"라고 하는 것이다. 원래부터 무엇이 진리이고 무엇이 진리가 아니라는 분별이 있는 것이 아니다. 인간은 스스로 만들어 낸 말과 글에 속박되어 사물이나 현상을 특정한 틀 속에 끼워 맞추려는 유위적 사고와 행위를 하게 된다. 따라서 언구에 지나치게 집착하게 되면 그 본질의 뜻을 놓치게 되고 또 전체를 통합하여 직관적이며 전일적인 사고 능력을 상실하기 쉽다.

이 세상에서 진실한 법은 만물 사이에서 일어나는 상의적 관계의 이법인 연기법이다. "진실한 법을 얻으면 진실도 아니고 거짓도 아니다"라는 것은 연기법에서는 상의적 관계만이 있을 뿐 옳고 그름의 분별은 애초부터 없다는 뜻이다. 그러므로 진실한 법에 대해서는 진리니 거짓이니 하는 분별조차 필요치 않다. 따라서 자연이나 인간 세상에서 일어나는 제반 현상을 연기적 이법에 따라 살피면서 살아간다면 그것이 소위 무위자연의 이법을 따르며 살아가는 길이다.

17 협존자
脇尊者

● 제십조
협 존자가
게송으로 말한다

진실한 본체는
저절로
진실한 것이니
진실로써
이치가 있음을
설한다
진실과
진실한 법을
잘 알면
행함도 없고
그침도
없게 된다

"진실한 본체는 저절로 진실한 것이니 진실로써 이치가 있음을 설한다"라고 했다. 만유의 진실한 본체는 당연히 진실한 이법을 지닌다. 이러한 진실성과 진실한 이법을 알면 무위적 연기법을 따르게 된다. 그렇지 않고 유위적 행이나 유위적 그침이라는 조작이 있게 되면 오히려 진실한 법에 어긋난다. 인간은 진리를 알면서도 이기적 집착심에 따라서 나아가고 멈춤을 반복하는 어리석음을 보인다. 그러면 자연히 번뇌가 일어나 무위적 연기법에 어긋나게 되어 진리와 멀어지게 된다.

그런데 연기의 세계에서는 진실이란 것이 특별히 존재하지 않고 오직 연기법을 충실하게 따르면서 타자와 더불어 원만하게 지내는 것이다. 이처럼 진실과 진실한 법을 잘 알고 따르면 "행함도 없고 그침도 없게 된다"라는 무위적 경지를 이루게 된다. 여기서 타자란 인간만이 아니라 모든 자연 만물을 말하는 것이다. 비록 인간과 인간 사이에서는 진실하게 잘 지낸다고 하더라도 인간이 자연과 원만한 연기관계를 잘 이루지 못한다면 진실한 삶이라고 할 수 없다. 과연 오늘날 인간은 진실한 삶을 살아가고 있다고 자부할 수 있는가?

18 부나야사 존자 富那夜奢 尊者

◉ 제십일조
부나야사 존자가
게송으로 말한다

미혹과
깨달음이란
숨음과
나타남과 같고
밝고 어두움은
서로 떨어진 것이
아니다
지금 숨음과
나타남의 법을
부촉하니
하나도 아니고
둘도 아니다

부나야사 존자는 연기법에서 중요한 은현(隱現)의 양면성을 잘 보여주고 있다. 즉 미혹이 나타나면 깨달음이 숨고, 깨달음이 나타나면 미혹이 숨는다. 마찬가지로 밝음이 나타나면 어둠이 숨고, 어둠이 나타나면 밝음이 숨는다. 그래서 "밝고 어두움은 서로 떨어진 것이 아니다"라고 한다. 이처럼 〈은/현〉이나 〈명/암〉은 모두 연기적 양면성을 나타낸다. 동전의 양면 중 앞면이 앞으로 나오면 뒷면은 뒤로 숨고, 뒷면이 앞으로 나오면 앞면이 뒤로 숨는다. 그렇지만 앞면과 뒷면은 항상 함께 있다. 이처럼 함께 있지만 동시에 모두 나타나지 않는 것을 비동시적 동거성이라 한다.

인간의 내면에 깨달음과 미혹이 함께 존재하지만 이 중에서 어느 하나가 밖으로 나타나면 다른 것은 숨어서 보이지 않을 뿐이다. 그러다가 어떠한 처지에 이르면 숨어 있던 미혹이 나타나고 깨달음이 안쪽으로 숨어버리게 된다. 마찬가지로 〈선/악〉, 〈미/추〉, 〈행/불행〉 등 일상의 대부분의 현상은 이러한 연기적 양면성을 지닌다.

이러한 〈은/현〉의 연기적 양면성을 본질적인 진리로 본 독일 철학자 하이데거는 "진리는 오직 나타남만이 결코 아니고, 그것은 숨음으로써 나타남과 마찬가지로 근원적이고 나타남과 함께 친밀하게 현현하고 있다. 두 개념 즉 나타남과 숨음은 두 가지가 아니고, 진리 자체가 하나로 되는 본질의 현현이다"라고 했다.

따라서 우리는 어느 한 극단에 집착하지 않고 중도적 입장을 취해야 한다는 것이 불법의 가르침이다. 이런 연기적 양면성에서는 어느 한쪽이 특별한 것이 아니고 그렇다고 둘이 모두 다 특별한 것도 아니므로 "하나도 아니고 또한 둘도 아니다"라고 하는 것이다.

실제로 인간이 양식을 밖에서 구하는 한 타자와의 주고받음의 연기관계를 벗어날 수 없으며 그리고 이런 연기관계에서는 일어날 수 있는 모든 상황의 발생이 가능하다. 그래서 번뇌가 깨달음이고 깨달음이 번뇌라고 하는 것이다. 즉 이 둘은 함께 있지만 어느 하나가 나타나면 다른 하나는 숨는 연기적 〈은/현〉의 현상이 서로 반복해서 일어나게 된다. 그런데 구태여 영속적 깨달음만 고집한다면 이는 연기법에 어긋날 뿐만 아니라 아상이나 증상만의 번뇌에 사로잡혀 있는 것과 다를 바 없게 된다. 실은 깨달았다는 마음도 허공처럼 빈 것이 아닌가? 어디에 그 표식이 있는가? 다만 언행에서 드러날 뿐인데.

19 가비마라 존자 迦毘摩羅 尊者

◉ 제십삼조
가비마라 존자가
게송으로 말한다

나타남도 아니고
숨음도 아닌 법을
진실한 실제라고
설한다
이런 은현의
이법의 깨달음은
어리석음도 아니고
지혜로움도 아니다

숨고 나타나는 은현의 연기성을 안다는 것은 곧 중도의 진리를 아는 것이다. 중도적 입장을 취하는 중도관(中道觀)에서는 어리석음이나 지혜로움이 따로 있는 것이 아니다. 왜냐하면 어리석음이 나타나면 지혜로움이 숨고, 지혜로움이 나타나면 어리석음이 숨기 때문이다. 그래서 "이런 은현의 이법의 깨달음은 어리석음도 아니고 지혜로움도 아니다"라고 한다.

마찬가지로 생과 멸의 관계에서도 생이면 멸이 나타나지 않고, 멸이면 생이 나타나지 않는다. 이런 생사에 대한 중도의 이치의 깨달음을 무생법인(無生法忍)이라 하며, 이것이 곧 생멸을 여의는 경지이다. 이런 경지에 이른다고 해서 지혜로운 것도 아니고 또한 어리석은 것도 아니고 오직 여여할 뿐이다.

이처럼 연기는 상대적인 것도 아니며 또한 인과적인 것도 아니다. 우주 만유는 모두가 동시적으로 연기적 관계에 서로 묶여 있다. 다만 가까이 있는 것은 강한 적극적인 연접적(連接的) 연기관계를 맺으며 그리고 멀리 떨어진 것은 미약한 소극적인 이접적(離接的) 연기관계를 맺고 있을 뿐이다. 그러나 이접적 연기관계가 언젠가는 연접적 연기관계로 바뀌어 질 수 있는 것이 역동적인 연기의 세계이다.

흔히 연기관계를 상대적 관계나 모순대립관계로 보기도 하는데 이것은 연기법의 바른 이해가 아니다. 주고받음의 연기관계는 언제나 서로 동등한 관계에서 이루어진다. 그리고 연기적 관계에서 나타나는 비동시적 동거성의 〈은/현〉, 〈유/무〉, 〈선/악〉, 〈미/추〉, 〈고/락〉 등은 모두 연기적 진화과정에서 자연스럽게 나타나는 현상이지 결코 모순대립의 관계에서 생기는 것이 아니다. 예를 들면 고통이 다하면 즐거움이 생기고, 즐거움이 다하면 고통이 닥치는 것은 고와 낙의 상대적 대립관계가 아니라 연기법에 따른 상호 호응적 관계이다.

20 용수 존자
龍樹 尊者

◉ 제십사조
용수 존자가
게송으로 말한다

숨고 나타나는
이치를
밝히고자
널리
해탈의 이치를
설한다
법에 대해
마음이
분별치 않으면
성냄도 없고
기쁨도 없게 된다

숨고 나타나는 은현의 연기적 양면성을 이해함으로써 해탈의 이치를 알게 된다는 것이다. 그리고 법(사물, 현상, 이법) 등에 대해 마음의 분별심이 없다면 성냄과 기쁨의 중도적 경지에 이르게 된다. 이러한 중도적 견해를 바탕으로 하는 것이 중도관이다. 중도가 연기의 양면성에 관련되므로 중도이면 연기이고 연기이면 중도이다.

불교에서 공이나 중도 등의 말을 많이 쓰지만 이들의 근본개념은 연기이다. 예를 들면 경에서 "이것이 있으면[생기면], 저것이 있다[생긴다]" 또한 "이것이 없으면[멸하면], 저것이 없다[멸한다]"라는 것이 부처님이 설한 연기법의 기본이다. 결국 연기이면 존재이고 존재면 연기이므로 연기는 만유의 존재이법이다.

그리고 부처님은 "'일체는 유(有)다'라는 주장은 하나의 극단이다.

'일체는 무(無)다' 라는 주장은 또 다른 극단이다. 나는 이런 두 가지 극단을 버리고 중도를 말한다. 중도란 '이것이 있기 때문에 저것이 있고, 이것이 일어나기 때문에 저것이 일어난다' 는 것이다" 라고 했다. 이것이 바로 연기이면 중도라는 뜻이다.

한편 용수 존자는《회쟁론》에서 "사물들이 [다른 것에] 연하여 존재하는 것을 공성(空性)이라 부른다. 왜냐하면 [다른 것에] 연하여 존재하는 것은 자성이 없기 때문이다" 라고 했으며 그리고 "[모든 사물은] 무자성하고 무자성이기 때문에 공하다고 생각한다" 라고 했다. 여기서 무자성은 연기이기 때문에 일어나는 현상이며, 그리고 공은 단순히 빈 것이나 헛것이 아니라 연기적 관계에서 생기는 것으로 연기적 공(무자성이기 때문에 생기는 필경공)이다.

이상의 이야기를 종합할 때 연기나 연기공을 모르면 불교의 근본 이법을 모르게 된다는 결론이다. 그러므로 깨달음이란 특별한 것이 아니라 인간을 포함한 우주 만유에 대한 연기법의 바른 이해와 실천임을 알 수 있다.

이런 관점에서 인간과 인간, 인간과 자연 사이의 주고받음의 연기관계를 떠나서는 삶이 논의될 수 없으므로 모든 학문의 지식이 연기법에 따라서 통섭되어야 함이 마땅하다. 미국 생물학자 에드워드 윌슨이《통섭》에서 주장하는 것도 이러한 맥락에 연유하는 것으로 보인다. 실제로 각 학문은 별개의 독립적인 것이 아니라 상호간에 긴밀한 의존적 관계를 이루면서 모든 지식이 하나의 통일된 뿌리를 근간으로 하며, 이 근본 뿌리가 바로 만물의 존재이법인 연기법이다. 여기서 모든 지식이 통섭되기 위해서는 반드시 만물이 생의를 지닌 생명체로 인정되어야 한다. 그렇지 않고 오늘날처럼 만물이 생물과 무생물로 구분되는 한 학문의 통섭은 불가능하다. 왜냐하면 지상의 만물이 태양빛으로 살아가듯이 연기의 세계에서는 생물과 무생물의 구분 없이 주고받음의 연기적 관계가 이루지고 있기 때문이다. 따라서 현대적 관점에서 깨달음이란 만유의 존재에 대한 통섭적 연기법의 올바른 이해와 실천으로 볼 수 있다.

21 가나제바 존자
迦那提婆 尊者

◉ 제십오조
가나제바 존자가
게송으로 말한다

본래 전법할
사람에게
해탈의 이치를
설하나
실로 법에는
깨달음이라는 것이
없으니
마침도 없고
시작도 없도다

우주 만유는 무위적 연기로 생주이멸과 성주괴공을 이어가므로 어떠한 특별한 것이란 존재하지 않는다. 이런 이치를 알면 특별히 얻을 것도 없고 또한 잃을 것도 없으며, 그리고 시작이라는 특별한 시간도 없고 마침이라는 특별한 시간도 없게 된다. 그래서 "실로 법에는 깨달음이라는 것이 없으니 마침도 없고 시작도 없다"라고 한다.

결국 연기의 세계에서는 어떠한 특수성도 허락되지 않으며 모두가 평범하고 보편적이다. 따라서 깨달았다고 해서 특별히 얻는 것이 없으니 시작도 없고 마침도 없게 된다. 따라서 여여한 무위적 삶 자체가 깨달음이 아니겠는가? 깨달음을 특별한 것으로 보는 경우에는 깨달음이 목마른 자에게 생명수가 되기도 하지만 어리석은 자에게는 독이 될 수도 있다.

22 라후라다 존자
羅睺羅多 尊者

◉ 제십육조
라후라다 존자가
게송으로 말한다

실로 법에는
깨달음이라는 것이
없으니
취하지도 않고
떠나지도 않네
법은
유무의 모습이
아니니
어찌
안팎의 분별이
있겠는가?

"실로 법에는 깨달음이라는 것이 없으니 취하지도 않고 떠나지도 않네"라고 했다. 그렇다. 만유의 법은 무위적으로 연기법을 따라 진화할 뿐이며 무위적 이법 또한 특별한 것이 아니라 늘 만유와 더불어 존재하는 것인데 어찌 깨달아야만 이러한 법을 얻는다고 할 수 있겠는가? 깨닫는다는 것은 이미 존재하는 연기법을 확인하고 이해하며 실천하는 평범한 한 과정일 뿐이지 별다른 특수한 경지가 아니니다. 이처럼 만유의 연기법은 무시이래로 존재하므로 연기법의 유무를 말할 수 없다.

그리고 연기법은 무위법으로 안팎의 구별도 없고 특별한 모습도 갖지 않는다. 그런데 어찌 그 법을 보고 깨닫는다고 할 수 있겠는가! 이런 점에서 깨달음이란 것은 일종의 자기 과시이며 아상의 표출로서 집단이나 사회의 안정적 연기관계에 해를 끼칠 수도 있다. 그러므로 법을 진실로 아는 자는 법 속에 녹아들어 자신의 언행이 곧 법이 되어야 한다. 이것이 선가에서 중시하는 "자기의 본래의 청정한 본성을 드러내 보임으로써 불성이 현현하게 된다" 라는 견성성불의 경지이다.

물속의 물고기가 물을 분별하지 않듯이 법 속에 녹아든 자는 법을 말하지 않는다. 그렇다면 타자에게 어떻게 법을 전할 수 있을까? 법을 몸소 체득한 자는 언행으로 무위적 연기법을 설해 보임으로써 법의 범위와 내용을 간접적으로 이해시키는 방편을 쓴다. 법을 아무리 잘 체득하더라도 논리적으로 설명하지 못하면 주관적 관념에 치우쳐 보편적인 연기적 관계를 원만하게 이끄는 데 도움을 줄 수 없게 된다.

그리고 법을 인간 세계와 우주를 망라한 대자연에 걸친 일반적인 진리의 법으로 보편화하려면 자신이 체득한 것과 타자의 것을 서로 비교분석함으로써 더욱 더 일반화되도록 해야 한다. 그래야만 진리를 보편타당한 객관적 논리로 설명할 수 있고, 이를 통해서 개인의 관념적 한계를 벗어나 우주 만유의 궁극적 진리를 찾을 수 있게 된다. 사실 인간의 의식과 인식은 극히 제한적이다. 지구라는 작은 시공간 속에서 찰나적으로 머물다 사라지는 것이 인간 세상이다. 그러나 불법은 우주 만유를 내포하므로 우리는 불법을 통해 언제나 인간을 포함한 만물에 대해서 보편타당한 객관적 진리의 불법세계를 구현토록 해야 한다.

이러한 관점에서 "너희가 그때그때 필요에 따라 말은 하되 실질적으로나 이론적으로 막히는 것이 없으면 된다. 깨달음이란 바로 이런 것이다" 라는 마조도일 선사의 이야기를 명심해야 한다.

23 승가난제 존자
僧伽難提 尊者

◉ 제십칠조
승가난제 존자가
게송으로 말한다

마음자리에는
본래
생멸이 없으나
연기에 따라서
생멸이
일어나네
인연은 서로
방해되지
않으며
꽃과 열매도
그 이치를
따르도다

인연생기(因緣生起) 즉 연기에 관한 게송이다. 원인이 있고 조건만 갖추어지면 결과가 생기는 것이 연기이다. 즉 주고받음의 상호 의존적 관계이다. 생멸은 이런 연기의 현상이며, 꽃과 열매도 연기의 결과적 현상이다. 인간의 마음도 연기 작용에 의해 생멸한다. 마음은 아뢰야식에 내재된 정보와 외경에 반응해서 일어나고 소멸한다. 마음은 정신작용의 산물이며, 정신작용은 감각기관의 반응에 의해 이루어진다. 그리고 이러한 내외적 반응의 흔적이 다시 아뢰야식에 남아 저장된다. 그것이 추후에 언구나 필름의 영상처럼 재생되어 나타나게 된다.

이처럼 마음의 생멸을 연기적 이법으로 이해한다면 어느 하나에 집착할 필요가 없다. 왜냐하면 무위적 연기는 자연의 이법을 따르므로 어느 한 특수한 상황에 치중되지 않고 지극히 보편적 현상을 드러내기 때문이다. 비록 한때 특수해 보인다 하더라도 시간이 지나면 연속적으로 주고받는 연기적 과정을 거치면서 모두가 평범해지기 마련이다. 예를 들면 강바닥에 있는 모난 돌도 다른 돌과 서로 부딪치면서 날카로운 모가 점차 사라지면서 둥그런 모습을 띠게 된다. 이것은 무위적 연기의 이치를 잘 드러내 보이는 예이다.

24 가야사다 존자
伽耶舍多 尊者

◉ 제십팔조
가야사다 존자가
게송으로 말한다

씨앗도 있고
마음자리도 있으면
인연 따라 능히
싹이 돋아나네
인연에 서로
장애되지 않으면
생겨날 때
생겨나도
생겨난 것이
아니로다

땅에 씨앗을 심고 자랄 수 있는 조건만 갖추어지면 싹이 돋아 열매를 맺는다. 이것이 인연생기로 연기의 이법이다. 마지막에는 잎도 열매도 땅으로 떨어져 다음 생의 자양분이 되어 새로운 생명으로 탄생된다. 이처럼 "인연에 서로 장애되지 않으면 생겨날 때에 생겨나도 생겨난 것이 아니니다"라는 것이 바로 생멸의 순환을 뜻한다.

그래서 백장(百丈) 선사는 "불성의 뜻을 알고자 한다면 마땅히 시절인연을 보라" 라고 했다. 그리고 부처님은 "진여는 자성을 지키지 아니하며 인연을 따라서 일체법을 성취한다" 라고 했으며 또한 "인연을 따라서 감응함에 두루 하지 않음이 없되, 항상 이 보리좌에 처해 있다" 라고 했다. 여기서 일체법이란 연기법에 따른 일체의 법이며, 이를 따름이 바로 깨달음의 길이라는 것이다. 인연을 따른 생멸에는 생과 사가 분별되는 어떠한 흔적도 남지 않는다. 왜냐하면 생사일여(生死一如)로 생과 사가 한결같아 서로 다르지 않기 때문이다. 그래서 생이 곧 멸이고 멸이 곧 생이라 한다. 결국 생은 멸을 위해 존재하는 것이며, 멸은 생을 창조하는 것이다. 그래서 "생겨나도 생겨난 것이 아니다"라고 한다. 즉 인연을 따르는 것은 생겨도 생겨나는 것이 아니고 사라져도 사라지는 것이 아니다. 오직 생멸의 순환만 있을 뿐이다. 이를 과학적으로 말하면 만물은 에너지의 순환과정에서 그 형태가 다르게 나타나 보일 뿐이지 근본은 모두 에너지(물질도 에너지의 한 형태이다)로 같다는 것이다.

25 구마라다 존자 鳩摩邏多 尊者

◉ 제십구조
구마라다 존자가
말한다
어찌 의심하는가?
선악의 과보는
삼세에
걸쳐 있으며
범인들은
어진 사람은
요절하고
포악한 사람은
장수하며
도리를 거슬려도
길하고
의리를 지켜도
흉하게 된다고 본다
인과란 없으며
죄와 복도
허망한 것이다

이들은 그림자나
메아리처럼
서로 따르며
털끝만큼도
차이가 없어
백천만겁이 지나도
없어지지 않는다

인과는 원인과 결과이다. 착한 사람에게는 착한 과(果) 그리고 악한 사람에게는 악한 과가 따른다는 것이 인과응보이다. 인간의 행위에는 이러한 인과응보가 반드시 따른다고 본다. 그런데 착함과 악함, 죄와 복 등은 인간이 만들어낸 말이며 본래부터 있는 것이 아니다. 연기의 세계에서는 착하고 악함이나 죄와 복이 연기적 양면성으로 어느 하나가 나타나면 다른 것은 그 뒤에 숨게 되므로 어느 한쪽에도 집착할 필요가 없다. 그래서 구마라다 존자는 "인과란 없으며 죄와 복도 허망한 것이다" 라고 했다.

불교에서는 흔히 인과응보를 매우 중시한다. 이것은 만사가 필연적이라는 사상에 근거한다. 원인이 있으면 결과가 생기는 것은 사실이지만 이러한 상황이 시간과 장소에 따라서 변하며 그리고 인간 세상이나 자연에서 일어나는 사건의 대부분은 필연보다는 우연적으로 발생하는 경우가 더 많다. 그러므로 연기적 양면성에서 어느 하나에 특별히 집착해서는 안 된다는 것이 바로 연기적 중도 사상이다.

"이들[죄와 복]은 그림자나 메아리처럼 서로 따르며 털끝만큼도 차이가 없어 백천만겁이 지나도 없어지지 않는다"라고 했다. 일반적으로 업이란 몸(身)과 말(口)과 생각(意)이 짓는 것이며, 이런 업에 따른 결과를 과보라 한다. 여기서 과는 인에 대한 결과이고, 보는 인연에 의한 보상이다. 결국 과보란 원인과 인연(원인에 의해 결과를 맺게 하는 관계)에 의한 보상이다. 인에 따른 과보에는 금생에 받는 과보(順現報)와 후생에 받는 과보(順後報)가 있으며, 금생과 후생에 걸쳐 어느 한 때에 반드시 과보를 받는다고 한다. 이러한 인과응보에는 개인적인 경우도 있고 집단 전체와 연관된 것도 있다. 개인적인 경우는 당사자가 살아 있는 동안 또는 사후에 그 자손이나 관련되는 사람이 과보를 받는 것이다.

그런데 구성원이 많은 집단이나 사회에서는 어느 특정인이 인을 일으켰다고 보기 어렵고 또 어느 특정인이 과보를 받는다고 규정지을 수도 없다. 왜냐하면 구성원 모두가 연기적 끈에 서로 얽매여 구속되어 있으므로 개인적 인이나 개인적 과보를 규정지을 수 없기 때문이다. 이런 관점에서 영국 시인 T. S. 엘리엇은 "어떠한 악한 일이라도 그것을 저지른 자만이 처벌되라는 법은 없다는 것이다. 우리들은 서로 얽매여 살고 있는 것이다. 그러므로 우리들 내부에 숨어 있는 악이 서로 퍼져나가는 것이다. 우리가 하는 일은 마치 자기의 자식들과도 같은 것이다. 그들은 우리의 의지와는 동떨어져 살고 있는 것이며 행동하고 있는 것이기도 하다"라고 했다.

따라서 개인적인 인과응보의 개념보다는 집단의 연기적 과정에서 불안정의 요인이라는 인이 나타나면 그에 따라 집단의 구성원 전체에 연관되는 공업(共業)을 받게 된다. 그러므로 연기집단에서는 선한 일에는 선한 과보(선인선과)를 받고 악한 일에는 악한 과보(악인악과)를 받는다는 인과응보라는 특별한 유위적 개념에 집착할 필요가 없다.

마치 나쁜 짓을 하고 반드시 죄를 받을 것이라 생각하며 죄를 받기만을 기다리는 것처럼 인과응보에 집착한다는 것 자체가 이미 불법을 어기는 것으로 자칫 집착에 따른 번뇌의 씨앗이 될 수 있다. 죄나 복이 본래부터 있는 것이 아니라 동전의 양면처럼 나타나는 연기의 비동시적 동거성에 지나지 않는 평범한 현상이다. 그러므로 인과응보에 집착하기보다는 무위적인 주고받음의 과정에서 생길 수 있는 평범한 현상으로 보고 여여한 삶을 사는 것이 불법을 따르는 길이다.

일반적으로 업에는 인간의 신·구·의에 따라 유위적으로 생기는 업과 자연 현상에 따라 무위적으로 생기는 업이 있다. 인간에 의한 업이 필연적인 것도 있지만 우연적인 것도 적지 않다. 또한 자연에 의한 무위적인 업은 인간의 예측이 거의 불가능한 것으로 대체로 우연적인 경우가 많다.

《밀린다왕문경》에서 나가세나 존자가 밀린다왕에게 "업의 결과로 생기는 것은 적고 우연히 생기는 것이 더 많습니다. 잘 알지도 못하면서 모든 것은 업의 결과로 생긴다고 하면 그것은 어리석은 말입니다. … 사람은 누구나 업에 의하여 고통 받으며 업 이외에 고통을 일으키는 원인은 없다는 말은 잘못입니다"라고 말했다.

여기서 나가세나 존자는 업을 신·구·의에 의해 일어나는 유위적인 것으로 보고 무위적으로 일어나는 것은 대체로 우연성으로 보고 있다. 이런 우연성은 주로 연기의 특성인 불확실성에 기인한다. 독일 물리학자 하이젠베르크의 말처럼 '불확실성은 관찰의 미비에서 오는 것이 아니라 자연 본연의 속성'이다. 즉 불확실성은 연기의 본성이다. 인간은 사회라는 집단 속에서 복잡한 연기관계를 이어가며 자연 속에 존재하므로 자연재해와 같은 자연적 현상에 지배되고 있기 때문에 인간 세상에는 우연적 현상이 많이 발생하게 된다. 따라서 업에는 필연적인 것 이외에 우연적인 것도 많다는 것이 나가세나 존자의 견해이다.

한편 우연에는 모순이 많이 따르게 된다. 그래서 "모순이 세계를 움직인다. 만물은 스스로 모순되어 있다"라는 것이 헤겔의 변증법적 명제이다. 모순도 실은 상호 유기적 관계에서 자연적으로 발생하는 불확실성에 기인한다. 따라서 만물의 연기적 관계에서 발생하는 다양한 모순은 주로 우연성과 불확실성의 자연적 속성에 기인된 현상이므로 모순이 세계를 움직인다는 것은 결국 연기법에 따라서 세상이 움직인다는 뜻이다. 즉 우주 만유가 연기법을 따라서 생주이멸과 성주괴공을 이어간다는 것이다.

◉ 구마라다 존자가
게송으로 말한다

성품에는 본래
생멸이 없는데
구하는
사람이 있기에
말한 것이다
법도 이미
얻을 것이 없다면
어찌 해결하고
해결치 못함이
있으리오

본래의 성품 즉 원초적 마음은 본래부터 생이나 멸이라는 분별이 없이 무위적 연기관계에 따라 움직일 뿐이다. 그래서 "성품에는 본래 생멸이 없는데 구하는 사람이 있기에 말한 것이다"라고 했다. 그런데 어떤 한 가지 목적을 가지고 구하고자 한다면 이미 유위적 조작으로 마음에 번뇌가 일어나기도 하고 사라지기도 하는 생멸이 발생한다. 그래서 깨달음을 구하는 목적의 서원이나 특별한 자비심 또는 사랑을 나누고자 하는 마음 역시 구하고자 하는 조작된 마음으로 자기도취적 아상이나 또는 그에 따른 번뇌가 일어날 수 있다. 뿐만 아니라 구하고자 하는 마음은 한쪽만을 보고 달리기 때문에 세상을 넓고 깊게 관조하지 못해 불법의 근본을 놓치기 쉽다.

독일 소설가 헤르만 헤세는 석가모니부처님의 일생을 다룬 소설《싯다르타》에서 "구한다는 것은 한 가지 목적을 갖는 것을 말하지만 … 당신도 도를 구하는 것은 그 목적을 이루려는 데서 눈앞에 있는 많은 사물을 보지 못하기 때문이요" 라고 했다.

마찬가지로 법이라는 것도 특별히 정해진 것이 없이 만유가 무위적 연기법을 따를 뿐인데 어떠한 법을 얻고자 한다면 마음에 생멸이 일어나게 되는 불안정한 상태에 이르며 불법에 대해 극히 좁은 안목에 갇히게 된다. 그래서 "법도 이미 얻을 것이 없다면 어찌 해결하고 해결치 못함이 있으리오"라고 한다. 따라서 본래부터 얻을 법도 없고 잃을 법도 없으므로 무위적 연기관계를 조화롭게 이어감이 무심·무념을 이루는 최선의 방법일 것이다.

26 사야다 존자
闍夜多 尊者

◉ 제이십조
사야다 존자가
말한다
「나는 도를
구하지 않지만
또한 전도되지도
않는다
나는 예불을
하지는 않으나
또한 경솔하거나
오만하지도 않다
나는 장좌불와도
하지 않지만
게으르지도 않다
나는 오후 불식을
하지 않지만
잡식도 안 한다

나는 만족을 모르지만
탐욕도 내지 않는다
마음에 바라는 것이
없음을 도라고 한다」
바수반두가
이 말을 전해 듣고
무루의 지혜를 발하고
법을 부촉하며
게송을 설한다

말을 듣는 즉시
무생에 계합하며
법계의 성품과
같아지네
능히 이렇게 알면
사리를 통달해
마치리라

"말을 듣는 즉시 무생에 계합하며 법계의 성품과 같아지네. 능히 이렇게 알면 사리를 통달해 마치리라" 라고 했다. 여기서 무생에 계합함은 곧 무생법인으로 생멸이 없는 이치를 깨닫는 경지이다. 이것은 연기법의 이해를 뜻하며, 이를 통해서 사리를 통달하게 되는 것이다. 무위적 연기관계로 만유가 생성소멸하므로 유위적 조작은 자연의 이법을 어기는 행위이다. 따라서 사야다 존자의 말처럼 "마음에 바라는 것이 없음을 도라고 한다"라고 하는 것이다. 즉 연기적 불성은 구하지 않아도 저절로 만유에 갖추어져 있다. 그러므로 무엇을 바라면 자기 뜻에 따라 이루어지기를 희망하고 조작하며 집착하게 된다. 그러면 무위적인 연기법을 어기게 되어 타자에게 피해를 끼칠 수 있다.

또한 유위적인 고정된 틀 속에 종속케 하는 것은 무위적 연기법을 어기는 행위이다. 흔히 전통이나 관례라는 명분으로 고정된 사상이나 제도를 따르도록 하는 경우를 일반 사회나 종교계에서 흔히 볼 수 있다. 주어진 환경과 시대에 따라 변화하는 것이 연기적 세계인데 전통이나 관례를 고집하는 행위는 조화로운 연기관계를 이루지 못하게 함으로써 각자의 열린 세계를 부정하며 닫힌 세계를 추구토록 하게 된다.

그래서 사야다 존자는 "나는 도를 구하지 않지만 또한 전도되지도 않는다. 나는 예불을 하지는 않으나 또한 경솔하거나 오만하지도 않다. 나는 장좌불와도 하지 않지만 게으르지도 않다. 나는 오후 불식을 하지 않지만 잡식도 안 한다. 나는 만족을 모르지만 또한 탐욕도 내지 않는다"라고 했다.

불교에서는 자지 않고 앉아서 수행하는 장좌불와를 중시하는 경향이 있으며, 예불을 비롯하여 여러 가지 종교적 의례나 관습을 매우 중시한다. 그래서 출가자나 대중을 일정한 틀 속으로 구속하려는 경향이 있다. 그러나 불법의 근본은 어떠한 구속도 없는 무위적 연기법을 따르는 만유의 조화로운 삶을 목표로 한다. 여기서 무위적 연기는 무절제한 관계가 아니라 엄격한 자기 통제를 전제로 하는 상호 의존적 관계를 뜻한다.

27 바수반두 존자 波須般頭 尊者

●
제이십일조
바수반두 존자가
게송으로 말한다

물거품과 환술이
모두 걸림 없는데
어찌 그것을
깨닫지 못하는가
법이 그 속에
있음을 통달하면
지금도 아니고
옛도 아니로다

있다가 사라지고, 사라졌다가 생겨나는 것이 물거품이나 환술처럼 보인다. 이런 현상은 마치 바다에서 파도가 일다가 사라지고 사라졌다가 다시 일어나는 것과 같이 있다가 없고 없다가 있게 되며 나타났다가 사라지고 사라졌다가 나타나는 〈유/무〉와 〈은/현〉의 연기적 양면성이다.

경에서 이르기를 "연기법은 내가 만든 것도 아니고 역시 다른 사람이 만든 것도 아니다. 그것은 내가 세상에 나오거나 세상에 나오지 않거나 진리의 세계에 항상 존재하고 있다. 나는 이 진리를 스스로 깨달아 정각(正覺)을 이루었고, 모든 사람을 위해 가르친다" 라고 했으며 그리고 "만일 연기를 보면 곧 법을 보고, 법을 보면 곧 연기를 본다" 라고 했다.

이처럼 연기는 무시이래로 존재해 왔지만 석가모니부처님에 의해 최초로 연기의 이법이 정립되면서 불법의 근본 바탕을 이루게 되었다. 그리고 우주 만유의 생주이멸과 성주괴공은 연기법에 따라서 이루어지고 있다. 그러므로 연기법의 이치를 깨닫고 실천함이 곧 무위자연의 도에 이름이며, 이런 경우는 예나 지금이나 마찬가지다. 그래서 연기법은 만유의 존재원리이므로 바수반두 존자는 "법이 그 속에 있음을 통달하면 지금도 아니요, 옛도 아니다"라고 했다.

28 마나라 존자
摩拏羅尊者

◉ 제이십이조
마나라 존자가
게송으로 말한다

마음은
온갖 경계 따라
움직이며
움직이는 곳마다
진실로 그윽하네
흐름을 따라
본성을 알고 보면
기쁨도 없고
근심도 없도다

외부 경계를 대하면 마음이 그에 따라서 여러 가지 상념을 일으키게 된다. 이것은 곧 나와 외경 사이의 연기적 관계에 의해서 일어나는 무위적인 자연적 현상이다. 이러한 무위적 연기관계에서는 자연의 이법인 법성이 저절로 드러난다. 무위적으로 흘러가는 마음에는 특별한 기쁨이나 근심이 없이 그냥 여여할 뿐이다. 하지만 유위적 집착을 가지면 기쁨이나 근심에 따른 여러 가지 번뇌 망상이 생기게 된다. 그래서 마나라 존자는 "흐름을 따라 본성을 알고 보면 기쁨도 없고 근심도 없다" 라고 했다. 여기서 '흐름을 따라 본성'이란 연기법을 따르는 본성을 뜻하며, 이러한 연기의 세계에서는 기쁨이나 근심과 같은 특별한 분별이 존재하지 않는다. 그래서《유마경》에서 이르기를 "집착이 없는 본성 위에서 일체의 사물(일체법)이 건립된다" 라고 했다.

사람들은 종교적 신앙을 통해서 행복이나 기쁨을 얻고자 소망한다. 그런데 행은 불행의 반대이며 기쁨은 슬픔의 반대이다. 연기의 세계에서는 행과 불행이 함께 있고 기쁨과 슬픔도 함께 있다. 그러다가 경우에 따라서 행이 나타나기도 하고 불행이 나타나기도 한다. 기쁨과 슬픔의 경우에도 마찬가지이다. 그러니 행복이나 기쁨이 영원히 계속되는 것이 아니라 연기적 환경에 따라서 언젠가는 불행과 슬픔으로 바뀌어서 나타나게 된다. 이처럼 행과 불행 그리고 기쁨과 슬픔은 모두가 삶의 과정에서 언제나 일어날 수 있는 평범한 불안정한 상태이다. 그러므로 이들 중 어느 한쪽에도 치우치지 않는 중도를 취함이 불법을 따르는 바른 길이다.

29 학륵나 존자
鶴勒那 尊者

◉ 제이십삼조
학륵나 존자가
마나라 존자를 만나서
깨닫고 나서 교화를 펴다가
중인도에 이르러
사자 존자를 만난다
사자 존자가 묻는다
「제가 도를
구하고자 합니다
마땅히 어떻게
마음을 써야 합니까?」
학륵나 존자가 말한다
「그대가 도를
구하고자 하면
마음을 쓸 것이 없다」
「마음을 쓰지 않는다면
누가 불사(佛事)를
합니까?」

「그대가 만약
마음을 씀이 있다면
그것은 공덕이 아니며
마음을 쓰지 않음이
곧 불사이다
경에서 이르기를
내가 짓는 공덕에는
나의 것이란 없다 라고 했다」
사자 존자가 이 말을 듣고
곧 부처의 지혜에 들자
이에 법을 부촉하면서
게송을 설한다
심성을 깨달을 때
불가사의라고 하나
분명히 얻은 바가 없네
얻을 땐 안다고
말하지 않도다

마음을 쓴다는 것은 고의적으로 작위(作爲)를 하는 것이니 이것은 이기적 집착이므로 어떠한 공덕도 되지 못한다. 그리고 비록 공덕을 짓는다 하더라도 연기의 세계에서는 모두가 서로 주고받음의 관계에 있으므로 내 것이라는 것이 있을 수 없다. 왜냐하면 내가 짓는 공덕도 실은 모두의 연기적 관계에서 이루어진 것이기 때문이다. 그래서 "내가 짓는 공덕에는 나의 것이란 없다" 라고 한다.

연기집단에서는 모두가 서로 연결된 의존적 관계를 이루고 있기 때문에 내 것이라는 것이 특별히 존재하지 않고 모두가 함께 이루어갈 뿐이다. 그래서 학륵나 존자는 게송으로 "심성을 깨달을 때 불가사의라고 하나 분명히 얻은 바가 없네. 얻을 땐 안다고 말하지 않는다" 라고 했다. 따라서 깨달음을 얻었다고 자랑하며 떠드는 것은 실로 깨달음의 경지에 이르지 못했음을 나타내 보이는 것이다.

특별히 무엇을 주고 또 무엇을 받았다는 확정적인 것이 연기의 세계에서는 존재하지 않는다. 모두가 연속적인 연기관계를 이어가고 있으므로 어느 특정한 순간, 어느 한 장소에서 일어난 주고받음의 연기관계가 특별하게 존재하지 않고 모두가 시공간에서 연속적으로 흘러갈 뿐이다. 그래서 어느 한 시공간에서 유위적으로 점을 찍어 표시하지 말라는 것이다. 그 점이 집착과 번뇌 망상의 씨앗이 될 수 있기 때문이다.

학륵나 존자가 "그대가 도를 구하고자 하면 마음을 쓸 것이 없다" 라고 했다. 앞서 지적한 바와 같이 마음을 쓴다는 것은 유의적 조작을 뜻한다. '마음을 쓸 것이 없다' 는 것은 무위적 연기법을 따름을 뜻한다. 이는 구하고자 하면 도를 이룰 수 없다는 것과 같은 뜻이다. 도란 불법의 깨달음이므로 만유와 더불어 유위적인 조작을 하지 않고 무위적인 연기의 이법을 따르면 본래부터 마음속에 있던 불성이 저절로 밖으로 드러나게 된다.

노자는 "도가 한 겨자에 있으면 한 겨자가 귀중하고, 도가 천하에 있으면 천하가 귀중하다"라고 했다. 이처럼 도라는 깨달음은 우주 만유에 내재하는 보편적 존재이법인 연기법을 뜻한다.

30 바사사다 존자
婆舍斯多 尊者

◉ 제이십오조
바사사다 존자가
게송으로 말한다

성인이
지견을 설하나
경계를 만나면
시비가 없네
내가 지금
깨달은 진성에는
도도 없고
이치도 없도다

무위적 연기법을 깨닫고 나면 어떠한 경계를 만나도 옳고 그르다는 것을 특별히 분별하지 않으며 깨달음의 경지인 도를 터득했다든지 또는 진리를 고집하는 유위적 언행이 있을 수 없다. 모든 것이 물 흐르듯이 무위적으로 이어지는데 구태여 어떤 특정한 것에 집착하여 분별하지 않는다는 것이다. 그래서 "성인이 지견(知見)을 설하나 경계를 만나면 옳고 그른 시비가 없다"라고 하는 것이다.

불교에서 성불, 돈오, 깨달음, 열반, 해탈 등을 언급하는 것은 기존의 상태를 초월하여 특별한 경지에 이름을 나타내는 일종의 자기만족, 자기우월, 초월적 경지, 신비적 경지의 체득 등을 뜻하는 것으로 볼 수 있다. 이런 경우에는 주로 자의적인 주관성이 깊이 관여되지만 이것을 객관적으로 증명할 수 있는 기준이 존재하지 않는다. 이와 같은 주관적 관념은 유위적 조작에 해당하는 것으로 외부 경계와 무관하게 자신의 정신적 지위를 격상시키려는 일종의 아상과 증상만의 표출로서 무위적 연기법에 어긋난다. 진실로 참 성품인 진성(眞性)을 깨달은 자는 무위적 연기법을 터득했기 때문에 특별히 도라든지 어떤 불가사의한 이치를 말하지 않는다. 그래서 "내가 지금 깨달은 진성에는 도도 없고 이치도 없다"라고 한다.

인간 이외에 어떠한 것도 자의적으로 조작하는 유위적 행을 하면서 연기법을 어기는 경우는 없다. 따라서 불교가 무위적 연기법을 바탕으로 하는 불법을 근본으로 하는 이유도 집착심에 따른 유위적인 조작을 하지 않고 자연의 무위적 이법을 따르도록 하는 것이다. 이러한 관점에서 성인의 올바른 지견은 무위적 연기법의 이치를 밝혀 펴는 것이지 어떤 특별한 깨달음의 도나 해탈의 성취에 있는 것이 아니다.

31 불여밀다 존자
不如密多尊者

◉ 제이십육조
불여밀다 존자가
게송으로 말한다

참다운 성품이
심지에 간직되어
머리도 없고
꼬리도 없지만
인연 따라
중생을 교화하니
방편으로 지혜라고
부른다

참다운 성품(진성)이란 만유의 무위적 연기의 이치를 지니는 마음으로 특별한 형태가 없다. 오직 타자와 더불어 조화로운 연기관계를 이루어갈 뿐이다. 여기서는 특별히 누구를 교화하고 또 교화를 받는다는 유위적 조작이 따르는 지혜도 필요치 않다. 다만 방편적으로 이름하여 지혜라고 부를 뿐이며, 여기에는 어떠한 아상도 지니지 않는다. 그래야만 참다운 연기적 관계를 따를 수 있게 된다. 그래서 머리도 없고 꼬리도 없지만 인연에 맞춰서 중생을 교화한다고 하는 것이다.

만유가 인연을 따라서 만나고 헤어지면서 연기적 관계를 무위적으로 계속 이어가고, 이런 관계 속에서 지니는 마음이 불성을 드러내는 참다운 성품이고, 이것이 드러나는 것을 반야의 지혜라 한다.

32 반야다라 존자
般若多羅 尊者

● 제이십칠조
반야다라 존자가
게송으로 말한다

마음에서
여러 가지
종자가 생기고
사(事)로 인해
이치가 생기네
결과가 원만하니
보리가 원만하고
꽃이 피며
세계가
일어나도다

마음이란 넓게 보면 생의(生意) 즉 생명력이다. "마음에서 여러 가지 종자가 생기고 사(事)로 인하여 다시 이치가 생긴다"라고 했다. 우주 만물이 생의에 따른 다양한 연기관계를 통해 여러 가지 종자(현상)가 생겨나며 그리고 사물로 인해 이들의 존재와 변화의 이치가 생기게 된다. 이처럼 법성을 지닌 만유는 연기적 이법에 따라 변화하며 무위적 진화로 이어진다. 이것이 바로 이치와 사물 사이에 걸림이 없이 이사무애(理事無碍)하고 사물과 사물 사이에 걸림이 없는 사사무애(事事無碍)한 화엄법계이다. 그래서 "결과가 원만하니 보리가 원만하고 꽃이 피며 세계가 일어난다"라고 하는 것이다. 만약 만물이 자의적인 조작된 마음을 낸다면 연기의 이법을 어기게 되므로 원만한 화엄법계가 이루어질 수 없게 된다.

우주 만물이 모두 생의를 지닌 생명체임에도 불구하고 흔히 '사람이 부처다'라는 인불사상으로 인간중심적이며 인간우월적인 사상을 표방하면서 인간만이 마음을 가진 생명체로서 우주에서 가장 존귀한 존재로 착각한다. 그러나 우주 만유의 평등성과 보편성을 근본으로 하는 불법의 근본 사상에 따르면 인간도 우주의 한 구성원으로서 다른 생명체와 동등한 삶의 가치를 지니는 존재일 뿐이다.

따라서 "결과가 원만하니 보리가 원만하고 꽃이 핌에 세계가 일어난다"라는 반야다라 존자의 게송은 인간의 관념적 세계에 국한하지 않고 생의를 지닌 우주 만유가 모두 부처라는 만불사상을 보인 것이다. 이러한 불법을 바르게 깨달아야만 무위적 연기법을 따르는 우주 만유의 조화로운 화엄세계를 기대할 수 있게 된다.

이러한 연기사상은 서양 철학에서도 엿볼 수 있다. 예를 들면 네덜란드 철학자 스피노자는 《에티카》에서 "존재하는 모든 것은 신 안에 있으며, 신 없이는 아무것도 존재할 수도 또 파악될 수도 없다"라고 했다. 여기서 신은 초자연적 존재나 인격적 신이 아니라 자연신[자연은 신이다-범신론]으로써 자연의 이법 즉 불법에 해당한다. 그리고 "인간은…자연의 공통된 질서를 따르고 그것에 복종하며, 사물의 본성이 요구하는 만큼 그것에 적응한다"라고 했다. 결국 스피노자는 데카르트의 이원론과 달리 정신과 육체가 두 개로 분리된 것이 아니라 하나라는 일원론을 주장하면서 인간을 비롯한 우주 만유가 자연의 연기적 이법을 무위적으로 따르고 있다고 하였다.

중국의 선사

33 보리달마대사
菩提達磨 大師

◉ 달마가 양나라에
도착하였다
광주 자사 소앙이
주인의 예를 갖추어
영접한 다음
무제에게 알린다
무제가 그 보고를 받고
사신을 보내어
달마 대사를 맞이해
시월 일일에 금릉에
도착한다
양무제가 묻는다
「짐이 즉위 후로
절을 짓고
경전을 쓰고
스님들을 받든 일을
다 기록할 수 없네
어떤 공덕이 있는가?」

달마 대사가 말한다
「아무런 공덕이
없습니다」
양무제가 말한다
「어찌하여
공덕이 없는가?」
달마 대사가 말한다
「이런 것은 단지
사람이 천상에
태어날 수 있는
작은 결과로
유루(有漏)의
인연이 될 뿐입니다
마치 그림자가
형체를 따르듯이
비록 있지만
진실한 것이 아닙니다」
양무제가 말한다

「참다운 공덕이란
어떤 것인가?」
「청정한 지혜는
미묘하고 원만하여
그 자체가
공적함으로
이런 공덕을
세상에서는
구할 수 없습니다」

양무제(464~549)가 절을 많이 짓고 경전을 편찬토록 한 공덕에 관해 묻자 달마 대사는 "아무런 공덕이 없습니다"라고 답했다. 사람이 자신이 베푼 것에 대해 집착을 가진다는 것은 연기적 이법에 분명히 어긋난다. 그러나 불교의 발생지가 아닌 중국에서 불교 중흥을 위하여 경전을 편찬하고, 절을 많이 짓고, 승려들을 많이 기르는 데 노력한 사실은 깊이 감사하는 것이 인륜의 도리이다.

이런 관점에서 '예, 공덕이 있습니다. 그러나 그 공덕은 모두 연기적 관계 속에 녹아들어 특별히 드러낼 수 없지만 불법을 만천하에 넓게 펴도록 해 주신 것에 대해 고맙게 생각합니다'라는 극히 상식적인 감사의 뜻을 보이는 것이 더 자연스러운 불교적 연기관계가 아닐까?

그런데 어찌하여 한마디로 잘라서 "아무런 공덕이 없습니다"라고 답해야만 불법을 바르게 따르는 것인가? 이것도 일종의 달마 대사의 아상의 표출이 아닌가? 연기의 세계에서는 바람이 불면 굽히기도 하고 흔들리기도 하며 또한 때로는 뿌리채 뽑히기도 한다. 진리라는 어떤 특정한 것이 본래부터 있는 것이 아니다. 공덕이 있으면 어떠하고 공덕이 없으면 어떠한가? 자신이 뿌린 씨앗은 자신이 거두어 가지는데 구태여 이것에 대한 시비를 가릴 필요가 있겠는가?

불교는 엄격하면서도 부드럽고 관대하며 아량을 베푸는 종교이지 어떤 절대 진리를 추구하는 것이 아니다. 흐르는 물이 어디로 가는지 그 길이 처음부터 정해진 것이 아니다. 흘러가는 대로 그냥 흐를 뿐이다. 그러다 햇볕을 쪼이면 물이 하늘로 증발하기도 하고 다시 비로 떨어지기도 한다. 그러다가 궁극에는 바다라는 연기의 세계로 와서 다시 또 순환을 이어가는 것이다. 이것이 바로 무위적 연기의 이치이다. 선불교도 그 바탕은 바로 이러한 무위적 연기법에 바탕을 둔 것으로 본다. 만약 그렇지 않고 인간의 마음에만 국한하여 세상을 재단한다면 이는 참된 불교도 아니고 불법을 바르게 펴는 것도 아니다.

◉ 양무제가 또 묻는다
「어떤 것이
가장 성스러운
제일의 도리인가?」
달마 대사가 말한다
「모두 드러나서
성스러움이란
없습니다」
양무제가 말한다
「짐을 마주하고
있는 자는 누구인가?」
달마 대사가 말한다
「모릅니다」

달마 대사는 청정하고 성스러운 지혜는 이미 인간의 마음에 다 갖추어져 있기에 형태도 없고 또한 구태여 성스럽다고 할 필요도 없다는 뜻에서 "모두 드러나서 성스러움이란 결코 없습니다" 라고 했다. 그러니 공덕이나 성스럽다는 지혜의 문제는 쓸데없는 말에 불과하다는 것이다.

그럼 나를 마주 보고 있는 너는 누구냐고 양무제가 물었다. 이것은 성스러움이란 것이 없다면 그럼 '너는 성스러운 사람이 아니냐?' 라는 질문이다. 달마 대사는 '모릅니다' 라고 답했다.

문제는 인간은 본래부터 청정한 불성이 이미 갖추어진 존재인데 서로 분별한다는 것은 어리석은 짓으로 볼 수 있지만 연기적 세계에서는 각자의 소질과 재능에 따라 자신이 할 일이 있으므로 개체가 연기적 집단에서 수행해야 할 역할이 조금씩 다르게 된다. 이렇게 다른 자질과 재능을 지닌 사람들이 모여 연기적으로 원만하게 집단을 이끌어갈 때 원융한 화엄세계가 이루어질 수 있다. 이런 점에서 달마 대사가 할 일이 있고 양무제가 할 일이 따로 있는 것이다.

연기적 세계에서는 누가 잘나고 누가 못나다는 분별이 없으며 또한 누가 불법을 잘 알고 누가 불법을 잘 모른다는 분별도 없다. 그냥 모두 각자의 자질과 능력에 따라서 알맞은 자리에서 최선을 다하며 연기적 진화를 이루어가면 되는 것이다. 여기서 연기법이나 불법이라는 것을 반드시 알 필요도 없다. 그냥 집착심과 이기심이 없이 무위적 연기관계로 원융한 삶을 이어가면 되는 것이다. 사실 양무제가 '너는 누구냐?' 라고 물었을 때 '모른다' 라고 답한 달마 대사가 아상을 보인 것이 아닌지? '마음에서 마음으로 전하다' 는 선사들에게서 권위적인 아상이 조금 엿보이는 느낌을 받는다면 이것은 선사들이 옳고 그름을 분명히 밝히기 때문인지 아니면 대중이 무지한 까닭인지?

달마 대사는 "마음이 장벽과 같아야 도에 들 수 있다" 라고 했다. 이것은 진리를 깨닫는 방편이지 본분자리는 아니다. 연기의 세계에서 마음이 장벽처럼 단단하다면 상대와 주고받는 연기관계가 원활하게 수행되기가 어려우므로 연기적 불법을 바르게 펼 수 없게 된다. 따라서 일반적으로 직설적으로 진리를 밝히는 것보다 상대방이 편안한 마음을 갖도록 배려하는 것이 더 바람직한 연기적 관계일 것이다. 절대적인 것이 진리가 아니라 변하는 것이 진리이며 그리고 불법의 진리도 역시 연기적으로 변하는 진리이다.

34 혜가대사 慧可大師

◉ 달마 대사가 말한다
「모든 부처님께서
깨달으신
최상의 진리는
오랜 세월 동안
부지런히 수행하며
행하기 어려운 것을
능히 행하고
참기 어려운 것을
능히 참은 결과이다
어찌 작은 덕과
작은 지혜와
남을 업신여기는
거만한 마음으로
참다운 가르침을
깨닫기를 바라는가?
쓸데없이 고생만 할 뿐이다」
신광이 대사의
가르침을 듣고
감추어둔 날카로운 칼로
스스로 왼쪽 팔을 잘라서
대사 앞에 내려놓는다
대사가 법의 그릇임을
알고 말한다
「모든 부처님께서
처음 도를 구할 때엔
법을 위해서
몸을 잊었다
그대가 지금 내 앞에서
팔을 자르니 구도의
뜻이 있도다」
그리고는 혜가라는
이름을 주었다
신광이 말한다
「모든 부처님의 법인(法印)을
들을 수 있습니까?」

대사가 말한다
「모든 부처님의 법인은
사람에게서
얻는 것이 아니다」
신광이 말한다
「저의 마음이
편치 않습니다
대사께서 편히
해 주십시오」
대사가 말한다
「그 마음을 가져오너라
그대를 편안하게
해 주리라」
「마음을 찾아도
찾을 수 없습니다」
대사가 말한다
「그대의 마음을
편안하게 했노라」

달마 대사로부터 법을 얻기 위해 굶주림과 차가운 눈보라 속의 고통을 참으면서 기다리다가 "모든 부처님께서 깨달으신 최상의 진리는 오랜 세월 동안 부지런히 수행하며 행하기 어려운 일을 능히 행하고 참기 어려운 일을 능히 참은 결과이다"라는 말을 듣고 자신의 왼팔을 칼로 잘라 대사 앞에 내려놓았다. 이것은 육바라밀 중에서도 가장 어려운 인욕바라밀을 보인 것이다.

《금강경》에서 이르기를 "어찌한 까닭이냐? 수보리야, 내가 옛적에 가리왕(인도의 고대 우주관에서 타락한 깔리유가 시대의 사악한 왕)에게 몸을 베이고 끊임을 당하였을 적에 내가 저때에 아상이 없었으며 인상이 없었으며 중생상이 없었으며 수자상도 없었느니라. 왜냐하면 내가 옛적에 마디마디 사지를 찢기고 끊일 그때에 만약 나에게 아상과 인상과 중생상과 수자상이 있었던들 응당 성내고 원망하는 마음을 내었으리라.

수보리야, 또 여래가 과거 오백세 동안 인욕 성인이 되었을 때를 생각하니 저 세상에서도 아상이 없었고 인상도 없었고 중생상도 없었고 수자상도 없었느니라.

이 까닭에 수보리야, 보살은 응당 일체 상을 여의어 아뇩다라삼먁삼보리심(위없이 바른 평등과 바른 깨달음의 마음)을 발할지니 마땅히 형상

(色)에 머물러 마음을 내지 말며, 성·향·미·촉·법(대상)에 머물러 마음을 내지 말고 응당 머문 바 없는 마음을 낼지니라" 라고 했다. 이것은 인욕바라밀의 대표적인 예이다.

달마 대사가 혜가의 끊어진 팔에서 그의 인욕바라밀을 보고 그가 법의 큰 그릇임을 알았다. 혜가가 모든 부처님의 가르침의 표시인 법인(法印)을 묻자 이것은 사람에게서 얻는 것이 아니라고 했다. 이것은 스스로 깨달아 알라는 뜻이다. 그러자 의문이 쌓이면서 마음이 불편해졌고 마음을 편하게 해 주기를 간청하자 달마 대사는 편치 못한 마음을 가져 오라고 했다. 혜가가 그 마음을 찾을 수 없다고 하자 달마 대사는 이미 네 마음을 편안하게 해 주었다고 했다.

형태도 없이 변하는 것이 마음이다. 그런 마음을 어디에서 찾아내겠는가? 결국 찾을 수 없는 것이 마음이다. 달마 대사는 혜가가 이런 마음을 깨달았다고 본 것이다. 그래서 그에게 마음으로 법을 전했다. 이것이 선종에서 말하는 이심전심(以心傳心) 전법의 시초이다.

◉ 달마 대사가
어느 날 혜가 대사를
위해 말한다
「그대는 오직 밖으로
모든 인연을 쉬고
안으로 헐떡거림이 없이
마음이 장벽과 같아야
도에 들 수 있다」
혜가가 궁리 끝에
갖가지로
마음과 성품을 설명하나
모두 계합하지 않다가
어느 날 홀연히
깨닫고 말한다
「저는 이미 모든 인연을
쉬었습니다」
달마 조사가 말한다
「단멸을 이룬 것은

아닌가?」
혜가가 말한다
「아닙니다」
달마 조사가 말한다
「그대는 무엇을
이루었나?」
혜가가 말한다
「밝고 밝아
어둡지 않으며
분명하게
늘 알고 있으나
말로는 표현할 수
없습니다」
달마 조사가 말한다
「이것이 모든 부처님과
조사가 전한 마음의
본체이니 다시는
의심하지 말라」

도에 든다는 것이 무엇인가? 어떤 특별한 경지에 이르러서 인간 존재의 최상의 가치를 구현하는 것인가? 우주의 만유와 더불어 조화롭게 무위적 연기관계를 이어간다면 흡족한 것이라고 본다. 그렇게 하려면 늘 편안한 마음으로 인간을 비롯한 자연 만물과 인연을 따라서 연기관계를 잘 이루어가면 된다. 밖으로 모든 인연을 쉰다는 것을 외물에 집착하지 않는 것으로 생각할 수 있다. 이런 태도는 소극적이다.

타자와의 연기관계가 유위적이 아니라 무위적으로 이루어진다면 집착 자체가 생길 수 없다. "밝고 밝아서 어둡지 않으며 분명하게 늘 알고 있으나 말로는 표현할 수 없습니다"라는 것은 자기중심적인 관념에 치우친 것으로 타자와는 직접적인 연관이 없는 경우이다. 이것이 소위 언설이 불가능한 선적 깨달음의 경지에 해당한다.

달마 대사는 "그대는 오직 밖으로 모든 인연을 쉬고, 안으로 헐떡거림이 없이 마음이 장벽과 같아야 도에 들 수 있다" 라고 했다. 인간은 태어나 자연으로부터 또 타자로부터 다양한 보시를 받아가며 살아간다. 그런데 어떻게 장벽과 같은 마음으로 외물에 관심이 없고 또 인연이 없이 살아갈 수 있겠는가? 다만 이기적 집착을 갖지 않고 조화로운 관계만 이어간다면 불법을 따르는 길이 아니겠는가? 외물을 경시하고 내심에 집중하는 선이 오늘날 선종의 기본 사상이 되고 있다.

이런 사상은 관념적이며 자기중심적이므로 타자와의 연기관계에서 권위적 아만을 드러내기 쉽다. 그리고 이 경우는 연기적 관계를 통한 동체대비를 중시하는 대승의 경우와 달리 개인적 깨달음을 중시하기 때문에 소승적으로 비추어지게 된다.

35 바라제 존자
波羅提 尊者

◉ 이견왕이 바라제
존자에게 묻는다
「무엇이 부처입니까?」
「성품을 보는 것이
부처입니다」
이견왕이 말한다
「스님은
불성을 봅니까?」
「저는 불성을 봅니다」
이견왕이 말한다
「불성이 어디에
있습니까?」
「불성은 작용하는 데
있습니다」
이견왕이 말한다
「어떻게 작용하기에
나는 지금 보지
못합니까?」
「지금 작용이
보이고 있으나
왕께서 스스로
보지 못할 뿐입니다」
이견왕이 말한다
「나에게도
있지 않습니까?」
「만약 왕께서
작용한다면 있지만
왕께서
작용하지 않으면
그 자체를 보기
어렵습니다」
이견왕이 말한다
「만약 작용한다면
몇 군데서 나타납니까?」
「나타난다면
여덟 가지가 있습니다」

이견왕이 말한다
「여덟 가지로
나타나는 것을
나에게 설명해
주십시오」
바라제 존자가 말한다
「태중에 있으면
몸이고
세상에 있으면
사람이라 하고
눈에 있으면
본다고 하고
귀에 있으면
듣는다고 하고
코에 있으면
향기를 분별하고
혀에 있으면
말을 하고
손에 있으면 잡고
발에 있으면
걸어 다닙니다
두루 나타나면
세상에 꽉 차고
거둬들이면
하나의 티끌 속에도
있습니다
아는 사람은 이것을
불성으로 알고
모르는 사람은
정혼(精魂)이라고
부릅니다」
왕이 게송을 듣고
곧 깨닫는다

바라제 존자는 사람은 오관을 모두 적절히 쓰며 온 세상 만유와 연기 관계를 맺으면서 살아가는 과정에서 사람의 성품이 드러나며 거기에 불성이 있다고 했다. 그러다가 죽어 한줌 재가 되어 먼지 속의 성품에 불성이 들어 있게 된다. 그래서 식자(識者)는 이것을 불성으로 알지만 불성이 무엇인지 모르는 사람은 영혼(精魂)이 들어 있는 것으로 안다고 했다. 바라제 존자는 왕에게 성품이나 불성은 연기적 관계에서 드러나며 그리고 그 불성이란 성품은 작용하는 데서 나타난다고 했다. 불성은 만물에 들어 있으며, 사람이 죽어서 남는 잔해에도 불성이 들어있다.

연기의 세계에서는 만물이 모두 법성을 지니는 평범한 존재이다. 우주에서 어느 것 하나 특별한 것이 없이 모두가 평등하고 보편적인 법성을 지닌 존재임을 바라제 존자는 강조했다. 따라서 깨달음을 얻어 도를 이루었다든지 신비스러운 경지를 터득하며 깊은 선정에서 깨어났다든지 하는 유별난 행위들은 모두 허위요, 망상의 늪에서 허우적거리는 우매한 중생임을 나타낼 뿐이다. 우주 만유의 보편성, 평등성, 무위성, 이완성 등을 떠나서는 그 어디에서도 불성이나 법성을 찾을 수 없다.

자기의 마음에만 집중하면서 깨달음을 얻고자 하는 사람은 외물과의 연기적 관계를 중요하게 생각하지 않는다. 그러므로 산천초목과 일월성신이 모두 법성을 가진다는 생각을 할 수 없게 된다. 오늘날 바라제 존자처럼 하나의 먼지에도 법성이 들어있다고 말할 수 있는 사람이 얼마나 될까?

36 반야다라 존자
般若多羅 尊者

◉ 동인도 국왕이
이십칠조 반야다라 존자를
청하여 내궁에서
재를 지낼 때
왕이 묻는다
「모든 사람이 열심히
경전을 읽는데
스님은 왜 경전을
보지 않습니까?」
선사가 말한다
「빈도는 숨을 들이쉴 때는
음계에 머물지 않으며
숨을 내쉴 때는
여러 인연에
깊이 빠져들지 않습니다
항상 이와 같이
백천만억 권의
경전을 읽습니다」

"빈도(貧道-스님을 스스로 낮추어 부르는 말)는 숨을 들이쉴 때는 음계(陰界-오음과 십팔계)에 머물지 않으며, 숨을 내쉴 때는 여러 인연에 깊이 빠져들지 않습니다"라고 했다. 이것은 가난한 도인은 외부 경계와 인연을 잊은 채 살아 숨 쉬는 것처럼 마음속의 경전을 읽고 있다는 뜻이다. 태어나면서부터 보지 않고, 듣지 않고, 맛보지 않고, 냄새 맡지 않고, 접해보지 못한 상태가 아니라면 마음속에서 읽는 경전도 분명히 삶의 연기 과정에서 얻어진 정보가 아뢰야식에 저장되었다가 외물과 접하면 다시 나타나게 된다. 그렇다면 감각기관이 완전히 불능한 사람은 어떻게 마음속에 경전을 지닐 수가 있을까?

반야다라 존자의 생각은 소위 불립문자(不立文字)와 교외별전(教外別傳)이라는 선종의 사상을 나타낸 예이다. 문자로 쓰인 경전을 멀리하고 또 외부와의 연기적 관계를 끊은 채 화두 참구로 선정에 들어 깨달음을 얻는 것이 바로 자기 마음의 경전을 완성해 보이는 것처럼 생각하고 행하는 관습이 선가의 대체적 경향이다.

옛것을 멀리 하고 어찌 새것을 얻을 수 있겠는가? 만약 이웃과 옛것을 멀리 한다면 그는 마치 절대자처럼 스스로 창조하고 조정하는 초월적 능력을 가진 것으로 착각하게 될 것이다. 인간은 손발을 쓰기 때문에 자의적이고 유위적인 집착에 빠지기 쉽다. 이를 피하려면 집단 내에서 타자와 연속적으로 연기관계를 맺으면서 스스로 탈자적인 무아의 경지에 이름이 최선의 방법이다.

조화로운 연기관계를 위한 것이라면 글로 쓴 경전이든 마음으로 쓴 경전이든 분별하지 않고 어느 특정한 것에 치우치는 집착심을 버려야 한다. 만약 지상의 모든 사람이 반야다라 존자의 생각처럼 살아간다면 왜 교육이 필요하고 문명이나 문화의 발전이 존재할 수 있겠는가?

37 승찬 대사 僧璨大師

◉ 삼조 승찬 대사가
게송으로 말한다

지극한 도는
어려움이 없으나
오직 취사 선택하는
것을 꺼릴 뿐이다
미워하거나
사랑하지 않으면
밝고 환하게
명백하리라

또 게송으로 말한다

원만하기가
허공과 같아
모자람도 없고
남음도 없다
취사 선택하는 마음
때문에 그와 같이
되지 못하는 것이다

무위적 연기의 세계에서는 가려내고 선택하는 유위적 조작이 없다. 미워하고 사랑하고, 모자라고 남고 그리고 취하고 버리는 것 등은 모두 집착에 따른 분별적인 조작이다. 그래서 승찬 대사는 "지극한 도는 어려움이 없으나 오직 간택을 싫어할 뿐이다" 라고 했다.

이와 같은 유위적인 조작이 아닌 무위적 연기법을 따르게 되면 법성이란 도의 경지에 자연스럽게 이르게 된다. 이처럼 승찬 대사의 《신심명》에서는 집착에 따른 간택과 취사를 버리고 무위적 연기의 중도를 따름이 불법의 실현임을 강조하고 있다. 장자는 "도가 지극히 높은 사람은 이름이 없다" 라고 했다. 이것은 연기적 중도의 불법을 따르는 것은 하늘의 이법과 인간의 도리를 잘 따르는 지극히 평범한 것임을 뜻한다. 그래서 진실한 깨달음은 깨달음이라 부르지 않는 것이다.

38 도신·홍인 대사
道信·弘仁 大師

◉ 사조 도신 대사와
재송 도자가 만나서
말하는데
서로 계합한다
사조가 말한다
「그대는 이미 늙었으니
몸을 바꾸어서
오는 것이 좋겠소」
재송 도자가
아무 말도 없이
산을 내려와서
탁항에 이르러
빨래하는
한 처녀를 보고 말한다
「내가 그대 집에서
하룻밤을 묵고자 하네」
처녀가 말한다
「부모님이 계십니다」

재송 도자가 말한다
「그대는 허락하는가?」
처녀가 말한다
「집에 가서 부모님께
여쭈어보겠습니다」
재송 도자가
멀리 가지 않고
나무 아래에 앉아서
입적한다
그 처녀가 이로부터
잉태하여 아들을 낳는다
부모의 꾸중과
시비를 씻을 수 없어서
아이를 데리고 나가
강물에 던지고 가버린다
다음날 다시 돌아와서
아이를 찾아보니
물을 거슬러

올라가고 있다
차마 버릴 수가 없어서
다시 아이를 데려다
기르게 된다
걸식하면서 지내다가
일곱 살이 되어
황매산으로 가다가
길에서 사조 도신 대사를
만난다
도신 대사가 묻는다
「동자는 성이 무엇인가?」
아이가 대답한다
「성은 있으나
보통 성이 아닙니다」
대사가 말한다
「무슨 성인가?」
아이가 말한다
「불성입니다」

대사가 말한다
「비록 불성은 있으나
너는 아직 알지 못한다」
아이가 말한다
「비단 제가 알지 못할
뿐만 아니라 삼세제불도
알지 못합니다」
대사가 말한다
「무엇 때문에 알지
못하는가?」
아이가 말한다
「불성이 공하기
때문입니다」
대사는 그가 법의
그릇임을 짐작하고
곧 출가시켜
가사를 전하고
법을 부촉한다

4조 도신 대사가 어린 5조 홍인 대사를 만나 그를 출가시켜 법을 부촉한 이야기다.

불성은 우주 만유에 내재한다. 만물은 무위적 연기관계에 따라 진화하여 생주이멸을 이어가기 때문에 고정된 자성이 없는 무아이므로 제법무아이고 제행무상이다. 그래서 만물의 자성은 늘 변화하므로 이를 연기적 공이라 한다. 이와 같이 변화하는 자성이 곧 불성이며, 불성은 연기적 공이다. 그래서 "불성이 공하기 때문입니다" 라고 말한 것이다.

결국 불성이란 곧 무위적 연기성을 뜻하며, 이를 공성이라 한다. 흔히 공성을 텅 빈 실체가 없는 것으로 보기도 한다. 그러나 이것은 연기성을 바르게 설명하지 못하고 오히려 아무것도 존재하지 않는 공간이나 헛것으로 나타냄으로써 허무주의적 사상을 드러내게 된다. 우주는 에너지로 가득 차 있기 때문에 어디에도 텅 빈 공간이란 존재하지 않는다.

그리고 불성은 형체를 지닌 것을 상대로 하는 것이지 결코 공간을 대상으로 하는 것이 아니다. 따라서 실체는 언제나 존재하며, 그 실체가 타자와의 연기적 관계에 의해 자성이 변하는 것이므로 시간이 지나면 이전의 자성은 사라지고 새로운 자성이 생기기 때문에 연기적 공이라 부를 뿐이다. 실은 공이라는 말 자체도 필요치 않다. 왜냐하면 연기적 관계성이 곧 공성이기 때문이다.

이러한 연기의 공성을 바르게 이해하지 못하기 때문에 서양에서는 불교가 허무주의 사상을 지닌 것으로 보기도 한다. 특히 독일 철학자 니체의 니힐리즘을 허무주의로 보기 쉽다. 그러나 니체 연구의 최고 권위자인 하이데거는 《니체의 신은 죽었다》에서 니힐(nihil)을 '아무것도 아닌 것(nichts)'으로 보고, "니힐리즘은 전체로서의 존재자 자체가 '아무것도 아니라는 것'을 의미한다"라고 했다. 여기서 '아무것도 아니라는 것'은 '보편적인 것(보편자)'으로 연기법에 따른 만유의 보편성을 뜻한다. 이런 관점에서 니체의 니힐리즘이 단순한 허무주의가 아니라 연기적 불법에 깊이 연관된 사상으로 볼 수 있다.

39 혜능대사
慧能大師

◉ 설간이 말한다
「도성의 선승들은
모두 말하기를
불도를 알고자 하면
반드시 좌선하여
선정을 닦아야 한다
선정을 거치지 않고
해탈하는 사람은
없다고 하는데
스님의 설법은
어떻습니까?」
혜능 스님이 말한다
「불도란 마음을 통해서
깨닫는 것인데
어찌 좌선하는 데만
있겠는가?
금강경에서 이르기를
만약 여래가
앉아 있거나
누워 있다고 하면 이는
삿된 도를 행하는
것이다 라고 하였다
왜냐하면 여래란
어디에서
오는 것도 아니며
또한 어디로 가는 것도
아니기 때문이다
만약 생멸이 없으면
이것이 여래의
청정한 선(禪)이며
모든 법이 공적하니
이것이 여래의
청정한 좌(坐)이다
끝내 깨달아 얻는 것이
없는데 어찌
좌선이겠는가?」

여래는 어느 한쪽으로 치우쳐 있는 것이 아니다. 그리고 일어났다 사라지는 집착심만 없으면 청정한 불성이 그대로 드러나는 여래선이 된다. 그러므로 구태여 좌선만 하거나 자지 않고 앉아 있다고 해서 여래나 선이 되는 것은 아니라는 뜻이다. 언제 어디에서나, 앉으나 서나, 일을 하나 쉬고 있으나 항시 만유가 불성을 드러내고 있음을 보게 된다. 그런데 자신의 불성을 드러내고자 특별한 자세를 취하는 것은 어리석은 짓이고 또한 선으로 깨달음을 얻겠다는 생각도 부질없다는 것이다. 그래서 혜능 대사는 설령 깨달았다고 하더라도 구경에는 얻는 것이 없다고 했다. 원래 부처인 자신이 부처로 드러날 뿐인데 특별히 무엇을 얻겠는가?

사실 천지사방의 만유가 다 불성을 갖추고 있는데 특별히 어디에서 여래의 불성을 찾으려 하겠는가! 깨달음이란 자신에 국한된 것이 아니라 타자와의 연기적 관계에서 찾아야 한다. 이런 관계에서는 생사일여로 생멸의 분별이 없는 상태를 여래의 청정한 선(禪)이라 하고, 법은 무자성으로 공적하므로 이를 여래의 청정한 자리(坐)라고 한다. 그러므로 외물의 연기적 이법을 멀리하는 좌선은 연기적 깨달음을 포기하는 것과 다를 바 없다.

◉ 혜능 스님이 말한다

밝음과 무명은
그 본성이 둘이
아니다
둘이 없는 성품이
곧 실상이다
실상이란 어리석은
범부라고 해서
감소되는 것이
아니며 현자나
성자라고 해서
불어나지 않는다
번뇌에 머물러도
어지럽지 않고
선정에 있더라도
고요하지 않다
단절도 아니고
항상함도 아니며

오는 것도 아니고
가는 것도 아니다
중간에 있는 것도
아니고
안팎에 있는 것도
아니며
불생불멸이다
본성과 형상이
여여하게
항상 머물며
변천하지 않는 것을
이름하여
도라고 한다

무위적 연기란 〈명/암〉, 〈범부/성인〉, 〈래/거〉, 〈유/무〉, 〈내/외〉, 〈단/상〉, 〈생/멸〉, 〈동/정〉 등은 모두 연기적 양면성을 지닌 이법이다. 그러므로 서로 상반되는 두 가지 중에서 어느 한 극단에 집착함은 불법의 중도를 따르는 길이 아니다. 실은 번뇌나 선정 어디에나 연기적 불성이 내재하므로 어느 한쪽에 치우치면 중도의 이법을 벗어나게 된다.

연기적 불성의 그 본성이나 형상이 언제나 한결같이 여여함을 깨달으면 이것이 도에 이르는 경지이다. 혜능 대사의 뜻은 어디에도 집착하는 마음을 여의고 자연의 이법을 자연스럽게 그대로 받아들이며 연기적 관계를 잘 이루어간다면 특별한 참선이나 행주좌와 같은 유별난 방법이 필요치 않다는 것이다. 결국 도란 특별한 것이 아니라 무위적 연기법의 바른 이해와 실천이다.

◉ 설간이 혜능 스님에게
묻는다
「말씀하신 불생불멸이
외도들의 주장과
어떻게 다릅니까?」
혜능 스님이 말한다
「외도들이 말하는
불생불멸은
멸(滅)로써
생을 그치고
생으로써 멸을
나타내는 것이다
그래서 멸은
오히려 불멸이며
생은 무생이라고
말하는 것이다
내가 말하는
불생불멸은
본래 무생이며
지금도 또한
불멸이므로 외도들의
주장과는 같지 않다
그대가 만약
마음의 요점을
알고자 한다면
오직 일체의 선과 악을
모두 생각하지 않으면
자연히 청정한
마음이 되어
항상 맑고 고요하여
미묘한 작용이
항하수의 모래수만큼
많아지게 될 것이다」
설간이 혜능 스님의
가르침을 듣고
크게 깨닫는다

혜능 선사가 보는 외도들의 주장은 다음과 같다. 생기거나 소멸하는 것이 아니라는 불생불멸에서 소멸은 소멸로서 완전히 끝남으로 마치 생김이 없는데 소멸만 있는 것처럼 보고, 또한 생김은 오직 생김으로만 보기 때문에 소멸이 없는데 어찌 생김이 있겠는가라는 생각이 혜능 선사의 관점이다. 그래서 선사가 보는 불생불멸의 뜻은 생김이 저절로 이루어지는 것이 아니라 소멸이 있기에 생김이 있고, 생김이 있기에 소멸이 있는 것이라고 보는 〈생/멸〉의 연기적 양면성을 제시했다. 〈선/악〉의 경우도 이와 같으므로 어느 한 극단에 치우치지 않으면 청정한 마음을 얻게 된다.

외도는 연기성을 무시하고 생과 멸을 각각 독립된 것으로 보는 견해를 가지고 있는데 이는 그릇된 것이다. 이러한 〈생/멸〉의 연기적 이법은 흔히 불생불멸이라고 해서 생도 없고 멸도 없다든지 혹은 생사불이로서 생과 사는 별개의 것이 아니라 그 연기적 형태가 다를 뿐이지 근본은 같다는 것이다. 그런데 외도들은 생과 멸이 완전히 독립된 비연기적인 것으로 보는 잘못된 견해를 가졌다.

◉ 혜능 스님이
대중에게 설한다
「한 물건이 있어서
위로는
하늘을 떠받치고
아래로는
땅을 받치고 있다
밝기는 태양과 같고
검기는 옻칠과 같다
항상 움직이며
작용하지만
움직이고
작용하는 데서도
찾지 못한다
그대들은 무엇이라
부르겠는가?」
어린 사미인 신회가
대중 앞으로 나와서
말한다
「모든 부처님의
본원이며 신회의
불성입니다」
혜능 스님이 말한다
「내가 한 물건이라고
말하지만
그것도 오히려
틀린 말인데
어찌 감히
본원이니 불성이니
하고 말하는가?」

한 물건이라는 마음은 천지 만유와 연기관계를 맺고 있으며, 밖으로 나타나기도 하고 또 감추기도 한다. 그러나 항상 움직임 속에 고요함을 이루고 있는 것이다. 여기서 〈은/현〉과 〈동/정〉은 비동시적 동거성이다. 이를 한 물건이라는 말로 표현하지만 마음이라는 물건은 실로 형상이 없이 움직이니 마음이라는 말도 적당한 표현이 못되는데 하물며 불성이라고 하는 것은 더욱 적당한 뜻이 못 된다는 것이다.

사실 마음이란 특별한 것이 아니라 만물이 지닌 생의이므로 인간의 마음이나 만물의 마음이나 모두 다 주고받는 연기적 이법에 따라 생기는 것으로 어느 하나 분별할 수 없다. 그러니 마음을 특별히 한 물건으로 분별함은 부질없는 노릇이며, 또한 만물이 불성을 지녔는데 특별히 불성이 인간의 마음의 근원이라고 규정지을 필요도 없다. 우주 만물 모두가 연기적 생의를 지닌 것으로 부족함이 없으니 굳이 마음이니 불성이니 하면서 분별해 말할 필요가 있겠는가? 그래서 "내가 한 물건이라고 말하지만 그것도 오히려 틀린 말인데 어찌 감히 본원이니 불성이니 하고 부르는가?"라고 말한 것이다.

함허득통 스님은《금강경오가해》에서 위의 혜능 선사의 글에 대해서 "여기 한 물건이 있으니 이름도 없고 모양도 없으나 고금을 꿰뚫고 있다. 하나의 작은 먼지 속에 있으니 온 우주를 다 에워싸고, 안으로는 온갖 여러 가지의 아름다운 덕을 가지고 있으며 밖으로는 무수한 근기들에 다 맞춘다. 하늘과 땅과 사람에게 있어서 주인 노릇을 하고 모든 법에서 왕 노릇을 한다. 탕탕하여 무엇과도 비교할 수 없고 외외하여 무엇과도 짝을 할 수 없다" 라고 했다.

여기서 인간이 우주의 주인이고 모든 법의 왕이라는 것은 지나친 인본주의 사상으로서 연기법에 어긋나는 말이다. 불법은 만유의 평등성을 근본으로 하는데 어찌 인간의 마음이 모든 것의 주인이고 왕이 될 수 있는가? 혜능 선사의 글에서는 인본주의사상은 거의 나타나지 않고 오직 연기법의 중요성이 함축적으로 표현되고 있을 뿐이다.

◉ 또 게송으로
말한다

보리란 본래
나무가 아니며
밝은 거울 또한
형상이 아니네
본래 한 물건도
없는데
어디에 먼지가
끼겠는가?

이것은 홍인 대사 회상에서 신수 상좌의 게송을 보고 행자로 있던 혜능이 지은 것이다. 신수의 게송은 다음과 같다.

몸은 보리의 나무요 / 마음은 밝은 거울 같으니
언제나 부지런히 털고 닦아서 / 때와 먼지가 묻지 않게 하리라.

신수 선사의 게송에서는 꾸준한 수행을 중시한 반면에 혜능 선사의 게송은 공을 중시했다. 즉 신수 선사는 불성을 지닌 마음이 모든 것을 비추는 거울과 같은 것이니 늘 먼지의 때가 묻지 않도록 수행하여 지혜의 빛을 두루 비추는 거울이 되어야 한다는 것이다. 그리고《금강경》을 심인(心印)으로 삼은 혜능 선사가 '본래 한 물건도 없는데' 라고 말한 것은 마음의 연기적 공을 뜻한 것이다. 이러한 연기적 공의 이법을 깨닫고 나면 '어디에 먼지가 끼겠는가?' 라는 것이다. 즉 혜능 선사는 몰록 깨닫는 돈오를 중시하고, 신수 선사는 꾸준한 수행으로 성불한다는 점오 또는 점수를 중시한 것이다.

연기의 세계에서는 비록 만유의 연기적 이법을 깨닫는다고 해도 연기적 관계에서는 늘 변화에 따른 불확실성이 내재하므로 완전성이나 절대성이란 존재할 수 없다. 따라서 한 번의 몰록 깨달음으로 완전한 이상적 세계가 영속될 수 있는 것이 아니다. 이러한 관점에서 볼 때 신수 선사의 생각이 실제적이고 현실적이라면, 혜능 선사의 생각은 이상적이고 초월적인 경우라고 볼 수 있다.

광덕(光德) 스님은 돈오와 점수에 관해서 다음과 같이 말했다. "대개 말하기를 돈오면 곧 불(佛)이라는 견해는 명백하나 이치 그대로 사사여일(事事如一－현상계가 한결 같음)하기 쉬운 것이 아니니, 현실에 처해서 자재하게 되려면 더 닦아야 한다고 한다. '이치인즉 몰록 깨닫는지라 깨달음을 따라서 다 안다 하거니와, 사(事)는 몰록 제해지는 것이 아니니 차제를 인연하여 없어진다'라고 하고, '언 못(池)이 온전히 물인 줄은 아나 햇볕을 빌어서 녹여야 하고, 범부가 곧 불(佛)인 것을 깨쳤더라도 법력을 다하여 닦아야 한다'라고 한 것은 이를 말한 것이다. 이와 같이 닦는 것을 오후진수(悟後進修－깨달은 후에도 계속 수행함) 또는 목우행(牧牛行－소를 먹인다)이라 하는데 돈오점수에 대하여 많은 논의가 있다"

결국 자신의 주관적 마음은 쉽게 깨칠 수 있을지라도 만유의 생멸 변화의 이치를 단번에 깨치기는 어렵다는 것이다. 이것은 연기의 세계는 변화무쌍한 세계이므로 이에 따른 우주 만유에 대한 깨달음이 한 번으로 끝날 수 있는 것이 아니기 때문이다.

◉ 또 게송으로
말한다

꼼짝 않고 앉아서
선행도 닦지 않고
기세등등하나
악행도 짓지 않네
적적하여
일체 보고 듣지
않으며
무애하여 마음에
집착이 없도다

선행이나 악행에 집착하지 않고 마냥 무위적 연기법에 따라 산다면 무엇을 보고 듣든 상관없이 여여할 수 있음을 보인 것이다. 혜능 선사는 어떤 것이든 집착심을 버리고 만유와 더불어 지내면서 연기법을 따른다면 그것이 곧 우주 만유와 함께 지내는 평범한 삶이라고 보았다.

혜능 선사는 선에 특별히 집착하지도 않았고 어떤 특정한 종파를 형성하지도 않았다. 말 그대로 여여하게 무위적 삶을 살았다. 위의 게송은 혜능 선사가 열반에 들기 전에 남긴 것으로 누구나 집착심을 여의고 또한 선악 등의 분별과 명분도 버리고 오직 중도의 연기법에 따라서 여여하게 살아가도록 당부하고 있다. 이것이 바로 불법의 바른 실천이다.

◉ 또 게송으로
말한다

혜능은
역량이 부족하여
온갖 생각을
끊지 못하며
경계 따라
마음이 일어나니
어떻게 보리가
자라겠나?

외물을 대하면 마음에서 온갖 생각이 일어나는 것이 정상적인 사람이다. 또한 마음이 일어나며 생각이 난다고 해서 지혜가 늘 자라나는 것도 아니다. 그러니 만유와 더불어 무위적 연기관계에 따라서 여여하게 사는 것이 최선이다. 구태여 의문을 멀리 하기 위해 눈을 감고 보지 않고 듣지 않으며 피해서 다닐 필요도 없다.

혜능 선사는 겸손하게 "혜능은 재주가 없어 온갖 생각을 끊지 못하며 경계 따라 마음이 일어나니 어떻게 보리가 자라겠나?"라고 했다. 이것이 가장 보편적인 인간의 연기적인 삶이다. 밖에서 양식을 구해야 하는 인간에게는 원초적으로 고에 따른 번뇌가 존재한다. 그래서 온갖 생각을 끊지 못한다고 말한 것이다.

일반적으로 모든 유위적인 조작된 마음은 연기법을 어기는 것이지만 이에 집착하지 않는다면 경계를 만나 번뇌가 자란들 어떠하고, 보리가 자라지 않은들 어떠하겠는가? 보리는 그냥 보리일 뿐이다. 번뇌와 보리는 본래부터 있는 것이 아니니 잡다한 생각에 집착하지 말고 만유와 더불어 여여하게 살아가는 것이 불법을 따르는 바른 길임을 혜능 선사가 보여 준다.

◉ 또 게송으로
말한다

생각이 있으면
그 생각은
삿된 것이고
생각이 없으면
그 생각은
바른 것이다

생각이 있다 함은 무엇인가를 유위적으로 집착함이다. 그렇게 되면 바른 생각을 못하게 되고, 그렇지 않고 무심이면 바른 생각을 하게 된다. 사물에 대해 집착이 없는 생각 즉 이기적으로 조작된 마음이 없다면 언제나 바른 견해를 낼 수 있다는 뜻이다.

그런데 밖에서 양식을 취하며 살아가는 인간이 연기의 세계에서 완전히 집착심을 여읠 수 있겠는가? 다만 지나치게 이기적인 생각은 버려야 할 것이다. 생각은 바람 따라 일어나는 파도와 같아 경계를 따라서 일어나고 또 없어지니 한 생각에 집착한들 그 생각을 잡아둘 수 없는데 무엇 때문에 생각에 생각을 더 보태려 하겠는가!

40 남악회양 선사
南岳懷讓 禪師

◉ 남악회양 화상이
육조 스님을
참례했다
육조 스님이 묻는다
「어디서 오는가?」
「숭산에서 옵니다」
육조 스님이 말한다
「무슨 물건이
이렇게 오는가?」
「한 물건이라고 해도
맞지 않습니다」
육조 스님이 말한다
「더 닦아야 하는 것
(修證)이 아닌가」
「더 닦아야 할 것은
없지 않으나
오염은 되지
않았습니다」

육조 스님이 말한다
「다만 오염되지
않는 이것이
모든 부처님이
호념하는 것이다
그대가 이미
이와 같으니
나도 또한 이와 같네」

육조 혜능 스님이 남악회양 화상을 보고 “무슨 물건이 이렇게 왔는가” 라고 하자, 남악회양은 한 물건(부처)이라고 한들 맞지 않다는 것이다. 육조 혜능 스님(이하 육조 스님)이 더 수행해야 한다고 하자, 남악회양은 더 닦아야 할 것이 없지는 않지만 이제 더 이상 번뇌망상에 오염되지는 않았다고 답했다. 육조 스님은 집착에 오염되지 않는 것이 바로 부처이므로 "그대가 이미 이와 같으며 나도 또한 이와 같다"라고 하면서 나와 너가 모두 부처의 경지에 이른 것이라고 했다.

이 게송에서 중요한 것은 "무슨 물건이 이렇게 오는가?"라는 말이다. 이것이 후대에 '이것이 무엇인가?(是甚麽)' 또는 '이 뭣고'라는 표현으로 간화선에서 흔히 쓰이는 중요한 화두의 하나로 알려진 공안이다. 그런데 '이 뭣고'면 어떠하고 '저 뭣고'면 어떠한가? 왜 어떤 특정한 것에 집착하여 한쪽으로만 마음을 쏠리게 하느냐는 것이다. '이 뭣고'에서 이루는 성불이 그렇게 중요한가?

특정한 화두를 들고 수년 내지 수십 년을 노력해 깨달음의 경지를 터득한다 해도 세상은 바뀌지 않는다. 오히려 화두와 씨름해 오면서 생긴 자기중심적 아집으로 대중 사회에 바르게 기여하지 못하는 인생이라는 그릇된 편력만 남을 뿐이다. 물 흐르듯이 사는 것이 만유의 삶인데 어찌하여 인생행로에서 특별한 것에 점을 찍어 자신을 돋보이려 하는가?

화두선은 젊은 수행자의 인생을 한쪽으로 몰아넣어 타자와의 적극적인 연기의 세계와 멀어지게 함으로써 자칫 인생의 낙오자로 전락될 수 있는 위험성이 따른다. 복잡한 현대 문명사회에서 옛날처럼 화두만 들고 수년씩 씨름한다는 것이 얼마나 무모하며 소비적인 삶인가를 깊이 살펴보아야 할 것이다. 대혜 선사는 《서장》에서 "화두를 들지언정 마음을 가지고 깨달음을 기다리지 마라. 그렇지 않으면 경계도 차별이며, 불법도 차별이며, 감정 티끌도 차별이며 화두도 차별이다"라고 했다. 결국 연기적 무심의 경지에서 화두를 들어야 한다는 것이다.

석가모니부처님이 펴신 교설에 따르면 불교의 목적은 만유의 조화로운 무위적 연기의 세계를 이루어가는 것이지 지엽적인 인간의 성불에만 국한된 것이 아니다. 이런 의미에서 부처가 되는 것을 근본 목적으로 하는 인불사상(人佛思想)은 지극히 소승적이다. 불교의 대승사상이 비록 잡다한 방편은 많아도 우주 만유와 더불어 삶의 가치와 존재가치를 바르게 구현토록 하는 연기집단의 동체대비를 매우 중시한다.

이러한 관점에서 보면 석가모니부처님의 교설에 근거한 초기 경전을 근본으로 삼는 초기불교(원시불교)는 지나치게 과거에 집착하는 것으로 소승적이다. 그리고 불교의 최상이라 부르는 선불교는 옛 조사나 선사의 선어나 공안에 얽매여 마음만 들여다보고 타자와의 적극적인 연기 관계를 도외시하는 것으로 역시 소승적 테두리를 벗어나지 못한다. 불교는 열린, 변화하는 종교인데 초기불교나 선불교는 이러한 시대적 변화를 거부하고 옛 전통과 언구에 지나치게 집착함으로써 석가모니부처님의 큰 뜻을 바르게 따르는 것으로 보기는 어렵다. 변화를 거부하는 전통의 고수는 궁극에 이르러 부패와 몰락을 맞게 된다는 것이 연기적 세계의 이법이다.

우주 만유는 연기적 관계로 서로 얽혀 있다. 인간과 인간, 인간과 자연 사이에 끊임없는 상호 의존적 관계를 이루며 서로가 서로를 도우며 진화하는 것이 자연이다. 연기의 세계는 특정 종교와는 무관하다. 불교는 이름이 불교이지 실은 불교의 바탕을 이루는 불법은 만유의 이법이며 또한 만유의 삶의 지침이 되는 실천적이고 논리적인 우주철학인 동시에 현실 중심의 과정철학이다.

◉ 마조가 늘 좌선만 하자
하루는 남악회양 스님이
기왓장을 가지고
암자 앞에 가서 갈았다
마조가 묻는다
「기왓장을 갈아서
무엇을 하시렵니까?」
남악 스님이 말한다
「갈아서 거울을
만든다네」
마조가 말한다
「기왓장을 갈아서
어찌 거울을
만들 수 있겠습니까?」
남악 스님이 말한다
「기왓장을 갈아서
거울이 안 된다면
어찌 좌선해서
성불하겠나?」
마조가 말한다
「그러면 어떻게
해야 합니까?」
남악 스님이 말한다
「예컨대 소가
수레를 끌 때
수레가 가지 않으면
소를 때려야 하는가
수레를 때려야
하는가?」

남악회양 선사가 마조도일 스님에게 한 말이다. 홀로 앉아 선정에 들어 무엇을 깨친다는 것이며 또한 그렇게 한심스럽게 앉아 있다고 해서 깨쳐지느냐는 것이다. 연기적 세계에서는 자신을 점검하면서 타자와 좋은 상호관계를 이루어가면 되는 것이지 어찌 자신의 이익만을 취하면서 타자에 무관심한 채 좌선만 하느냐는 것이다. 그래서 자신을 채찍질하면서 세상을 올바르게 보는 제법실상에 대해 여실지견을 갖추라는 뜻이다.

그런데 불교에서는 흔히 화두를 들고 참선한다는 명분으로 좌선하는 것을 강조하고 또한 재가자들로 하여금 마음 수행의 방편으로 좌선 수행을 강요하는 경향이 짙다. 불법의 근본 이치가 무엇인지도 모른 채 눈만 내리깔고 앉아 있다고 해서 무엇이 이루어지겠는가? 마음을 가라앉혀 조용한 상태를 이룬다고 해서 늘 이런 상태로 계속 지낼 수도 없지 않은가?

연기의 세계에서는 움직임 속에 고요함이 있고, 고요함 속에 움직임이 있다. 이와 같은 동정일여(動靜一如)를 일상에서 실현하는 것이 진정으로 선에 이르는 길일 것이다. 만약 불법의 근본 내용보다는 참선 수행이라는 방편을 쓰면서 바로 만유의 이치에 계합할 수 있다고 한다면 이는 타당치 못한 논리이다.

41

영가현각 선사
永嘉玄覺 禪師

◉ 영가현각 스님이
조계산에 와서
주장자를 흔들며 서있다
혜능 스님이 말한다
「사문은
삼천 가지 위의와
팔만 가지
미세한 행을
갖춰야 하는데
대덕은
어디서 오기에
아만이 그렇게도
심한가?」
영가 대사가 말한다
「생사의 대사는
무상하고 신속한데
언제 예의를
갖추겠습니까?」

혜능 스님이 말한다
「그대는 어찌하여
생사가 없고
신속함이 없는 이치를
깨닫지 못하는가?」
영가 대사가 말한다
「깨달으면 생사가 없고
알면 신속함이
없습니다」
혜능 스님이 말한다
「그래, 그래」
영가 대사가
바로 위의를 갖추어
참례하고 곧바로
떠나고자 한다
혜능 스님이 말한다
「너무 빠르지 않는가?」
영가 대사가 말한다

「본래 움직이지 않는데
어찌 빠른 것이
있겠습니까?」
혜능 스님이 말한다
「무엇이 움직이지
않음을 아는가?」
영가 대사가 말한다
「스님께서 스스로
분별하시는 것입니다」
혜능 스님이 말한다
「그대는 무생의
마음을 잘 아는구나」
「무생인데 무슨 마음이
있겠습니까」
혜능 스님이 말한다
「마음이 없는데
무엇이 분별하는가?」
「분별 또한
마음이 아닙니다」
혜능 스님이
「훌륭하고
훌륭하다」 라고
찬탄하였다

혜능 스님과 영가 스님 사이에 나눈 이야기의 근본은 생사와 마음에 관한 문제이다. 만유는 연기적 관계를 통해서 생주이멸을 이어간다. 그래서 생이면 곧 멸이고, 멸이면 곧 생으로 이어진다. 그러니 생과 멸은 형태가 다를 뿐 근본은 같으므로 생과 사의 분별이 없는 생사불이로 이것의 깨침이 곧 무생법인이다. 이러한 생멸의 연기관계는 변함없이 계속 이어가는 것이지 빠르고 느림이란 본래부터 없는 것이 연기의 세계이며, 이런 연기법의 바른 이해와 실천이 불교의 목적이 되어야 한다.

"깨달으면 생사가 없고, 알면 신속함이 없습니다" 라는 것은 생이면 사이고 사이면 생으로 순환하므로 생사에서는 빠르고 늦음이란 아무런 의미가 없다는 뜻이다. 그런데 흔히 깨달으면 시간과 공간을 초월하는 경지에 이름으로써 생사의 신속함이 없다고 본다. 시공을 초월한다는 것은 현실을 초월하는 것으로 비논리적이며 신비적인 경지를 뜻한다. 만유가 연기적 세계에 존재하면서 생주이멸과 성주괴공을 연속적으로 이루어 가는데 어찌 시공을 초월할 수 있겠는가? 그리고 시공을 벗어남은 타자와의 연기관계를 벗어나 고립된 관념적 세계에 몰입되는 경우를 뜻하는 것으로 실제적인 현실 세계와 동떨어진 가상의 세계에 지나지 않는다. 만약 불교나 선이 이와 같은 관념적이고 비연기적 세계를 지향한다면 더 이상 석가모니부처님의 종교가 아니며, 그리고 현실을 살아가는 모두에게 적용될 수 있는 것도 아니다.

◉ 영가 스님이
게송으로 말한다

마음은 근본이고
법(대상)은 티끌이네
이 둘은 마치
거울 위의
흔적과 같다
번뇌의 흔적이
사라지면
빛이 나타나고
마음과 법이
모두 사라지면
그 성품은 곧
참된 것이다

영가 스님의 《증도가》에 나오는 구절이다. "마음은 근본이고 법, 즉 대상은 티끌(번뇌망상)이다"라고 했다. 공기가 없다면 인간의 마음이 존재할까? 또한 물이 없다면 인간의 마음이 존재할까? 마음은 외부 대상이 존재함으로써 작용할 수 있는 것이며 또한 마음이 존재하게 된다. 따라서 연기의 세계에서는 마음과 법이란 외경 사이에 어느 것이 근본이라는 것을 말할 수 없다. 그리고 만유와의 연기관계에서 마음에 때가 좀 묻은들 어떠한가? 서로 주고받는 연기의 세계에서 때가 묻는 것은 지극히 당연하며 그리고 때가 있기 때문에 닦는 것이다. 그런데 무엇 때문에 외부의 때(대상)를 그렇게 경계해야 하는가? 항상 마음의 거울에 먼지 한 톨 없이 깨끗하기를 바라지만 죽기 전에는 불가능하다는 것이 바로 생주이멸이 이어지는 연기의 세계이다.

살다보면 마음의 거울에 때가 묻기도 하고 또 묻은 때가 떨어져 나가기도 하는데 무엇 때문에 외물의 때에 집착하며 두려워하는가? 때를 때로 보는 것이 애초에 잘못된 분별이 아닌가? 그리고 인간의 마음과 성품은 외물과의 관계에서 드러나는 것이며, 외물이 없다면 마음과 성품도 또한 존재할 수 없다. 그래서 마음과 외물에 지나치게 신경을 쓰지 않으면 집착심이 없으므로 여여한 평상심에 이를 수 있게 될 것이다.

위의 게송에서는 주관이 근본이 되고 객관이 종속임을 뜻하지만 주객의 분별 자체가 그릇된 것이다. 연기의 세계에서는 자타불이로 주객이 하나이지 결코 주관과 객관이 서로 무관하게 존재하는 것이 아니다. 주관이 있기에 객관이 있고, 객관이 있기에 주관이 있는 것이다. 그러므로 마음과 외경을 따로 분리해서 보는 것은 바른 견해가 아니다. 결국 주객불이일 때 비로소 불법의 법성이 드러나게 되는 것이다.

"마음과 법이 모두 사라지면 그 성품이 곧 참된 것이다"라는 것은 주관과 객관이 사라지면 진실한 참 성품이 나타난다는 것이다. 진실한 성품이 곧 불성이다. 불성은 만유에 내재한다. 인간의 경우에는 집착심만 여의면 불성이 저절로 드러난다. 그러므로 구태여 마음도 없애고 대상도 없앨 필요가 없다. 그렇지 않으면 오히려 집착만 생길 뿐이다.

◉ 또 게송으로
말한다
한 물건도 없음을
깨닫고 보니
사람도 없고
부처도 없네
온 세상이
바다의
물거품이며
일체 성현도
번갯불과 같도다

한 물건도 없음을 분명하게 꿰뚫어본다는 것은 집착하는 마음이 없음을 뜻한다. 이런 경지에서는 사람이니 부처니 하는 분별도 한갓 바다의 물거품처럼 생겼다가 사라지는 것으로 허망하다는 것이다. 또한 일체 성현도 이와 같이 찰나처럼 왔다가 사라지는 것이다. 그러므로 위의 게송처럼 제법무아이고 제행무상인 연기의 세계에서는 마음의 집착을 여의고 여여하게 무위적인 연기의 이법을 따르는 것이 만물이 존재하는 근본 뜻일 것이다.

◉ 또 게송으로
말한다
참됨(眞)도
구하지 않고
허망함도
끊지 않으며
이 두 법이 공하여
무상임을 깨닫네
상이 없고
공이 없고
불공이 없으면
이것이 곧
여래의 진실한
실상이다

진실과 허망은 연기의 양면성으로 진실이 숨으면 허망이 나타나고, 허망이 나타나면 진실이 숨는다. 그래서 "진실도 구하지 않고 허망도 끊지 않으며 진실과 허망이란 두 법이 공하여 무상(無相)임을 깨닫는다"라고 했다. 이처럼 나타나고 숨는 연기성은 모두 고정된 자성이 없으므로 연기적 공이라 한다. 그리고 형상이 없는 진실과 허망이란 진망(眞妄)도 역시 연기적 공이다. 이것은 연기적 변화가 끊임없이 이어지기 때문에 생기는 것이다. 이처럼 법집(相)이 없고 공이 없고 공하지 않음(不空)도 없으면 이것이 곧 여래의 진실한 연기적 실상이며, 이런 상태에 이르는 것이 곧 불법의 깨달음의 경지이다.

● 또 게송으로 말한다

모든 것은
무상한 것
일체는 공
이것이 곧
여래의
대원각이다

연기의 세계에서는 만유가 서로 주고받는 관계에서 고정된 자성을 가질 수 없기 때문에 제행무상이고 또한 제법무아이므로 일체가 공하다고 한다. 이러한 우주 만유의 연기법을 깨닫는 것이 곧 여래(불성)의 크고 원만한 깨달음인 대원각(大圓覺)의 경지에 이르는 것이다.

연기의 세계에서는 모두가 고정된 자성을 갖지 못하므로 고정된 정체성이 없다. 그래서 무아라 한다. 이런 경우에 자타불이로 자기와 타자의 분별이 없어지며, 자기가 있기에 타자가 있게 되고 또한 타자가 있기에 자기가 있게 된다. 그리고 자기와 타자의 분별이 없이 모두 동등하므로 자기가 특별히 존재하는 것도 아니고 또한 타자가 특별히 존재하는 것도 아니다. 그렇지만 자기와 타자는 실체로서 함께 드러나게 된다.

이런 경우를 현수법장(賢首法藏)은 《화엄경지귀》에서 "자기가 곧 타자이고, 타자가 자기이다. 자기가 곧 타자이기에 자기가 정립되지 않고 타자가 곧 자기이기에 타자가 존재하지 않는다. 그러므로 타자와 자기가 존재하기도, 존재하지 않기도 하는데 그것은 동시에 현현한다" 라고 했다. 이런 세계가 바로 만유가 여래의 법성을 지니는 연기적 화엄세계이다. 여기서는 개인적인 깨달음보다는 자타동일로 집단의 구성원 모두가 평등한 삶의 가치와 존재가치를 지니는 원융한 연기의 세계를 이루게 된다.

◉ 영가 스님이 말한다
육신은 허망하며
무자성임을 알면
물질이 곧 공하니
무엇이 나인가?
일체 모든 법이
다만 가명이며
하나도 고정된
실체가 없다
몸은 사대와
오온으로
이루어졌으니
낱낱이 나라는
것은 없으며
화합 또한 없다
안팎으로 살펴보면
물이 모인 강과 같고
떠다니는 물거품과

아지랑이 같아서
결국 사람이라 할
것도 없다
무명을 모르고
허망에 집착한 내가
실재하지 않는데도
잘못 탐착하여
살생하고
도둑질하고
음행하며 거칠고
미혹하여
밤낮으로 바삐
업을 짓는다
비록 진실은 아니지만
선악에 응하는 과보는
그림자가 형체를
따르듯 한다
마땅히 스스로

몸의 실상을
관찰하고
부처님도 또한
그렇게 관찰하라
그래서
도는 눈앞에 있다
라고 하며
마음과 부처와 중생
이 셋은
차별이 없다
라고 한다

지수화풍 사대와 색·수·상·행·식 오온으로 이루어진 몸이 허망하여 자성이 없는 것이 아니라 이들의 상호 의존적인 연기적 변화로 고정된 자성을 유지하지 못할 뿐이다. 그런데 나라는 고정된 실체가 있다고 보고 자신에 집착하고 탐착하면 여러 가지 업을 짓게 되어 그림자가 형체를 따르듯이 그에 따른 응당한 과보를 받게 된다.

그러나 고정된 자기가 없다고 본다면 집착과 탐욕이 생기지 않으므로 허망한 업보도 또한 없게 된다. 이런 이치를 깨닫게 되면 자기가 청정한 부처로 드러나게 된다. 그래서 "도는 눈앞(目前)에 있다" 라고 했다. 그러면《화엄경》에서 말한 것처럼 마음과 부처와 중생 이 셋이 모두 차별이 없게 되어 하나가 된다.

42 남양혜충국사
南陽慧忠國師

◉ 남양혜충 국사가
하루는
시자를 부르자
시자가 대답한다
이렇게
세 번 부르자
시자는 세 번 다
대답한다
혜충 국사가
말한다
내가 장차 그대를
저버린다(배반)고
여겼는데
오히려
그대가 나를
배반하는구나

혜충 국사가 시자를 부르면 시자는 이에 응하여 대답했다. 세 번을 불러도 시자는 싫어하는 내색 없이 세 번 다 대답했다. 여기서 혜충 국사가 "내가 장차 그대를 저버린다(배반)고 여겼는데 오히려 그대가 나를 저버리는구나"라는 말은 시자가 스승의 뜻을 잘 간파했음을 알고 시자의 바른 성품과 됨됨이에서 법의 그릇을 알아차렸다는 뜻이다. 이것은 혜충 국사의 언행을 통해서 국사와 시자 사이의 연기적 관계가 바르게 이루어졌음을 보인 것이다. 이처럼 불법의 터득이란 특별한 것이 아니라 평상적인 삶의 과정에서도 쉽게 이루어질 수 있다.

◉ 혜충 국사에게
어떤 스님이 묻는다
「무엇이 법신인
노사나불입니까?」
혜충 국사가 말한다
「나에게 물병을
가져오너라」
스님이 물병을
가져온다
혜충 국사가 말한다
「본래 있던 곳에
잘 갖다 두어라」
스님이 또 다시 묻는다
「무엇이 법신인
노사나불입니까?」
혜충 국사가 말한다
「옛 부처님이 지나간 지
오래 되었다」

원문의 본신(本身)은 법신을 말한다. 노사나불은 연화장 세계를 주재하는 비로자나부처님이다. 우주 만물이 모두 법성을 지닌 법신이다. 혜충 국사와 스님 그리고 물병 등 우주 만유 모두가 법신이다.

스님이 법신에 대해 묻자 혜충 국사는 이를 보이기 위해 가장 가까이 있는 물병을 가져오라고 했다. 그런데 스님이 물병이 법신인지를 모르자 다시 물병을 제자리에 갖다 두라고 했다. 그래도 그 뜻을 모르고 다시 물었다. 그러자 혜충 국사는 물병이 이리로 왔다가 저리로 다시 갔으니 이를 두고 "물병이라는 옛 부처님이 지나간 지 오래 되었다"라고 비유한 것이다. 그런데 이 말에서 스님이 법신의 뜻을 제대로 깨달았는지는 모르겠다.

◉ 어떤 스님이
혜충 국사에게
묻는다
「무엇이 한 생각에
상응하는 것입니까?」
혜충 국사가
말한다
「기억과 지혜를
함께 잊는 것이
곧 상응하는 것이다」
스님이 말한다
「기억과 지혜를
함께 잊으면
누가 모든
부처님을 봅니까?」
혜충 국사가
말한다
「망각하면 없고
없는 것이 곧
부처이다」
스님이 말한다
「없음은 곧
없다는 말인데
어떻게 부처가
된다고 말합니까?」
혜충 국사가
말한다
「무가 곧 공이고
부처 역시 공이다
그래서 이르기를
무가 곧 부처고
부처가 곧 무이다」
라고 한다

"무엇이 한 생각에 상응하는 것입니까?"라는 말은 "무엇이 한 생각에 깨닫는 것입니까?"라는 물음에 해당한다. 혜충 국사는 기억과 지혜를 잊어버리라고 했다. 이것은 조작된 유위적 사고를 버리라는 뜻이다. 깨달음이나 부처라는 것도 유위적인 말에 불과하다.

인간은 언어를 만들어 쓰고 말을 하지만 실제 이들 모두 인위적으로 조작된 것으로 인간세계를 하나의 사고의 틀 속으로 구속시키는 역할을 한다. 그 틀을 벗어나지 못하면 사고의 감옥에 갇혀 진실한 진리의 세계 즉 무위적 우주 법계에 이르기 어렵다. 그러므로 가능하면 유위적 사고의 틀을 벗어나 무위적 세계로 나아가려면 기존의 틀에서 익힌 것을 잊어버리는 것이 최선책이다. 그러면 불성이 저절로 드러난다. 그래서 "무(無)가 곧 부처요, 부처는 곧 무이다"라고 했다. 어디 부처뿐인가.

깨달음이란 것도 마찬가지로 텅 빈 공(연기적 공)인데 이에 목을 매는 것이 얼마나 어리석은 짓인가!

불교에서는 '없다(無)'는 것이 지나치게 강조되기 때문에 흔히 불교를 무의 허무철학이라고 하고 또한 무의 발견이라고도 한다. 그러나 이것은 매우 그릇된 생각이다. 서양식의 무를 그냥 가져와 쓰지만 불교에서 말하는 무나 공은 단순한 없음이나 빈 것이 아니라 연기의 세계에서는 고정된 자성이 존재하지 않음을 뜻한다. 그러므로 연기적 변화로 물체가 지닌 과거의 자성(정체성)이 사라져 없어짐이 무이고, 이런 현상을 공 즉 연기적 공이라 부른다. 따라서 무와 공은 바로 연기성의 표현이며, 불교는 연기의 철학을 바탕으로 하는 종교이다.

제이콥 브로노우스키는 《과학과 인간의 미래》에서 "단어는 미리 형성된 개념에 부여한 명칭일 뿐이며, 발화 행위는 그러한 단어들을 한데 합침으로써 이루어진다고 본다"라고 했다. 그리고 언어를 사용할 수 있는 능력의 요소로 첫째는 각 부분에 대한 분석 능력이고, 둘째는 분석된 각 부분은 각각 상이한 상상 구조 속에 연속적으로 조립하는 능력으로 재구성이라는 이중 작용이라고 했다. 결국 하나의 단어는 단순히 개념을 나타낼 뿐이지 일관된 생각을 담고 있지는 않는다. 그래서 여러 가지 단어들로 구성된 문장으로 의사를 전달하고 또 다양한 생각을 내는 발화 행위를 하게 된다.

이를 위해서는 경험을 통해서 단어의 개념을 잘 파악하고 그리고 이들 언어들을 조립하는 재구성의 능력이 있어야만 바른 판단과 창조활동을 할 수 있는 것이다. 특히 타종교와 달리 불교에는 복잡한 단어들과 이들로 구성된 경론들이 많다. 이들의 바른 이해를 위해서는 불교의 단어나 용어에 대한 바른 이해와 이들의 재구성 능력이 필수적임을 알 수 있다. 그렇지 않을 경우에는 아무리 귀중한 부처님의 뜻을 전해도 대중이 바르게 이해하기는 매우 어려울 것이다.

결국 경론에서 얻는 지해(知解－알음알이)를 통한 표현 능력이 부족하면 비록 깨달았다고 해도 부처님의 불법을 세상에 바르게 펴기가 어려워진다. 그런데 선불교에서는 이러한 알음알이를 매우 경시한다. 그러나 대혜 선사는 《서장》에서 "알음알이로 벗을 삼고 알음알이를 방편으로 삼아서, 알음알이 위에서 평등한 자비를 실천하고 알음알이 위에서 모든 불사를 짓는다" 라고 하면서 교(敎)를 통한 알음알이의 중요성을 강조한다.

◉ 남양혜충 국사가
어떤 스님에게
묻는다
「근래 어디에서
떠나왔는가?」
「남방입니다」
남양혜충 국사가
말한다
「남방의 선지식들은
무슨 법으로
사람들을
가르치는가?」
「남방의 선지식들은
하루아침에
바람과 불 기운이
흩어지고 나면
뱀이 허물을
벗는 것처럼
용이 뼈를
바꾸는 것처럼
본래의 참 성품은
완연하여
파괴되지 않는다
라고 말합니다」
혜충 국사가 말한다
「안 됐군 안 됐군
남방의 선지식들의
설법은 반은 생이고
반은 멸이며
반은 불생멸이다」

바람기운과 불기운의 흩어짐은 멸이고, 뱀의 허물 벗음도 멸이며, 용이 뼈를 바꾸는 것은 생이다. 그리고 참 성품의 흩어지지 않음은 불생멸이다. 여기서 육신의 멸과 용의 뼈 바꿈은 물질의 생멸이며, 참 성품은 불생멸을 뜻한다. 이것은 물질은 생과 멸을 따르고 마음은 불생멸로 영속한다는 것이다. 그래서 육신이 사라져도 마음은 그냥 존재한다는 것을 의미한다. 이에 대해 혜충 국사는 "남방의 선지식들의 설법의 반은 생이고 반은 멸이며 반은 불생멸이구나" 라고 하면서 참 성품이란 마음은 외물에 영향을 받지 않는다는 것이 혜충 국사의 견해이다.

그러나 연기의 세계에서는 모든 것이 변화한다. 그런데 멸하지 않는 마음이 있고, 그리고 변해서 멸하는 것이 있는가 하면 생하는 것이 있다는 것은 만유의 연기법에 어긋난다. 연기의 세계에서는 물질과 정신 모두가 생멸하면서 순환할 뿐이지 같은 것이 영속될 수 없다. 그리고 생과 멸 역시 독립적으로 일어나는 것이 아니라 연기법에 따라서 생이 있기에 멸이 있고, 멸이 있기에 생이 있는 것으로 다만 그 형태가 바뀌면서 다른 상태로 순환될 뿐이다.

◉ 어떤 스님이
혜충 국사에게 묻는다
「남방의 선지식들은
그러한데
화상은 여기서
무슨 법을
설하십니까?」
혜충 국사가 말한다
「나는 여기서
심신이 한결 같아
몸밖에
다른 것이 없네」
「화상은 어떻게
거품 같고
환영 같은 육신을
법체와 같이
여기십니까?」
혜충 국사가 말한다

「그대는 무엇 때문에
삿된 도에
들어갔는가?」
「무엇이 제가
삿된 도에 들어간
것입니까?」
혜충 국사가 말한다
「교학 가운데
만약 육신으로써
나를 보거나
음성으로써
나를 구하면
이 사람은
삿된 도를 행하여
능히 여래를
보지 못한다
라는 것을
보지 못했는가?」

외모를 보고, 소리를 듣고, 냄새 맡고, 만져 봄으로써 그 대상을 알아보는 것이 일반적인 인식 방법이다. 이 경우에는 이들 중 어느 것에도 집착하지 않아야 한다. 교학에서 "만약 육신으로써 나를 보거나 음성으로써 나를 구하면 이 사람은 삿된 도를 행하여 능히 여래를 보지 못한다"라는 것은 육신이나 음성에 집착하면 내면의 진여법성의 여래를 바르게 볼 수 없다는 뜻이다. 집착이 없다면 새소리를 듣고도 그 새의 마음을 읽을 줄 알아야 하는 것이 불교의 가르침이다.

혜충 국사가 "나는 여기서 심신이 한결같아 몸밖에 다른 것이 없네"라는 것은 심신일여로 외물에 영향을 받지 않는다는 것이다. 그러나 비록 심신이 한결같다고 하더라도 외부 대상과 연기관계를 맺지 않고는 살아갈 수 없는 것이 만유의 존재 방식이다. 왜냐하면 타자가 있기에 자기가 있고 자기가 있기에 타자가 있는 것이 바로 연기적 화엄세계이기 때문이다. 그런데 어찌하여 타자의 존재를 무시할 수 있겠는가? 그러므로 타자를 통해서 자신을 알게 되고 또한 자신은 타자의 거울이 되어야 하는 것이 연기의 세계이다. 다만 이러한 과정에서 어떠한 집착이나 애착을 가지게 되면 자기중심적이 되므로 타자와 바른 연기적 관계를 이룰 수 없게 된다. 이러한 무집착에 따른 무심·무념이 혜충 국사의 뜻이다.

◉ 어떤 스님이
혜충 국사에게
묻는다
「교학 가운데
다만 유정이
성불한다는 것은
보이나 무정이
수기를 받는 것은
보이지 않습니다
그리고 현겁천불
가운데 누가
무정불입니까?」
혜충 국사가 말한다
「예컨대 황태자가
왕위를 받기 전에는
오직 한 몸이지만
왕위를 받은 후에는
국토가 모두 왕에게
귀속된다
어찌 국토가
따로 왕위를
받겠는가?
지금 오직 유정이
수기를 받고
성불할 때
시방의 국토가
모두 비로자나
법신불이 된다
그러니 다시 무정이
수기를 받겠는가?」

감정을 지닌 유정인 황태자가 왕위를 물려받으면 저절로 감정이 없는 무정인 국토가 황태자의 소관이 되듯이 성불하면 만유가 모두 법신불로 나타난다는 뜻에서 "지금 오직 유정이 수기를 받고 성불할 때 시방의 국토가 모두 비로자나 법신불이 된다" 라고 했다.

유정과 무정은 인간의 잘못된 분별에서 생긴 것이다. 우주 만유가 모두 생의를 가진 생명체이므로 이들을 감정이 있는 유정과 감정이 없는 무정으로 분별함은 생명평등사상을 근본으로 하는 불법에 어긋난다. 그리고 누가 누구에게 미래의 성불을 약속하는 수기를 줄 수 있는가? 이미 만물이 본래부터 법성을 지니고 불법을 따르고 있는데 어찌 수기라는 성불의 징표가 필요한가? 우주 만물이 모두 석가모니부처님의 진신인 비로자나부처님의 현현으로서 법성을 지닌 법신불이다. 그러므로 수기를 주는 자나 수기를 받는 자도 없으며 유정과 무정의 분별이 없는 이 우주가 바로 불법의 화엄세계이다.

흔히 일체법은 인간의 마음이 짓는 것이라는 일체유심조나 만법유식(萬法唯識)에 따라서 깨달음을 오직 마음의 영역에 국한시킨다. 이것은 인간이 우주의 유일한 주인이고 인간의 마음이 만유의 일체법을 담고 있다는 인불사상에 근거한 생각이다. 우주에서 티끌보다 작은 인간이 어찌 우주보다 더 큰 마음을 지닐 수 있겠는가? 우주는 결코 인간의 손바닥에서 굴러다니는 작은 구슬처럼 신비한 관념적 존재가 아니다. 우주가 살아 있기에 인간이 살아 있음을 깨닫는 것이 바로 불법의 요체이며 화엄법계의 실상이다.

◉ 영각 스님이
혜충 국사에게
묻는다
「발심하여
출가하는 것은
본래 부처를
이루고자 하는
것입니다
어떻게 마음을
써야 그렇게 될 수
있습니까?」
혜충 국사가
말한다
「무심함이 곧
성불이다」
무심하면 누가
성불합니까?」
혜충 국사가 말한다
「무심하면 저절로
성불이며 부처도
또한 무심이다」
「부처님은 대단히
불가사의해서
능히 중생을
제도하지만
만약 무심하다면
누가 중생을
제도합니까?」
혜충 국사가 말한다
「무심이 진실로
중생을 제도한다
만약 제도할
중생이 있다고 보면
이것이 곧 유심으로
완연한 생멸이다」

"출가 승려의 경우에는 세속 밖의 세계에서 노니는 사람이며, 물욕을 완전히 끊음을 그 가르침으로 한다. … 그러므로 출가자들은 은거하며 그 뜻을 구하고 세속에서 벗어나 그 도를 실현해 나가는 사람들이다"라고 말하기도 한다. 이처럼 출가의 목적이 도를 실현하여 부처가 되는 것, 즉 성불하는 것이라고 보는 것이 출가자들 대부분의 생각이다. 우주 만유가 모두 법성을 갖추고 있는데 무슨 성불이 따로 있단 말인가? 태어날 때 지니고 나온 불성을 밖으로 드러내기만 하면 그만인 것을! 이 모든 것은 인간의 조작된 유위적인 마음으로 자신만을 특별한 경지로 이끌어 올리고 싶은 욕망이라는 집착심 때문에 생기는 것이다.

만유와 더불어 무위적 연기관계를 여여하게 이루어가면 되는 것이지 억지로 자신을 특별하게 내세우려는 아집은 오히려 중생을 제도하는 것이 아니라 중생을 자신의 권위 아래 종속시키려는 아욕일 뿐이다. 그래서 혜충 국사는 "무심이 진실로 중생을 제도한다. 만약 제도할 중생이 있다고 보면 이것이 곧 유심으로 완연한 생멸이다"라고 했다. 이것은 무위적 연기법을 따름으로써 집착심을 여의는 무심에 이른다는 것이다. 그렇지 않고 제도할 중생이 있다는 조작된 마음을 내게 되면 생멸에 얽매여 불성을 드러낼 수 없게 된다.

흔히 무심을 관심이 없는 텅 빈 마음이라고 보지만 실은 적극적인 무위적 연기관계를 뜻한다. 그리고 무심이 곧 성불이라고 생각하지만 실은 성불이라는 목표를 세우는 작위적 행위를 거부하는 것이 바로 탈자적 무아의 무심이다.

◉ 어떤 스님이
혜충 국사에게
묻는다
「어떻게 상응이
일어나고 없어지고
합니까?」
혜충 국사가
말한다
「선과 악을
생각하지 않으면
저절로 불성을
보게 된다
그리고 부처와
중생을 일시에
내려놓으면
그 자리가 곧
해탈이다」

〈선/악〉은 비동시적 동거성을 나타내는 연기의 양면성이다. 그러므로 어느 한쪽에 집착하지 말고 중도를 따름이 마땅하다. 이러한 연기성이 불성이며 중도에 이르는 것이 바로 해탈의 경지이다. 사실 인간이 선과 악이나 부처와 중생이라는 말을 만든 것은 순전히 자의적인 것이지 본래부터 존재하는 것이 아니다.

무위적 연기의 세계에서는 선과 악은 특별한 것이 아니라 각각 진화과정에서 나타나는 안정된 상태나 불안정한 상태에 해당하는 것으로 자연 만물에서 나타나는 일반적인 연기적 현상일 뿐이다. 그리고 만물은 본래부터 불성을 지니고 태어나므로 부처와 중생의 분별이란 애초부터 존재하지 않는다. 그러므로 이들의 분별이 오히려 번뇌 망상을 일으키게 된다.

이런 관점에서 혜충 국사는 "선과 악을 생각하지 않으면 저절로 불성을 보게 된다. 그리고 부처와 중생을 일시에 내려놓으면 그 자리가 곧 해탈이다"라고 했다. 여기서 '부처와 중생을 일시에 내려놓는다'라는 것은 부처와 중생을 분별하는 유위적 조작이 없는 무위적 경지에 이르는 것을 뜻한다.

43 하택신회 선사
荷澤神會 禪師

◉ 하택신회 선사가
대중에게 설법한다
한 물건도
생각하지 않는 것이
곧 자기 마음이다
이는 지혜로 알 수
있는 것이 아니며
또한 특별한
수행도 필요없다
이를 깨닫는 것이
참다운 삼매이다
법은 가고 옴이
없으며, 그리고
전후가 끊어졌다
그러므로 무념이
최상승임을 알아라
공부하는 대중들에게
이르노니

밖에서
구하지 말라
최상승의 선이란
마땅히 작위함이
없어야 한다

인간의 마음 그 자체는 정신작용에 의한 것으로 물질은 아니지만 육신이라는 물질 없이 마음이 생길 수 없으므로 마음과 육신은 별개의 것이 아니다. 마음은 홀로 일어나는 것이 아니라 외물을 접하거나 또는 아뢰야식에 저장된 정보를 통해서 일어난다. 집착과 분별은 유위적이며 작위적인 것으로 객관성을 벗어난다. 그러므로 작위함이 없는 무위적 연기법을 따름이 가장 바른 수행이며 또한 가장 높은 선의 경지이다. 만유의 일체법이 무위적 연기로 이루어지는데 어디서 법의 전후나 과거와 현재를 구별하며 분별할 수 있겠는가? 그러므로 무위적 무념이 곧 무위적 연기법이며 불성을 따르는 근본이다.

하택신회 선사는 "법은 가고 옴이 없으며 또한 전후가 끊어졌다. 그러므로 무념이 최상승법임을 알아라. 공부하는 대중들에게 이르노니 밖에서 구하지 마라. 최상승의 선이란 마땅히 작위함이 없어야 한다"라고 했다. 이처럼 무념과 무심은 깨달음을 통해서 이루어진다고 한다. 그래서 삼매를 권장하며, 밖에서 구하지 말고 자신의 마음에서 찾도록 한다. 그런데 과연 인간이 살아가면서 밖의 외물을 멀리하고 조용히 선정 삼매에만 빠질 수 있겠는가? 그리고 이런 경지에서 깨달음을 얻는다는 것이 과연 무엇이며 객관적으로 검증될 수 있는 내용이 있을까?

한편 하택신회 선사의 생각이 주관적 관념에 치우친 삼매나 무념의 추구로 보기보다는 오히려 인간의 유위적이고 작위적 조작을 버리고 무위적 연기법을 따르며 그리고 외물에 집착하지 말 것을 강조한 것으로 볼 수도 있다.

결국 참다운 선은 연속적으로 이어지는 무위적 연기의 세계에 이르는 것이다. 우리의 삶이 자연 만유와 더불어 연기적으로 공생 공존하면서 평등하고 보편적 세계를 이루어가고 있으며, 불법은 바로 이런 세계에서 실현되고 있다.

◉ 하택 선사가
또 말한다
무념으로
근본을 삼고
조작이 없는 것으로
근본을 삼아라
무릇 진여는
무념이니
생각으로
알 수 있는 것이
아니다
실상은 무생이니
어찌 육안으로
볼 수 있겠는가?
무념으로
생각하는 것은
곧 진여를
생각함이며

무생으로
생겨남은
곧 실상의
생김이다
머무름 없이
머무는 것이
항상 머무는
열반이고
행함이 없이
행함이 곧 피안을
초월함이다
생각 생각에
구함이 없어야 하며
구하는 것은 본래
무념이다

하택 선사는 "무념으로 근본을 삼고 조작이 없는 것으로 근본을 삼아라"라고 하면서 "무념으로 생각하는 것은 곧 진여를 생각함이며 무생(無生)으로 생겨남은 곧 실상의 생김이다. 머무름이 없이 머무는 것이 항상 머무는 열반이고, 행함이 없이 행함이 곧 피안(彼岸)에 초월함이다. 생각 생각에 구함이 없어야 하며 구하는 것은 본래 무념이다"라고 했다. 여기서 무념은 무위적 연기의 경지에 이름이다. 이것이 곧 진여이고 열반에 이르는 것이다. 즉 분별적 생각이 없고(무념), 생겨나는 실상(집착)이 없고(무생), 머물며 집착함이 없고(무주), 집착으로 구함이 없고(무구), 유위적 조작이 없다면(무작) 이것이야말로 무위적 연기의 세계 즉 불법의 경지에 이르는 것이다.

이처럼 인간이 인간우월주의 사상을 버리고 세상을 자신의 뜻대로 조작하려는 이기적 집착심을 버린다면 무위적 연기로 이어지면서 우주

법계를 이루어가는 이치를 알 수 있게 된다. 이런 무위적 연기법의 이해와 실천을 바로 무념이라는 한 마디로 하택신회 선사는 강조했다. 그는 결코 관념적 무심이 아니라 실천적이고 전 우주적 연기법의 근본적 이해를 바탕으로 한 객관적 사상을 드러내 보인 것이다.

만유에 법성이 본래부터 갖추어져 있지만 특히 인간은 유위적 조작과 이기적 집착심인 아집과 법집으로 타자와의 연기관계를 바르게 잘 이끌지 못한다. 따라서 불성을 밖으로 드러내려면 타자와 조화로운 연기관계를 통해서만 가능하므로 먼저 탈자아로 자신의 정체성을 여의어야 한다. 이것이 곧 무념에 이르는 것이다. 그렇지 않고 열반이니 성불이니 하면서 자아의 정체성을 드러낸다면 오히려 연기집단에 피해를 끼쳐 집단의 안정성을 해칠 수 있다. 집단 내 구성원 모두가 무념에 이르는 것은 모두가 정체성의 상실로 제법무아에 이르는 것이며 작위함이 없으므로 무위적 연기로 집단의 안정성을 이룰 수 있게 된다. 이런 경지에 이르는 것이 진정한 해탈이요, 열반이다.

한편 하택 선사는 "무릇 진여는 무념이니 생각으로 알 수 있는 것이 아니다. 실상은 무생이니 어찌 육안으로 볼 수 있겠는가?"라고 하면서 진여를 지극히 주관적 관념으로 보고 있다. 그러나 진여불성은 우주 만유에 내재하므로 진여실상은 인간을 포함한 우주 만유 그 자체이지 결코 인간의 마음에 의해 규정되는 것이 아니다.

◉ 광보 스님이
하택신회
선사에게 묻는다
「눈과 귀가
소리와 사물에
끌려 갈 때에
육근과 경계가
각자 자기 자리를
지킵니까?
아니면 서로
어울리게 됩니까?」
하택신회 선사가
말한다
「자기 자리를
지키거나 서로
어울리는 것은 놔두고
그대는 무슨 법을
가리켜서
소리와 사물의
실체로 삼는가?」
광보 스님이 말한다
「화상께서
말씀하신 바와 같이
소리나 사물은
실체가 없습니다」
하택신회 선사가
말한다
「만약 소리와 사물의
실체가 공함을 알고
또한 눈과 귀 등의
모든 육근과
그리고 범부와 성인이
모두 환영과
같다는 것을 안다면
육근과 경계가 각기
자기 자리를 지키며
서로 어울리는
그 이치가
분명해질 것이다」
광보 스님이
이에 그 뜻을 깨닫는다

"만약 소리와 사물의 실체가 공함을 알고 또한 눈과 귀 등의 모든 육근과 그리고 범부와 성인이 모두 환영과 같다는 것을 안다면 육근과 경계가 각기 자기 자리를 지키며 서로 어울리는 그 이치가 분명해질 것이다"라고 했다. 여기서 눈과 귀가 소리와 사물을 만났을 때에 각기 자기 자리를 지킨다는 것은 각자의 역할을 한다는 뜻이고, 육근과 경계가 서로 어울린다는 것은 육근과 사물이 연기적 관계를 이룬다는 뜻이다.

이처럼 소리는 났다가 사라지며 사물이나 인간은 외부와의 연기 작용으로 고정된 정체성을 지니지 못하고 변화하며 무아에 이른다. 인간의 육근이 외부의 경계와 연기관계를 이루면서 서로 작용을 하지만 육식에 의한 집착이 없다면 모두가 무위적 연기관계로 이어지게 된다.

이와 같이 외부 경계에 대해 집착하지 않으면 범부와 성인의 차별이 없으므로 이들은 모두 보편적 존재로 남게 된다. 이러한 무심의 경지에서는 만유가 평등한 존재가치와 삶의 가치를 지니면서 자연스럽게 불성을 드러내게 된다.

44 장폐 마왕·금강제 보살
障蔽 魔王·金剛齊 菩薩

◉ 장폐 마왕이
여러 권속을
거느리고
일천 년을
금강제 보살을
따랐지만
보살이 있는 곳을
찾지 못하다가
홀연히 하루는
알게 되어 묻는다
「그대는 무엇을
의지하여 머물기에
제가 일천 년 동안
그대가 있는 곳을
찾지 못했습니까?」
보살이 말한다
「나는 머무름이
있는 것에 의지해
머물지 않으며
머무름이 없는
것에 의지해
머물지도 않는다
이와 같이 머문다」

머무름이 없다는 것은 연속적 변화의 연기관계를 따른다는 뜻이다. 그럼으로써 유위적 행을 벗어나 무위적 연기관계를 따르게 된다. 다시 말하면 머문다는 것은 자의적 정체성을 나타내지만 머무름이 없음은 집착이 없는 무위적 상태를 뜻한다.

따라서 머무름 없이 머무는 것은 곧 연속적인 무위적 진화를 나타낸다. 이런 집착을 여읜 상태가 바로 '머무름이 있는 것도 아니며 또한 머무름이 없는 것도 아닌 그와 같은 머무름'인 것이다. 그래서 "나는 머무름이 있는 것에 의지해 머물지 아니하며 머무름이 없는 것에 의지해 머물지도 않는다"라고 했다.《금강경》에서는 이를 "응당 머문 바 없이 그 마음을 낸다(應無所住 而生其心)"라고 했다.

45 마조도일 선사
馬祖道一 禪師

◉ 어떤 스님이
마조 선사에게 묻는다
「무엇이
부처입니까?」
「마음이 부처이다」
또 묻는다
「무엇이 도입니까?」
「무심이 도이다」
또 묻는다
「부처와 도는
그 차이가
어느 정도입니까?」
「도는 손을 펴는
것과 같고
부처는 주먹을
쥐는 것과 같다」

만유는 생의를 지니고 무위적 연기법을 따르며 생주이멸을 이어간다. 따라서 인간처럼 만유가 마음(生意)을 가지고 법성을 지니므로 만유가 부처이고 마음이 부처인 셈이다. 그리고 조작이 없고 집착이 없는 무위적 연기의 삶이 바로 자타의 분별이 없는 무심의 경지이며 불성을 드러내는 도의 경지이다. 그래서 무심이 도이며 부처인 것이다.

이처럼 무심에 도와 부처가 들어있으니 "도는 손을 펴는 것과 같고 부처는 주먹을 쥐는 것과 같다"라고 했다. 여기서 도는 마음의 작용이니 손을 펴는 것과 같고, 부처는 법신으로 만법을 모두 지니므로 주먹을 쥐는 것과 같다고 한 것이다.

◉ 마조 선사가 말한다
「도는 닦는 것에
속하지 않는다
만약 닦아서 이루어진다면
이룬 뒤에 파괴되나니
곧 성문과 같다
만약 닦는 것이
아니라고 한다면
곧 범부와 같다」
또 묻는다
「어떤 견해를 가져야만
도를 통달할 수
있습니까?」
마조 선사가 말한다
「본래 자성에 구족해 있으니
다만 선악에
빠지지 않으면
도를 닦는다고 말한다」

도란 자기 뜻대로 구하는 것이 아니다. 만유는 모두 법성을 지니므로 만유와의 무위적 연기관계에서 법성이 밖으로 드러나면 그대로 도에 이르게 된다. 특별히 수행이라는 자의적 조작으로 도의 경지에 이르려고 하는 것은 오히려 타자에게 해를 끼칠 수 있으므로 연기관계를 어기게 되어 도에서 멀어지게 될 수도 있다. 그래서 도란 닦아서 이루어지는 것이 아니라 자신의 성품에 본래부터 갖추어져 있으므로 선악이라는 분별적 집착에만 빠지지 않으면 저절로 깨달음이라는 도의 경지에 이르게 된다고 했다.

무위적 연기관계란 아무런 노력도 없이 남이 하는 대로 따라만 가는 것이 아니라 고·집·멸·도 사성제를 거치면서 자신의 정체성을 여의고 새로운 질(質)의 상태로 태어나도록 끊임없이 수행 정진해야 한다. 그래야만 자신이 속한 집단이 법성을 드러낼 수 있게 된다. 그러면 집단의 구성원 모두가 선과 악이나 성인과 범부 등의 분별이 없는 무위의 경지에 이를 수 있게 된다.

◉ 마조 선사가 말한다
「사람이 선을 취하고
악을 버리며
공을 관하며
선정에 드는 것은
조작에 속한다
밖을 향해서
구하고자 하면
더욱 거칠어지고
더욱 멀어진다
다만 삼계의
마음을 다 하라
한 생각 망상이
곧 삼계 생사의
근본이니
다만 한 생각 망상만
여의면 곧 생사의
근본이란 없게 된다」

"사람이 선을 취하고 악을 버리며, 공을 관하며 선정에 드는 것은 조작에 속한다"라고 했다. 즉 선과 악의 취사선택은 자의적인 조작된 행위라는 것이다. 또한 공을 관하며 조용한 선정을 취하는 것도 역시 특별한 상태를 이루어 깨닫고자 하는 자의적으로 조작된 마음에서 비롯된 유위적 행이다. 이런 것은 모두 무위적인 연기법에 어긋나는 행위이다. 그런데 밖을 향하지 않고 일심에만 집중하는 것이 외부 경계에 대한 집착을 여의는 것으로 볼 수도 있다. 그러나 외경을 접하면 집착이 일어난다는 생각도 실은 집착이다.

"밖을 향해서 구하고자 하면 더욱 거칠어지고 더욱 멀어진다"라고 했다. 외물이 없이 인간은 하루도 살아갈 수 없다. 외물에 대해 일어나는 모든 생각이나 행이 반드시 그릇된 집착을 일으킨다고 보는 견해도 잘못된 집착이다. 외물을 있는 그대로 관함으로써 자신의 내면을 비추어보고 자신의 불성을 드러낼 수 있다. 남을 보지 않고 자신을 알 수 있다는 것은 거짓이다. 이것은 거울을 보지 않고 자신의 모습을 알 수 있다는 것과 같은 모순이다. 그래서 무위적 연기의 세계에서는 타자를 보면 자기를 알고, 타자도 나를 봄으로써 자신을 알게 된다. 그래서 자타불이라고 하는 화엄세계가 이루어지게 되는 것이다. 그러니 외물을 경시하는 것은 자신의 불성을 바르게 드러내고자 함을 거부하는 것과 다를 바 없다.

삼세에 걸친 생사의 근본인 생주이멸의 이법을 알려면 열린 마음으로 외물과 자신이 하나 되는 무위적 연기의 세계에 들어가야 한다. 그래야만 〈선/악〉, 〈애/증〉 등의 연기적 양면성을 여의고 중도의 경지에 이를 수 있다. 불교에서는 탐·진·치 삼독이나 망상이라는 말을 많이 쓴다. 삼독이 진리의 한 과정이라면 망상도 연속적 연기관계에서는 평범한 불안정한 상태에 지나지 않으므로 특별히 이를 피해가야 할 이유가 없다. 인간은 생각하는 동물이기에 욕망을 가지며 또 허망한 꿈을 실현시키려고 한다. 이런 것은 인간 세계에서 일어나는 평범한 일로 반드시 자신이나 남에게 피해를 끼치는 것으로 볼 수는 없다.

"한 생각 망상이 삼계 생사의 근본이니 다만 한 생각 망상만 여의면 곧 생사의 근본이란 없게 된다"라는 것은 망상만 여의면 삶과 죽음이 다르지 않다는 생사불이의 이법을 알게 된다는 것이다. 그러나 고립되지 않는 연기의 세계에서는 망상도 상호 관계 속에서 일어나는 평범한 불안정한 상태일 뿐이지 특별한 것이 아니다. 따라서 망상이라는 상태를 의식하며 이를 억지로 피해갈 필요가 없다. 실은 인간이 유위적으로 분별한 망상이나 탐·진·치에도 진리의 불법이 들어 있다.

인간의 삶을 보면 어려운 역경에서 진리의 꽃이 피어나는 경우가 많다. 이런 고난 속에서는 망상이나 선악과 같은 여러 가지의 상반된 생각이 일어날 수 있다. 이는 삶의 과정에서 훈습된 여러 가지 정보가 아뢰야식에 저장되고 이를 토대로 해서 여러 가지 잡다한 생각이 일어나게 되는 것이다. 그런데 이를 무시하고 강제적으로 청정한 무구심(無垢心)

을 끌어내도록 강요하는 것은 무지이다. 그리고 아뢰야식에 저장된 정보에서 어느 것은 좋고 어느 것은 나쁘다고 말할 수도 없다. 왜냐하면 아뢰야식 자체에는 선악의 분별이 없기 때문이다. 단지 제7식 말라식을 통해서 선악 등의 분별식이 일어나며 집착이 생기게 된다. 자연스럽게 흐르는 물에 왜 돌을 던져 물거품이 일도록 하는가? 흐르는 물은 그대로 흐르게 함이 바로 무위적 연기의 삶이다.

◉ 마조 선사가 말한다
도는 수행할 필요가
있는 것이 아니다
다만 염오를
없게 할 뿐이다
무엇을
염오라 하는가?
오직 생사심으로
조작해 가는 것이
모두 염오다
만약 즉시
도를 알고자 하면
평상심이 도이다
무엇을 평상심이라고
하는가?
조작이 없고
시비가 없고
취사가 없고
단상이 없고
범부와 성인이
없는 것이다
그러므로
경전에서 이르기를
범부의 행동도 아니며
성현의 행동도 아닌
이것이 보살의
행이라고 한다

과일 나무는 땅 속에 있는 뿌리로 영양분을 섭취해서 줄기로 올려 보내면 여기에서 영양분을 다시 가지들로 보내어 잎이 돋아나며 잎은 햇볕을 받아 에너지를 저장한다. 이런 과정에서 열매가 맺히게 된다. 여기서 열매에 집착하지도 않고, 푸른 잎에 집착하지도 않으며 또한 줄기나 가지에도 집착하지 않고, 오직 나무 전체를 대상으로 하는 것이 통합적 사고이고, 전체를 통해서 보편적 진리를 찾는 것이 전일적 사고이다. 이러한 전일적 사고는 구성체들 사이의 상호 의존적인 관계 즉 연기관계를 통해서 이루어진다. 이런 무위적 연기관계의 이해와 실천이 도이다.

이와 같이 더럽혀진 염오의 집착심이 없이 자연스러운 무위적 연기관계에서 이루어지는 통합적이며 전일적인 사고 행위가 평상심이다. 마조 선사는 조작이 없고 시비(是非)가 없고 취사(取捨)가 없고 단상(斷常)이 없고 범부와 성인의 분별없이 곧바로 도를 알고자 한다면 평상심이 도라고 했다. 즉 〈시/비〉, 〈취/사〉, 〈단/상〉, 〈범부/성인〉 등의 연기적 양면성을 여의면 중도의 도에 이른다는 것이다. 유위적인 조작이 없는 무위적 연기에서는 이들 양면성이 분별되지 않지만 탐욕을 지니면 이들 중 어느 하나를 취사선택하려는 집착심을 가지게 되므로 평상심을 잃게 된다.

무위적 연기의 삶에서는 지나친 경쟁적 삶도 없으며 또한 특별한 도의 경지에 이르고자 하는 탐욕도 일어나지 않는다. 다만 가장 평범하고 보편적이면서 만물에 대한 자타불이가 실현되고 대자대비를 행하는 보살정신을 갖게 된다. 이처럼 불교는 평상심과 생명평등사상 그리고 동체대비사상을 근본으로 하여 원융무애한 불법의 세계를 이루고자 하는 종교이다.

◉ 마조 선사가 말한다
유위를 따르지 말고
무위에 머물지도 말라
유위는 무위의
작용이며
무위는 유위의
의지처이니
의지처에
머무르지 말라
그래서 경전에서
이르기를
허공은
의지하는 바가 없다
고 하나니
마음의 생멸하는
이치와
마음의 진여의
이치이다

마음의 진여란
비유컨대
밝은 거울이
형상을 비추는
것과 같은 것이다
거울은
마음에 비유되고
형상은 법(대상)에
비유된다
만약 마음이
대상을 취해서
바깥 인연에 이르르면
이것은 곧
생멸의 이치이고
그리고 대상을 취하지
아니하면
이것은 곧
진여의 이치이다

모든 번뇌는 의지하며 집착하는 염오심 때문에 일어난다. 이런 현상은 인간이 자의로 집착심을 만들어내는 유위적 조작에 근거한다. 마조 선사는 "유위는 무위의 작용이며 무위는 유위의 의지처이니 의지처에 머무르지 말라"라고 했다. 따라서 번뇌를 여의려면 어떤 경계에 접해서 머물러 집착하지 말며 또한 조작도 없이 자연스럽게 무위적 연기관계를 이어가면 된다. 그런데 인간의 삶이나 만유의 존재는 항상 서로 다른 것에 의존하는 연기적 관계를 맺고 있다. 그러므로 어떠한 존재도 상호 의존적인 관계를 벗어날 수 없다.

경에서 이르기를 "허공은 의지하는 바가 없다"라고 했는데 허공이란 비어 있는 공간이므로 여기서는 어떤 것에도 연기적으로 의존할 수 있는 것이 없다. 그런데 허공이라는 공간도 실은 물질이 존재함으로써 생기는 것이므로 우주에서 물질 없는 빈 허공은 애초에 존재하지 않는다.

우주 만유는 상호 의존이라는 연기관계를 이루고 있으며 이를 통해서 생주이멸과 성주괴공이 일어나고 있다. 그러므로 어떠한 것도 연기와 무관하게 생멸이 없이 존재하는 것은 없다. 만유는 생멸을 통해서 연속적으로 순환하면서 우주를 이루어 간다. 그런데 인간은 염오심 때문에 바깥의 어느 특정한 것에 집착하면서 번뇌의 생멸이 일어나게 된다. 이러한 집착을 여의도록 마조 선사는 "만약 마음이 대상을 취해서 곧 바깥 인연에 이르르면 이것은 곧 생멸의 이치이고, 그리고 대상을 취하지 아니하면 이것은 곧 진여의 이치이다"라고 했다.

여기서 '대상을 취하지 않는다' 함은 외물과 연기관계를 이루지만 이에 따른 집착심을 갖지 않음을 뜻하며, 이런 경우에 여여한 이치에 계합하는 진여불성을 드러낼 수 있다는 것이다. 결국 무위적 상호관계를 이어간다면 번뇌나 생멸에 대한 집착이 일어나지 않으므로 여여하게 무위적인 연기의 삶을 영위할 수 있게 된다.

46 백장회해 선사 百丈懷海禪師

◉ 백장회해 선사가
법상에 올라 말한다
신령스러운
광명이 빛나고
육근과 육진을
멀리 벗어나
본체가 참되고
항상함을 드러내니
문자에
속박되지 않는다
심성이
오염되지 않고
본래 원만하게
이루어진 것이니
오직 허망한
인연만 여의면
곧 여여한 부처이다

인간의 마음이란 육신의 육근이 외경과 연기적 관계를 맺으면서 구체적으로 형성된다. 그래서 때로는 이런 자의적으로 만든 문자에 의해 집착심을 내어 번뇌에 휩싸이기도 한다. 그러나 인간의 원초적 본성에는 청정무구한 성품이 들어 있다. 이것이 곧 우주적 불성이며 법성이다. 삶의 과정에서 번뇌를 일으키는 염오심만 여의면 불성이 저절로 드러나며 부처의 경지에 이르게 된다. 그래서 백장회해 선사가 "심성이 오염되지 않고 본래 원만하게 이루어진 것이니 오직 허망한 인연만 여의면 곧 여여한 부처이다"라고 했다.

우주 만유는 무위적 연기관계를 이루며 진화한다. 인간도 마찬가지로 유위적으로 조작된 것에 얽매이지 않고 인연 따라 무위적으로 살아간다면 그것으로 흡족한 것이지 어떤 특별한 초월적 경지가 필요한 것이 아니다. 부처가 되든 범부가 되든 무슨 상관인가. 애초에 범부가 부처이고 부처가 범부인데!

◉ 어떤 스님이
백장 선사에게 묻는다
「무엇이 대승의 도에
들어가는 것이며
법의 요점을 몰록
깨닫는 것입니까?」
백장 선사가 말한다
「그대는 먼저
모든 인연을 쉬고
만사를 쉬어라
선과 불선
세간과 출세간 등
일체 모든 법을
놓아 버려라
기억하지 말며
반연하거나
생각하지도 마라
몸과 마음을 놓아버리고
온전히 자재하면
마음은 목석과 같고
입으로 말할 것이
없어서 마음이
행할 바가 없게 된다
그러면 마음자리가
허공과 같고
지혜의 태양이
저절로 드러나는 것이
마치 구름이 걷히면서
태양이 떠오르는
것과 같아질 것이다」

"그대는 먼저 모든 인연을 쉬고 만사를 쉬어라"라고 했다. 인간이 살아 숨쉬는 한 어떻게 모든 인연을 끊고 살 수 있는가? 숨을 쉬려면 공기를 마셔야 하고, 목이 마르면 물을 먹어야 하고, 일을 하려면 음식을 먹어야 한다. 인간은 태어날 때 빈손으로 세상에 나왔으며 또한 자연의 혜택 없이는 살아갈 수 없는 생명체인 것이다. 그러므로 한순간도 외부의 인연줄이라는 연기관계를 맺지 않고 살아갈 수는 없다. 그러기에 외물에 의존하며 상호 의존적 관계를 조화롭게 이루어 가야 한다. 단지 어떠한 집착심에서 외물에 반연하여 번뇌를 일으키지 않도록 무위적 연기관계를 이루어 가도록 해야 한다.

만유의 삶이란 연속적 연기관계에서 일어나는 생의에 의해 정의된다. 연기관계란 서로 주고받는 의존적 관계로써 언제나 환경의 변화를 유발한다. 이러한 변화를 어떠한 유위적 조작 없이 자연스럽게 받아들이고 적응할 때 무위적 연기관계가 이루어진다. 백장 선사는 이런 상태를 목석과 같은 심신(심신에 따른 집착을 놓아버린)의 상태로 비유했다. 즉 "몸과 마음을 놓아버리고 온전히 자재하면 마음은 목석과 같고 입으로 말할 것이 없어서 마음이 행할 것이 없게 된다"라고 했다. 이것이 불법의 요점을 몰록 깨닫는 방법이다.

이런 상태는 일종의 인간의 자연화에 해당한다. 미국의 정신분석학자 에리히 프롬은 '인간의 자연화, 자연의 인간화'를 주장했다. 즉 '내가 자연이고 자연이 나다'라는 것으로 인간과 자연의 합일 상태 즉 물아일여를 뜻한다. 이런 상태가 인간과 자연 사이의 진정한 무위적이며 평등한 연기관계를 이루는 경지이다. 여기서는 유의적으로 조작된 말과 행이 따르지 않는다. 오직 모든 것을 자연스럽게 수용하고 적응할 뿐이다. 그래서 선과 악이나 세간(현상계)과 출세간(진리의 본체계) 등의 분별이 존재하지 않게 된다. 그리고 연기적 관계에서는 동정일여로 움직임 속에 고요함이, 고요함 속에 움직임이 계속 이어진다. 만약 고요한 선정의 상태만 찾거나 또는 세간을 떠나 궁극적 진리만을 찾고자 한다면 이것은 집착으로 번뇌의 씨앗이 된다.

◉ 백장 선사가
대중에게 말한다
공부란
때가 묻은 옷을
빠는 것과 같다
옷은 본래
있는 것이고
때는 밖에서
온 것이다
모든 소리와
사물이 있다고 하는
말을 듣는 것은
마치 때와 같은
것이니
모든 것에
마음을 일으켜
집착하지 말라

위의 이야기는 홀로 사는 출가자들을 위한 내용이다. 왜 인간은 공부를 해야 하는가? 즉 교육이 왜 필요한가? 더욱 효율적이고 조화롭게 타자와 연기관계를 맺으며 사회생활을 영위하기 위해 교육이 필요한 것이다. 결코 공부가 번뇌를 벗기는 수단만은 아니다. 설령 번뇌가 좀 있다고 해서 사회에 큰 악을 끼친다고 볼 수 없다. 오히려 번뇌라는 때를 의식하는 그 자체가 이미 집착이다.

복잡한 주고받음의 연기적 사회에서 완전성이나 순수성은 존재할 수 없기 때문에 이를 찾는 것 자체가 번뇌요, 망상이다. "일체의 소리와 사물의 있고 없음을 듣고 말하는 것은 마치 때와 같으니 모든 것에 마음을 일으켜 집착하지 말라"라고 했다. 이처럼 일체의 소리나 사물을 멀리해야만 때를 면하게 된다면 과연 이러한 세상이 우주 어디에 있을까? 그리고 무엇 때문에 때를 싫어하고 겁을 내어 피하려 하는가? 삶에 자신이 없고 두렵기 때문인가?

이 세상이 두렵다면 세상을 일찍 하직하는 것이 상책이다. 어찌 연기의 세계에 태어난 몸이 연기의 세계를 벗어나 살려고 하는가? 그렇다고 과연 수행이 이루어질 수 있는가? 설령 특수한 고립된 환경에서 염오의 때를 묻히지 않고 살아간다고 해도 다시 세속에 돌아오면 때가 묻게 마련인데 그러면 어떻게 중생을 제도하겠는가?

세상은 많이 변해왔고 또 계속 변해간다. 그러니 세속의 때를 때로 보지 말고 그 때 속에 진리가 들어 있음을 알고 거기에서 진리의 불성을 찾아내야 한다. 따라서 수행의 방법도 이제는 달라져야 한다. 진정한 진리는 세속의 때에 내재한다는 것을 알고 때에 따른 번뇌를 기꺼이 받아들일 줄 알아야 한다. 이것이 진정한 보살 정신이 아니겠는가? 《유마경》에서 중생이 아프기 때문에 유마 거사가 아프다는 것은 거사가 세속의 때(번뇌)를 때로 받아들이기 때문이 아니겠는가?

무엇이든 피해가려는 것은 비겁하고 졸렬한 것으로 이는 불성을 피하려는 것과 다를 바 없다. 피해본들 부처님 손바닥에서 벗어날 수 없는 것이 아닌가? 연기의 세계에서는 무위적으로 수용하고 적응하는 것이지 자의적으로 피하는 것이 아니다.

◉ 백장 선사가 말한다
중생이 부처에
이르는 것은
성인이 되려고
정에 집착하는 것이며
중생이 지옥에
이르는 것은
범부의 정에
집착하는 것이다
지금 범부와
성인이라는
두 경계에 물들고
애착하는 마음이 있으면
이것을 불성이 없는
유정(有情 : 중생)
이라고 한다
오직 범부와 성인의
두 경계와

있고 없음의
여러 가지 법에
취사심이 없고
또한 취사심이 없다는
인식조차 잊는다면
불성을 갖고 있는
무정이라고 한다
다만 그 정에
속박되지 않아
무정으로 부르지만
목석이나 허공
꽃이나 대나무 같은
무정과는 다르다
불성이 있음을
있다고 말하면
경전에서
수기를 받은 다음
성불한다는 말은

볼 수 없어야 한다
지금 살펴 보아라
유정이 변하지
않는 것은
마치 대나무와 같다고
비유한 것이며
알고 기틀에
응하는 것은
누런 꽃과 같다고
비유한 것이다
또한 이르기를
부처의 단계를
밟아 가면
무정에 불성이 있고
부처의 단계를
밟아가지 않으면
유정에 불성이 없다
라고 한다

우주 만유가 무위적 연기법을 따르며 법성을 지니고 있다. 이러한 법성이 유정이나 무정 모두에 내재하므로 만유가 법성을 지닌다고 한다. 즉 유정이나 무정이 모두 생의를 지닌 생명체로서 연기적 관계에서 법성을 드러내고 있다. 그런데 인간의 경우에는 조작된 집착심 때문에 염오심이 생겨 불성의 현현이 어렵게 된다. 실은 불성을 반드시 드러내고자 하는 것도 집착이므로 이런 집착을 여의면 무정의 목석처럼 무위적으로 불법의 불성을 저절로 드러내게 된다. 이를 백장 선사는 "오직 범부와 성인의 두 경계와 일체의 있고 없음의 여러 가지 법에 취사심이 없으면 또한 취사심이 없다는 것조차 잊는다면 불성을 갖고 있는 무정이라고 한다"라고 했다.

그리고 백장 선사는 "유정이 변하지 않는 것은 마치 대나무와 같다고 비유한 것이며, 알고 기틀에 응하는 것은 누런 꽃과 같다고 비유한 것이다"라고 했다. 이것은 유정이 집착을 따르지 않으면 대나무와 같고, 연기적 변화에 자연스럽게 응하는 것이 꽃과 같다는 뜻이다. 따라서 불성이나 법성은 보편적인 연기적 관계에서 자연스럽게 드러나는 것이다.

이런 관점에서 삶의 목표는 개인적인 불성의 현현에 있는 것이 아니라 만유와 더불어 원만하게 살아갈 수 있는 연기의 세계를 이루는 데 있다. 그래서 백장 선사는 "부처의 단계를 밟아 가면 무정이 불성이 있는 것이 되고, 부처의 단계를 밟아가지 않으면 유정이 불성이 없게 된다"라고 했다. 이것은 만유와 무위적 연기관계를 조화롭게 이루어가는 것이 불법을 따르는 길이며, 그렇지 못하면 무정인 목석보다도 못하다는 것이다.

◉ 백장 선사가
지적한 세 가지
나쁜 욕망이란
하나는
사부대중으로부터
존경받기를
바라는 것이며
둘은
모든 사람들이
자신의 문도가
되기를
바라는 것이며
셋은
모든 사람들이
자신을 성인이나
아라한으로
알아주기를
바라는 것이다

백장 선사가 지적한 세 가지 나쁜 욕망은 오늘날 불교사회에서도 흔히 볼 수 있는 실례들이다. 근본적으로 불교가 출가자 중심이고, 재가자는 오직 제도를 받는 중생일 뿐이다. 그래서 출가자는 가능한 한 존경받는 큰스님이 되어 자기 밑에 많은 신도들을 거느리고 많은 출가자들을 거느리며 자신의 문중을 튼튼하게 형성할 수 있도록 큰 재원의 주머니를 마련하려고 한다.

오늘날에도 출가 승려로서의 기능보다는 현실적인 명예나 인기와 권력을 얻고자 하는 경향이 있는 것이 사실이다. 이 모두가 부처님의 불법이 빠진 기복신앙 위주의 불교를 신봉하기 때문에 일어나는 현상이다. 오늘날의 극심한 경쟁적 자본주의 사회에서는 종교도 이러한 영향에서 벗어날 수는 없다. 특히 중앙집권적이 아닌 체제하에서는 일정한 분배의 규칙이 없으므로 백장 선사의 근심을 덜 수 있는 길을 찾기는 어려울 것이다.

47 황벽희운 선사 黃檗希運禪師

◉ 황벽 선사가 말한다
이 본원인
청정한 마음이
항상 원만하고 밝게
두루 비추지만
세상 사람들이
깨닫지 못한다
다만 보고 듣고
아는 것만을
마음으로
인정하면서
보고 듣고 느끼고
아는 것에
묻히게 된다
그래서 깨끗하고
밝은 본체를
보지 못한다
다만 당장에
무심하면
본체가 저절로
드러나므로
태양이
허공에 떠올라
세상을
두루 비추듯이
다시는 장애가
없게 된다

"다만 보고 듣고 아는 것만을 마음으로 인정하며 보고 듣고 느끼고 아는 것에 묻히게 된다"라고 했다. 이것은 보고 듣고 아는 것에 지나치게 집착함으로써 그 본질을 놓치기 쉽다는 뜻이다. 일체 세간을 바르게 보고 바르게 이해하는 여실지견이 갖추어지고 무위적 연기의 이법을 여실하게 따르면서 행하는 것이 곧 무심의 경지이다. 이 경우에는 외물의 경계를 접해도 이에 집착하는 장애가 일어나지 않은 채 만유와 자연스럽게 연기적 관계를 이어갈 수 있다. 그래서 "당장에 무심하면 본체가 저절로 드러나므로 태양이 허공에 떠올라 세상을 두루 비추듯이 다시는 장애가 없게 된다"라고 한 것이다.

무심은 아무런 느낌도 없는 고독한 상태의 마음이 아니라 실제는 적극적인 연기관계가 일어나는 마음이다. 여기서는 마음이 고요히 가라앉은 상태가 아니라 동정일여로서 움직이면서도 고요함을 이어간다. 이처럼 심신이 안정되게 이완된 상태에서 세상을 관조함으로써 중도의 불성을 드러낼 수 있게 된다.

◉ 황벽 선사가 말한다
범부는 경계를 취하고
도인은 마음을 취한다
마음과 경계를
모두 잊는 것이
참다운 법이다
경계를 잊기는 쉽지만
마음을 잊기는
지극히 어렵다
사람들이 애써서
마음을
잊어버리지 못하고
공에 떨어져
끊어진 곳을 찾지
못할까 두려워한다
공은 본래 무공으로
유일한 참된 법계임을
알지 못한다

"범부는 경계를 취하고 도인은 마음을 취한다"라는 것은 세속인은 외물에 집착하고 도인은 외물을 멀리하며 정신세계의 마음을 중시한다는 것이다. 도인이 마음을 취한다는 것은 관념적 세계에 만유가 내재한다는 유심을 뜻한다. 이 경우에는 연기의 세계와 무관하므로 만유의 연기적 법성을 모르게 된다. 또한 범부가 경계를 취한다고 해서 반드시 집착하는 것도 아니다. 애초부터 범부와 성인의 분별이 그릇된 것이다.

우주 만유는 상호 의존적 연기관계를 이루고 있으므로 경계를 떠난 마음이 따로 없고, 마음을 떠난 경계가 따로 있는 것이 아니다. 경계를 따라 마음이 일어남으로써 만유와 무위적 연기관계를 이루어 갈 수 있는 것이다. 이러한 상의적 관계에서는 항상 모두가 변하므로 고정된 자성이 존재하지 않기 때문에 공이라 하며, 이것이 바로 연기적 공의 이법계(理法界)이다. 따라서 마음이 공하다 함은 조작함이 없는 무위적 연기의 따름을 뜻한다.

만약 상호 관계에서 자의적인 집착심을 가진다면 무위적 연기를 이루지 못하게 되므로 제법무아와 제행무상에 따른 필연공을 모르고 단절된 상태로 생각하게 된다. 그래서 사람들이 애써서 마음을 잊어버리지 못하고 공에 떨어져 단절된 곳을 찾지 못할까 두려워하게 된다. 그러나 허망한 마음을 여의면 곧 연기공의 진여법계에 이르게 되므로 공은 본래 무공(無空)으로 유일한 참된 법계에 이르게 된다.

집착심이 없는 상호 관계에서는 모두가 연기적 공심(空心)으로서 불성이 저절로 드러나게 된다. 따라서 "마음과 경계를 모두 잊는 것이 참다운 법이다"라는 것은 마음과 경계를 분별치 말고 무위적으로 자연에 순응하고 적응함으로써 불성을 드러낼 수 있다는 뜻이다. 왜냐하면 마음이 있기에 경계를 대하게 되고, 경계가 있기에 마음이 일어나는 것이므로 마음과 경계는 서로 긴밀한 연기적 관계를 이루기 때문이다.

◉ 황벽 선사가 말한다
세상 사람들이
모든 부처님은
마음 법을 전한다는
말을 듣고 말하기를
마음 위에 특별한
한 법이 있어서
증득하고
취할 수 있다
라고 한다
그래서 마음으로
법을 찾지만
마음이 곧 그 법이며
그 법이 곧 마음임을
알지 못한다
마음을 가지고
다시 마음을
구할 수는 없다

천만겁을
수행하더라도
깨달을 날이 없다
당장에 무심함이
곧 본래의
법인 것이다

마음의 법을 전한다고 함은 순수 관념적인 마음이 아니라 불법의 근본이 되는 무위적 연기법의 진리를 전해 줌을 뜻하는 것으로 볼 수 있다. 이 진리는 단순한 이해에 그치는 것이 아니라 실천 수행으로 만유와 조화로운 무위적 연기관계를 이루도록 하는 것이다. 만약 비밀스러운 관념적인 마음법의 전달이라면, 유위적으로 조작된 집착심이나 아상을 키우기 쉽다.

그리고 "모든 부처님은 마음 법을 전한다"라는 말을 듣고는 외물을 멀리하고 마음에서 다시 마음을 구하게 되면 연기와 전연 무관한 형이상학적 사유의 탑만 쌓게 되므로 천만겁을 수행해도 무위적인 연기의 이치를 깨닫지 못하게 된다. 그러니 구태여 마음을 써서 억지로 무엇을 찾으려 하지 말고 만유와 무위적 연기관계만 잘 이루어간다면 그것이 곧 부처의 마음이고 부처의 행인 것이다. 이런 무위적 경지가 바로 무심의 경지이며, 불법에 이르는 첩경이다.

흔히 심외무물(心外無物)이라고 해서 마음 밖에 사물이 없다고 하면서 마치 만유가 다 마음속에 들어 있는 것처럼 생각하며 외부 현상은 모두 헛것으로 본다. 이것이 바로 유심사상의 표본이다. 마음이 만유를 만들어 내는 것이 아니다. 외물이 없이 마음이 생길 수 없다. 자신의 육신이 없다면 어찌 마음이 존재할 수 있겠는가? 태어날 때부터 장님인 사람은 외물을 보지 못하므로 자연에 대해 바른 사유를 할 수 없어서 바른 마음을 내기가 어려우며 또한 이해 불가능한 경우도 많다. 이처럼 심(마음)과 물(육신)은 어느 하나가 따로 존재하는 것이 아니라 늘 함께하므로 마음이 육신이요, 육신이 마음인 것이다. 인식이라는 관점에서는 외물이 없이는 불가능하며, 설령 마음을 내어 인식한다고 해도 그것은 실상이 아니라 허상에 불과할 뿐이다.

부처님이 마음을 전했다는 것은 우주 만유의 이법을 후대에 전해 주었다는 것이지 단순히 주관적인 관념적 마음을 전한 것이 아니다. 사실 마음은 형태도 없고 어떤 것으로 묘사할 수 없는 생각의 원천일 뿐인데 마음을 전한다고 해서 자신의 마음에서 이 마음을 찾는다는 것은 허공의 꽃을 찾는 것처럼 어리석은 망상일 뿐이다. 그러므로 마음을 오직 정신적인 것으로 보고 순수 정신을 전했다고 보면 잘못이다. 따라서 부처님이 전한 마음은 바로 우주 만유에 대한 진리의 이법이다.

그러므로 이러한 우주 만유의 진리와 이법을 찾으려면 현실세계에서의 외물을 접하지 않고는 알 수 없다. 그리고 소외된 장소에서 고립된 수행으로 이러한 이법을 찾으려고 한다면 이것은 부처님이 전한 뜻에 어긋난다. 왜냐하면 연기의 세계는 만유가 서로 의존적인 긴밀한 상호 관계를 뜻하는 것이지 결코 고립된 상태를 의미하는 것이 아니기 때문이다.

황벽 선사는 '당장에 무심함이 곧 본래의 법'이라고 했다. 고립된 상태에서는 설령 무심에 든다 해도 이것은 그냥 고독한 시간의 낭비일 뿐이다. 진정한 무심은 무위적 연기관계에서 얻어지는 만유의 연기적 이법을 이해하고 적극적으로 실천하는 마음이다. 그래서 무심이 법(道)이라고 한다. 이 무심의 경지를 석가모니부처님의 마음으로 전해준 것이 만유의 연기적 이법이다. 여기서 부처님이 전해 준 마음의 법이 따로 있는 것이 아니라 각자가 만유의 연기적 관계에서 그 이법을 찾아내야 한다.

결국 부처님이 마음을 전해 주었다는 것은 각자가 부처님의 마음을 만유의 연기관계에서 스스로 찾아내라는 뜻이다. 전해 주는 감을 그냥 받아먹는 것이 아니라 각자가 스스로 진리의 감을 찾아내어 먹어 보고, 이를 통해서 진리를 깨닫고 실천하라는 것이다. 이것이 곧 자신의 등불로 타자를 비추어 자신의 진면목(眞面目)을 찾고 그리고 불법의 등불에 자신을 비추어 불성을 찾는 자등명 법등명(自燈明 法燈明)이다.

◉ 황벽 선사가 말한다
도를 배우는 사람이
성불하고자 하면
불법을 모두
배우려고 하지 말고
오직 구함과
집착이 없음을
배워라
구함이 없음은
마음이 일어나지
않음이고
집착이 없음은
곧 마음이
소멸하지 않음이며
불생불멸이
곧 부처이다
도를 배우는 사람은
오직 한 생각이 있음을
두려워해야
하나니
이는 곧 도에서
멀어짐이다
생각 생각이
무상(無相)이고
생각 생각이
무위(無爲)가
곧 부처다

"도를 배우는 사람이 성불하고자하면 불법을 모두 배우려고 하지 말고 오직 구함과 집착이 없음을 배워라"라는 말은 구하고자 함은 작위적인 집착이며 유위적이고 이기적인 조작이 따르므로 무위적 연기법에 어긋난다는 뜻이다. 그러므로 도를 구하여 부처가 되려는 것은 모두 집착의 소산이다. "도를 배우는 사람은 오직 한 생각이 있음을 두려워해야 하나니 이는 곧 도에서 멀어짐이다"라고 했다. 여기서 한 생각이란 집착이다. 따라서 집착이 없는 마음이라야만 무위적 연기법을 따라 부처의 경지에 이를 수 있다.

그리고 일체의 불법을 배우지 말고 또한 구하지도 말라는 것은 불법을 글로 이해하기보다는 구체적인 실천 수행으로 익혀야 한다는 것이다. 그렇지 않고 문자에 얽매이면 현실과 동떨어진 관념론에 치우쳐 구체적인 연기의 진리를 체득하지 못하므로 자신의 불성을 드러내는 부처가 될 수 없다는 것이다. 따라서 "생각 생각이 무상(無相)이고 생각 생각이 무위(無爲)가 곧 부처다"라는 것은 생각 생각으로 구하고자 하는 집착심을 버리고 무위적 연기의 세계에 들어가서 살아 있는 자신의 부처를 찾아야 한다. 이러한 무심의 경지에 도가 있고 불법의 삶이 있는 것이다.

◉ 황벽 선사가 말한다
무심이 곧
도를 실천하는
것이니
무엇을 얻고
무엇을 얻지
못한다고
하겠는가?
한 생각이 일어나면
이것이 경계이고
한 생각이 없어져도
이것이 경계이다
망령된 마음이
소멸되면
더는 찾을 것이 없다

무심에서는 무위적인 연기적 이법을 자연스럽게 따르게 되므로 조작된 행이 일어나지 않는다. 그러므로 이런 상태에서는 마음이 경계를 따라서 집착하는 것도 아니고 또한 경계가 마음을 따라서 일어나는 것도 아니다. 그래서 "한 생각이 일어나면 이것이 경계이고, 한 생각이 없어져도 이것이 경계이다"라고 한 것이다. 따라서 마음과 경계가 하나 되어 집착의 망령이 일어나지 않으면 이것이 곧 무심의 도에 이르는 것이다.

노자는 《도덕경》에서 "천지는 무정(無情)한 존재이며, 도를 터득한 성인도 무정(無情)하고 무자비(無慈悲)하다" 라고 했다. 천지가 무정한 존재라는 것은 천지가 어느 절대자의 조작에 의해 운행되는 것이 아니라 무위적으로 이루어진 것임을 뜻한다. 그리고 도를 터득한 성인이 무정하고 무자비하다는 것은 작위적이고 유위적인 정이나 자비를 행하지 않고 연기법에 따라서 무위적으로 정과 자비를 베푼다는 뜻이다. 흔히 정과 자비를 중시하지만 대부분 유위적으로 조작된 마음에서 나오기 때문에 여기에는 자기만족이나 아상, 아만 등이 내재하게 된다. 정이나 자비를 베풀되 정이 무엇인지 자비가 무엇인지 모르는 상태에서 이루어지는 것이 바로 무위적 행으로써 이루어지는 주고받음의 참된 정이고 참된 자비인 것이다. 다시 말하면 무위적인 무심에서 이루어지는 정과 자비가 되어야 한다는 뜻이다. 이런 관점에서 유위적인 자비의 강조는 참된 자비가 아니라 딱하고 가엾게 여기는 일시적인 동정에 지나지 않는다.

흔히 《반야심경》이나 《금강경》에는 자비(慈悲)나 대비(大悲)라는 말이 전혀 없기 때문에 대자대비가 결여된 경전으로 보기도 한다. 그러나 이들 경전은 무위적 연기법을 근본으로 하므로 서로 주고받음의 연기적 행위 자체에 이미 무위적인 자비와 대비가 내포되어 있다. 그런데 현실적으로는 이들 경전을 공사상이 강조된 경전으로 보고, 연기법을 바탕으로 한 경전으로 생각하지 않기 때문에 마치 자비가 결여된 경전처럼 오해하게 되는 것이다. 만물은 연기적 관계에서 자성(정체성)이 계속 소멸되며, 이런 현상을 공이라 부른다. 이러한 공의 원인은 연기이므로 불교에서는 공보다 연기가 근본이다. 따라서 《반야심경》과 《금강경》을 연기의 경으로 보는 것이 바른 생각이다.

● 황벽 선사가
말한다
법은 본래
있지 않으니
없다는 생각도
하지 말고
법은 본래
없지도 않으니
있다는 생각도
하지 마라
있음과 없음은
모두 다 분별심의
소산이다

자연 만물을 유위적인 조작이 없는 무위적인 연기의 세계로 대한다면 '있다거나 없다'는 식정에 따른 분별적 견해를 일으키지 않게 된다. 그래서 황벽 선사는 "법은 본래 있지 않으니 없다는 생각도 하지 말고, 법은 본래 없지도 않으니 있다는 생각도 하지 마라. 있음과 없음은 모두 분별심의 소산이다"라고 했다.

있음과 없음의 분별은 순전히 인간이 유위적으로 짓는 것이지 본래부터 있는 것이 아니다. 이와 같이 조작된 것에는 대체로 허망한 집착이 따르기 마련이므로 이러한 견해를 여의면 자연의 법성이 저절로 잘 드러나게 된다.

● 황벽 선사가
말한다
망상은 본래
실체가 없나니
이것은 곧
그대의 마음에서
일어난 것이다
그대가 만약
마음이 곧
부처이고
마음은 본래
망령됨이
없음을 안다면
어찌 마음을
일으켜서
다시 망상을
알겠는가

인간은 타자와 연기적 관계를 맺으면서 살아간다. 이 과정에서 이기적이거나 또는 집착에 의해 번뇌 망상이 생긴다. 그런데 사실 이러한 번뇌나 망상에도 진리가 들어 있다. 이는 마치 악을 앎으로써 선을 알고,

선을 앎으로써 악을 아는 것처럼 매사가 상대적이요, 연기적이다. 그러므로 지나치게 탐·진·치나 번뇌 망상에 집착할 필요가 없다. 일어났다가 사라지고, 사라졌다가 일어나는 파도처럼 연기의 세계에서는 다양한 생멸이 발생한다. 그런데 어찌 한 가지에만 집착해야 할 필요가 있겠는가? 오직 중도의 불법을 따르면 그만이다.

우주 만유는 모두 법성을 지닌 부처이다. 그러나 이기적인 집착이 따르면 내면의 부처가 밖으로 드러나기가 어렵다. 황벽 선사는 "만약 마음이 곧 부처이고 마음은 본래 망령됨이 없음을 안다면 어찌 마음을 일으켜서 다시 망상을 알겠는가"라고 했다. 여기서 마음이 부처인 줄 안다는 것은 우주 만유의 무위적 연기법을 이해하고 실천하고 있음을 뜻한다. 이런 경우에는 부질없는 망상이 일어날 수 없다. 실은 망상이 사라지면 부처가 되고, 망상이 생기면 부처가 사라진다는 분별도 또한 집착이다. 이 세상에서 일어날 수 있는 것은 언제나 일어난다. 다만 그 시간과 장소를 잘 모를 뿐이다. 따라서 망상이니 부처니 하는 인간이 만든 말에 지나치게 집착하지 않고 무위적 연기법을 따르는 것이 불성을 바르게 드러내는 길이다.

인간의 마음을 본래는 망상이 없는 청정무구한 마음으로 보기도 한다. 이것은 갓 태어났을 때의 마음이다. 그러나 사물을 가려서 사량 분별하며 성장하는 과정에서 다양한 경험과 학습으로부터 훈습된 정보가 아뢰야식 즉 뇌에 저장된다. 그러므로 인간의 마음이 언제나 청정무구하게 유지될 수는 없다. 더욱이 다양하고 복잡한 현대의 물질문명시대에는 마음에 늘 염오심이 도사리고 있기 마련이다. 즉 경쟁적이고 이기적인 사회에서는 어쩔 수 없이 일어나는 것이 번뇌 망상이다. 다만 늘 자신에게 내재된 청정한 원초적 불성을 드러내기 위해 염오심을 줄이면서 남들과 좋은 무위적 연기관계를 가지도록 노력해야 한다. 이런 과정은 불법의 연기적 진리에 대한 바른 이해가 따라야만 실천이 가능하다.

◉ 황벽 선사가 말한다
물음은 어디에서 오며
깨달음은 어디에서
생기는가?
말과 침묵
움직임과 고요함 등
일체 소리와 사물은
모두가 다 부처의 일이거늘
어디에서 다시
부처를 찾겠는가?
머리 위에 다시 머리를
올려놓을 수 없다
다만 다른 견해만
일으키지 않으면
삼천대천세계가
모두 자기 자신이니
어디에 허다한 것들이
있겠는가

"말을 하고 침묵하고, 움직임과 고요함 등 일체 소리와 사물은 모두가 부처의 일이거늘 어디에서 다시 부처를 찾겠는가?"라는 말은 우주 만유가 모두 법성을 지닌 부처라는 뜻이다. 만유는 무위적 연기법에 따라 생주이멸과 성주괴공을 이어간다. 그러므로 어느 특정한 사물이나 현상에만 불성이 있고 부처가 있는 것이 아니다. 그래서 "다만 다른 견해만 일으키지 않으면 삼천대천세계가 모두 다 자기 자신이니 어디에 허다한 것들이 있겠는가"라고 했다. 즉 집착과 염오심만 버리면 삼천대천세계의 만유가 모두 자기와 같은 부처로 드러나 있음을 알게 된다.

그런데 인간은 밖에서 양식을 취하는 과정에서 다양한 염탁심(染濁心)을 냄으로써 불성을 잘 드러내지 못하게 된다. 그래서 자신 밖의 다른 것에 의지하여 불성과 부처를 찾고자 한다. 불교는 이러한 사람들을 제도한다는 명분에서 부처나 보살을 찾아주고자 여러 가지 마음 수행법과 수련법을 제시한다.

인간은 우주의 한 구성원이지만 우주의 다양한 현상에 따른 이법들을 모두 다 아는 것은 아니다. 그면서도 삼천대천세계가 모두 자신의 마음속에 들어 있다고 생각한다. 물론 부처의 법성은 어디에나 있기 때문에 그렇게 볼 수도 있다. 그러나 객관적으로 보편타당한 우주 만유의 진리가 불법이므로 관념적 사유로 불법의 진리를 끌어 낼 수는 없다. 그러므로 순수 관념적인 마음을 불성이나 불법으로 보기는 어렵다.

우주의 긴 역사에 비해 인간의 진화 역사는 매우 짧으며, 이런 과정에서 얻어진 인간의 지식과 지혜는 극히 제한적이라는 것을 알 수 있다. 우리는 아직도 우주의 탄생이며, 인간의 기원에 대해서 잘 모른다. 앞으로 현대 첨단과학기술문명의 발전에 따라서 우주적 정보가 더 많이 알려진다면 이를 통해서 불법의 범위와 내용도 더 깊고 넓게 확장될 것이다.

따라서 우리는 제한적인 지구를 벗어나 우주적 제법실상을 여실지견하게 바르게 알고 우주적 인간으로서의 부처가 되도록 노력해야 한다. 이를 위해서는 《화엄경》에서 제시하는 다양한 세계와 법계의 부처를 이해함으로써 원융무애한 화엄법계에서 인간 존재의 연기적 가치를 더욱 잘 이해하게 될 것이다. 여기에서 언급되는 부처는 단순히 형태가 있는 초월적 존재가 아니라 주어진 세계를 주재하는 상징적인 이법을 나타내는 법신이다.

◉ 황벽 선사가 말한다
선과 악을 모두
생각하지 마라
그 자리가 곧
삼계를
벗어난 곳이다
여래가 세상에
출현한 것도
삼계를 깨뜨리기
위함이니
일체 마음이 없으면
삼계 또한
있는 것이 아니다

선과 악을 생각하지 말라는 것은 〈선/악〉은 연기의 양면성으로 비동시적 동거성을 지니기 때문이다. 즉 선이 나타나면 악이 숨고, 악이 나타나면 선이 숨는다. 그러므로 선과 악 어느 한 극단에도 집착하지 말고 중도를 취하는 것이 불법을 따르는 것이다.

이런 중도사상이 바로 연기사상이며, 이것은 삼계에 걸쳐 무시이래로 적용되는 불법의 바탕이 되는 이법이다. 그래서 "여래가 세상에 출현한 것도 삼계를 깨뜨리기 위함이니 일체 마음이 없으면 삼계 또한 있는 것이 아니다"라고 한다. 이것은 비록 마음을 낸다 해도 집착이 없으면 분별적 세상이 존재하지 않으므로 그대로 불성이 드러나게 된다는 뜻이다.

◉ 황벽 선사가 말한다
범부들이 모두
경계를 따라
마음을 내어
기뻐하고 싫어한다
만약 경계를
여의고자 하면
마땅히 그 마음을
잊어라
마음을 잊으면
곧 경계가 없어진다
경계가 없어지면
곧 마음이 소멸한다
만약 마음을
잊지 않고
단지 경계만
제거하고자 한다면

경계를
제거할 수 없어
오히려 마음이
더욱 어지러워질
뿐이다
따라서 만법이
오직 마음이고
마음 또한
얻을 수 없으니
다시 무엇을 구하랴?

"범부들이 모두 경계를 따라 마음을 내어 기뻐하기도 하고 싫어하기도 한다"라고 했다. 그렇다. 세상에서 양식을 구하면서 살아가는 사람은 외부 경계를 절대로 무시할 수 없다. 인간이 필요로 하는 모든 것은 자연으로부터 얻어지기 때문이다. 이 과정에서 외부 경계에 특별히 집착을 하면 번뇌를 일으키기 쉬우므로 가능한 유위적으로 조작함이 없는 무위적 연기관계를 이어가야 한다는 것이 불법의 가르침이다.

그런데 인간의 삶에서 외부 경계를 완전히 무시한 채 고립된 상태로 살아갈 수도 없다. 삶의 과정에서 외부 경계에 끌리는 것도 집착이고 또한 억지로 경계를 외면하려는 것도 집착이다. 그래서 "만약 경계를 여의고자 하면 마땅히 그 마음을 잊어라. 마음을 잊으면 곧 경계가 없어진다"라고 하지만 마음을 잊는다고 해서 경계가 저절로 사라지는 것은 아니다.

다시 말하면 세상이 없는 것으로 생각한다고 해서 세상이 사라지는 것이 아니다. 세상은 나와 무관하게 존재한다. 그리고 나는 세상의 한 부분에 지나지 않는다. 따라서 외부 경계를 접하더라도 마음을 어떠한 방법으로든 조작하려 하지 말고 자연스럽게 흘러가면서 무위적 연기관계를 이어가도록 하면 이것이 바로 중도의 불법을 따르는 바른 길이다.

황벽 선사는 "만법이 오직 마음이고(萬法唯心), 마음 또한 얻을 수 없으니 다시 무엇을 구하랴?"라고 하면서 모든 것이 마음에 달려 있지만, 이런 마음을 얻을 수 없다고 했다. '만법이 오직 마음이다'라는 것을 만법유심이라 하며, 이런 마음은 본래부터 갖추어진 것이므로 바깥에서 얻을 수 있는 것이 아니라는 뜻이다. 그래서 "마음을 잊으면 곧 경계가 없어진다. 경계가 없어지면 곧 마음이 소멸한다"라고 했다. 이것은 외부 대상에 대한 집착을 여의지 않으면 본래의 마음에 염오심이 생겨서 어지러워진다는 뜻이다.

일반적으로 주관적 마음의 조작으로 이루어진 것은 진실하지 못한 환상의 세계이다. 마음은 생의(生意) 즉 생명력이며, 생의를 지닌 만물도 인간처럼 마음을 가진다. 이런 생의(마음)는 바로 외부와의 연기적 관계에서 일어난다. 그러므로 외부 대상 없이 마음이 독자적으로 존재할 수는 없다. 만법은 외부에 존재하고, 마음은 단지 이것의 존재와 연기적 관계를 이루고 있을 뿐이다. 이런 마음이 무위적으로 흘러가며 집착하지 않는 것이 무심의 경지이다.

따라서 마음이 곧 만법이 아니라 만법 속에서 마음이 일어나는 것이다. 이것은 마음의 주체와 만법의 객체가 별도로 존재하는 것이 아니라 주체와 객체가 하나 되는 주객불이가 되어야 한다. 이런 주객불이의 마음은 자의(自意)에 따라서 얻어지는 것이 아니라 무위적인 연기적 관계에서 자연스럽게 드러나는 것이다.

◉ 황벽 선사가 말한다
사람들이 임종 때는
다만 오온이
모두 공하고
사대가 무아임을
관찰하라
진심은 형상이 없기에
가고 오는 것이 아니다
태어날 때도
본성은 오지 않으며
죽을 때도
본성은 가지 않는다
맑고 고요하여
마음과 경계가 한결같다
능히 이렇게 되면
바로 깨달아 삼계에
속박되지 않아 세상을
벗어난 사람이 된다

절대 털끝만큼도
끄달려가지 말라
만약 모든 부처님께서
맞아 주시는 것 같은
갖가지 훌륭한
광경(모습)이
눈앞에 나타난다 할지라도
마음에 끄달려감이
없어야 한다
만약 갖가지 나쁜 광경이
나타난다 할지라도
역시 마음에 두려움이
없어야 한다
다만 스스로 마음을
잊으면 법계와 같아서
곧 자재하게 되나니
이것이 가장
중요한 것이다

만물은 태어날 때 물질에서 나오고, 사멸해도 물질로 남는다. 만물이 지닌 법성은 언제나 물질과 함께 존재하며 결코 사라지는 것이 아니다. 인간이 태어날 때도 법성을 지닌 물질에서 나오고, 죽어서 남는 잔해 역시 법성을 지닌 물질이다. 이처럼 법성은 우주 만유의 생주이멸의 이법으로서 오고감이 없으며 그리고 마음과 외부 경계를 떠나 따로 존재하지 않는다. 그래서 황벽 선사는 "태어날 때도 본성은 오지 않으며 죽을 때도 본성은 가지 않는다. 맑고 고요하여 마음과 경계가 한결같다"라고 했다.

이처럼 연기적 세계의 법성은 불생불멸이다. 인간의 본성도 그 근본은 불성이요, 법성이다. 그러므로 이 본성 역시 불생불멸이다. 그런데 어찌 탄생에 이끌리고, 죽음에 두려움을 느낄 수 있겠는가? 이런 집착이 없는 무위적 연기의 세계에서는 불성을 지닌 본성이 바로 우주 법계의 법성으로 이를 깨달음이 곧 삼계에 속박되지 않는 무생법인의 경지이다. 황벽 선사는 이런 경지를 "만약 갖가지 나쁜 광경이 나타난다 할지라도 역시 마음에 두려움이 없어야 한다. 다만 스스로 마음을 잊으면 법계와 같아서 곧 자제하게 되니 이것이 가장 중요한 것이다" 라고 했다.

◉ 황벽 선사가 말한다
도를 배우는 사람이
대체로 교법에서 깨닫고
심법에서
깨닫지 못한다면
비록 무수한 세월 동안
수행한다고 해도
본래의 부처가 못 된다
만약 마음으로
깨닫지 못하고
교법에서 깨달으면
곧 마음을 가벼이 여기고
교를 중하게 여기게 된다
흙덩이를 쫓는 격이니
본심을 망각한 까닭이다
다만 본심에 계합하면
법을 구할 것도 없이
마음이 곧 법이다

"도를 배우는 사람이 대체로 교법에서 깨닫고 심법(心法)에서 깨닫지 못하면 비록 무수한 세월 동안 수행한다고 해도 본래의 부처가 못 된다" 라는 것은 교를 중시하고 마음을 가볍게 여기면 제대로 깨닫지 못한다는 것이다. 교는 주로 경론의 교리 공부이고, 마음공부는 수행을 통해 깨달음을 얻는 것이다. 그런데 기본적으로 글을 통해서 과거의 사실을 알고 지혜를 얻으며 또한 글로 생각을 나눔으로써 서로가 제법실상을 올바르게 알 수 있게 된다.

그러나 "다만 본심에 계합하면 법을 구할 것도 없이 마음이 곧 법이다"라는 것은 심법이 곧 만법이라는 만법유심사상을 나타내는 것이다. 이처럼 외부 대상보다 자신의 마음이 주체가 되는 경우에는 객체인 외물과의 연기적 관계가 경시되기 때문에 마음공부는 순전히 주관적이며 관념적으로 치우치게 된다. 이 경우에는 마음에 의한 깨달음을 객관적으로 검증할 방법이 없다.

결국 제법실상을 여실지견으로 이해하려면 교와 선을 함께 닦아야 한다. 그래야만 바른 마음을 내고, 바른 실천을 통해서 타자에게 바른 이치를 드러내 보일 수 있게 된다. 세상에는 남녀노소 등 여러 계층의 사람들이 있으며 그리고 이들의 지능이나 지식의 수준도 다양하다. 그러므로 교를 통해서 우주 만유의 연기적 이법을 이해하도록 하고 선을 통해 마음을 잘 다스리며 안정된 정(定)에 들도록 함으로써 불법을 따르는 중도의 길을 가도록 할 수 있게 된다.

규봉종밀(圭峯宗密) 선사는 "무릇 부처님이 설하신 돈교(頓教-언어 문자를 여의는 수행 교법)와 점교(漸教-언어 문자를 통한 수행 교법), 선에서 주장하는 돈문(頓門-몰록 깨달음)과 점문(漸門-점차적 깨달음)을 비교하여 살피건대, 두 가르침(教)과 두 선문(禪門)은 서로 잘 맞아 떨어집니다"라고 했으며, 그리고 지눌보조(知訥普照) 국사도 "세존이 입으로 설하면 교(教)이고 조사들이 마음으로 설하면 선(禪)이다. 부처와 조사의 입(教)과 마음(禪)은 결코 서로 위배되지 않는다"라고 하면서 선교일치를 주장했다. 마찬가지로 서산 대사도 "선은 부처님의 마음이요, 교는 부처님의 말씀이다"라고 하면서 선과 교의 조화의 중요성을 강조했다. 이처럼 선과 교가 모두 함께 조화롭게 이루어질 때 비로소 법성을 드러내는 부처의 경지에 이를 수 있게 된다. 일반적으로 선이 부족한 교는 고집을 낳기 쉽고, 교가 부족한 선은 아상을 낳기 쉽다.

◉ 황벽 선사가 말한다
사람들은 흔히 경계가
마음에 장애가 되고
사물이 이치에
장애가 된다고 여겨서
항상 경계를 벗어나
마음을 편안히 하려 하고
사물을 벗어나
이치에 머물려고 한다
그러나 마음이
경계에 장애가 되고
이치가 사물에 장애가
된다는 사실을 모르고 있다
다만 마음을 공하게 하면
경계는 저절로 공해지며
이치가 고요하면 사물도
저절로 고요해 진다
거꾸로 쓰지 마라

마음과 경계란 자기와 타자의 관계이다. 사람이 태어나 자기를 형성하는 과정은 바로 타자 즉 외부와의 긴밀한 상호 연기적 관계를 통해서 이루어진다. 그래서 생각이며 행동이 모두 자기와 타자 사이의 연기적 관계를 통해서 얻어지는 지식과 지혜로 아뢰야식에 저장된다. 그러므로 내가 주인이고, 외부 경계는 객으로서 주인을 따르는 종이 되는 주종관계란 존재할 수 없다. 물론 자신의 결정은 자신의 마음에서 이루어진다. 그러나 이런 결정은 항상 자타(自他)의 조화로운 연기관계를 유지하려는 방향으로 이루어져야 하므로 외부 경계를 무시한 초월적인 주관적 태도는 바람직하지 못하다.

황벽 선사는 "마음을 공하게 하면 경계는 저절로 공해지며"라고 했다. 이것은 내 마음이 공하면 외부 경계가 저절로 공해진다는 것으로 나와 외부 경계 사이의 주종관계를 나타내는 것이다. 이 경우에 외부 사물은 모두 내 마음의 작용으로 일어난다는 만법유심에 해당한다. 그런데 마음을 허공처럼 텅 비우면 경계도 저절로 비워져 집착이 없다는 것은 바르지 못한 생각이다. 어찌 마음을 허공처럼 비울 수 있을까? 끊임없이 생멸하는 것이 실제의 마음이며 또한 살아 있다는 징표이다. 그런데 무엇 때문에 고요히 흐르는 마음의 물을 막아 고이도록 하는가? 고인 물은 썩기 마련인데.

한편 황벽 선사는 "이치가 고요하면 사물은 저절로 고요해 진다"라고 하면서 사상과 이치의 관계에서 이치가 주이고 사상을 종속적인 객으로 보고 있다. 하지만 이치란 인간의 경험에서 밝혀진 사물의 존재와 연기적 진화의 이법이므로 사물이 없으면 이치가 존재할 수 없다. 그러므로 사상과 이치는 어느 것이 먼저인가가 아니라 서로 동등한 관계를 이루고 있다.

사상과 사상 사이의 연기적 관계에서 이치가 드러나 이치와 사상 사이에 걸림이 없는 이사무애법계(理事無碍法界)가 이루어지고 그리고 이치를 따르는 모든 사상들 사이에 걸림이 없는 원융한 연기적 관계로 사사무애법계(事事無碍法界)가 이루어진다. 이러한 이사무애법계와 사사무애법계가 이루어지는 원융한 세계가 바로 화엄법계이다. 이처럼 집착이 없는 무위적 연기의 세계에서는 마음이 경계에 걸리지 않고, 이치가 사상에 걸리지 않는다.

● 황벽 선사가
말한다
도를 배우는
사람이
만약 바로
무심하지 못하면
비록 무량겁을
지나더라도
성도(聖道)를
이루지 못할 것이다
만약 당장에
무심하면
이것이 바로
구경이다

무심이란 아무런 생각이 없고 또 외부 경계와 단절된 고립된 상태처럼 생각하기 쉽지만 실은 그 반대이다. 마음은 어떠한 형태이든 끊임없이 생멸하면서 외부 경계와의 연기적 관계를 이루어간다. 눈을 감아도 숨을 쉬는 것은 외부 공기를 마시기 때문이고, 추우면 따뜻하게 주위를 덥혀 온도를 높이고 체온을 조절하는 것도 역시 외부와의 연기적 관계이다. 이처럼 무심이지만 실은 외부 경계와 연기적 관계를 계속 이루고 있는 무심이다. 단지 안정된 상태에서 외부 경계에 대해 번뇌의 집착이 없는 무위적 연기관계를 이루고 있는 것이 바로 무심의 경지이다. 이를 두고 황벽 선사는 당장에 무심하면 이것이 바로 지극한 경지인 구경에 이른다고 했다.

따라서 불성을 드러내는 첫 걸음은 바로 연기적 무심에 이르는 것이다. 그러면서도 외부 경계와 조화로운 연기관계를 꾸준히 지속하여 자연과 내가 하나 되는 물아일여로서 무아의 경지에 이르면서 제법실상에 대한 여실지견을 얻게 된다. 이때 무심의 경지에 이르기 위해 조작된 마음으로 자신을 끌고 간다면 이것은 무심이 아니라 자신을 무심의 노예로 이끄는 행위에 지나지 않는다. 무심에 이르되 무심을 잊어야만 진정한 무심의 경지에 이르게 된다.

불교에서는 여러 가지 방법으로 마음 수행을 한다. 특히 최근에는 대중들로 하여금 단기간의 참선수행으로 선정에 들어서 무심의 경지를 체득하게 하는 경우가 있다. 이것은 무심이 아니라 흘러가는 자신의 마음을 한 곳에 정지시켜 구속하는 경우로서 연속적인 무위적 연기법을 따르는 것이 아니다. 움직임 속에 고요함이 있고 고요함 속에 움직임이 있기 때문에 무심도 움직임 속에서 이루어져야 비로소 연기적 무심의 경지에 이르게 된다. 그러므로 비록 무심에 이른다 해도 다시 바쁜 생활로 돌아오면 이런 조작된 무심은 곧 사라진다. 이와 같은 무심은 그야말로 공허한 마음으로 단순히 고요하고 편안한 마음을 경험할 뿐이지 외부 경계와 무위적 연기관계를 실질적으로 이루지 못하게 되므로 연기적 불성이 드러나는 무심이 될 수 없다.

48 남전보원 선사
南泉普願禪師

◉ 남전 선사가
원주를 부르자
원주가 대답한다
남전 선사가 말한다
「부처님이
구십 일 동안
도리천에서
어머니를 위해
설법한다
그때 우전왕이
부처님을 사모한다
그래서
목련 존자를 청해
신통으로 조각가를
세 번이나 포섭하여
그곳에 가서
부처님의 형상을
조성한다

단지
삼십일상(三十一相)만
조성하고
오직 범음의 상은
조각하지 못한다」
원주가 묻는다
「무엇이 범음의
상입니까?」
남전 선사가 말한다
「사람을 속이는구나」

석가모니부처님 당시에는 절도 없었고 또한 부처의 형상을 조각한 불상이나 불화도 없었다. 그러다가 부처님 사후에 불교라는 종교가 생기면서 수많은 부처와 보살이 등장하고 이에 따라서 다양한 불상과 불화가 나오기 시작했다. 이러한 조각품은 믿음의 대상으로서 일반적으로 종교가 갖추어야 할 필수 요건 중의 하나가 되었다.

부처나 보살의 형상은 눈으로 보이는 조각품일 뿐이다. 마치 사람의 사진을 찍어 놓은 것처럼 단순한 형상에 지나지 않는다. 이를 보고 마음에 여러 가지 생각을 일으키는 것은 사람마다 다르고 또 시간과 장소에 따라 다를 수 있다. 자신의 아뢰야식에 내장된 것만큼 알고 이해할 뿐이다. 그래서 부처를 바르게 알려면 형상이 아니라 석가모니부처님이 살아 생전 설한 설법과 불법을 알아야 하는데 이것을 어떠한 형상으로 만들어 낼 수는 없다. 오직 부처님의 교설을 적어 놓은 경전을 통해서 알 수 있다.

경전의 내용과 설한 이법을 모르면 부처님의 형상을 아무리 살펴보아도 불법을 찾아볼 수 없고 또한 이해할 수도 없다. 따라서 불법의 바른 이해와 실천 없이는 부처님의 형상에 내포된 무언의 법음(法音)을 들을 수 없다. 그럼에도 불구하고 말없이 앉아 있는 부처의 형상 앞에서 수천 내지 수백만 배의 절을 한들 무슨 소용이 있겠는가? 그냥 절을 많이 했다는 자랑만 남고 부처는 사라지고 불법은 허공을 맴돌 뿐인데! 남전 선사가 "사람을 속이는 구나"라고 한 말은 아마 불상이 오히려 부처님의 진리의 법을 멀리하게 만든다는 뜻일 것이다.

◉ 어떤 스님이
남전 선사에게
묻는다
「화상께서는
무슨 법으로
사람을
가르칩니까?」
남전 선사가
말한다
「마음도 아니고
부처도 아니고
물건도 아니다」

법이란 마음이나 부처나 어떤 한 물건이 아니라 우주 만유의 상호 의존적인 연기적 이법이다. 만유의 생주이멸과 성주괴공의 이법은 무위적 연기관계에서 이루어지는 것이지 인간이나 부처의 뜻대로 조작된 특별한 법이 아니다.

따라서 사람을 가르치는 것은 조작된 마음 없이 만유의 무위적 연기관계를 잘 따르도록 하는 것이다. 여기서는 어떠한 집착도 존재하지 않아야 한다. 그래야만 나와 너 또는 사람과 사물의 구별 없이 모두가 하나로 이루어지게 되는 것이다. 즉 인간이나 사물이 동등한 존재로서 모두가 만유의 연기적 이법을 따르고 만유는 법성을 지닌 진리의 부처임을 익히는 것이다. 이것이 곧 "마음도 아니고 부처도 아니고 물건도 아니다"라는 무심의 도이다.

◉ 남전 선사가
세상을 떠나려 하자
제 일좌에 있는
사람이 묻는다
「화상께서는 백년 후에
어느 곳으로 가십니까?」
남전 선사가 말한다
「산 밑에서
좋은 물길을 내고
한 마리의
암소가 되겠네」
어떤 스님이 묻는다
「제가 화상을 따라가도
되겠습니까?」
남전 선사가 말한다
「나를 따르려면
반드시 한 줄기의
풀을 먹어야 하네」

무위 자연적 삶을 살다가 돌아가면 다음 생에 암소로 태어나 새끼를 낳아 세상에 보시하고자 하는 도인의 마음이다. 자신을 따르고자 하는 사람이면 누구나 풀을 먹으며 살다가 소처럼 만유를 위해 보시하는 마음을 지니며 살아야 한다는 것이다.

가장 평범한 보편적 삶이 바로 남을 위하는 무위적 연기의 삶이다. 이런 세상에서는 남전 선사처럼 잘나고 못나고도 없고 귀하고 천함도 없이 모두가 그렇고 그런 여여한 무심의 삶을 영위할 뿐이다.

용수는 "도에 들어가는 사람에게 하(下)·중(中)·상(上)이 있다. 하의 사람은 단지 자기 자신만을 제도하기 위하여 법을 행하고, 중의 사람은 자기 자신도 위하면서 다른 사람도 위하는 자이며, 상의 사람은 오직 다른 사람만을 위하여 착한 행을 하는 자이다"라고 했다. 남전 선사의 뜻은 오직 남을 위하는 상의 사람 즉 진정한 보살이 되기를 바라는 것으로 보인다.

49 반산보적 선사 盤山普積禪師

◉ 반산보적 선사가
고기를
사려는 사람을 보니
그 사람이
고기 파는 사람에게
「좋은 부위를
한 조각 잘라주시오」
라고 한다
고기 파는 사람이
고기 써는 칼을 놓고
차수하며 말한다
「선생님, 어떤 것이
좋지 않은 것입니까?」
반산보적 선사가
여기서
깨달은 바가 있다

물건을 살 때 이왕이면 좋은 것을 바라는 것이 일상의 마음이다. 그래서 “좋은 부위를 한 조각 잘라주시오”라고 한 것이다. 파는 사람은 “어떤 것이 좋지 않은 것입니까”라고 반문하면서 주는 대로 가져가라는 뜻을 보인다. 좋은 것을 바라는 것을 집착심이라고 볼 수도 있지만, 꼭 그렇게만 생각할 수는 없다. 파는 사람이 잘 아는 사람에게는 좋은 것을 주고자 하는 마음도 역시 집착심이다.

인간의 삶에서 평범한 것이란 가장 자연스러운 것이다. “좋은 것을 주시오”라고 할 때 “어떤 것이 좋지 않은 것입니까?”라고 묻는 이 과정이 바로 평범한 일상적인 삶의 모습이다. 한편으로는 이런 현상을 좋고 나쁘고를 가리는 집착으로 볼 수도 있다. 그러나 매사에 지나치게 자기중심의 이기적 집착심을 갖지 않아야 한다. 좋은 것과 나쁜 것, 선과 악 등의 구별에 지나치게 관심을 기울이는 것도 또한 집착이다. 그러므로 세상사를 너무 세밀하게 따지며 가리지 말고 평범하게 살아가는 여여한 삶이 바람직할 것이다. 보적 선사도 아마 이런 생각을 했을 것이다.

◉ 반산보적 선사가
대중에게 말한다
「마음달이 홀로 둥글어
그 빛이 온 세상을
다 삼킨다
빛은 경계를
비추는 것이 아니고
경계 또한
존재하지 않는다
빛과 경계가
모두 없어지니
다시 이것은 무슨
물건인가?」
동산 스님이 말한다
「빛과 경계가 없어지지
않으면 다시 이것은
무슨 물건인가?」

반산보적 선사는 "마음달이 홀로 둥글어 그 빛이 온 세상을 다 삼킨다"라고 했다. 마음이 온 천지를 감싸안으면 경계가 마음 빛에 가려진다. 그렇다면 마음 빛이 경계를 다 감싸지 못하면 어떻게 될까? 마음 빛이 제대로 비추지 못하게 되는 것일까?

문제는 인간의 마음이 만유를 내포하고 있다는 것이다. 과연 그러할까? 모든 것은 마음의 생멸에 달렸다는 생각이 유심사상이다. 인간이 살아가는 모든 것이 마음에 달렸을까? 그렇다면 타자와의 연기관계도 없이 자기 마음대로 홀로 살아갈 수 있는가? 인류의 문명이 과연 마음 하나만으로 창조되고 또 발전되어 왔을까? 비록 가정이 없는 출가자는 마음만으로 충분할지 모르나 가정을 가진 재가자들은 마음보다 육신을 더 많이 써야만 살아갈 수 있다. 즉 노동으로 그에 상응하는 대가를 받고 살아가며 남에게 자비도 베풀 수 있게 된다.

마음과 몸, 자기와 경계를 구별함은 하나의 극단에 치우치는 것으로 중도의 불법에 어긋난다. 마음과 몸은 하나이지 결코 분리된 둘이 아니며 또한 자기와 외부 경계는 언제나 상호 의존적인 연기관계에 묶여 있다. 그러므로 자기 마음이 세상을 비추는 것이 아니라 세상의 연기적 진리의 빛이 자기를 비추며 이끌어 가는 것이다. 자기라는 개체는 타자와 더불어 그 존재가치가 드러나는 것이지 자기의 존재가 모든 타자의 존재를 규정하는 것은 아니다.

불법에서 무아란 바로 만유가 무위적 연기관계에 의한 변화로 고정된 자성(정체성)이 존재하지 않는다는 뜻이다. 그런데 어찌 나의 마음만이 그렇게 중요하고 내가 만유의 주인이 되어야 하는가? 자기 마음을 바로 알려면 타자의 마음에 자기 마음을 비추어 봄으로써 가능한 것이지 타자를 도외시하고는 자기를 바르게 알 수 없는 것이 연기의 세계이다. "빛과 경계가 아직 없어지지 않으면 다시 이것은 무슨 물건인가?"라는 동산 스님의 물음은 마음과 물질, 또는 자기와 외부 경계의 분별이 연기의 세계에서는 허망한 망상임을 지적한 것으로 볼 수 있다.

◉ 반산보적 선사가
대중에게 말한다
땅이 산을
떠받치고 있지만
산의 높음을
알지 못하고
돌이 옥을
포함하고 있으나
옥에 티가 없는 것을
알지 못한다
만약 능히
이와 같으면
이것이 참다운
출가이다

땅이 있기에 산이 있고, 돌이 있기에 옥이 있는 것이다. 이들은 서로 의지하며 연기적 관계를 이루고 있을 뿐이며 서로 분별하지 않는다. 다만 형상으로 분별되나 그 근원은 같은 것이다. 따라서 세상 만물을 분별하지 않고 집착하지 않는 것이 바른 마음의 근본이 되어야 한다.

땅이 없이 산이 생길 수 없고, 산이 높은들 언제나 높은 것이 아니며, 또한 돌이 없이는 옥이 생길 수 없는 것이 바로 상호 의존적인 연기의 세계이다. 마찬가지로 출가자는 재가자에서 나왔으므로 출가자의 근본 바탕은 재가자의 세계이다. 그러므로 출가자와 재가자는 분별과 대립이 없이 모두가 무위적인 연기법을 따라야 마땅하다. 그래야만 아상이라는 티가 없는 참다운 출가 승려가 된다는 것이 반산보적 선사의 뜻일 것이다.

◉ 반산보적 선사가
말한다
「삼계가
존재하지 않는데
어디에서
마음을 구하며
사대가 본래 공인데
부처가 무엇에
의지하여 머무는가?」
법진일 선사가
게송으로 말한다

삼계란
본래 마음 따라
나타난 것이다
무심하니
삼계가 저절로
사라지도다

반산보적 선사는 삼계가 법이 없는데 어느 곳에서 마음을 구하느냐고 했다. 삼계는 욕망의 세계인 욕계와 물질세계인 색계, 순수 정신세계인 무색계이다. 이것은 현실 세계를 유위적으로 분별한 것이다. 법진일 선사는 "삼계가 본래 마음 따라 나타난 것이다. 무심하니 삼계가 저절로 사라지도다" 라고 했다. 이것은 마음이 만물의 주체라는 순수한 관념적인 생각에서 나온 것이다. 마음이 없다고 세상이 사라지는 것이 아니라 단지 환상일 뿐이다. 이것은 마치 내가 죽으면 세상도 없어진다는 것과 같은 논리이다. 이러한 부질없는 관념적 생각의 고리를 끊고 자신이 자연을 위해 무엇을 해 왔으며 또한 무엇을 해야 할까를 사유하는 것이 인간 존재의 본질을 찾고 부처를 찾는 최선의 길일 것이다.

인간은 언제나 자연 앞에 겸손하고 자연의 이법을 무위적으로 따라야 한다. 지수화풍 사대가 본래 공한 것이 아니라 이들의 화합체가 연기적 변화로 공할 뿐이다. 우주가 존재하고 자연이 존재함은 인간을 포함한 만유가 상의적 연기적 이법을 따르기 때문이며, 이들은 끊임없이 연기적 변화를 이어간다. 그런데 어찌 삼계와 그에 따른 법이 인간의 마음을 따라서 생기고 또 없어지고 하겠는가?

자기중심적 생각을 가지는 한 세상 만물에 대한 삼륜청정(三輪淸淨)의 실현은 불가능해 진다. 연기의 세계에서는 서로 주는 자의 마음과 받는 자의 마음이 청정해야 하고 서로 주고받는 매개체가 청정해야 한다. 인간은 자연과 더불어 살면서 주고받는 연기적 관계를 이어간다. 이 과정에서 서로 주고받는 마음이 깨끗하고 그리고 주고받는 매개체(물건)도 깨끗해야 한다. 그런데 나의 마음만 중요하게 생각한다면 타자의 마음이나 주고받는 매개체에 대한 중요성과 고마움을 모르게 된다. 그래서 올바른 연기관계가 성립되지 못하므로 불법을 어기게 된다. 연기의 세계에서는 내 마음도 중요하지만 상대의 존재가 더 중요하다는 생각을 잊지 말아야 한다. 왜냐하면 상대할 존재가 없으면 나라는 존재의 의미를 찾을 수 없기 때문이다.

50 귀종지상 선사 歸宗智常禪師

◉
어떤 스님이
귀종 선사에게 묻는다
「초심자가 어떻게 해야
깨달음에 들어갈 수
있습니까?」
귀종 선사가
부젓가락으로
솥뚜껑을 세 번
두드리고 묻는다
「듣는가?」
스님이 말한다
「예, 듣습니다」
귀종 선사가 말한다
「나는 왜 못 듣는가?」
또 솥뚜껑을
세 번 두드리고 묻는다
「듣는가?」
스님이 말한다
「듣지 못합니다」
귀종 선사가 말한다
「어째서 나는 듣는가?」
스님이 아무 말이 없자
귀종 선사가 말한다
「관음보살의
미묘한 지혜의 힘으로
능히 세간의 고통을
구제하리라」

귀종 선사가 부젓가락으로 솥뚜껑을 두드리며 소리를 냈다. 이때 무엇을 들어야 하는가? 소리를 듣는 것은 일어난 결과를 아는 것이며, 소리를 나게 하는 행위는 소리가 없다. 현상계에 지나치게 집착하면 그 본질을 놓치기 쉽다. 그러므로 현상을 일으키는 작용 즉 행위의 본질을 알아야 한다. 귀종 선사가 솥뚜껑을 두드리는 행위는 현상과 본질 사이의 연기적 관계를 나타내 보인 것이다.

그리고 귀종 선사는 "관음보살의 미묘한 지혜의 힘으로 능히 세간의 고통을 구제하리라"라고 했다. 이것은 일상생활에서 타자와의 좋은 연기관계를 맺어 감으로써 자리이타와 동체대비의 대승적 사상을 표방하는 관음보살의 미묘한 지혜가 실현될 수 있다는 뜻이다.

51 대매법상 선사 大梅法常 禪師

◉ 대매 선사가
임종 때 대중에게
말한다
「오는 것
막을 수 없고
가는 것
따를 수 없다」
다람쥐 소리를 듣고
조용히 말한다
「바로 이 물건이다
다른 물건이 아니니
그대는 잘 보호하며
간직하라
나는 마땅히
떠나리라」

가고 옴, 생과 멸은 자연의 이법으로 연기적 순환의 결과이다. 다람쥐 소리도 생멸의 연기적 과정에서 살아가는 생명체임을 나타낸다. 저 다람쥐나 죽음을 앞둔 사람과 다를 바 없다. 연기적 과정이 다를 뿐이다.

연기의 이법을 따름도 살아 있을 때 느끼는 것이다. 그러니 자연 만유의 존재를 귀히 여기고 그들과 좋은 인연을 맺으며 살아가는 것이 불법을 따르는 길이다. 그래서 대매 선사는 죽음을 아쉽게 느끼고 슬퍼하기보다 살아 숨 쉬는 생물이 더 소중함을 알고 이들과 더불어 자비를 베풀며 원만하게 잘 살아가기를 바라면서 "바로 이 물건이다. 다른 물건이 아니니 그대는 잘 보호하며 간직하라"라고 했다. 이것이 임종을 앞둔 자비로운 대매 선사의 임종게이다. 생사가 같다고 하지만 실제적인 연기의 세계에서는 죽은 자보다 살아 있는 자(부처)가 더 소중한 법이다.

52 대주혜해 선사 大珠慧海 禪師

● 대주혜해 선사가
처음 마조 선사를
참례하자
마조 선사가 묻는다
「어디서 오는가?」
「월주 대운사에서 옵니다」
마조 선사가 말한다
「이곳에서 무슨 일을
하려는가?」
「불법을 구하고자 합니다」
마조 선사가 말한다
「자기 집의 보물은
돌보지 않고
돌아다니면서
무엇을 하려는가
나에게는
한 물건도 없으니
무슨 불법을 구하겠는가?」

대주혜해 선사가
예배하고 묻는다
「무엇이 혜해 자신의
보물입니까?」
마조 선사가 말한다
「지금 나에게 묻는
이것이 그대의 보물이다
일체 구족하여
부족함이 없으니
사용하는 데 자재하다
그런데 왜 밖을 향해서
구하며 찾는가?」
대주혜해 선사가
그 말에서 자신의
본심을 안다
알음알이를 따르지 않고
깨달아서 될 듯이
감사하며 예를 올린다

법이란 우주 만유의 존재들 사이의 연기적 관계에 의해 생기는 것이다. 인간도 이러한 연기적 존재의 일원이다. 그런데 자기라는 존재를 제외하고 다른 곳에서 법을 구하는 것은 법을 모르는 것이며 또한 자신의 존재를 망각하고 있는 것이다. 그러므로 법도 구할 수 없고 또한 어떠한 법도 제대로 볼 수 없다. 그래서 마조 선사는 "자기 집의 보물은 돌보지 않고 돌아다니면서 무엇을 하려는 것인가"라고 하면서 "지금 나에게 묻는 이것이 그대의 보물(부처)이다"라고 했다. 이것은 "너 자신을 바로 알라. 그대 자신이 바로 보물이다"라는 뜻이다. 그렇다고 자신이 만유의 주인공이 되는 것이 아니라 만유와의 연기적 관계에 서로 얽혀 있는 자신을 잘 알고 이러한 관계를 바르게 따름이 불법을 바르게 펴는 첩경임을 보인 것이다.

수행에는 여러 가지 방편들이 있다. 그중 가장 중요한 것은 자신을 다스릴 줄 아는 것이다. 그래야만 타자와의 연기적 관계도 잘 이루어갈 수 있게 된다. 이 과정에서 자신의 존재에 대한 과대평가로 아상이 생기는 것은 금물이다. 자신을 바르게 알고 다스릴 줄 안다면 겸손함이 저절로 드러나 먼저 자신을 죽이는 법을 알게 될 것이다. 연기의 세계에서는 자신을 철저히 죽이는 것이 진정으로 자신을 철저히 살리는 길이다.

◉ 대주 선사가
말한다
몸과 말과
생각이 청정하면
이를 부처님이
세상에 나오심
이라고 하고
몸과 말과 생각이
청정하지 못하면
이를 부처님의
멸도라고 한다

몸과 말과 생각 즉 신·구·의가 청정하면 타자와 좋은 연기관계를 이루면서 불성을 잘 드러낼 수 있으므로 청정한 부처님의 나오심이라 하여 자신의 부처를 드러낸다는 뜻이다. 그렇지 못하면 불성을 지닌 부처로 드러나지 못하므로 부처님의 멸도라고 한다. 즉 자신의 부처를 잘 드러내지 못하게 된다는 것이다.

신·구·의 중에서 가장 중요한 것이 몸으로 나타내 보이는 행이다. 아무리 좋은 생각을 하고 또 훌륭한 미사여구를 쏟아내어도 이것을 따르는 행위가 일어나지 않는다면 모든 것은 거짓된 허위로서 자신이 잘났다는 아상만 높이는 셈이 된다.

오늘날처럼 복잡한 연기적 삶의 과정에서는 신·구·의가 언제나 청정하게 유지되도록 하는 것이 쉬운 일이 아니니다. 특히 말이 많고 수많은 정보가 넘쳐나는 현대 생활에서는 생각대로 몸이 잘 따르지 않아 뜻과 행동이 서로 일치되기가 쉽지 않기 때문이다. 그렇지만 가능한 한 불성을 지닌 부처가 늘 자신에게 잘 드러날 수 있도록 몸과 말과 생각이 항상 청정하고 또 서로 잘 어울리도록 노력해야 한다. 그래야만 연기의 세계에서 타자에게 물심양면으로 피해를 끼치지 않게 될 것이다.

53 분주무업 선사
汾州無業禪師

◉ 분주 선사가 말한다
「만약 털끝만큼이라도
범부니 성인이니 하는
분별심을
모두 없애지 못하면
당나귀나 말의 뱃속에
들어가는 것을
면치 못한다」
백운수단 선사가
말한다
「설사 털끝만큼이라도
범부와 성인에 대한
분별심을
모두 깨끗이
없애더라도
역시 당나귀와 말의
뱃속에 들어감을
면치 못한다」

범부와 성인의 정념을 깨끗이 모두 없앤다는 것은 이들에 대한 분별을 여의라는 것이며, 그리고 범부와 성인의 정념을 모두 없앤다 하더라도 마찬가지라는 것은 이들에 대한 분별 자체가 애초부터 잘못 되었다는 것이다.

범부와 성인은 이름이 다를 뿐이지 모두 불성을 지닌 부처로 동일하다. 그래서 본래부터 분별이 없는 것을 분별이 있다고 보고 이를 여의려고 해서도 안 되고, 분별을 여의려는 집착 또한 잘못이라는 것이다. 즉 전자의 경우는 분주 선사가 범부와 성인의 생각을 모두 없애라는 것에 해당하고, 후자는 백운수단 선사가 범부와 성인의 생각을 깨끗이 모두 없애려는 것에 대한 집착에 해당한다.

결국 매사에 언구로 분별된 것에 지나치게 집착하게 되면 만유가 평등하고 보편적이라는 연기적 법성을 벗어나므로 연기적 관계를 바르게 이룰 수 없게 된다. 인간은 자신들이 만들어 놓은 언구에 속박되어 번뇌의 씨앗이 되는 사고의 유희를 즐기는 나쁜 버릇이 있다.

54 귀종지상 선사
歸宗智象禪師

◉ 어떤 스님이
귀종 선사에게 묻는다
「무엇이 부처입니까?」
귀종 선사가 말한다
「말을 해달라면
사양하지는 않겠지만
그대가 믿을지
두렵네」
스님이 말한다
「화상의 성의 있는
말씀을 어찌
믿지 않겠습니까?」
귀종 선사가 말한다
「그대가 곧 부처이다」
스님이 말한다
「어떻게 보림해야
합니까?」

귀종 선사가 말한다
「눈에 조금이라도
병이 있으면
허공에서
꽃이 어지럽게
떨어진다네」
스님이 이 말에
크게 깨닫는다

만유의 생주이멸과 성주괴공에 따른 법성을 일컬어 부처라 한다. 그래서 만유는 모두 부처이다. 묻는 자도 부처요, 답하는 자도 부처이다. 다만 본래 지닌 법성이 드러날 때 부처로서 드러날 뿐이다. 그래서 귀종 선사는 스님을 보고 "그대가 곧 부처이다"라고 한 것이다. 그리고 만약 이런 생각을 잘 간직하지 못하면 "눈에 조금이라도 병이 있으면 허공에서 꽃이 어지럽게 떨어진다" 라고 하면서 제법실상을 바르게 인식할 수 없다고 했다.

그런데 자신의 부처를 제쳐두고 절간에서 부처를 찾으려고 한다면 이는 신을 신고 있으면서 신을 찾는 격이라 우매함을 면치 못한다. 흔히 이 세상에서 사람만이 부처가 될 수 있다고 하면서 인간을 가장 존귀한 존재로 보기도 한다. 이 경우는 인간중심주의에 근거한 것으로 만유의 평등성과 불법이 펼쳐지고 있는 화엄법계를 부정하는 것과 다를 바 없다. 법성을 지닌 부처는 인간 이전부터 우주와 함께 존재해 왔으며 그리고 만물에 내재한다. 그러므로 인간은 법성을 갖추고 있는 우주의 한 구성원에 지나지 않는다. 따라서 인간중심주의에 근거한 인불사상을 벗어나서 자연중심사상에 근거하여 만물이 부처라는 만불사상(萬佛思想)을 따르는 것이 바람직하다.

55 서산양좌주
西山亮座主

◉ 서산 양 좌주가
이십사 본의 경론을
강의하다가 하루는
마조 선사를 방문하자
선사가 묻는다
「말을 들어보니 대덕이
경론을 매우 잘
강의한다는데 사실인가?」
좌주가 말한다
「죄송합니다」
마조 선사가 묻는다
「무엇으로 강의하는가?」
좌주가 말한다
「마음으로 강의합니다」
마조 선사 묻는다
「마음은 연극하는
사람과 같고
생각은 연극에 화합하는
사람과 같은데
어떻게 경론을
강의할 줄 아는가?」
좌주가 말한다
「마음이 강의를
못한다면 허공이
강의한다는 것입니까?」
마조 선사 말한다
「그래, 허공이 강의한다」
좌주가 소매를
걷어 올리며 나가는데
마조 선사가 부르니
좌주가 뒤돌아보자
마조 선사가 말한다
「이것이 무엇인가?」
좌주가 이에 크게 깨닫고
곧바로 감사의
예배를 올린다

마조 선사가 말한다
「이 우둔한 자야,
무슨 예배인가?」
좌주는 곧 온몸에서
땀을 흘리면서
절에 돌아와
대중에게 말한다
「내가 평생 공부한 것을
아무도 앞질러가는
사람이 없다고
생각했는데
오늘 마조 선사의
질문에서
평생의 공부가
얼음처럼 녹아내린다」
그 후로는 강의를 그만두고
바로 서산에 들어가서는
전혀 소식이 없다

서산 양 좌주가 마음으로 경을 강의한다고 하자 마조 선사는 마음만으로 가르치는 것이 아니라고 했다. 마음은 자신의 내면의 세계를 드러내는 것으로 말이나 생각에 의존한다. 선종에서는 불립문자 교외별전(不立文字 敎外別傳, 문자로 성립되지 않기 때문에 교 밖에서 따로 전한다)과 직지인심 견성성불(直指人心 見性成佛, 사람의 마음을 곧 바로 가리켜서 본성을 보아 알게 하고 부처가 되게 한다)이라 하여 문자가 아니라 마음으로 전하여 성불하도록 한다. 여기서는 논리적인 말이나 생각을 거치지 않고 직접 마음을 전한다. 이때 상대가 그 마음을 바로 깨달아야 한다.

불교는 연기법에 바탕을 둔 불법을 근본으로 하므로 경전도 연기법을 바탕으로 하고 있다. 따라서 경전 공부는 논리적 설명과 더불어 구체적인 연기적 관계가 이해되어야 하고 또한 그에 따른 실천적 경험이 따라야 한다. 결국 경전 공부는 몸과 말과 생각이 함께 따라야 한다. 그렇지 않고 마음이나 생각만으로는 경전 공부가 바르게 이루어질 수 없다. 이런 점에서 경전을 가르칠 수 있는 사람은 연기법을 체득하고 이를 실천할 수 있어야 한다.

마조 선사는 마음이란 연극을 하는 사람과 같고, 생각은 연극에 화합하는 사람과 같다고 했다. 즉 마음이란 자기 자신이며, 생각은 이런 마음에 상응하는 외부 대상을 통해서 일어난다는 것이다. 인생이란 일생동안 삶을 이어가는 일종의 연극이다. 이 연극에서는 내가 주인공도 되고 조역도 되고 또 무대 설치자도 되며 때로는 관객이 되기도 한다. 그리고 관객이 없는 연극은 있을 수 없다. 이것은 남을 비추어서 자기를 봄으로써 서로 주고받는 연기적 이법을 체득할 수 있는 것이다. 이처럼 마조 선사의 뜻도 경전 공부에서는 자기의 마음이나 생각에 국한하지 않고 타자와 상호 의존적 관계인 연기적 이법을 중시한 것으로 보인다. 이것이 마조 선사의 "이것이 무엇인가?"라는 물음의 뜻일 것이다.

인간의 내면을 떠나서 밖으로 눈을 돌려보자. 우주 삼라만상에서 펼쳐지고 있는 무수한 생주이멸과 성주괴공의 연극을 보지 못하고 한 평생 자신의 마음속만 들여다 본다면 이 세상에 태어난 보람이 무엇이겠는가? 찰나의 순간에 지나가는 짧은 인생에서 인간중심적인 인불사상에 젖어 인간의 좁은 마음만 움켜쥐고 평생을 살아가는 것이 얼마나 하찮은 일인가?

인간은 자신을 존재케 해 준 우주 만물의 자비심을 왜 고맙게 생각하지 못하는가? 자신들을 비추고 있는 먼 조상들의 원초적 이야기를 듣고자 하지 않는가? 인간의 구성 물질이 별에서 왔으므로 인간은 별의 자손이다. 그리고 인간의 원래 부처인 별부처는 지금도 하늘에서 내려다 보면서 무언의 설법을 우리에게 전해 주고 있다. 그런데도 자신의 마음을 활짝 열어 우주를 품지 못한다면 자기를 태어나도록 한 조상별부처가 펼치는 화엄세계의 참 모습을 보지도 못한 채 이 세상을 떠나게 될 것이다.

경전은 우주 만물의 삶의 지침이고, 연기적 이법의 교본으로서 보편타당한 진리를 내포하며 그 내용은 주로 다양한 방편으로 설해져 있다. 현실 세계에서 펼쳐지는 모든 것이 실은 살아 있는 경전이다. 마음과 육신을 분별치 않고 경전을 지침으로 삼아 만유와 바른 연기관계를 이루어가는 것이 바로 경전의 불법 공부이다. 여기서는 어떤 심오한 초월적 신비나 절대적 진리보다는 평범하고 보편적인 만유의 존재 이법을 바탕으로 한다. 그러므로 경전은 지나온 삶의 역사이며 그리고 인간을 비롯한 우주 만유는 현재에도 각자가 자신의 진리의 경전을 계속 쓰고 있다.

56 오설영묵 선사
五洩靈默 禪師

◉ 영묵 선사가
석두 선사에게 가서
말한다
「한마디에
서로 계합하면
머무를 것이고
그렇지 못하면
곧 떠나리다」
석두 선사가
기대어 앉자
영묵 선사가
소매를
걷어 올리며
나가버린다
석두 선사가 부른다
「상좌여」
영묵 선사가
고개를 돌리자

석두 선사가 말한다
「태어나서
죽음에 이르도록
다만 이것뿐인데
머리를 돌리고
뇌를 굴려서
무엇을 하겠나?」
영묵 선사가
그 말에 크게
깨닫는다

영묵 선사가 석두 선사에게 "한마디에 서로 계합하면 머무를 것이고, 그렇지 못하면 곧 떠나리다"라고 했다. 생각을 서로 헤아려 보려는 선사들의 일반적인 선문답의 한 형태이다. 또한 부르면 돌아보는 순간의 그 마음이 중요하다고 보는 것이 선가에서 중시하는 수행법으로 한 순간에 몰록 깨달음을 이루는 것이다. 그래서 석두 선사는 "태어나서부터 죽음에 이르도록 다만 이것뿐인데 머리를 돌리고 뇌를 굴려서 무엇을 하겠나?"라는 물음에서 머리를 굴려서 헤아리는 알음알이를 벗어나는 마음의 중요성을 강조했다. 이와 같은 마음 수행은 가족이 없는 출가자들에게는 가능한 것이다. 그래서 세상의 문제, 인류의 문제, 대중의 삶의 문제, 질병과 자연 재해 등에 대해서 절실한 관심을 갖지 않는다. 오직 신비롭고 심오한 관념적 깨달음이라는 서원의 성취가 목적이다.

그러나 인간 사회에서는 언제나 사고하고 또 논리적 타당성을 검증하면서 타자와 조화로운 연기관계를 이루어 가고자 한다. 사실 불법의 근본도 바로 만유의 연기적 삶에 관한 보편타당한 진리를 찾는 것이지 개인의 주관적 목적 달성이 아니니다. 인간은 노동과 생산을 통해 삶을 영위한다. 생각만으로 양식을 생산해서 제공할 수는 없다. 꾸준한 육체적 노동과 정신적 활동에 의해서 여러 사람들과 주고받는 연기적 존재가 가능토록 하는 것이다. 이처럼 수행이란 바로 정신적 활동과 육체적 노동에 의해 이루어져야 한다. 여기서는 심신의 분리가 아니라 마음과 몸이 한결같은 심신일여(心身一如)의 상태에서 마음이 육체를, 육체가 마음을 서로 조정하며 행위가 이루어지도록 하면 심신이 청정한 상태에서 부처로 드러날 수 있게 된다. 마음만이 존재하는 부처는 부처가 아니라 괴물이며, 산 부처가 아니라 죽은 부처이다.

불교는 우주 만유의 종교이지 결코 특수 집단을 위한 종교가 아니다. 불교가 '마음의 종교'라고 한다면 마치 절대적인 창조자를 신봉하는 종교처럼 어느 한 극단에 치우치게 된다. 육신 없이 마음이 존재할 수 없고, 우주의 존재 없이 인간이 존재할 수 없다. 현대는 먼 과거와 달리 인간의 지혜와 창조력이 꽃을 피우고 있는 물질문명시대이며, 또한 지구 바깥에 있는 지적 생명체와 함께 불법을 나누고자 노력하는 첨단우주

과학시대이다. 불교의 불법은 이미 이러한 우주적 생명체의 존재를 인정해 왔다. 단지 인간이 아직 그들을 만나지 못하고 있을 뿐이다. 그러나 언젠가는 그들과 불법을 논할 시대가 도래할 것이다. 그러니 이제는 땅이나 벽만 쳐다보면서 스스로를 좁은 마음에만 가두지 말고, 무수한 별들이 빛나는 하늘과 대자연을 응시하며 그들의 무언설법에 귀를 기울이는 광대한 우주적 마음을 가져야 한다.

57 석공혜장 선사
石鞏慧藏禪師

◉ 석공 화상은
옛날에 사냥꾼이었다
사슴을 뒤쫓다가
마조 선사의 암자 앞을
지나게 되자
마조 선사에게 묻는다
「사슴이 지나가는 것을
보았습니까?」
마조 선사가 말한다
「그대는 무엇을 하는
사람인가?」
「사냥꾼입니다」
마조 선사가 말한다
「그대는 화살 하나로
몇 마리를 쏘는가?」
「화살 하나로
한 마리를 쏩니다」
마조 선사가 말한다
「그대는 훌륭한
사냥꾼이 아니군요」
「화상께서는 활을
쏠 줄 압니까?」
마조 선사가 말한다
「쏠 줄 알지요」
「화상께서는
화살 하나로
몇 마리를 쏩니까?」
마조 선사가 말한다
「나는 화살 하나로
한 무리를 다 쏘지요」
「모두가 다 생명인데
어째서 한 무리를
다 쏩니까?」
마조 선사가 말한다
「그대가 이와 같이
안다면
어찌하여 자신을
쏘지는 않는가?」
「만약 제가
저 자신을
쏘게 되면
손을 쓸 수가
없습니다」
마조 선사가 말한다
「이 사람의
오랜 세월의 무명이
오늘에야 깨어져
사라지는군」
그러자
석공 화상이
활과 화살을
던져버리고
마조 선사에게
출가한다

생명의 소중함은 죽은 자를 볼 때면 언제나 느끼는 것이다. 한 마리의 사슴을 쏘든 한 무리의 사슴을 모두 죽이든 똑같이 살생이다. 그렇다면 생명이란 과연 무엇인가?

일반적 개념은 인간처럼 살아 숨 쉬는 것으로 종족 본능과 생리 현상을 일으키는 것, 특히 붉은 피를 흘리는 것을 중요한 생명체로 본다. 식물도 생명체이지만 붉은 피를 흘리지 않기 때문에 이들의 생명을 귀하게 느끼지 않는다. 그래서 풀을 마구 밟고 불을 질러 태워도 애석해 하거나 눈물을 흘리는 사람이 거의 없다. 왜 이런 현상이 생길까? 문제는 인간이 살아가기 위해 양식이 필요하고, 이것을 식물과 동물에서 취하기 때문이다. 자신의 피가 붉다고 해서 동물의 살생은 꺼려하면서도, 붉은 피를 흘리지 않는 식물은 아무런 죄책감도 없이 베어 쓸 수 있는 당연한 이용물로 취급한다. 만약 동물의 사냥은 나쁜 짓이고 식물을 죽이는 것은 지극히 당연한 것으로 본다면, 그는 아직 불법에 이르지 못한 것이다.

동물이나 식물 그리고 무생물이라 부르는 흙, 돌, 물, 공기, 천체 등 산하대지와 일월성신 모두가 생의를 지닌 생명체이다. 따라서 불법은 만유의 생명체를 대상으로 하는 것이지 결코 붉은 피를 흘리는 동물에만 국한된 것이 아니다. 인간의 생명체에 대한 그릇된 생각이 오늘날 지구 환경의 황폐화, 오염, 파괴 등으로 지구를 중병에 걸리도록 한 것이다.

특히 불교를 믿는 출가 승려들이 과연 지구의 운명에 대해 깊이 생각해 본적이 있는가? 자기를 태어나게 해 준 근본 즉 인류의 근원적 조상은 피를 흘리는 동물이 아니라 붉은 피를 가지지 않은 미생물이며, 이들은 분자들의 결합으로 이루어졌다. 이들 분자들의 연기적 세계에 대해서 출가자들은 거의 관심이 없다. 그러니 생명에 대한 근본 뜻도 모른 채 막연히 생명존중사상을 가지는 것은 일종의 가식이며 불법에 대한 무지이다. 우주 만유는 모두 법성을 지닌 생명체이며, 이들의 연기적 관계에 의해 모든 생명체가 생주이멸로 계속 순환하고 있는 것이다.

◉ 그 후 석공 화상이
암두 선사의
회하에 있는데
하루는 암두 선사가
묻는다
「그대는 여기서
무엇을 하는가?」
석공 화상이 대답한다
「저는 여기서
소를 기르고 있습니다」
암두 선사가 말한다
「그대는 어떻게
기르는가?」
「풀숲으로 들어가면
고삐를 잡고
끌어냅니다」
암두 선사가 말한다
「소를 잘 기르는구만」

여기서 소를 기르는 법은 선종에서 중시하는 심우도(尋牛圖)에서 소를 기르는 방법을 나타내 보인 것이다. 심우도에서 다섯 번째 그림은 거친 소를 길들이는 모습을 묘사한 '목우(牧牛)'이다. 여기에서 소의 모습은 처음 검은 색에서 흰색으로 변해 간다. 이것은 탐·진·치 삼독의 때가 묻은 검은 소를 길들여 염오의 때를 지움으로써 흰색의 소가 되도록 하는 단계이다. 즉 본래의 청정심에 물든 삼독의 때를 수행으로 지우는 단계이다. 마치 소의 고삐를 단단히 잡고 다스리듯이 수행을 통해서 다시는 염오심이 나타나지 않도록 하는 것이 선의 수행 방법이다.

소를 어떻게 기르느냐는 질문은 어떻게 수행하느냐의 질문이다. 이에 대해 석공 화상이 "풀숲으로 들어가면 고삐를 잡고 끌어냅니다"라고 했다. 이것은 소의 고삐를 꽉 잡고 끌고 나오듯이 청정한 본성에 물든 탐·진·치 삼독을 여의도록 부단히 수행한다는 뜻이다.

그런데 수행이란 고립된 상태에서 자신의 내면에 국한해서만 이루어져서는 안 된다. 왜냐하면 삼독에 따른 번뇌는 일반적으로 자신과 타자 사이의 연기적 관계에서 생기므로 번뇌의 여읨도 역시 타자와 적극적인 연기관계를 통해서 이루어져야 하기 때문이다.

결국 수행이란 개인적인 고립된 상태에서 이루어지는 것이 아니라 인간을 포함한 자연 만물과의 연기적 관계를 거치면서 이루어져야 한다. 그렇지 않으면 비록 수행을 열심히 하더라도 주관적인 관념적 사고에 빠져서 바깥 세계의 연기적 제법실상을 객관적으로 여실하게 이해할 수 없게 된다.

58 약산유엄 선사
藥山惟儼 禪師

◉ 약산 선사가 하루는
좌선을 하는데
석두 선사가
보고 묻는다
「그대는 여기에서
무엇을 하는가?」
약산 선사가 말한다
「아무것도 하지
않습니다」
석두 선사가 말한다
「그럼 한가하게
앉아 있는 것이네」
약산 선사가 말한다
「한가하게
앉아 있는 것이
곧 하는 것입니다」
석두 선사가 말한다
「그대가 아무 것도
하지 않는다면서
한다는 것은 무엇인가?」
약산 선사가 말한다
「일천 성인들도
모릅니다」
석두 선사가 게송으로
찬탄하며 말한다
「그동안 함께 지내도
이름도 알지 못하는데
마음대로 움직이며
이렇게 행하네
자고로 성현들도
알지 못하는데
낮은 범부들이
어찌 쉽게 밝히리오」

"한가하게 앉아 있다는 것은 곧 하는 것입니다"라는 것은 유위적인 작위 없이 하는 것이다. 즉 유위적 작위는 없지만 무위적 작위는 하고 있다는 것이다. 말없이 앉아 무위적 작위를 한들 그 누가 그 뜻을 알겠는가? 일천 성인들도 모르는 것을 혼자만 아는 것이 과연 아는 것인가?

홀로 깨달은 것이 과연 깨달은 경지인가? 선가에서는 주관적 깨달음을 중시하며 이것에 대한 논리적 언설을 회피한다. 이러한 깨달음은 객관적으로 검증할 수 없다. 오직 같은 부류 사이에서 전통적으로 내려오는 이심전심에 의한 이해 방식이 있을 뿐이다.

설령 깨달음을 얻는다고 해서 세상에 큰 변화가 일어나는가? 그리고 과거부터 이러한 깨달음이 인류의 문화 발전에 얼마나 크게 기여해 왔는가? 세상은 성인이나 현자와 같은 어떤 특별한 사람에 의해 이끌려 가는 것이 아니다. 범부라는 지극히 평범한 사람들의 땀과 노력으로 이루어지고 있는 것이다. 따라서 "일천 성인들도 모릅니다"라는 것은 일천 성인도 모르는 것을 약산 선사 자신은 아는 것처럼 비추어진다.

소크라테스는 "나는 아무것도 모른다는 것을 안다"라고 했다. 이것은 안다는 것을 강조하는 확정적 태도로 주로 현상계를 대상으로 한 것이며 그리고 유위적이고 자의적인 경향을 띠며 말하기를 좋아하는 경우이다. 이에 반해 노자는 "사람이 안다는 것을 모르는 것이 최선이다"라고 했다. 이것은 진리가 변한다는 것을 강조한 것으로 주로 본체계(진리 체계)를 대상으로 한 것이며 무위적이고 자연적인 경향을 띠며 말을 아낀다. 그래서 노자의 《도덕경》에서 "참으로 아는 자는 널리 다 알지 못하고, 널리 다 아는 자는 참으로 알지 못한다"라고 했다. 따라서 "일천 성인들도 모른다"라든지 또는 "자고로 성현들도 오히려 알지 못하는데 낮은 범부들이 어찌 쉽게 밝히리오"라는 것은 선사들의 아상과 증상만을 나타내는 대표적인 표현에 지나지 않는다. 연기의 세계에서는 일반적으로 노자처럼 '안다'는 자체를 모르는 것이 진실로 아는 것이다.

59 위산영우 선사
潙山靈祐 禪師

◉ 위산 선사가
백장 선사 회상에서
전좌의 소임을
맡고 있다
백장 선사가
장차 대위산의 주인을
선발할 때에
수좌를 시켜
대중에게 다음과 같이
말하게 했다
「출격자(出格者:
탁월한)에게
마땅히 주지를 주겠다」
그리고 정병을
가리키며 말한다
「이것을 정병이라고
불러서는 안 된다
그대들은 무엇이라
부르겠는가?」
수좌가 말한다
「나무덩어리라고
부를 수도 없습니다」
백장 선사가 이에
수긍하지 않고
위산 선사에게 물었다
위산 선사가 정병을
걷어차서 넘어뜨린다
백장 선사가
웃으면서 말한다
「제일좌(수좌)가
위산에게 졌네」

진리의 물을 적시어 준다는 정병(淨甁)을 정병(물병)이라 부르지 못한다면 무엇으로 부르겠느냐는 백장 선사의 질문에 수좌가 "나무덩어리라고 부를 수도 없습니다"라고 답했다. 백장 선사는 이에 수긍하지 않고 다시 위산 선사에게 물었고 그는 정병을 발로 걷어차 버렸다. 이를 바라본 백장 선사는 외물의 형상에 집착하지 않는 위산 선사를 훗날 큰 일을 할 사람으로 알아보았다.

정병은 선사들이 곁에 두고 사용하는 물병으로 선사의 징표에 해당한다. 위산 선사는 정병이란 이름에 불과한데 무엇이 대단한 것이라고 이것에 집착하며 다른 이름으로 불러야 하겠느냐는 뜻을 내비추었으며 그리고 백장 선사도 이에 수긍했다.

사람들은 자신의 지위나 품격에 알맞은 것을 소유하거니 치장하려는 욕심을 지닌다. 탐·진·치를 여의라, 겸손해라, 특별한 상을 짓지 말라는 등의 좋은 법문을 설하는 승려들이 오히려 유별난 옷이나 장식품으로 몸을 치장하며, 높은 자리에 앉아 설법을 한다면 이 모습을 어떻게 보아야 할까? 이 경우에 위산 선사는 무엇을 걷어찰까?

◉ 앙산 스님이
위산 선사에게 묻는다
「무엇이 참 부처가
머무는 곳입니까?」
위산 선사가 말한다
「생각하나
생각함이 없는 묘로써
신령한 불꽃의 무궁함을
돌이켜 생각한다
생각이 끝나
근원에 돌아가면
성상이 항상 존재하고
이사가 둘이 아니며
참 부처가 여여하다」
앙산 스님이
이 말에 몰록 깨닫는다

부처란 무엇인가? 불교의 궁극적 문제이며 또한 불교를 존재케 하는 근원이다. 불법에 따르면 우주 만유가 법성을 지닌 존재로서 모두 부처이다. 즉 부처란 특별히 신령스러운 것도 아니고, 인간이 영원히 알 수 없는 어떠한 절대적이고 초월적인 불가사의한 존재도 아니며, 단지 연기적 이법을 지닌 만유의 존재 그 자체이다. 그리고 이런 만유의 존재는 아무렇게나 생멸을 이어가는 것이 아니라 연기적 이법을 따른다. 그래서 집착의 생각이 없는 근원인 무위적 경지에 이르게 되면 "성상(性相－성품과 형상)이 항상 존재하고 이사(理事－이치와 사상)가 둘이 아니며 참부처가 여여하다" 라고 했다.

그러므로 만유의 사상(事相)이나 물질적 성질 등 그 모두가 불법을 따르는 부처인 셈이다. 이런 부처의 불법을 이해하기 위해서 꼭 특수한 수행이 필요한 것은 아니다. 일상에서 만유와 조화로운 연기관계를 이루어가면서 타자를 통해서 자신을 비추어 보고 또 법에 비추어 보면서 자신을 낮추고 만유와 더불어 원만한 삶을 이어가면 그것으로 충분한 것이다.

이러한 삶의 지침이 바로《열반경》에서 석가모니부처님이 열반하기 전에 남긴 유훈으로 자등명 법등명(自燈明 法燈明)이다. 이것을 "자기 자신을 등불로 삼고, 부처님이 설한 법을 등불로 삼아라" 라고 해석하는 것이 보통이다. 이 경우에는 자등명이 자기중심적 해석으로 치우쳐서 남을 의지하지 말라는 뜻을 내포하기도 한다. 그러나 불법의 근본인 연기법에 따르면 "자기의 등불로 타자를 비추어 자신을 돌이켜 보고 또 법의 등불에 비추어 자신을 돌이켜 보아야 한다"라고 해석되어야 옳을 것이다. 여기서 법이란 일반적으로 사물, 현상, 이법 등을 뜻한다. 그래서 자등명이 주관적이라면 법등명은 객관적인 것으로 자등명 법등명은 곧 주관과 객관이 하나인 주객불이의 화엄사상을 나타낸다.

부처는 어느 누구의 소유물이 아니다. 부처를 믿든 믿지 않든 모두는 부처로서 불법을 따르고 있다. 선과 악, 아름다움과 추함, 즐거움과 고통 등등을 단순히 정감적인 것으로 보지만 실은 그 모두가 법성을 지닌 부처의 현현이다. 다만 상태에 따라서 그 현상이 다르게 나타나 보일 뿐이다. 수행을 하면 부처를 보거나 부처가 되고, 그렇지 못하면 영원히 부처를 만날 수 없다는 것도 한 극단에 치우치는 분별일 뿐이며, 부처는 언제 어디서나 존재한다.

사람이 원래 부처인데도 부처임을 모르는 것은 단지 어리석기 때문이다. 만유는 태어날 때도 부처로 태어나고 죽어 사라질 때도 부처로 사라지는데, 특별히 어디에서 부처를 찾으려 하겠는가? 부처에 대한 집착도 큰 병이며, 부처의 병은 부처도 고치기 어렵다.

◉ 위산 선사가
앙산 스님에게 묻는다
「미묘하고 청정한
밝은 마음을
그대는 어떻게
깨닫고 있는가?」
앙산 스님이 말한다
「산하대지와
일월성신입니다」
위산 선사가 말한다
「그대는 오직
사상만 알고 있다」
앙산 스님이 말한다
「화상께서는 방금
무엇을 물었습니까?」
위산 선사가 말한다
「미묘하고 청정한
밝은 마음이다」
앙산 스님이 말한다
「그것을 사상이라고
해도 됩니까?」
위산 선사가 말한다
「그래, 그래」

위산 선사가 미묘하고 청정한 밝은 마음을 그대는 어떻게 깨달아 알고 있는지를 묻자 앙산 스님이 산하대지와 일월성신이라고 했다. 이러한 사상(事相)은 우주 만유가 모두 청정한 법성을 지닌 부처라는 뜻이다. 인간이 그러하고 만유의 실상이 그러하며 연기적 관계를 보이는 모두가 그러하다. 어찌 본체와 실상에 구별이 있겠는가. 모두가 청정한 불성과 법성을 드러내기에 부처라고 하는 것이다. 인간만이 불성을 지니고 청정한 마음을 지니는 것이 아니다. 오히려 인간은 지나치게 유위적인 조작에 따라 집착심과 탐심이 많아 청정한 마음을 잘 드러내지 못한다.

그러나 산하대지와 일월성신은 언제나 청정심을 지니고 있다. 그러기에 이들은 변함없는 부처의 모습과 성품을 드러내고 있는 것이다. 그런데도 이기적인 인간은 산하대지를 종속물로 여기며 훼손하고 파괴한다. 그리고 빛나는 하늘의 부처는 아예 쳐다보려고도 하지 않는다. 광대한 부처의 세계인 화엄법계를 도외시한 채 오직 재물에 목을 매고 살아간다. 이 모두는 '만법이 오직 마음이다(만법유심)'라는 인간 중심적이고 관념적인 그릇된 생각 때문이다.

지상에 있는 수많은 생물종 가운데서 인간은 호모 사피엔스라는 하나의 종일뿐이지 특별한 존재가 아니다. 그리고 인간을 비롯한 모든 생물종은 같은 조상에서 나왔다. 그런데 어찌 만법이 오직 인간의 마음에만 있겠는가? 인간중심사상이 존재하는 한 불법의 평등성은 이루어질 수 없다. 때문에 언젠가 인간은 스스로를 종말로 이끄는 과보를 받게 될 것이다. 그 결과 인간이란 종이 사라져도 연기적 진리의 불법은 영원히 존재한다.

《법화경》의 〈분별공덕품〉에서 "아일다여, 만일 어떤 중생이 부처님

수명이 영원하다는 설법을 듣고 그저 한 생각만이라도 그 가르침을 믿고 이해한다면, 그 사람이 얻은 공덕은 한량없다" 라고 했다. 이것은 무시이래로 만유가 불성을 지닌 법신불(부처)임을 깨닫는다면 이것이 곧 성불을 뜻하는 것으로서 불법의 영원성을 나타낸 것이다.

60 조주종심 선사
趙州從諗 禪師

◉ 조주 선사가
남전 선사에게 묻는다
「무엇이 도입니까?」
남전 선사가 말한다
「평상심이 도이다」
조주 선사가 말한다
「그러면 그곳을 향하여
나아가야 하지
않습니까?」
남전 선사가 말한다
「나아가고자 하면
곧 어긋난다」
조주 선사가 말한다
「그렇다면 어떻게
도를 압니까?」
남전 선사가 말한다
「도란 알고 알지 못하는
그런 것에 속하지 않는다
안다는 것은
잘못된 깨달음이다
알지 못하는 것이란
아무것도 없다
만약 참으로
헤아리지 않는
도를 통달하면
마치 저 허공과 같이
시원하게 텅 비었으니
어찌 시비하겠는가?」
조주 선사가 그 말에
크게 깨닫는다

구태여 나아가는 것은 목적을 가지고 유위적으로 집착하는 것이다. 도란 무위적 연기의 이법을 체득하고 실천함이다. 따라서 알고자 하거나 구하고자 하는 목적을 가지고 이에 집착하면 도는 수만 리로 멀어진다. 그래서 남전 선사는 알음알이로 헤아리지 않는 도를 통달하라고 했다. 이와 같이 조작이 없고 집착이 없는 무위적 연기법을 따르는 것이 곧 무엇을 향하여 나아가지 않는 무심의 도에 이르는 것이다. 이 경우를 남전 선사는 "평상심이 도이다" 라고 했다. 이러한 경지에서는 아는 것이 모르는 것이고, 구하는 것이 버림이며, 무위(함이 없음)에 유위(함이 있음)가 내재하게 된다.

특히 선종에서는 깨달음을 매우 중요시한다. 그래서 깨달음이 불교의 근본 목적인 것처럼 만나는 사람마다 성불하라고 말한다. 남전 선사는 "나아가고자 하면 곧 어긋난다" 라고 했다. 이것은 깨달음을 향하여 나아가는 것은 구하고자 하는 집착에 얽매인 유위적인 행위이므로 평상심에 어긋난다는 뜻이다. 일반적으로 구하고자 하는 자는 한 눈을 감고, 구하는 마음이 없는 자는 두 눈을 다 뜬다.

◉ 어떤 스님이
조주 선사에게 묻는다
「무엇이 조사가 서쪽에서
오신 뜻입니까?」
조주 선사가 말한다
「뜰 앞의 잣나무다」
스님이 말한다
「화상께서는
경계로써
보이지 마십시오」
조주 선사가 말한다
「나는 경계로써
보이지 않는다」
스님이 말한다
「무엇이 조사가 서쪽에서
오신 뜻입니까?」
조주 선사가 말한다
「뜰 앞의 잣나무다」

"무엇이 조사가 서쪽에서 오신 뜻입니까?" 라는 물음은 달마 조사가 서쪽으로 온 이유를 묻는 것이고, '뜰 앞의 잣나무다' 라는 대답은 불법은 어디에나 있다는 것을 말한 것이다. 즉 달마 조사의 행적이 곧 불법이 아니므로 외부 경계(대상)를 가지고 부처를 가리지 말라는 것이다.

그러니 달마 조사가 어디서 온들 무슨 상관이 있겠는가. 우주 만유가 법성을 지닌 부처이므로 뜰 앞의 잣나무든 소나무든 이 세상에 부처 아닌 것이 없음을 알아야 한다는 것이 조주 선사의 뜻이다.

달마 대사는 불법을 전하기 위해서 서쪽에서 동쪽의 중국으로 왔다. 조주 선사가 질문을 받았을 때 뜰 앞의 잣나무가 보였다. 그래서 조주 선사는 "뜰 앞의 잣나무다" 라고 하면서 잣나무에도 부처의 불법이 있다는 것을 암시한 것이다. 결국 조주 선사와 잣나무 사이의 연기적 관계에서 평범한 불법이 드러나고 있는 것이다. 따라서 "뜰 앞의 잣나무다" 라는 말은 연기적 관계성을 뜻하며 그리고 그 속에 법성을 지닌 부처가 내재함을 암시한 것이다. 여기서 중요한 것은 잣나무라는 외물이 중요한 것이 아니라 불법이 어디에나 존재함을 암시한 것이다. 그래서 "화상께서는 경계로써 사람에게 보이지 마십시오" 라고 하자, 조주 선사가 "나는 경계로써 사람에게 보이지 않는다" 라고 답한 것이다.

선가에서는 주관적인 마음을 중시하면서 객관적인 외경을 경시한다. 그러나 조주 선사의 '뜰 앞의 잣나무' 처럼 객관적 대상이 모두 부처인데 어찌 외부 사물을 경시할 수 있겠는가? 우리는 자신의 내면에서 부처를 찾기보다는 오히려 외부 대상에서 부처의 불성을 더 쉽게 찾아볼 수 있다. 그리고 선사들의 많은 선어에서 이러한 예들이 잘 드러나고 있다.

◉ 어떤 스님이
조주 선사에게 묻는다
「학인은 이제 막
총림에 들어왔습니다
스님의 지도를
바랍니다」
조주 선사가 말한다
「죽은 먹었는가?
스님이 말한다
죽은 먹었습니다」
조주 선사가 말한다
「발우나 씻어라」
그 스님이 크게
깨닫는다

늘 살아가는 그 자체가 불법의 실현이고, 도의 길이다. 그러므로 특별히 지도가 필요한 것이 아니라 각자의 삶 자체가 불법의 실현이므로 죽 먹고, 발우 씻고, 참선하고, 일하며 사는 것이 불법의 실천이고 부처의 삶이다. 또한 밥은 자연의 귀중한 보시물이며 발우는 밥을 담는 그릇으로써 이들 사이에 상호 의존적인 연기관계를 지니고 있다. 그리고 밥을 먹는다는 것은 곧 인간 존재가 외부와 긴밀한 연기적 관계를 이루고 있음을 뜻하며, 또한 이러한 연기관계를 통해서 일어나는 생주이멸과 생로병사에 대한 불법을 일상의 삶에서 찾도록 조주 선사가 암시한 것이다.

조주 선사는 불법의 진리는 언제나 평범하고 보편적인 연기적 관계에 존재한다는 것을 보여주기 위해서 밥을 먹었으니 발우를 잘 씻어 두라고 했다. 일반적으로 무엇이든 특별한 것을 찾고자 하면 오히려 진리의 불법을 벗어나기 쉽다. 그래서 조주 선사는 일상생활 그 자체가 곧 불법의 실천이요, 깨달음의 상태임을 강조하고 있다.

● 엄영 존자가
조주 선사에게 묻는다
「한 물건도
가져오지 않을 때
어떻게 해야 합니까?」
조주 선사가 말한다
「내려놓아라」
엄영 존자가 말한다
「한 물건도 가져오지
않았는데
무엇을 내려놓으라고
하십니까?」
조주 선사가 말한다
「다시 그렇다면
짊어지고 가거라」
엄양 존자가 크게
깨닫는다

한 물건을 가져오든 가져오지 않든 집착을 가지면, 이것은 무위적 연기법의 불법과 멀어지게 되므로 집착심을 여의라는 뜻에서 조주 선사는 '내려놓아라(放下着)' 라고 한 것이다. 그러자 "한 물건도 가져오지 않았는데 무엇을 내려놓으라고 하십니까?" 라고 하면서 내려놓을 것이 없다고 했다. 이것은 '내려놓을 것이 없다' 라는 그 자체가 이미 집착에 얽매여 있음을 뜻한다. 이에 조주 선사는 "그렇다면 집착의 병을 짊어지고 다니라" 라고 했다.

한 세상 살아가는 인간은 수많은 고통과 탐욕을 지닌 채 찰나적 삶을 살아간다. 광대한 우주 법계의 한 일원으로서 찰나적 생멸을 이어가는데 어디에 마음을 두고 살아갈 것인가? 어디 인간뿐인가. 티끌에서 별에 이르기까지 우주 만물이 생의를 지닌 생명체로서 주어진 환경에 따라서 다양한 고통이라는 불안정한 상태를 거치면서 진화한다.

자연 만물은 무위적 연기법을 따르면서 어디에도 집착하거나 거역하지 않은 채 순응하고 적응하면서 삶을 이어간다. 그러니 분별심과 집착심을 가진 인간도 모든 유위적 마음을 여의고 자연에 순응하며 적응해 간다면, 만유와 더불어 조화로운 화엄세계를 이룰 수 있을 것이다. 이것이 바로 불법의 궁극적 실현이며 불교의 근본 목표일 것이다.

● 한 노파가
조주 선사에게
재물을 시주하고
대장경을
읽어주기를 청한다
조주 선사가 선상에서
내려와 한 바퀴
돌고나서 말한다
「대장경을 다 읽었노라」
어떤 사람이
노파에게 돌아가서
그것을 일러준다
노파가 말한다
「어제 대장경을
읽기를 청했는데
어찌하여 화상께서는
오직 반장경만을
읽었습니까?」

경은 석가모니부처님의 교설을 적어 놓은 것이다. 이것은 삶의 지침일 뿐이지 삶 자체를 대변해 주는 것이 아니다. 살아 있는 대장경은 자신이 직접 행으로 만들어 가는 것이다. 다만 무위적 불법을 따른다면 저절로 삶의 대장경이 펼쳐질 것이다. 그러니 먼 옛날, 그 시대의 생각과 삶의 형태를 바탕으로 하여 쓰인 경전이 현대에 그대로 모두 다 적용되지 못함은 당연하다.

부처님은 "자신의 발로 세상에 우뚝 서서 자신의 삶을 살아가는데, 자신의 성품을 깨달아 본성에 맞게 살아간다. 그런 사람을 주체적 행동인이라 하겠다. 비구들이여, … 그 누구보다도 자신의 체험을 중시하고 붓다의 말이라고 해도 맹목적으로 추종하기를 거부하는 사람이 되어주기를 바란다" 라고 했으며 "또한 내 말에 대해서도 마찬가지요. 나에 대한 존경 때문이 아니라 내 말에 대해서도 면밀히 검토해 보고 나서 옳다고 생각되거든 받아들여야 할 것이오" 라고 했다. 이처럼 부처님은 자신의 말이라고 해서 무조건 맹목적으로 따르는 것을 거부하고 그 시대에 알맞은 주체적 행동인이 되기를 강조했다.

이와 같은 부처님의 뜻에 따라 조주 선사는 살아 있는 대장경을 자신의 언행으로 다 보여 주었으니 더 이상 보일 것이 없었다. 나머지는 각자가 스스로 자신의 경전을 써야 하는 것이다. 그래서 조주 선사가 선상에서 내려와서 한 바퀴를 돌고는 "대장경을 다 읽었노라"라고 말한 것이다. 비록 형상은 없지만 만물이 모두 부처로서 각자가 경전을 하나씩 쓰고 있다. 그러니 자신이 쓰고 있는 경전과 타자의 경전을 서로 비추어 보면서 가장 보편타당한 진리의 불법을 찾는 것이 참 부처의 길일 것이다.

◉ 조주 선사가
수유 화상의
처소에 이르러
주장자를 잡고
법상 위에서 동쪽에서
서쪽으로 지나가자
수유 화상이
곧 묻는다
「무엇을 하십니까?」
조주 선사가 말한다
「물을 탐색한다」
수유 화상이 말한다
「나에게는 한 방울의
물도 없는데 무엇을
탐색하십니까?」
조주 선사가
주장자를 짚고 나간다

조주 선사는 법당에서 거닐며 수유 화상의 수행과 도의 깊이를 탐색하고 있었다. 수유 화상이 무엇을 하느냐고 묻자 조주 선사는 물의 깊이를 탐색한다고 했다. 수유 화상은 "나에게는 한 방울의 물도 없는데 무엇을 탐색합니까?"라고 물었다. 이것은 자신에게는 한 방울의 집착도 없는데 오히려 조주 선사가 자신의 깨달음에 대해서 집착하고 있다는 뜻이다. 그런데 실은 한 방울의 물도 없다는 것도 아상이다. 집착의 물이 있는지 없는지는 자신이 알 수 있는 것이 아니라 타자가 자신의 언행에서 알아보는 것이다.

61 남양혜충국사
南陽慧忠 國師

◉ 인도의 대이 삼장이
중국의 서울에 와서
말하기를
「나는 타심통을
얻었노라」
라고 하자
숙종 황제가
혜충 국사를 청하여
시험하게 한다
혜충 국사가 묻는다
「그대는 타심통을
얻었는가?」
「그렇습니다」
혜충 국사가 말한다
「그대는 말해보시오
노승이 지금
어느 곳에 있는가?」
「화상께서는
일국의 국사로서
어찌 서천에서
나룻배 경기를
구경하고 계십니까?」
혜충 국사가
잠깐 있다가
또 묻는다
「그대는 말해보시오
지금은 노승이
어느 곳에 있는가?」
「화상께서는
일국의 국사로서
어찌 천진교 위에서
원숭이의 장난을
보고 계십니까?」
혜충 국사가
세 번째 묻는다
그러나 세 번째 물음에는
간 곳을 알지 못한다
혜충 국사가
그를 꾸짖으며 말한다
「이 여우 귀신아
타심통이
어디에 있나?」
삼장이 아무런
대답도 못한다

남의 마음을 훤히 알아보는 타심통을 흔히 도인의 징표로 보기도 한다. 우주 만유는 수많은 연기적 관계를 지니며 끊임없이 이어진다. 이처럼 변화무쌍한 연기의 세계에서는 자신의 현재의 마음도 잘 모르는데 어찌 미래의 마음을 잘 알 수 있겠는가? 하물며 남의 마음을 어떻게 정확히 알아 낼 수 있겠는가?

삼장은 혜충 국사가 자신의 마음을 떠보는 것을 알고 서쪽 냇가에서 벌어지는 나룻배 경기의 구경이나 원숭이 장난하는 것을 보듯이 일부러 구경거리를 만들려고 하는 속마음을 대충 알았다. 그런데 마지막에 혜충 국사는 삼장이 자신의 마음을 바르게 알아맞히지 못했다면서 꾸짖었다.

여기에서 문제는 삼장의 타심통 여부보다는 혜충 국사의 마음이 문제이다. 자신이 어떠한 마음을 가지고 있는지 자신은 잘 알고 있는가? 안다면 왜 자의로 마음을 바꾸는가? 그리고 삼장이 타심통이 있다고 하거나 없다고 하거나 이것이 큰 문제일까? 남의 마음을 알아보려고 시험하는 자체가 자신이 상대보다 더 높은 도의 경지에 있음을 드러내 보이는 일종의 아상이 아닌가? 왕이 시킨다고 해서 남의 타심통 여부를 반드시 시험해야 할까?

자신의 마음도 잘 모르는 것이 인간이거늘 하물며 남의 마음을 어떻게 바르게 읽어낼 수 있는가? 타심통으로 서로 타심통 놀이를 하는 것 자체가 불법에 어긋나는 놀이다. 모든 것은 흘러가듯이 그냥 두어야 한다. 타심통이 있다고 하면 있는 대로 그냥 두라. 무엇 때문에 꼭 진실을 밝혀내야 하는가? 자신이 짓는 업은 반드시 자신이 그 과보를 거두는 법인데!

◉ 어떤 스님이
남양혜충 국사에게
묻는다
「무엇이 옛 부처의
마음입니까?」
혜충 국사가 말한다
「담장의 기왓장과
조약돌이다」

부처에 옛 부처가 있고 지금의 부처가 따로 있겠는가? 우주 만유가 모두 법성을 지닌 부처이며 만유의 법성이 세월 따라 변하는 것이 아니니 부처의 마음 또한 변하는 것이 아니다. 그래서 "무엇이 옛 부처의 마음입니까?" 라는 물음에 혜충 국사는 담장의 기왓장과 조약돌이 모두 불성을 지닌 부처이고 또한 이들의 마음(生意)이 부처의 마음이라고 말한 것이다.

불교를 신봉하는 사람들 중에는 부처를 특별한 존재로 생각하면서 어떤 초월적인 신비감을 갖기도 한다. 이런 결과는 수행을 통하여 깨달은 사람만을 부처로 보기 때문이다. 그러나 불법을 근본으로 하는 불교에서는 연기법을 따르는 우주 만유가 모두 부처이다. 인간도 부처이지만 이기적인 집착심 때문에 자신의 내면에 있는 부처를 밖으로 잘 드러내지 못할 뿐이다.

우리 주위의 모든 사물은 집착이 없는 부처이며, 하늘을 밝게 수놓고 있는 별들도 모두 부처이다. 이처럼 산하대지와 일월성신이 모두 부처임을 안다면 우리가 늘 부처와 함께 지내면서도 이들의 귀한 존재에 자비심을 베풀지 못하고 있음을 안타깝게 생각해야 한다. 대승불교에서 중시하는 동체대비란 비단 인간에게만 적용되는 것이 아니라 우주 만유를 대상으로 한다. 그러므로 개인적인 깨달음이 중요한 것이 아니라 만유들 사이의 연기적 관계를 조화롭게 잘 이루어가는 것이 불법을 바르게 따르는 길일 것이다.

62 흥선유관선사
興善惟寬禪師

◉ 백거이가
유관 화상에게 묻는다
「이미 분별이 없다면
어떻게 마음을
닦습니까?」
유관 화상이 말한다
「마음은 본래
손상이 없으니
닦을 필요가 있겠나
더럽고 깨끗함을
논하지 말고
일체 생각을
일으키지 마시오」
또 묻는다
「더러운 것은
생각하지 않지만
깨끗한 것을
생각하지 않는 것이
옳습니까?」
유관 화상이 말한다
「사람의 깨끗한 눈에는
아무 것도 들 수
없는 것처럼
비록 금가루가
진귀한 보물이지만
눈에 들어가면
병이 됩니다」
또 묻는다
「수행도 없고
생각도 없으면
범부와 무엇이
다릅니까?」
유관 화상이 말한다
「범부는 무명이고
성문과 연각은
집착하니
이 두 가지의
병을 떠나면
이것이 참된
수행입니다
참된 수행은
부지런해도 안 되고
잊어도 안 됩니다
부지런하면
집착에 가까워지고
잊으면 무명에
떨어집니다
이것이 마음의
요점입니다」

인간은 밖에서 양식을 얻어야 하기 때문에 근원적인 집착심을 가진다. 그러니 어찌 깨끗함과 더러움을 분별하며 가릴 수 있겠는가? "범부는 무명이고 성문과 연각은 집착하니 이 두 가지의 병을 떠나면 이것이 참다운 수행입니다"라고 하지만 누구의 마음에나 불성이 내재하므로 범부, 성문, 연각, 성인, 현자, 도인 등으로 사람을 분별하는 것은 불법에 어긋난다. 만유가 모두 부처로서 동등한데 어찌 분별하여 차별할 수 있는가? 불법을 바르게 수행치 못하기 때문에 차별심을 가지게 되는 것이다.

또한 깨달음을 얻기 위해 자의적으로 수행에 얽매이는 것도 집착이다. 불법은 만유의 존재 이법이며, 만유가 법성을 지니므로 무위적 연기관계만 조화롭게 이어가면 이것이 참다운 수행이다. "참다운 수행이란 부지런해도 안 되고 잊어도 안 됩니다. 부지런하면 집착에 가까워지고 잊으면 무명에 떨어집니다"라고 했다. 왜냐하면 부지런하고자 하는 것도 유위적인 집착이기 때문이다. 그러므로 조작된 집착을 버리고 타자와 더불어 무위적인 연기관계를 이루어감이 삶의 바른 방식일 것이다. 흐르는 물이 빠르게 흐를 때도 있고 느리게 흐를 때도 있듯이 상호간의 연기적 관계에서 조작함이 없이 순응하고 적응함이 바로 불법을 따르는 것이다.

불교에서는 참선을 통한 참다운 마음 수행이라는 방편을 매우 중시한다. 그런데 가족을 가진 재가자들에게는 이런 수행이 쉬운 일이 아니다. 사실 수행이란 삶의 한 방편이지, 이것이 삶의 질을 결정하는 것은 아니다. 인간은 기본적으로 양식을 어떻게 얻느냐는 것이 가장 중요하다. 이 과정에서 여러 가지 어려움이 따른다. 출가자들이 보기에 재가자들의 생활에는 분별심, 집착심, 차별심, 번뇌, 탐·진·치 등의 염오심이 따르기 때문에 이들을 업장이 짙은 중생으로 여길 수도 있다.

그러나 열심히 삶을 영위하는 재가자들은 그와 같은 다양한 언구에 집착할 시간이 없이 오직 물 흐르듯 하루하루 최선을 다하며 살아갈 뿐이다. 물론 일부는 고의적으로 부당한 일을 만들기도 하지만 이 세상에 티끌 없는 거울이 없듯이 완전한 것이란 존재하지 않는 법이다. 실은 마음의 거울(부처)에 때가 있기 때문에 불법을 따라서 수행을 하게 되는 것이다. 비록 마음 수행이 부족하다고 느껴지더라도 그에 집착하지 않고 스스로 자신의 삶을 살아가도록 두는 것이 온당하다. 그렇지 않고 삶의 방식이 다른 자가 자신의 방식대로 타자를 이끄는 것이 반드시 옳은 것만은 아니다. 왜냐하면 높고 낮음의 차별 의식이 자칫 주종관계를 만들어 상대방에게 마음의 상처를 줄 수도 있기 때문이다.

모든 집단은 그 집단의 특성에 알맞은 삶의 방식이 존재한다. 이것은 주어진 환경과 구성원의 특성이 다르기 때문에 생기는 지극히 평범한 연기적 결과이다. 즉 구성원 사이에서 주고받음의 관계(相卽)를 통해 연기적 이법에 이르면(相入) 집단 고유의 특징이 생기며 그리고 이에 의해 구성원의 특성이 규정지어진다. 이것이 바로 상즉상입(相卽相入)으로 자타동일인 화엄법계에 이름이다. 이런 경우에 한 집단의 구성원이 다른 집단의 구성원을 자기의 사고방식이나 생활철학으로 제도하려는 것은 그 집단의 안정성에 혼란을 초래할 수 있다. 따라서 한 집단의 삶이나 사고방식은 하나의 표본일 뿐 결코 모든 집단의 특성을 대표할 수 있는 것은 아니다.

63 염관제안국사
鹽官齊安國師

◉ 염관 화상 회하에
한 주사승(主事僧)이 있다
그가 임종 때
저승사자가
데려가려고 하자
그 스님이 말한다
「내가 절살림을
맡아하느라
수행을 하지 못했으니
칠 일만 기다려 줄 수
있겠소?」
저승사자가 말한다
「기다려 보시오
만약 저승의 왕이
허락한다면
칠 일 후에 올 것이고
그렇지 않으면 곧
돌아오겠소」

말을 마치고 가서
칠 일 후에
다시 돌아와서
그 스님을 찾았으나
볼 수가 없다

주사승(主事僧)이란 살림을 맡고 있는 스님이다. 절살림을 맡아하는 스님은 자신이 수행을 제대로 하지 못했기에 임종 전 7일 동안 수행을 한 후에 저승사자에게 끌려가기로 약속했다. 그러나 그 동안 스님은 열심히 수행을 한 탓으로 저승사자가 와서 스님을 찾아도 눈에 띄지 않아 좋은 곳으로 갔다는 내용이다.

여기서 중요한 문제가 제기된다. 수행이란 무엇인가? 무조건 성불만을 추구하면서 정진하는 것인가? 소질과 재능 및 취미는 사람마다 다르다. 만약 자기의 소질과 재능을 알맞은 자리에서 소임을 충실히 하면서 다른 구성원과 좋은 연기관계를 이루어간다면 원융한 화엄세계가 이루어질 것이다. 그렇지 않고 수행을 위해 고립된 테두리 안에 모두를 가두어 둔다면 각자의 소질과 재능이 제대로 발휘할 수 없게 된다.

결국 맹목적인 수행은 자칫 수행자들을 한 우물 속으로 밀어 넣게 됨으로써 자신의 재능과 소질을 발휘하지 못한 채 일생을 허무하게 낭비하는 처지가 될 수 있다. 절살림을 하는 사람은 그 나름대로의 자질에 알맞은 일을 성취했는데 어찌 그렇지 못한 사람과 동일한 수행을 요구할 수 있겠는가? 수행은 각자의 자질에 알맞은 자리에서 자신의 능력을 충분히 발휘함으로써 연기적 관계를 원활하게 이루어가도록 하는데 그 목적이 있어야 한다. 그렇지 않고 모든 것을 획일적으로 처리하고자 함은 불법의 근본 뜻을 그르치는 것으로 다양한 연기의 세계를 부정하는 것과 다를 바 없다. 따라서 모든 출가자들이 참선 수행을 통한 성불이라는 한 가지 목적만을 가진다면 승려사회가 다양성을 지니지 못하므로 일반 사회에 적극적으로 기여하기는 어렵게 될 것이다.

출가자의 관점에서 재가자들은 수행도 못하고 탐·진·치 삼독에 빠져 있는 것처럼 보일 수도 있다. 그러나 어릴 때부터 받아온 가정 교육과 학교 교육 그리고 실제적인 사회 경험을 통해서 한 인간으로서 남과 더불어 어떻게 사는 것이 가치 있는 삶인가를 배우며 또 서로 가르치고 있다. 이러한 행위가 바로 인간사회에서 일어나는 일상적인 수행이며,

이것의 근본 목적은 남과의 조화로운 연기관계에서 인간다운 삶을 누리는 데 있다. 다만 집단의 특성에 따라서 수행 방법이 달라질 수는 있다. 그러므로 출가자만 수행하는 것이 아니라 재가자들도 늘 수행하고 있는 셈이다. 전자의 경우는 주로 성불을 목적으로 하지만, 후자의 경우는 삶의 과정 그 자체가 수행이다.

미래를 계획하고 지나온 과거를 성찰하며 생활하는 이 모든 과정이 일종의 수행이다. 흔히 수행을 특별한 것으로 보고 몰록 깨침이나 점차 깨침 등을 논하지만 이런 것은 가정을 가지지 않은 출가자들이 추구하는 도피안(깨달음의 성취)일 뿐이다. 그러나 재가자들은 복잡한 사회에서 매일 양식을 구하기 위해 온갖 노력을 기울이면서 바른 삶을 영위하고자 최선을 다하고 있다. 이것이야말로 진정한 수행이 아닐까? 이러한 인류의 노력으로 지상에서 문명의 꽃이 피고 출가자들도 그 혜택을 누리고 있는 것이다. 오늘 하루를 위해 최선을 다하며 살아가는 자에게는 저승사자도 근접하지 못한다. 또한 극락이나 천당도 필요치 않다. 오직 살고 있는 이곳이 바로 불법의 낙원이기 때문이다.

64 형악혜사 선사
衡岳惠思禪師

◉ 형악혜사 선사는
항상 좌선하면서
하루에 한 끼
식사를 하며
법화경 등의
경전을 외우더니
드디어 도에 대한
마음이 일어나
바로 혜문 선사의
처소로 간다
법을 받고 주야로
마음을 다스리다가
여름 안거 중
삼십칠 일이 지나서
숙지통(宿智通)을 얻고
배로 정진을 하는데
갑자기 장애가 일어나
사지가 약해지며

걸을 수가 없다
스스로 이렇게
생각한다
병이란
업에서 생기고
업은 마음으로
인해서 일어난다
마음의 근원은
일어나지 않는데
바깥 경계가
무슨 상관인가
병과 업과 몸이 모두
구름의 그림자와 같다
이와 같이
자신을 관찰하니
전도(顚倒)된 생각이
사라지며 가볍고
편안하기가

옛날과 같다
여름 안거를
마치고 나니
오히려
얻은 것이 없어
마음이 심히
부끄럽다
몸을 벽에
기대려는데
등이 채 닿기도
전에 법화삼매의
최상승선을
활연히 깨달아서
한 생각에
밝게 통달한다

병이란 육신의 불안정한 상태를 뜻한다. 육신이 아프면 마음이 아파지고 마음이 아프면 육신이 아파진다. 불안정한 상태가 발생하게 되는 것은 자신이 처한 환경과 깊은 상관관계가 있다. 즉 생활방식이 환경에 따라 달라지면 육신이 그에 적응하게 된다. 이 과정에서 육신이나 마음에 불안정이 일어날 수 있다. 이것을 반드시 자신의 업에 의해 생긴 것으로 보는 것은 잘못이다. 연기집단에서는 모두가 상호 의존적 연기관계를 이루고 있기 때문에 업의 발생은 자신만의 책임이 아니라 모두의 공동 책임이다.

예를 들면 지나치게 마음에 치중하는 경우에는 외물을 경시함으로써 자신의 육신마저 단순한 물질로 보고 이를 귀중히 여기지 않게 된다. 그 결과 스스로 육신의 균형을 잃고 병을 얻게 된다. 만약 마음을 중시함은 몸을 중시함에서 비롯된다고 생각한다면, 참선 수행과 더불어 육신을 단련함으로써 마음의 평온을 얻을 수 있을 것이다. 결국 '병과 업과 몸이 모두 구름의 그림자와 같다'라는 것은 잘못된 생각이다. 즉 병이 구름과 같이 허망한 것이 아니라 실질적인 심신의 불안정 상태이고 업도 허망한 것이 아니라 연기적 과정에서 일어나는 필연적인 결과이다.

병이 업에서 생긴다면 그 업은 어디에서 생기는 것인가? 일반적으로 업은 연기적 관계에서 생긴다. 각자의 병은 각자의 업에 의한 것으로 보지만 실은 다른 사람들이나 주변 환경과의 상호 관계에서 발생한다. 흔히 깊은 명상과 선정의 힘으로 병을 물리친다고 한다. 이때 병은 단순한 마음의 병인가, 아니면 허물어져 가는 육신의 병인가? 정신적인 힘이 육체적 고통을 이긴다는 것은 어디까지가 한계인가? 당뇨, 폐렴, 치매 등등의 병도 정신적인 선정의 힘으로 치료될 수 있는가? 병은 병이다.

정신적인 병도 육신에 들어있고, 육신의 병도 육신에 들어 있다. 따라서 모든 병은 심신의 연기적 관계에 의해 일어나므로 병의 치료도 역시 효율적인 연기적 관계에 의해 다루어져야 한다.

65 조과도림 선사
鳥窠道林 禪師

◉ 조과 화상에게
회통이라는
시자가 있는데
하루는 그가
떠나려고 하자
선사가 묻는다
「너는 왜 떠나려고
하는가?」
「저는 법을 위해서
출가했으나
아직도 화상의
자비로운 가르침을
얻지 못했기에
지금 여러 곳으로
다니면서
불법을
배우려고 합니다」
조과 화상이 말한다

「불법이라면
나에게도 조금은 있네」
「무엇이 화상의
불법입니까?」
조과 화상이
입고 있던 옷을
뜯어 털을 뽑아
이것을 입으로 분다
시자가 이로 말미암아
크게 깨닫는다

우주 만유는 법성을 지니므로 모든 것에 불법이 내재한다. 스님의 옷이며, 털이며, 시자의 육신이며 어디에나 불법이 아닌 것이 없다. 문제는 화상이 좀 친절하게 말로써 불법을 차근차근 이해하도록 해 주지 못했다는 것이다. 그러나 이것이 선가에서 가르치는 방법이다. 물론 자기 스스로 깨닫는 것이 심오한 내용을 터득하는 방법이기도 하지만, 얕고 가벼워 보여도 친절하게 이해시키는 것이 필요할 때가 있다.

동물은 행동으로 보여준다. 물론 사람도 행동으로 나타내 보이는 것이 바람직하다. 그러나 어찌 모든 것을 행동을 통해서만 보고 느끼며 이해할 수 있겠는가? 인간은 말을 하며 글을 쓸 수 있다. 그리고 먼 과거와 달리 현재는 모든 것이 빠르게 움직이며 수많은 정보가 쏟아지는 최첨단 물질문명의 시대이다. 이러한 시대를 살면서 오직 상대방의 행동만 보고 스스로 알아서 깨친다는 것이 현대적 삶의 방식으로는 쉬운 일이 아니다.

깨친다는 것이 무엇인가? 깨침이란 정신적인 신비로운 체험이 아니라 올바른 연기적 삶의 이해와 실천이며 이에 관련된 이법이 바로 불법이다. 시자는 이러한 불법을 원했다. 단순히 정신적이고 관념적인 것이 아니라 실제적이고 현실적인 삶의 이법을 찾고자 했던 것이다. 사실 인생의 초보자가 날아가는 털을 보고 심오한 불법을 제대로 이해할 수 있을까? 불법의 근본은 연기법이다. 이것은 다수의 집단에서 구성원들 사이에서 주고받는 상호 수수관계의 이법을 체득하는 것이지 결코 스님의 모습만 바라보는 개인적인 것에 국한되는 것이 아니다.

《금강경》에서는 석가모니부처님이 1,250명의 제자들과 함께 집단으로 생활하는 것으로부터 시작된다. 이것이 단순한 것으로 보일지 모르나 실은 승단이라는 출가자 집단 내의 구성원들 사이에서 일어나는 다양한 연기적 관계를 통해서 삶의 불법을 구체적으로 펴 보인 것이다. 이런 집단의 연기사상이 석가모니부처님이 성도 후 처음 설했다는《화엄경》의 근본 사상이다.

66 대위회수 선사
大潙懷秀 禪師

◉ 대위 선사가 말한다
안타깝구나
이 승려는
타인의 말과 모양을
착각하여
그것을 가지고
평생 밑천으로
삼는구나
자기의 광명이
온 천지를 덮어서
가는 곳마다
나타나 있는데도
알지 못하는구나

외부 경계에 집착하여 자신의 마음속을 잘 들여다보지 못함을 애석하게 생각하며 마음이 온 천지를 내포하고 있음을 깨달았다는 뜻이다. 이것은 마음이 바로 만법을 지닌다는 만법유심사상이다.

과연 인간이 외부의 소리와 사물에 이끌리면 삶을 바르게 살지 못하는 것인가? 인간사에서 별것 아닌 소리나 사물에 집착해서 생을 헛되게 보낼 수도 있다. 그러나 인간은 인간들 사이의 관계와 자연과의 관계를 통해서 주고받음을 이어가며 삶을 영위하며 세상을 살아가고 있다. 그런데 대자연을 멀리하면서 어찌 만물의 생주이멸과 성주괴공의 이법을 알 수 있겠는가?

만물이 부처라고 한다. 그렇다면 이들 부처를 떠나 어떻게 불법을 바르게 알 수 있는가?

지나치게 자신의 마음에 집착함도 큰 병이며, 불법을 그르치는 짓이 된다. 하나의 작은 먼지에도 우주가 포함되는데 어찌 외물을 경시할 수 있겠는가. 이런 행위나 사고는 자신이 부처임을 거부하는 것과 같다. 다른 부처를 귀찮은 존재로 본다면 자신도 역시 존재해서는 안 될 귀찮은 물건에 지나지 않게 된다. 그러나 "자기의 광명이 온 천지를 덮어서 가는 곳마다 드러난다"는 것을 자기와 타자 사이의 적극적인 연기적 관계를 나타내는 것으로 본다면 지나온 과거를 안타까워할 필요가 없다.

농사를 짓는 농부는 언제나 하늘, 땅, 물, 바람 그리고 새싹에 온 관심과 정성을 기울인다. 그러면 이 농부는 외물에 집착함으로 불성이 없는 존재가 되고, 좌선으로 참선 수행하며 선정에 든 자는 불성을 지닌 부처가 되는가? 이런 수행자에게 양식을 주는 자가 바로 농부들이다. 농부는 수행이라는 유별난 표식도 없이 묵묵히 자연과 더불어 살아가는 사람이다.

이 세상에서 아무리 비천하고 보잘 것 없어 보이는 존재도 모두가 동등한 생의를 지닌 부처이므로 자연 만물의 소리를 귀담아 듣고 그들과 바른 연기관계를 이어가는 것이 곧 불법을 따르는 길이다. 타자와 연기관계가 없이는 자신의 광명은 그 어디에도 없다. 자타동일의 원융한 연기의 세계에서 홀로 광명을 비추는 것은 존재하지도 않고 또한 존재할 수도 없다. 이것이 바로 불법의 이치이다.

67 나안원지 선사
懶安圓智禪師

◉ 나안 화상이
대중에게 말한다
그대들이
모두 여기 와서
나안에게 무엇을
얻고자 하는가?
만약 부처가
되고자 하면
그대 자신이 부처인데
오히려 옆집으로
바삐 내달리는 것이
마치 목마른 사슴이
아지랑이를 쫓는
것과 같다
어느 때에
합해지겠는가?
그대들이 부처가
되고자 한다면

허다한 전도망상과
반연, 그리고
나쁜 생각과
부정한 욕심들을
모두 여의라
중생의 마음이
곧 그대의 초심 때
정각의 부처인데
다시 어디에서
별달리 찾는가?
그대들은 각기
값진 큰 보배를
가지며
눈으로 광명을 놓아
산하대지를 비추고
귀로 광명을 놓아서
일체 선악의
음성을 듣는다

여섯 개의 문이
주야로 항상
광명을 놓고
이를 방광삼매라 한다
그대들이 스스로
알지 못해서
그림자만 잡고 있다

우주 만유가 모두 법성을 지닌 부처이다. 나안 선사는 "중생의 마음이 곧 그대의 초심 때 정각(正覺)의 부처인데 다시 어디에서 별달리 찾는가?" 라고 했다. 이 말은 초발심 때 자신의 부처를 두고 다른 곳에서 부처를 찾는 것은 신고 있는 신발을 찾는 격이라는 뜻이다.

인간 본성의 내면에 깊이 잠재되어 있는 불성이 쉽게 드러나지 않는 것은 전도와 반연과 망상과 나쁜 생각과 부정한 욕심 등의 집착에 따른 염오심 때문이다. 나안 선사는 "사람은 각기 값으로 따질 수 없는 큰 보배를 가지며 눈으로 광명을 놓아서 산하대지를 비추고 귀로 광명을 놓아서 일체 선악의 음성을 듣는다. 여섯 개의 문이 주야로 항상 광명을 놓고 이를 방광삼매라 한다" 라고 했다. 즉 자기의 육근과 외부 대상인 육진 사이의 연기적 관계를 통해서 바른 견해를 낸다면 염오심이 사라지고 무구한 청정심을 지닌 자신의 부처가 저절로 밖으로 드러나게 된다는 것이다. 그렇지 못하면 자신의 내심에 집착하거나 또는 외물에 집착하여 진리의 본질을 놓치고 헛것만 좇게 된다.

◉ 지수화풍
사대로 된 몸이
안팎으로 부지하며
옆으로 기울지
않는 것이
마치 사람이
무거운 짐을 짊어지고
외나무다리 위를
건너도 넘어지지
않는 것과 같다
말해 보아라
무슨 물건이 이렇게
부지하기에
옆으로 기울지 않게
되는가?
만약 그대가 찾아본다면
털끝만큼도
보지 못할 것이다

그래서 지공 화상이
이르기를
경계 위에서
크게 펼치며
작용하지만
안팎과 가운데서
찾아도
아무것도 없다
라고 한다

육신의 작용으로 마음이 일어난다. 외물을 접하면 그에 따라 마음이 일어나고 이 마음은 육신을 조정한다. 그래서 마음과 몸은 서로 떨어질 수 없는 둘이면서 하나이다. 마음을 찾으려면 경계를 대하든지 아니면 이미 경험에서 얻은 아뢰야식에 내장된 정보를 불러와 머릿속에서 그 장면을 그려보면 마음이 일어나게 된다. 이것을 상상이라 한다.

이처럼 우리는 마음을 모르는 것이 아니라 실은 늘 마음 따라 움직이며 살아간다. 그 마음이 부처의 마음이든 부처를 숨겨둔 마음이든 모두가 육신과 경계에서 일어나는 연기적 현상이다. 육신 없는 마음이 존재하지 않고, 경계와 연기적 관계를 지니지 않는 마음 또한 존재하지 않는다. 불성을 지닌 마음은 만물의 부처와 늘 함께 하고 있는 것이지 결코 숨겨진 마음이 아니다.

인간의 마음은 법성을 지닌 만유의 마음과 연기적 관계를 이루고 있으므로 우주적인 광대한 마음이다. 그런데 자신을 우물 속에 가둬두면 폐쇄된 좁은 마음으로 자연에 펼쳐진 부처의 마음을 전혀 모르게 된다. 마음이란 형상이 없기에 보이지 않는다. 다만 외물과 접하는 연기적 관계를 통해서 마음의 정체가 드러나게 된다. 따라서 마음이란 육신을 떠나 존재하지 않지만 언제나 연기적 관계에서는 불성을 지닌 마음이 그대로 드러나게 된다. 즉 지공(志公) 화상의 말처럼 마음은 경계 위에서 펼쳐서 작용하므로 마음을 보려면 반드시 연기적 관계를 살펴보아야 한다. 다만 이 마음은 경계 따라 변하므로 고정된 것이 아니기에 "안팎과 가운데서 찾아도 아무것도 없다"라고 한다. 이런 마음은 안정된 마음이므로 외나무다리 위를 지나도 옆으로 기울지 않는다.

68 양산연관 선사
梁山緣觀 禪師

◉ 대양연이 양산연관
선사에게 묻는다
「무엇이 형상이 없는
도량입니까?」
선사가 관음상을
가리키면서 말한다
「이것은 오 처사의
그림이다」
대양연이 무슨 말을
하려고 하자
연관 선사가 급히
서둘러 말한다
「이것은 형상이
있는 것이니
어떤 것이 형상이
없는 것인가?」
대양연이 그 말뜻을
알아차리고

예배한 뒤
제자리로 돌아가
서 있다
선사가 말한다
「왜 한마디도
말이 없는가?」
대양연이 말한다
「말은 사양하지
않겠지만
혹 기록으로 남을까
염려됩니다」
연관 선사가 웃으면서
「이 말이 돌에
새겨지겠네」
라고 말했는데
과연 뒷날 비석에
적혀 있다

무엇이 형상 없는 도량인가? 마음에 형상을 만들어 집착하지 않음이 형상 없는 도량이다. 그림이란 실물의 형상을 나타내는 것이지 실물 그 자체는 아니므로 그 형상은 이차원의 상일 뿐이며 원래의 삼차원의 상은 아니다.

어디 그뿐인가. 실물도 주변과의 연기적 변화로 고정된 자성을 갖지 못하므로 형상은 있되 형상이 없다고 말할 수 있다. 이것이 바로 제법무아이고 제행무상인 연기법이다. 그러니 상에 집착함은 형상 없는 법성의 근본인 연기법을 모르게 되어 무명에 빠지게 된다. 그래서 대양연이 그림에 대한 언급을 꺼린 것이다.

69 무업 국사 無業國師

● 무업 국사가
제자 혜음 등에게 말한다
그대들이 보고 듣고
깨달아 아는 불성은
큰 허공과 수명이 같아
불생불멸이다
일체 경계는 본래부터
공적하여 한 법도
얻을 것이 없다
미혹한 사람은 이를
몰라서 한 번 경계에
미혹되면
끊임없이 유전한다
그대들은 마땅히 알라
심성은 본래부터
저절로 있는 것이며
인연으로 조작된
것이 아니다

마치 금강처럼
깨트릴 수 없는 것이다
일체 모든 법이
그림자 같고 꿈과 같아
진실함이 없다
그래서 경에서 이르기를
오직 하나의 사실이
있을 뿐이며
나머지 둘은
진상(眞常)이 아니다
라고 한다
일체가 공함을 깨달아서
한 법도 마음에 없는 것
이것이 모든 부처님이
마음 쓰는 곳이다
그대들은 부지런히
수행하라
말을 마치고 열반에 든다

만유의 법성은 그들이 세상에 존재하면서부터 생겨났다. 그리고 이러한 법성이 다시 만유의 생주이멸과 성주괴공을 순환토록 한다. 그러므로 "그 불성은 큰 허공과 수명이 같아 불생불멸이다"라고 함은 바로 법성은 언제 어디서나 존재한다는 뜻이다. "일체 경계는 본래부터 공적하여 한 법도 얻을 수 없다"라고 함은 만유가 연기적 이법에 따라 변화하므로 고정된 자성을 갖지 못한 것을 뜻한다. 그러므로 경계에 집착하면 무명을 낳게 된다. 만유의 법성인 성품은 태어날 때 가지고 나오는 것이며, 이것은 만유의 무위적 연기적 이법을 따른 것이지 조작된 인연을 따라 생기는 것이 아니다.

유위적으로 조작되지 않은 연기적 관계에서는 모든 것이 진실하다. 이는 만유의 법성을 그대로 따른다는 뜻이다. 그런데 "일체 모든 법이 그림자 같고 꿈과 같아서 진실함이 없다"라고 함은 바른 표현이 아니다. 여기서 '진실함'은 변화하는 정체성을 뜻한다. 진실이란 진리를 따르는 사실(실체)을 뜻하는 것으로 일체 만법은 반드시 불법의 연기적 진리를 따르는 존재이다.

즉 모든 법이 단순히 꿈이나 그림자 같은 허무한 존재가 아니라 연기법에 따라서 변화하는 실상이다. 그러므로 만유의 제법실상을 있는 그대로 보고 생각하는 여실지견을 갖추어야 바른 불법에 이르게 된다. 경에서 언급된 '오직 하나의 사실'이란 것은 만유를 존재케 하는 연기적 이법이다. 일체법이 진실하든 또는 진실하지 않든 분별하는 그 자체가 집착이다. 자신의 좁은 견해로 세상 만법을 유위적으로 조작해서는 안 된다. 그러므로 참된 수행은 만유의 연기법을 무위적으로 따르는 것이다.

70 태원부좌주

大原孚座主

● 태원부 상좌가
양주 광효사에
있으면서
열반경을 강의하는데
한 선객이 눈에 갇혀
그 절에 머물고 있다
선객이 청강하다가
법신의 묘한 이치를
널리 설명하는 데서
무심결에 실소를 한다
태원부 상좌가
강의를 끝내고
그 선객을 청하여
차를 마시면서 말한다
「저는 평소에
생각이 짧아서
오직 글자에 의지해
뜻을 해석하는데
그만 웃음을 사게
되었습니다
부디 가르쳐
주시기 바랍니다」
선객이 말한다
「저의 실소는 좌주가
법신을 잘 모르시기
때문입니다」
태원부가 말한다
「어떤 것이 옳지
못합니까?」
선객이 말한다
「좌주가 설명하는 것이
옳지 않다는 것이
아니라 다만 법신의
주변 것만 말하고
아직 법신을 실제로
깨닫지 못한 것입니다」
태원부가 말한다
「그러면 선객께서
저를 위해 설명해
주십시오」
선객이 말한다
「제가 설명하는 것은
사양하지 않으나
믿으시겠습니까?
태원부가 말한다
어찌 감히 믿지
않겠습니까?
그렇다면 좌주께서
잠시 강의를
그만하시고
열흘 동안
단정히 앉아서
고요히 사려하며
마음을 거두고

생각을 잡으며
선과 악의
온갖 인연을
일시에 여의십시오
태원부 좌주가
가르친 대로
초저녁부터
한결같이 있다가
새벽에 이르러서
북치는 소리를 듣고
홀연히 크게
깨닫는다

우주 만물이 법성을 지닌 법신이다. 인간이라는 법신은 경계를 대하면 이기적 집착심이 일어나 법신으로서의 법성을 잘 드러내지 못한다. 그래서 분별하고 차별하면서 〈선/악〉, 〈미/추〉, 〈고/락〉 등에 사로잡혀 집착하게 된다. 그러면 법신을 말하지만 실은 법신에 사로잡혀 법신의 본질을 놓치게 된다. 그래서 선객은 "열흘 동안 방안에 단정히 앉아서 고요히 사려하며 마음을 거두고 생각을 잡으며 선과 악의 온갖 인연을 일시에 여의십시오"라고 말한 것이다.

이와 같이 경계에 대한 집착을 먼저 여읜 후, 자신의 법신을 찾아야 한다. 그런 다음 자기와 같은 법신이 삼라만상에 존재함을 살펴보고 이들의 진실한 설법도 들어야 한다. 이것이 바로 자기와 자연 사이의 긴밀한 연기적 관계를 통해 천인합일의 경지에 이르면서 만유가 법신임을 확인할 수 있게 되는 길이다. 법신이나 부처가 오직 경전 속이나 절간에만 있다고 생각한다면 자기의 법신을 영원히 찾지 못하게 될 것이다.

71 섭현귀성 선사 葉縣歸省 禪師

◉ 어느 날 성염 화상이
섭현귀성 화상에게
묻는다
「죽비를 죽비라 부르면
저촉되고 죽비라고
부르지 않으면
어긋난다
말해보시오
무엇이라 불러야
하겠는가?」
귀성 화상이 이 말에
크게 깨닫는다
그리고는 손으로
죽비를 꺾어서
계단 아래 던져버리고는
도리어 묻는다
「이것은 무엇입니까?」
라고 말한다

죽비란 사용하는 용도에 따라서 붙여진 이름이다. 죽비를 똥막대기라고 해서는 안 된다. 그런데 죽비라 불러도 안 되고 부르지 않아도 안 된다는 것은 일종의 집착을 유도하는 언어의 유희이다. 아마 귀성 화상은 말도 안 되는 이러한 유희의 부당성에 화가 나서 죽비를 꺾어버렸거나 아니면 이야기한 성염 화상의 죽비에 대한 집착을 없애버리는 뜻에서 죽비를 꺾어버렸을 것이다.

사물에 대한 지나친 집착은 그 본질의 의미를 잃게 한다. 아마 선사는 이런 집착에 빠지는 것을 부당하게 여기며 언제나 사물의 본질을 잘 관하라는 뜻에서 질문을 했을 것이다. 그러나 그 질문의 구성은 긍정도 부정도 아닌 순전히 언어의 희론에 불과하다. 그러나 선사들은 이런 종류의 질문으로 상대의 언구에 대한 집착의 여부를 살핀다.

◉ 어떤 스님이
귀성 화상에게
조주 선사의 정전백수
라는 화두를 들어서
가르침을 청하자
귀성 화상이 말한다
그대가 설명해 달라면
사양하지는 않겠지만
「그대가 믿을 수
있겠는가」
스님이 말한다
「화상의 소중한
말씀을 어찌
믿지 않겠습니까?」
귀성 화상이 말한다
「그대는 처마 끝에서
떨어지는 빗방울
소리를 듣는가?」

그 스님이 활연히
크게 깨닫고 나서
예배하자
귀성 화상이 말한다
「그대는 무슨
도리를 보고
예배하는가?」
스님이 게송으로
답한다
「처마 끝의 빗방울
분명하고 또렷하네
하늘과 땅을
타파하고 곧바로
마음을 쉬었네」
귀성 화상이
크게 기뻐하며 말한다
「그대는 조사선을
깨달았네」

조주 선사의 '뜰 앞의 잣나무(정전백수)' 라는 화두에 대한 스님의 답은 '처마 끝에서 떨어지는 빗방울 소리' 였다. 잣나무나 빗방울 소리는 모두 관측자와 대상 사이의 연기적 관계를 나타낸다. 즉 잣나무가 있기에 보는 것이고, 비가 오기에 빗방울 소리를 듣게 되는 것이다. 이러한 연기의 세계에 불법이 있고 또한 부처의 세계가 있는 것이다. 이를 알면 하심하며 외경에 대한 집착을 저절로 여의게 된다. 그래서 "처마 끝의 빗방울, 분명하고 또렷하여 하늘과 땅을 타파함에 곧바로 하심하며 쉬노라" 라고 한 것이다.

달마 대사가 어디에서 오든 그것은 달마 대사의 문제이며, 불법의 연기 세상은 어디에나 존재하는 것이니 달마 대사를 찾기 이전에 연기의 세계에서 일어나는 제법실상에 대한 여실지견을 갖추는 것이 가장 중요하다.

72 양수좌주 良遂座主

◉ 양수 좌주가
마곡 선사를 방문했다
마곡 선사는 그가
오는 것을 보고
호미를 들고 나가서
풀을 벤다
양수 좌주가 풀을
베는 곳에 이르렀는데도
마곡 선사는
돌아보지도 않고
곧장 방장실로 들어가서
문을 닫아버린다
양수 좌주가 다음날
다시 들리자
마곡 선사가
또 문을 닫아버린다
양수 좌주가
문을 두드리자
마곡 선사가 묻는다
「누구냐?」
「양수입니다」 라고
자신의 이름을
부르다가
홀연히 크게
깨닫고 말한다
「화상께서는 양수를
속이지 마십시오
양수가 여기에 와서
화상에게 예배하지
않았다면
어찌 오늘의 일이
있겠으며
그리고 경론에
머물다가
일생을 속아 지냈을
것입니다」

경론을 통해 이치를 찾되 자칫 글에 빠져 이치의 근본을 헤아리지 못해 올바른 실천을 못할 수도 있다. 그러나 불법의 근본을 알고자 하는 사람에게는 분명하게 그 이치를 친절하게 설명해 주는 것이 바람직하다. 아무리 도의 경지가 높다 하더라도 우주의 이법인 불법을 도외시하고 침묵으로 일관한다면 불법의 이름으로 자신을 속이는 것과 다르지 않다. 그러면 법복은 입었지만 그 속에 불법이 없게 된다.

마곡 선사가 '누구냐?' 라고 물었을 때 양수 좌주는 '양수입니다' 라고 대답했다. 그 순간에 양수 좌주는 "자칫 경론에 머물다가 일생을 속아 지냈을 것이다" 라고 했다. 즉 경론에 밝은 자신이 글에만 빠져 있다가 글 밖에서 따로 마음으로 전하는 교외별전의 중요성을 깨달은 셈이다. 여기서 마곡 선사가 침묵을 통해서 양수 좌주에게 불법을 마음으로 비추어서 보여준 셈이다.

진리가 말이나 글에 얽매여서는 안 되지만, 그렇다고 해서 불법의 심오한 진리가 전적으로 마음이나 눈빛으로는 다 전달될 수는 없다. 왜냐하면 객관적이고 보편적인 진리가 주관적 관념으로는 정당화될 수 없기 때문이다. 특히 언구를 떠나서 오직 마음만으로 전해서 깨닫게 되는 것은 신비성이나 초월성이 내재하게 되므로 이를 객관적으로 정당화하기는 어렵다. 침묵이 숨겨진 금은 될 수 있으나 반드시 드러나는 진리가 된다는 보장은 없다.

73 현자화상
蜆子和尙

◉ 현자 화상은
거주하는 곳이
일정하지 않다
동산양개 화상에게
인가를 받고부터
민천 지방에서
세속에 섞여 지낸다
매일 강가에 나가
새우나 조개를 주워서
아침저녁으로
배를 채운다
저물면 동산의 백마묘의
지전(紙錢) 속에
누워서 지낸다
마을 사람들이 그를
가막조개 화상
이라고 부른다
화엄휴정 선사가
그 소문을 듣고
진위를 알아보려고
하루는 먼저 지전 속에
몰래 숨는다
밤이 깊어
현자 화상이 돌아오자
휴정 선사가
불쑥 나와서
그를 잡고 묻는다
「무엇이 조사가
서쪽에서 온 뜻인가?」
현자 화상이
즉시 답한다
「신(神) 앞에 술을 바치는
깨끗한 그릇입니다」
휴정 선사가
기특하게 여기며
참회하고 물러간다

강나루에 나가 새우나 조개를 주워 먹고 백마묘의 지전(紙錢) 무더기 속에서 잠을 자며 지내는 현자 화상은 진정 깨달은 선사이다. 누구에게도 폐를 끼치지 않으며 무위의 연기법을 따라서 자연과 더불어 자연의 보시물로 살아가는 사람이야말로 진정한 천인합일의 경지에 이른 사람이다. 현자 화상처럼 무소유로 살아간 13세기의 이태리 탁발 수도사 프란체스코는 이렇게 말했다.

"보라! 신이 만드신 이 샘물가에서 얻은 한 모금의 물과 자비심 있는 사람에게서 얻은 한쪽의 빵과 그리고 별이 반짝이는 하늘을 천정으로 삼은 이 잠자리 이외에는 아무것도 가진 것이 없다는 그 즐거움을" 이것이 진정한 무소유이며, 고결하게 깨달은 사람의 경지이다.

'가막조개 화상'으로 이름이 난 그가 정말로 그렇게 사는지를 알아보려고 온 휴정 선사가 조사가 서쪽으로 온 까닭을 묻자, 현자 화상은 "신 앞에 술을 바치는 깨끗한 그릇입니다"라고 했다. 즉 자신이 거처하는 곳에 죽은 자를 위해 술을 바치는 그릇이 있기 때문에 이곳에 불법이 있다고 말한 것이다. 이것은 조주 선사가 '뜰 앞의 잣나무'라고 말한 것과 다를 바 없다. 불법은 언제나 가장 가까운 곳에서 잘 드러나는 법이다. 눈에 보이고 귀로 듣고 냄새 맡는 모든 것이 진리의 법성을 드러내 보이는 것이다.

74 무주화상
無住和尙

● 두상공(杜相公)이
무주 화상에게 묻는다
「제가 듣건대 화상께서는
기억하지도 말고
생각하지도 말고
망상하지도 말라
라는 세 가지 법문을
말씀하신다는데
사실입니까?」
「그러하네」
「이 세 구절이
하나입니까? 셋입니까?」
「기억하지 않는 것은
계율이요
생각하지 않는 것은
선정이요
망상하지 않는 것은
지혜이다
한 마음이 생기지 않으면
계·정·혜를 갖추는 것이니
하나도 아니고
셋도 아니다」
「그 말씀에 근거가
있습니까?」
「법구경에 이르기를
만약 정진하고자 하는
마음을 일으키면
이것은 망상이요
정진이 아니다
만약 마음에
망상이 없으면
정진이 끝이 없다
라고 한다」
두상공이 이 말을 듣고
의심하는 마음이
확 풀어진다

무주 화상은 "기억하지 않는 것은 계율이요, 생각하지 않는 것은 선정이요, 망상하지 않는 것은 지혜이다"라고 했다. 기억을 하려고 해서 잘 되는 것도 아니고 또한 하지 않는다고 해서 안 되는 것도 아니다. 외물에 대해서 일어나는 정보는 오관을 통해 아뢰야식에 저장된다. 쉽게 말해 머릿속에 저장되는 것이다. 저장 능력은 사람에 따라 다르고 또 환경에 따라 달라진다. 생각은 기억과 현재의 상황에 따라 일어난다. 그러므로 기억이나 생각을 하지 말라는 것은 삶을 포기하라는 것과 다를 바 없다. 물론 망상을 일으키지 않고 바른 기억과 바른 생각을 하라는 뜻으로 볼 수 있지만 근본적으로는 바른 생각이 아니다.

그리고 기억하지 않는 것이 계율은 아니다. 계율이란 집단 내에서 구성원들 사이의 조화로운 연기관계를 이루어가기 위해서 자연적으로 형성되는 연기적 규칙 즉 연기적 이법의 무위적 따름이다. 그리고 아무런 생각 없이 멍하게 앉아 있는 것은 선정이 아니다. 선정에서는 반드시 참구하는 주제가 있어야 하고, 이를 타파하기 위해 끊임없이 자기와의 투쟁이 계속되어야 한다. 즉 고요함 속에 움직임이, 움직임 속에 고요함이 내재하는 적극적인 선정이라야 한다.

지혜란 단순히 망상을 그치는 것이 아니라 연기적 이법을 바르게 이해하고 실천하는 것이다. "만약 정진하고자 하는 마음을 일으키면 이것은 망상이지 정진이 아니다"라는《법구경》의 말처럼 정진하고자 하는 마음에서 깨달음을 찾고자 하는 목적을 세운다면 이는 하나를 얻기 위해 다른 것을 모두 포기하는 것으로 일종의 망상이며 또한 아상에 대한 집착이다. 정진하되 정진함을 잊는 것이 바른 정진이다. 소위 무위적인 연기적 행이 바른 수행의 길이다.

마음이 끊임없이 움직인다는 것은 단순히 망상이 아니라 법계에 살아 있다는 증거로서 타자와 계속 연기관계를 맺고 있음을 뜻한다. 그런데 마음을 일으키지 않고 아무런 생각도 없다면 이는 정신적으로 문제가 있는 사람이다. 그런데 어찌 정진이 있을 수 있겠는가? 흐르는 물처럼 머물지 않음이 바로 정진이다. 우주 삼라만상에서 움직이지 않고 정지된 것은 하나도 없다. 움직이는 것이 부처이고, 움직이기 때문에 연기적 관계가 일어난다. 다만 인간의 경우 타자에게 피해가 되는 집착심이나 망상을 일으키지 않으면 그대로 불성이 드러나게 된다. 이를 위해 끊임없는 정진으로 향상일로(向上一路)로 나아가게 되는 것이다.

무주 화상은 "한 마음이 생기지 않으면 계·정·혜를 갖추는 것이니 하나도 아니고 셋도 아니다" 라고 했다. 또한 "기억하지 않는 것은 계율이요, 생각하지 않는 것은 선정이요, 망상하지 않는 것은 지혜이다" 라고 했다. 결국 여기서 '한 마음'이란 기억하지 않고, 생각하지 않고, 망상하지 않는 마음이다. 과연 기억하지 않고 생각도 없는 마음이 가능한가? 망상하는 마음은 없어야 하지만 기억과 생각은 살아 있는 한 지울 수 없는 것이다. 수행에서 계·정·혜 삼학이 가장 중요하다. 그런데 기억도 없고 생각도 없는 한 마음으로 삼학을 이룰 수 있을까?

경에서 이르기를 "나는 오직 선도(善道)를 찾고자 내 나이 스물아홉 살에 출가하여, 이미 쉰 한 해가 되었지만 그간 깊이 홀로 생각해 온 것은 다만 계·정·혜의 실천이었다. 이 세 가지 실천하는 것을 떠나서 그 어디에도 수행자의 길은 없었느니라" 라고 했다. 이것은 석가모니부처님이 성도를 이루신 근본 수행이 바로 계·정·혜 삼학이라는 것이다. 여기서 석가모니부처님이 수행한 삼학은 연기적이고 실천적이라면, 무주 화상이 보인 삼학은 주관적이고 관념적이다.

75 월산 화상
越山 和尙

◉ 월산 화상이 처음
설봉 선사를 참례하지만
깊은 뜻을 모른다
뒷날 민왕이
청풍누각으로 청하여
재를 지내며
한참 앉아 있다가
눈을 들어 홀연히
햇빛을 보고는
활연하게 크게 깨닫고
게송을 짓는다
청풍누각에서
관청의 재를 지내다가
평생의 눈이 활짝 열렸네
비로소 보통 연간의
멀고 먼 일이
총령에서 부촉한 것이
아님을 믿게 되었도다

"보통 연간의 멀고 먼 일이 총령에서 부촉한 것이 아님을 비로소 믿게 되었다"라는 말은 조사가 서쪽에서 온 뜻을 가리킨다고 한다. 이 말은 월산 화상이 햇빛을 보는 순간에 의식 속에 잠재되어 있던 의심이 풀렸다는 뜻이다. 즉 자신의 불성인 진면목을 깨달았다는 것이다. 과연 월산 화상은 어떤 진면목을 지닌 것인가? 선적 깨달음 뒤에는 항상 신비적 의문을 남기는 것이 선종의 특징이다.

선에서는 외물을 멀리하라고 한다. 그러면서 실은 외물을 통해 그 동안 생각해 오던 의심이 일시에 해소되어 소위 깨달음이라는 경지에 이르는 경우가 있다. 이런 사실은 내심과 외물의 분별 자체가 그릇된 것임을 보이는 것이다. 마음은 외물을 멀리할 수도 없고 또한 멀리한다고 해서 멀어지는 것도 아니다. 왜냐하면 삶은 환경에 의해 지배되고 또한 환경에 의해 영위되기 때문이다.

76 장사경잠 선사 長沙景岑 禪師

◉

장사경잠 선사가
축상서(竺尚書)를 보고
그를 부르자 상서가 대답한다
장사 선사가 말한다
「이것은 상서의
본래 생명이 아닙니다」
상서가 말한다
「지금 공손히 대답하는
존재를 떠나서
별도로 제이(第二)의
주인공이 있는 것은
아닙니다」
장사 선사가 말한다
「상서、 지금 그것을
지극히 존귀한 존재라고
할 수 있겠습니까?」
상서가 말한다
「그렇다면 공손히
대답하지 않겠습니다
화상、 이것이
저의 주인공입니까?」
장사 선사가 말한다
「다만 대답하고 대답하지
않을 때만이 아니라
무시이래로 이것이
생사의 뿌리입니다」
그리고는
이에 게송으로 말한다

도를 배우는 사람이
진실을 알지 못하고
다만 그 동안
식신(識神)으로 알았네
한량없는 세월 동안
생사의 뿌리인데
어리석은 사람은
본래인이라 부르네

장사 선사가 축 상서를 부르니 상서가 대답하였다. 그러자 장사 선사가 "이것은 상서의 본래 생명이 아닙니다" 라고 했다. 이것은 대답하는

네 자신 자체가 본래인 즉 진면목이 아니라 진심을 지닌 본래인은 인간의 내면에 존재하며 이는 생사와 무관한 것으로 깨달음을 통해서만 발현된다는 뜻이다.

"도를 배우는 사람이 진실을 알지 못하고 다만 그 동안 식신(識神)으로 알았다" 라고 했다. 즉 외부 대상을 사량 분별하는 생각, 즉 의식이라는 식신으로는 참마음이라는 진심을 알 수 없다는 것이다. 결국 장사경잠 선사는 진심이 외부 대상과는 무관하다는 유심사상을 나타낸 것이다. 그런데 인간은 의식을 통해서 사량 분별하며 부분적 이해와 통찰을 통해서 전체를 아울러 이해하는 직관력과 전일적 사고력을 기른다. 이를 통해 우주 만유의 법성을 찾고 실천함으로써 진심이라는 불성을 드러낼 수 있는 것이다. 결국 정신작용인 의식으로 외경과 연기적 관계를 이루지 않고는 마음속의 진심(진여)을 밖으로 드러낼 수 없다.

"한량없는 세월 동안 생사의 뿌리인데 어리석은 사람은 본래인이라고 부른다" 라고 했다. 이것은 세상을 통찰하는 직관력이 부족한 사람은 자신의 내면에 있는 부처 즉 본래인을 드러내지 못하게 되므로 생과 사를 별개로 보면서 생에 애착을 가지며 죽음을 두려워하게 된다는 뜻이다. 그래서 인간은 본래 그렇게 태어난 존재로 착각하며 불성의 근본 뜻을 잊고 살아가게 된다는 것이다. 그렇다고 해서 불성이 없는 존재는 아니다. 문제는 내면의 불성을 밖으로 드러내는 방법이다. 장사 선사는 유심적인 참선 수행의 방법을 암시하지만 연기의 세계에서는 타자와의 적극적인 연기관계를 통해서 진심을 찾아낼 수 있다. 이는 보조 국사가 지적했듯이 산하대지가 법성을 지닌 진심을 자연스럽게 드러내고 있기 때문이다.

지눌보조 국사는《진심직설(眞心直說)》에서 "삼세의 보살이 다 같이 공부한 것도 생각컨대 이 마음을 깨친 것이요, 삼세의 부처가 다 같이 공부한 것도 생각컨대 이 마음을 깨친 것이요, 저 방대한 대장경이 설명하고 드러낸 것도 생각컨대 이 마음을 드러낸 것이요, 일체중생이 잘못된 길을 방황하는 것도 생각컨대 이 마음을 몰라서이며, 일체 행자가 깨닫는다 하는 것도 생각컨대 바로 이 마음을 깨닫는 것이며, 모든 조사가 서로 전한 것도 생각컨대 이 마음을 전한 것이요, 천하의 납자들이 참구하여 찾아다니는 것도 생각컨대 이 마음을 참구하여 찾아다니는 것이다"라고 했다.

여기서 '이 마음'이란 진심이며 그리고 우주 만유가 모두 연기적 법성의 진심을 지니고 있다. 그러므로 만유가 평등한 연기의 화엄세계에서는 산천초목과 일월성신의 진심을 모르고는 자신의 진심을 잘 알 수도 없으며 또한 진심을 바르게 드러낼 수도 없게 된다.

77 혜안국사

惠安國師

◉ 측천무후가
혜안 국사에게
나이를 묻는다
혜안 국사가 대답한다
「기억하지 못합니다」
측천무후가 말한다
「어째서 기억하지
못합니까?」
혜안 국사가 말한다
「태어나고 죽는 몸은
순환하며 일어나고
사라짐이 끝이 없으니
어찌 기억하겠습니까?
더욱이 이 마음은
끊임없이
흘러가고 있습니다
거품이 생겼다가
사라짐을 보는 것은
망상입니다
처음 의식을 따라
움직이는 형상이
소멸할 때까지
또한 이와 같기에
어찌 해와 달을
기억할 수
있겠습니까?」
이에 무후가
머리를 숙이고
믿고 받아들인다

혜안 국사는 "태어나고 죽는 몸은 순환하며 일어나고 사라짐이 끝이 없으니 어찌 기억하겠습니까? 더욱이 이 마음은 끊임없이 흘러가고 있습니다. 거품이 생겼다가 사라짐을 보는 것은 망상입니다"라고 하면서 자신의 나이를 기억하지 못한다고 했다. 그는 무위적인 여여한 삶을 이야기 했다.

부모의 결합으로 태어난 몸은 세포가 분열되고 증식하면서 성장한다. 생성된 세포는 다음 것을 생산하고 소멸한다. 이처럼 육신의 구성물질은 생멸을 순환시키고 있다. 활동력으로 마음이 생기며 이것 또한 끊임없이 외부 경계나 내심의 잠재의식에 의해 생멸을 계속한다. 여기에는 염오심도 있고 청정한 무구심도 있다. 모두가 상호 연기적 관계에서 일어나는 평범한 현상들이다. 그러니 도인이 되고자 원을 세운 사람은 염오심을 여의려고 노력할 것이고, 어리석은 사람이라고 불리는 범부는 차별적 분별심과 이기적인 아집과 법집에 싸일 것이다.

그러나 도인이나 범부의 분별 또한 집착일 뿐이다. 인생의 어떤 과정이든 물 흐르듯 흘러간다. 해와 달이 뜨고 지는 것을 반복하듯이 인생도 마찬가지니 어찌 흘러가는 시간에 집착하며 얽매여 있겠는가? 그래서 혜안 국사는 자신의 나이를 기억하지 못한다고 말한 것이다. 그러니 인생이란 오직 어떻게 살아왔고 또 어떻게 살아가느냐가 문제일 뿐이다. 각자의 삶에서 옳고 그른 것은 후대에서 말할 수 있을 뿐이다.

세상이 존재하면서 무수한 생명체가 태어났다가 사라졌으며 현재도 그러하다. 이들의 연기적 순환적 과정에서 오늘이 있고 또 내일이 있게 된다. 옳고 그르고를 분별함은 유위적 행으로 아상을 드러내려는 것과 다를 바 없다. 그러니 인간사도 자연과 더불어 계절에 따라 무위적 연기관계로 흘러가면 그대로 만족스러운 것이 아닐까? 유위적 조작에는 늘 정의, 정당성, 부처, 청정심 등의 미사여구가 따른다. 그러나 이 모두는 그 뒤쪽에 반대되는 어둠과 잔인함 그리고 천박함이 도사리고 있음을 알아야 한다. 그래서 인간사는 언제나 연기적인 투쟁의 연속으로 이어지고 있는 것이 아니겠는가!

78 아호대의 화상
鵝湖大義 和尚

◉ 좌선의 지침 ①

참선으로
도를 배우는 데
몇 가지 방법이
있는가
이는 당사자의
선택 능력에
달렸다
다만 몸을 잊지 말고
마음도 죽이지 말라
이것은 치료하기
어려운 가장 깊은
병이니라

도를 닦는 일은 만법의 이치를 이해하고 실천하며 사회에 기여하고자 함이다. 소위 동체대비로써 불법을 바르게 세상에 펴는 것이다. 그렇게 하려면 참선 수행의 과정에서 먼저 몸을 온전하게 유지하도록 해야 하고 마음 또한 늘 살아 움직이는 생동감 넘치는 활발한 상태를 유지해야 한다. 그래서 아호대의 화상은 "다만 몸을 잊지 말고 마음도 죽이지 말라" 라고 했다.

참선 수행은 가만히 앉아 선정에 드는 것이 아니라 고요함 속에 움직임이 있고, 움직임 속에 고요함이 있는 동정일여의 상태를 유지해야 한다. 또한 자신의 몸을 스스로 조정할 수 있도록 먼저 몸을 단련한 후 참선 수행에 들어감이 마땅할 것이다. 젊을 때는 자신의 몸이 얼마나 강하고 튼튼한지 잘 모른다. 나이 들어 모든 조직과 기관이 노쇠해지면 그때 육신의 구조적 취약성이 드러나게 된다.

그러므로 바른 수행을 위해서는 먼저 자신의 육신을 조정할 수 있는 능력을 먼저 길러야 할 것이다. 흔히 불교 공부를 오직 '마음공부'로 잘못 알고 마음만 중시하고 몸을 소홀히 하는 경우가 적지 않다. 그래서 아호대의 화상은 "이것은 치료하기 어려운 가장 깊은 병이다"라고 했다. 마음과 몸은 둘이 아니라 언제나 하나로(心身不二) 연기적 일체를 이루고 있는 것이다.

◉ 좌선의 지침 ②

반드시 바로앉아서
근원을 탐구하라
이 길은 예나 지금이나
천하 모든 사람들에게
전한 것이다
바르게 태산처럼
단정하게 앉아서
혼자 공적한
한가로움에
매몰되지 말라

불법의 근본을 탐구하고자 하면 몸과 마음을 가다듬어 만유의 생주이멸과 성주괴공에 대한 이법을 탐구해야 한다. 이때 몸과 마음은 지나친 긴장으로 굳어도 안 되고 또한 꿈꾸듯이 풀어져도 안 된다. 그냥 흐르는 물처럼 지나도록 심신을 자연스럽게 하며 탐구함이 바람직할 것이다.

만약 좌선 수행에 대단한 공사를 이루는 것처럼 멋을 부린다면 아상만 돋아날 뿐이다. 불법은 동정(動靜)이 어우러지는 적극적인 연기적 삶 속에 들어 있다. 그러니 수행도 바쁜 일상의 평범한 생활 속에서 이루어져야 마땅하다. 세속을 멀리 떠나 한적한 곳에서 수행을 한다면 이는 순전히 개인적인 것에 국한되는 소승적 수행으로 대승의 동체대비 사상을 실현하기는 매우 어렵게 된다. 그래서 아호 대의 화상은 "혼자 공적한 한가로움에 매몰되지 말라" 라고 했다. 즉 높고 뛰어난 인격의 소유자는 좌선에서 텅 빈 마음을 갖지 않으며 또한 한가로운 상태를 유지하는 것도 아니라는 것이다.

◉ 좌선의 지침 ③

모름지기 곧장
취모리검을
세워서
조사서래의
제일의를
타파하여라
눈을 부릅뜨고
눈썹을
치켜세우고
반복하며
이것이 무엇인지
잘 살펴보아라

좌선이 특별한 수행도 아니고 또 당장에 불가사의한 신비적 경이로움을 깨치는 것도 아니다. "모름지기 취모리검을 세워서 조사서래의 제일의(第一義－최고의 법)를 타파하여라" 라고 했지만, 지혜가 취모리검처럼 날카로우면 남을 해칠 수도 있고 또한 자신이 해침을 당할 수도 있다. 그러므로 날카롭되 무디고, 무디되 날카로워야 한다. '모름지기 곧장 취모리검을 세워서' 라고 하지만 빛이 너무 강하면 눈을 해치는 격이다. 선사들이 날카로운 관념에 치우치게 되면 성품이 날카로워져서 증상만을 드러내기 쉽다. "아는 것도 모르는 것이 최선이다" 라는 노자의 말을 기억해야 한다.

그리고 지혜의 날카로움을 참구하려면 교외별전을 버리고 경론을 가까이 탐구해야 한다. 지혜란 사물이나 현상에 대한 지식의 축적 없이는 이루어지지 않는다. 즉 일체 세간에서 제법실상에 대한 여실지견이 필수적이다. 위 글에서 “눈을 부릅뜨고 눈썹을 치켜세우고 반복하여 이것이 무엇인지 잘 살펴라”라는 말도 조리 있는 예리한 눈으로 세상을 잘 살피며 우주 만법을 탐구하라는 뜻이다.

즉 우물 밖의 넓고 넓은 세상으로 나와서 우주 만유의 제법실상을 바르게 살피며 불법을 찾으라는 것이다. 만약 한적한 곳에서 자신의 좁은 마음속만 들여다 보면서 관념적인 문제를 화두로 삼아 참구에만 열중한다면 광대한 우주 만유를 대상으로 하는 불법을 깨치는 일은 요원해질 것이다.

◉ 좌선의 지침 ④

도적을 잡으면
반드시
장물을 찾아라
도적이 깊은 곳에
숨겨두어도
두려워하지 말라
지혜로운 사람은
찰나에 잡고 찾지만
무지한 사람은
수년이 지나도
그림자도 못 본다

연기적 현상에서는 반드시 연기적 관계에 따른 이법이 존재한다. 이러한 우주 만유의 근본 이법이 불법이다. 이것은 외물에 대한 지식과 지혜가 깊을수록 쉽게 터득할 수 있다. 그런데 흔히 자신이 불법을 어기고 있는 도적임을 모르는 경우가 많다. 그러므로 우선 자신이 도적임을 면하도록 불법을 참구한 후에 외물의 연기적 이법을 찾아야 한다.

“지혜로운 사람은 찰나에 잡고 [장물을] 찾지만 무지한 사람은 수년이

지나도 그림자도 보지 못한다" 라고 했다. 이것은 일종의 몰록 깨달음을 뜻하는 것으로 볼 수 있다.

그런데 무엇이든 빨리 성취하고자 하는 조바심을 낸다면 오히려 집착심에 빠져 자신이 도적이 되기 쉬우니 어찌 다른 도적을 잡을 수 있겠는가? 만사에 조급함은 일을 그르치는 원인이 되므로 아상을 내지 말아야 한다. 연기적 삶에서는 이해의 빠르고 늦고의 문제가 아니라 올바른 실천으로 타자와의 조화로운 연기적 삶의 영위가 가장 중요하다.

◉ 좌선의 지침 ⑤

슬프다
우뚝하게 앉은 것이
마치 죽은 사람 같구나
천만년 세월 동안
오직 이와 같이 하네
이런 것을
참선이라 한다면
염화미소는
상가(喪家)집
선풍(禪風)이리라

"슬프다. 우뚝하게 앉은 것이 마치 죽은 사람같이 천만 년 세월 동안 오직 이와 같이 하네" 라는 것은 참선의 목적이 몸은 쉬고 머리만 굴리는 것이 아니라 불법을 이해하고 실천하는 탐구 과정의 한 방법임을 뜻한다. 그래서 "이런 것을 참선이라 한다면 염화미소는 상가(喪家)집 선풍(禪風)이리라" 라고 했다. 즉 죽은 사람같이 하는 좌선은 이심전심을 따르는 참된 참선이 못 된다는 좌선의 중요성을 강조하고 있다.

참선이란 특별한 것이 아니라 삶의 과정에서 나타나는 일반적인 안정된 상태를 뜻하는 것으로 볼 수 있다. 그러면 일하는 것도 참선이고 누워서 자는 것도 참선인 것이다. 즉 자연 만물의 삶의 과정 그 자체가 바로 불법이 현현하는 참선의 상태일 것이다. 인간은 유위적으로 조작을 함으로써 이기적 행으로 남을 괴롭게 할 수도 있다. 그러니 자연의 만물처럼 무위적 연기법을 따르면서 모두가 조화로운 삶과 존재가치가 발현되도록 하는 것이 바로 참선의 목적이 되어야 할 것이다.

무엇이든 특별한 것은 불안정한 상태이며 그 상태는 결코 오래 지속되지 않는다. 그러므로 참선을 통해서 안정된 상태가 유지되도록 해야 한다. 결국 가장 보편적이고 일상적인 것이 진정한 참선이며, 여기에서는 특정한 참선의 시간도 필요치 않고 또 특별한 참선의 환경도 필요치 않다. 용변을 볼 때도 참선이고 세수를 할 때도 참선이고 식사를 할 때도 참선이다.

흔히 참선이 최고의 수행법이며 가장 고귀한 것이라고 보기도 하지만 이는 불법을 신비로운 특수한 수행 방법으로만 터득할 수 있다는 일종의 아상에 젖은 집착심과 분별심에 근거한 것이다. 이 세상에 최고와 최저, 고귀함과 비천함 등은 모두 분별적 집착에서 나오는 것이다. 불교의 가르침은 이들을 부정하고 보편성과 평등성을 근본 이법으로 삼는다. 그런데 자신의 것이나 또는 자기 부류의 것만이 최상이라는 주장은 시대와 환경을 무시한 소아병적 영웅주의에 지나지 않는다.

부처님의 염화미소가 없었어도 불법은 존재한다. 어떤 특정한 하나의 사건이 모든 이법을 대표할 수는 없다. 참선도 마찬가지로 특별한 과거의 사건을 근거로 하여 그 정당성을 주장할 수 없다. 인간 세상은 성인, 현자, 천재 등과 같은 특별한 소수의 사람에 의해 이끌려가는 것이 아니라 무지해 보이는 지극히 평범한 사람들의 피와 땀이 어린 노력의 결실로 역사가 이루어져 왔고 또 지금도 이루어지고 있다.

처음에 내린 눈이 녹지 않으면 땅을 식히지 못해 결코 눈이 쌓일 수 없게 된다. 그러므로 땅에 쌓여 있는 눈보다 처음 땅을 식히면서 녹아 사라진 눈에 더 귀중한 가치가 있는 것이 아닌가? 그런데 처음 내린 눈은 아예 기억조차 하지 않는 것이 인간의 얕은 생각이다. 참선의 근본 목적은 어디에 두어야 할까? 처음 내려 녹은 눈에 두어야 할까 아니면 쌓여서 빛이 반짝이는 나중의 눈에 두어야 할까? 아래가 있으면 위가 있고, 처음이 있으면 나중이 있고, 사소한 것이 모여 큰 것을 이룬다. 이처럼 자연의 운행은 연속적으로 이루어지므로 어느 한 과정에 집착하게 되면 전체의 진화 이법을 모르게 된다. 이처럼 참선도 연속적인 연기 과정에서 이루어져야 직관적 통찰력과 전일적 사고력을 기를 수 있게 될 것이다.

◉ 좌선의 지침 ⑥

또 보지 못하는가
바위 앞의 깊은 물이
만 길이나 맑아서
침침 적적하여
아득히 소리가 없더니
하루아침에
용이 내려와
휘젓고 요동치면
파도가 뒤집히고
물결이 솟구치니
놀랍도다

조용한 선정에 들어 있다가 몰록 깨달음에 이르는 경지를 나타내었다. 돈오(頓悟)에 이르는 것이다. 이는 선정 과정에서 막대한 에너지가 투입되면서 기존의 질(질서)이 소멸하고 새로운 질이 창출되는 혼돈 과정을 나타낸다.

임제 선사는 "나의 견처를 말한다면 부처도 없고 중생도 없다. 옛도 없고 이제도 없다. 얻는 자는 바로 얻어서 오랫동안 수행했다는 세월이 필요 없다" 라고 하고, 또한 "만약 도를 닦는다면 이것은 도를 행하는 것이 아니다" 라고 했다. 이처럼 임제 선사는 분별적 사유를 통해 점차적으로 닦아 나아가는 점오(漸悟)를 거부하며 몰록 깨닫는 돈오의 중요성을 강조했다.

일반적으로 깨달음과 같은 새로운 질서의 창출은 대체로 급격한 혼돈과정을 통해서 이루어진다. 만약 막대한 에너지 투입에 해당하는 치열한 선정의 힘이 없다면 깨달음이라는 새로운 정신 상태는 일어날 수 없다. 그런데 문제는 혼돈과정을 통해서 새로운 질서가 창출되는 깨달음에 이르렀다고 해도 이 상태가 영속되는 것은 아니다. 왜냐하면 끊임없는 연기 과정에서는 한 상태가 변하지 않고 계속 존속할 수 없는 것이 자연의 연기적 이법이기 때문이다. 이런 관점에서 용이 물을 휘젓고 요동치며 갑자기 나타나는 몰록 깨달음의 돈오보다 계속적인 수행을 통해 새로운 깨달음의 경지를 이어가는 점오 또는 점수가 변화하는 연기적 이법에 더 잘 부합된다고 볼 수 있다.

깨달음을 용이 등장하는 신비적이고 초월적인 것으로 묘사했지만 실은 살아가는 현실 자체가 연속적인 깨달음의 연속 과정이다. 제한된 시공간에서 특별해 보이는 것도 확장된 시공간에서는 지극히 평범한 보편적 현상에 지나지 않는다. 따라서 선사들이 표현하는 깨달음이란 것도 특별하고 신비로운 것이 아니라 제법실상에 대한 여실지견을 갖춘 불법에 따른 보편적 삶의 과정을 나타낼 뿐이다. 결국 참선 수행의 목적은 깨달음이라는 신비하고 불가사의한 경이로운 경지의 체험이 아니라 불법의 바른 이해와 실천을 위한 수행이 되어야 할 것이다.

● 좌선의 지침 ⑦

조용히 앉아서
힘을 쏟지 않으면
어느 해 급제하여
마음이 공함을
깨닫겠나
급히 손을 쓰고
눈을 크게 떠서
금생에
공부를 마치도록
하여라

철저히 공부하여 금생에 마음의 공을 깨달아야 한다는 내용이며 그리고 깨달음의 성취를 장원급제에 비유했다. 여기서 마음의 공(心空)이란 무엇인가? 만물이 연기법에 따라서 변하니 마음도 역시 고정되지 못하고 변하기에 어느 것에도 집착하지 않는 마음을 심공으로 볼 수 있다. 따라서 마음의 공을 깨닫는다는 것은 곧 연기법의 터득을 뜻한다고 볼 수 있다. 이런 경우는 조용히 앉아서 이루어지는 것이 아니라 타자와 적극적인 연기관계에서 이루어진다.

따라서 "조용히 앉아서 힘을 쏟지 않으면 어느 해 급제하여 마음이 공함을 깨닫겠나" 라는 말은 연기법에 어긋난다. 이 경우 마음의 공은 만유의 이법이 마음에 들어 있다는 유심을 뜻하는 것으로 볼 수 있다. 그리고 깨달음의 성취가 매우 어렵고 힘들기 때문에 선정을 통한 깨달음의 성취를 급제에 비유한 것으로 보인다. 이것은 깨달음을 누구나 다 이룰 수 없는 특별한 것으로 간주하기 때문이다. 과연 참선 수행을 통해서 얻는 깨달음이 특정한 지위에 오르는 급제에 비유될 수 있는가? 그리고 급제해야 남을 가르치고 제도하며 특별한 대우를 받게 되는 것인가?

만약 그렇다면 참선이나 깨달음은 속물들이 하는 짓에 지나지 않는다. 불법의 연기법은 특수성을 인정치 않는다. 그런데 만약 불법을 공부하는 사람들이 참선으로 몰록 깨달아 마치 장원급제에 오른 것처럼 생각한다면 이는 업장 짙은 중생을 제도해야 할 자신의 권리를 어떤 절대자나 초월자로부터 부여받은 것처럼 착각하고 있는 것이다. 참선이 급제의 징표라면 참선하지 못하는 범부는 모두 제도받아야 할 불쌍하고 비천한 존재인가?

깨달음의 목적을 가진 참선이나 좌선은 애초부터 집착의 병이며, 또한 깨달음이라는 계급장을 달고자 한다면 이는 불법을 어기는 외도에 지나지 않는다. 고독한 깨달음보다는 소박하게 자연 만물과 더불어 조화롭게 살아가는 것이 탄생의 참된 가치가 아닐까? 클수록 결함(불안정성)이 커지며 작을수록 결함이 적어지는 것이 자연의 이치이다. 그렇다면 진실로 깨달은 사람은 급제한 대인이 아니라 마음을 비운 소인이 아닐까?

◉ 좌선의 지침 ⑧

이것이 진정으로
생각을 잘 쓰는 것이니
용맹한 대장부는
꼭 기억하라
도리만 듣고
참구할 필요가 없다고
하지 말라
옛 성인들은 애써서
가르침을 만들었다

“도리만 듣고 참구할 필요가 없다고 하지 말라. 옛 성인들은 애써서 가르침을 만들었다”라는 것은 삶의 도리에 대한 말을 듣는 것에만 치우치지 말고 옛 성인들이 가르쳐 준 실질적인 참구를 게을리하지 말라는 뜻이다. 좌선은 멍하게 앉아 있는 것이 아니다. 불법에 연관된 문제를 해결하기 위해 투쟁하는 것이다. 이때 옛 성인이나 현자들이 많은 노력으로 얻은 깨달음을 글로 남겨 놓은 가르침은 사고의 지침이 될 수 있다. 여기에는 논서도 있지만 훌륭한 선어나 공안도 많을 것이다.

그런데 연기적 세계는 언제나 변화하는 이법을 따른다. 현대 사회는 옛 성인의 시대보다 발전된 문화와 문명을 지니고 있다. 그렇다면 옛날의 방편들을 현대에 모두 적용시킬 수는 없다. 또한 참선이나 사고의 논리도 역시 달라질 수 있다. 그래서 옛날에 정당하다고 보았던 것을 오늘날에는 적용할 수 없는 것도 있게 될 것이다.

지상에 호모 사피엔스라는 인간의 종이 생긴 이래로 환경에 따른 유전적 변화와 다양한 경험을 거치면서 현대까지 진화해 왔다. 이 과정에서 삶의 방식과 사고의 방식이 변해 온 것은 당연하다. 따라서 옛것도 중요하게 여겨야 하지만 현대에 적용하기 어려운 것은 버리고 새로운 것을 찾고자 하는 용기가 있어야 한다. 그렇지 않으면 현재가 과거의 박제(剝製)에 지나지 않게 된다. 그러므로 현대인들의 사고에 알맞게 수행방법도 바뀌고 또한 참선에서 택하는 의문의 종류도 더 다양해져야 한다. 그래서 '변하지 않는 것이 없다는 것이 변하지 않는 법'이 바로 불법의 연기법임을 증명해 보여야 한다.

● 좌선의 지침 ⑨

비록 옛집의
버려진 땅이지만
한번 채우고
버려서야 되나
좌선의 부동존을
알고자 하니
바람에
풀이 쓰러짐을
다 말하도다

"비록 옛집의 버려진 땅이지만 한번 채우고 버려서야 되겠는가" 라고 했다. 옛것은 그냥 버리는 것이 아니라 쓸 만한 것은 그대로 쓰거나 고쳐 쓸 수 있다. 좌선이라는 옛 풍습도 무조건 버릴 것이 아니라 현대에 알맞게 바꾸어 활용할 수 있다. 그런데 좌선의 수행법이 예나 지금이나 변함없이 완벽한 것이니 그대로 따를 것을 주장한다면 이는 온당치 못하다. 왜냐하면 시대가 바뀌고 환경이 바뀌면서 사람들의 삶의 방식도 달라지기 때문이다. 더욱이 과거와 달리 인구의 급격한 증가로 개인보다 집단이라는 사회적 생활이 중시되고 있다. 이에 따라 연기적 관계가 과거보다 더욱 복잡하고 역동적이며 적극적인 상황으로 변해가고 있다. 이런 시대적 변화에서 개인적 좌선이 과연 가장 좋은 방법이 될 수 있는지?

"좌선의 부동존(不動尊)을 알고자 하니 바람에 풀이 쓰러짐을 다 말하도다" 라고 했다. 즉 좌선이 변함없이 귀중한 것으로 바람처럼 세상을 휩쓴다는 것이다. 다시 말하면 좌선의 방편을 쓰는 선불교가 최고라는 뜻이다. 이것은 출가자들의 문제일 뿐이며 재가자의 경우에는 불법을 바르게 이해하고 실천하는 것이 가장 중요한 것이지 결코 방편이 중요한 것이 아니다. 왜냐하면 불법은 삶 자체에 내재하며 그리고 삶은 환경에 따라서 달라지므로 어떤 삶이 가장 좋은 것이라고 말할 수 없기 때문이다.

불법은 인간 세상만이 아니라 우주 만유에 내재한다. 그런데 현대의 첨단우주과학시대에서 하늘을 멀리하고 조용한 곳에서 홀로 외로이 좌선하여 참구한다면 우주 만유의 이법을 이해하기는 더욱 어려워진다. 석가모니부처님은 고칠 것은 고치면서 시대에 가장 알맞은 보편타당한 진리를 찾아 불법을 펴도록 당부했다. 변화를 거부하는 종교는 절대자나 초월자를 신봉하는 경우이며, 불법은 보편타당한 진리를 근본으로 하므로 항상 연기적 변화를 따른다. 인간의 삶도 이런 변화의 세계 속에서 이루어지고 있는 것이다.

◉ 좌선의 지침 ⑩

지금 온 세상이
거울처럼 맑아서
두두물물이
모두 나를 따르네
길고 짧고
모나고 둥근 것을
다만 저절로 알아
아직까지
털끝만큼도
옮기지 않았네
좌선으로 성취한
일을 묻는다면
해가 동쪽에서 떠서
서쪽으로 진다 하리라

우주 만유는 서로간의 상의적 연기관계로 이루어진 법계이다. 인간이 이런 연기의 법계를 따라가는 것이지 법계가 인간을 따르는 것은 아니다. 그러므로 “지금 온 세상이 거울처럼 맑아서 두두물물이 모두 나를 따르네” 라고 하는 것은 바른 생각이 아니다. 아무리 좌선으로 참선하여 깨달아도 대자연은 인간에 의해 지배되지 않는다. 만약 세상 만물이 자신을 따른다고 생각한다면 이는 망상이다.

참선을 통해 온 세상의 이치를 다 깨치고 자신의 뜻대로 만유가 움직이는 것 같은 착각은 불법을 깨치는 행위가 아니다. 어떤 신비적 체험을 얻고자 하는 집착에서 생기는 환상일 뿐이다. 해가 동쪽에서 떠서 서쪽으로 넘어가듯이 자연의 무위적인 연기적 이법을 터득함이 좌선의 참된 뜻일 것이다.

불법은 인간이 자연 앞에 겸손할 것을 요구한다. 그리고 자연의 연기적 이법을 무위적으로 따를 때 비로소 참선의 바른 가치가 발현될 수 있다. 그리고 참된 불법은 연기적 행위를 통한 조화로운 삶의 성취에 있는 것이지 고독한 참선 수행으로 자신의 관념적이고 주관적인 정신세계에 얽매이는 소극적인 자기 성취에 있는 것이 아니다.

79 대주혜해 선사
大珠慧海 禪師

◉ 어떤 스님이
대주 선사에게 묻는다
「일체 중생에게 모두
불성이 있다는 것은
무슨 뜻입니까?」
대주 선사가 말한다
「부처의 행을 하면
그것이 바로
부처의 성품이고
도적의 행을 하면
그것이 바로
도적의 성품이며
중생의 행을 하면
그것이 바로 중생의
성품이다
성품은 형상이 없다
그 작용에 따라서
이름이 붙는다

그래서 금강경에서
이르기를
일체 성현은 모두
무위법으로
차별을 두었다
라고 한다」

"일체 중생에게 모두 불성이 있다"는 것은 무위적 이법에 따라 생주이멸과 성주괴공을 이어가는 만유 모두가 불법을 드러내는 불성을 지닌 존재라는 것이다. 인간은 조작된 유위법을 따르며 차별적 분별을 하기 때문에 불성을 밖으로 잘 드러내지 못할 뿐이지 그 내면에는 불성이 항상 내재해 있다. 그래서 도적은 이기적 집착심 때문에 자신의 내면에 있는 불성을 드러내지 못하므로 도적이라는 말로 분별되는 것이다.

《금강경》에서 "일체 성현은 모두 무위법으로 차별을 두었다" 라고 했다. 여기서 '무위법으로 차별' 이라는 것은 집착과 조작이 없는 무위적인 차별을 뜻한다. 이것은 도를 갖춘 현인이나 성인들에게서 나오는 깨친 후의 분별지로 집착이 없는 후득지분별(後得智分別)이다.

〈선/악〉, 〈미/추〉, 〈고/락〉 등의 분별은 단지 연기적 이법의 양면성을 나타낼 뿐이다. 인간은 밖에서 양식을 취해야 살 수 있는 근원적 속성 때문에 산하대지나 일월성신처럼 불성이 늘 발현되지는 않는다. 불성이나 법성은 무위적 연기관계에서 발현되는 속성을 지닌다. 인간을 구성하는 물질은 무위적 연기관계를 이루고 있으므로 불성을 지니고 있지만 삶의 과정에서 이것이 늘 발현되지 못할 뿐이다.

현인과 성인은 불성을 드러내는 사람이고 중생은 불성을 드러내지 못하는 사람으로 흔히 분별한다. 그런데 현인과 성인도 유위적으로 조작된 연기적 관계가 이루어지는 사회에서는 불성의 발현을 계속 유지하기는 어렵다. 일반적으로 연기의 세계에서는 개인적 불성의 발현보다는 집단 전체의 연기적 안정성이 더욱 중요하다.

자연의 연기적 관계를 무시하고 소홀히 하면서 인간의 이기적 집착심으로 자연을 마음대로 이용한다면, 불성을 지닌 인간 스스로 부처이기를 거부하는 것과 같다. 부처가 부처이기를 거부하면 원래의 부처는 다른 형태의 부처로 바뀌는 것이 자연의 연기적 현상이다. 이처럼 불법은 너그러우면서도 단호하며 냉정하다. 연기법에서는 어떠한 자비나 용서 또는 관용과 같은 유위적으로 조작된 어떤 것도 존재하지 않으며 또 허용되지도 않는다. 이것이 바로 무위적 연기법의 특징이다.

◉ 또 어떤 스님이 묻는다
「법은 설할 것이 없다
그래서 설법이라고
한다고 하나니
이 말을
선사께서는 어떻게
이해하십니까?」
대주 선사가 말한다
「반야의 본체가
결국에는 청정해서
한 물건도 얻을 것이 없다
법은 설할 수 있는 것이
없기 때문에
일컬어 설법이라 한다」

법이란 만유의 존재나 현상 및 이법을 통칭한다. 이법은 무위적 연기법을 근본으로 한다. 그러므로 연기법을 바르게 알면 우주 만유의 일체법을 아는 것이다. 《금강경》에서 법은 설할 것이 없지만 이름을 설법이라고 한 것은 법을 설하지만 그 법에 집착하지 말라는 뜻이다. 왜냐하면 연기적 세계에서는 모든 것이 고정되지 않고 항상 변하기 때문이다.

그러니 어느 하나에 집착하는 것은 무지의 소치이다. 그래서 반야의 본체인 지혜는 무위적이고 청정해서 어느 하나에도 집착을 허용하지 않는다. 이처럼 《금강경》에서는 인간의 집착심을 경계하면서 아상, 인상, 중생상, 수자상 등의 사상(四相)에 얽매이지 말 것을 강조한다. 법은 법일 뿐인데 마치 깨달음을 성취함으로써 무슨 신비적 경지를 터득한 것처럼 아상과 인상을 드러낸다면, 이것은 부처의 법을 이용하여 설법 아닌 설법으로 대중을 현혹시키는 잘못을 범하게 된다.

법이라는 것도 정한 것이 없고, 설법도 이름이 설법일 뿐이므로 깨달음도 그 이름이 깨달음일 뿐이다. 이 세상에 특별한 것은 존재하지 않는다. 그러니 무엇이든 특별하게 생각하는 자는 집착의 병에서 허덕이는 어리석은 중생으로 전락된다.

80 불감혜근 화상
佛鑑慧懃 和尙

● 불감 화상이 대중에게
설법한다
어떤 스님이
조주 선사에게
「무엇이 움직이지 않는
부동의 이치입니까?」
라고 물으니
조주 선사가 손짓으로
물이 흘러가는
모양을 하자
그 스님이 깨닫는다
또 어떤 스님이
법안 선사에게
「상을 취하지 않고
여여 부동하다면
무엇이 상을 취하지 않고
부동함을 보는 것입니까?」
라고 물으니

법안 선사가
「해는 동쪽에서 떠서
서쪽으로 진다」
라고 말하자
그 스님 역시 깨닫는다
만약 이 두 화상의
말에서 깨닫는다면
비로소 회오리바람이
험준한 산을 쓸어버려도
본래는 항상 고요하며
강과 하천의 물이
쉬지 않고 흘러가지만
본래는
흐르는 것이 아니다
라는 말을 알게 된다
이것이 여여 부동한
이치이다

무위적 연기의 세계에서는 함이 있되 함이 없는 것 같고, 함이 없되 함이 있는 것 같이 만유가 물이 흐르듯이 언제나 계속 이어질 뿐인데 특별히 어디에 점을 찍어 표시할 수 있겠는가. 인간이 특별한 것에 집착하여 상을 취함으로써 정지된 채 옮겨가지 않는 것처럼 보일 뿐이다.

삶의 한 순간에서 보면 모든 것이 특별해 보이고 또 신기해 보이며, 아무런 변화도 없이 정지된 것처럼 보인다. 그러나 집착을 버리고 본다면 파도가 일어나는 바다가 있으면 조용한 바다도 있고, 오르면 내려오고 내려오면 오르고, 생기면 멸하고 멸하면 다시 생기는 것처럼 이 세상의 모든 현상이 생주이멸과 성주괴공의 평범한 연기적 순환으로 이어지고 있을 뿐이다. 그래서 "회오리바람이 험준한 산을 쓸어버려도 본래는 항상 고요하며, 강과 하천의 물이 다투어 흘러가지만 본래 스스로 흐르지 않는다"라는 것이 바로 여여 부동한 이치이다.

이런 무위적 순환에서는 조작이 없고 다툼이 없다. 그래서 변화가 존재하지만 변화가 없는 것처럼 여여 부동하게 보이는 것이 바로 무위적 연기의 세계이다. 이것이 곧 조주 선사가 물이 흘러가는 형상으로 보인 것이며 또한 법안 선사가 해가 동쪽에서 떠서 서쪽으로 진다는 지극히 평범한 진리를 보인 것이다.

81 나산도한화상
羅山道閑和尚

◉
나산 화상이
석상 선사에게 묻는다
「일어나고 소멸함이
멈추지 않을 때
어떻게 해야 합니까?」
석상 선사가 말한다
「곧바로 차가운 재와
마른 고목과 같이하라
한 생각이 만년을 가고
온전히 맑아서
티없게 하라」
나산 화상이
이해하지 못하고는
암두 화상이
사는 곳에 가서
전과 똑같이 묻는다

암두 화상이
할을 하고 말한다
「무엇이 일어나고
사라지는 것인가?」
나산 화상이 그 말에
크게 깨닫는다

"일어나고 소멸함이 멈추지 않을 때 어떠합니까?" 라는 물음에 대한 대답은 우주 만유가 항상 생기고 소멸하는 생주이멸을 계속하고 있다는 것이다. 이 모든 현상은 무위적 연기법에 따른 것이다. 그래서 차가운 재도 땅이나 물속에 들어가 다음에 탄생할 생명의 자양분이 되며, 마른 고목도 흙으로 돌아가 다음 생명을 잉태시키는 역할을 하게 된다.

이처럼 만물이 여러 형태로 순환하고 있는 것이 바로 연기적 세계이다. 석상 선사는 이런 세계를 "한 생각이 만년을 가고, 온전히 맑아서 티 없게 하라" 라고 했으며, 암두 화상은 '할'을 하고는 "무엇이 일어나고 사라지는 것인가?" 라고 묻는다. '할'을 할 때 나온 소리는 공기 속으로 사라지니 어디에서 다시 그 소리를 찾겠는가라는 생멸의 물음이다.

이처럼 변하는 연기의 세계가 바로 화엄법계이다. 여기에서는 영원한 불멸이나 영원한 불생이란 존재하지 않는다. 왜냐하면 소멸하지 않으면 생겨날 수 없기 때문이다. 그래서 불생불멸이라 하며, 이것은 불생과 불멸의 연기적인 연속적 순환을 뜻하는 것으로 연기적 세계의 특징이다. 이러한 불생불멸의 연기적 바른 깨달음이 무생법인이다.

82 보은현칙 화상
報恩玄則 和尚

● 법안 선사가
보은현칙 화상에게
묻는다
「일찍이 어떤 사람을
보고 왔는가?」
「청봉 화상을
보고 왔습니다」
법안 선사가 말한다
「어떤 말씀을 하던가?」
「제가 일찍이
무엇이 학인의 자기
자신입니까?
라고 물으니
청봉 화상이 이르기를
병정동자가 와서
불을 구한다
라고 합니다」
법안 선사가 말한다
「그대는 어떻게
이해하는가?」
「병정은 불에 속하므로
불을 가지고
불을 구하는 것은
자기를 가지고 자기를
구하는 것입니다」
법안 선사가 말한다
「그것은 생각으로
아는 것이다
그대는 불법을
알지 못한다
만약 이처럼
오지 않았다면
오늘 조급한 번민이
일어났을 것이다」
현칙 화상이 그 말을
듣고 법안 화상 곁을
떠나가다가 생각해 보니
「법안 선사는
오백 명의 선지식을
거느리고 있는 분이다
그런 분이 나를 옳지
않다고 했으니
필시 훌륭한 점이
있을 것이다」
라고 하면서
다시 돌아와서
참회하고 묻는다
「무엇이 학인의 자기
자신입니까?」
법안 선사가 말한다
「병정동자가 와서
불을 구한다」
화상이 그 말에
곧 활연히 깨닫는다

병정동자(丙丁童子)에서 병정(丙丁)은 불을 뜻하고, 동자는 사람을 비유한 것이다. 그래서 병정동자는 불의 신으로 화신(火神)을 뜻한다. 따라서 병정동자가 불을 구한다는 것은 불을 가지고 불을 찾는다는 뜻이다.

인간은 본래 불성을 지닌 부처이다. 그런데 자신의 본래 존재를 모르고 마치 불을 가지고 불을 찾듯이 자신을 다른 곳에서 찾고자 하는 것은 모순이다. 법안 선사는 이를 "병정동자가 와서 불을 구한다" 라고 했다. 이런 현상은 자신을 타자와 분리시키는 자기중심적 사고에서 일어난다.

자기와 타자가 모두 상의적 연기관계를 지니는 자타동일의 연기적 존재임을 이해한다면 자기라는 존재는 다른 사람이나 사물과 똑같이 법성을 지닌 부처이며 평범한 존재로서 보편적 삶을 살아가는 연기집단의 한 구성원임을 알게 될 것이다.

흔히 자기 자신을 특별하고 신비로운 존재나 초월적인 정신세계를 지닌 존재로 보기도 하지만, 인간뿐만 아니라 우주 만유 모두가 화엄세계를 이루고 있는 지극히 평범한 연기적 존재이지 결코 특별한 존재가 아니다. 자신이 평범한 존재가 아니라는 착각에서 불을 가지고도 그 불을 못 보고 더 밝은 불을 찾는 허망한 무지를 드러내는 것은 결국 불법의 근본인 연기의 이법을 모르기 때문에 일어나는 현상이다.

83 양기방회 선사
楊岐方會 禪師

◉ 양기방회 선사가
자명 화상을 친견하고
자주 방장실에 가서
법문을 청한다
자명 선사가 말한다
「그대가 스스로 알아라
나는 그대보다 못하다」
양기 선사가 간절한
마음으로 어느 날
좁은 길에서
자명 화상을 찾아
기다리는데
마침 큰 비가 내린다
양기 선사가
자명 화상을
잡고 묻기를
「오늘도 저에게 말씀해
주지 않으시면
화상을 때리겠습니다」
라고 한다
자명 화상이
소리를 치면서
말한다
「그대 스스로 알아라
그대 스스로 알아라
나는 그대보다 못하다」
양기 선사가 그 말에
곧 활연히 깨닫는다

곡식의 열매는 익을수록 고개를 숙이는 법이다. 마찬가지로 무거운 것은 아래로 내려와 조용히 머물지만 가벼운 것은 바람에 쉽게 날아간다. 이것은 낮은 곳이 에너지가 가장 적게 소모되는 가장 안정된 상태이기 때문이다.

삶에서 우리가 배우고 경험해서 아는 것은 모두가 자신의 능력에 따라 해결되어야 한다. 그렇지 않으면 늘 자신을 잊고 다른 것에서 자신을 찾고자 하는 의타적이고 종속적인 생각에 빠지기 쉽다. 자신의 생각이 얼마나 옳고 그른가는 연속적인 연기관계에서 저절로 판가름 나면서 점차 바른 생각으로 바뀌면서 세상을 알게 된다.

따라서 의타적인 사고 즉 자신의 노력 없이 무엇을 얻으려는 의존적인 무노동의 행위는 바람직하지 못하며 오히려 연기적 관계에서 편견을 드러내기 쉽다. 자명 화상은 모든 문제는 너 스스로 해결하라는 의미에서 겸손하게 "그대가 스스로 알아라. 나는 그대보다 못하다" 라고 답한 것이다. 이 얼마나 선지식다운 모습인가! 고상한 인품이 느껴진다. '나는 그대보다 못하다' 는 말에는 태산보다 높고 천금보다 더 귀한 뜻이 담겨 있음을 알아야 한다.

84 용담숭신 화상
龍潭崇信 和尙

● 용담 화상이
천황 선사에게 묻는다
「제가 여기 온 후로
화상께 마음이 드는
가르침을 받지
못했습니다」
천황 선사가 말한다
「자네가 여기 온 후로
나는 일찍이 그대에게
마음에 드는 것을
가르쳐 주지 않은 적이
없었다」
「어떤 것이
제 마음에 드는
가르침입니까?」
「그대가 차를 가져 오면
내가 그대를 위해
받아 주었고

그대가 밥을
가져 오면
내가 그대를 위해
받아주었으며
그대가 나에게
인사할 때는
나도 머리를 숙였네
마음에 드는 것을
가르쳐 주지
않은 것이
어떤 것인가?」
용담 화상이
생각하는 사이에
천황 선사가 말한다
「보려면 당장에
곧 보아라
생각으로 헤아리면
곧 어긋난다」

용담 화상이 곧 바로
크게 깨닫고 나서
다시 묻는다
「어떻게
보림합니까?」
천황 선사가
말한다
「성품에 맡겨서
소요하고
인연 따라
놓아버려라
다만 범부의 마음을
없애버리면
별달리 성인의
깨달음이랄 것도 없다」

용담 화상이 "마음의 중요함을 가르친 것이 무엇입니까?" 라고 물었다. 그러자 천황 선사가 "자네가 여기 온 다음부터 나는 일찍이 그대의 마음에 드는 것을 가르쳐 주지 않은 적이 없었다" 라고 대답했다.

과연 마음에 드는 가르침이나 배움이란 무엇인가? 서로가 만나 인사하고 차를 마시고 식사하고 말을 건네고 노동하는 일상의 삶에서, 서로 보고 말하며 듣는 연기적 관계 속에서 배움이 이루어지는 것이다. 이 과정에서 서로의 생각이 오가고 마음이 오간다. 여기에서는 어떠한 신비롭고 경이로운 특별한 것이란 없으며 오직 평범한 일상의 삶의 모습과 향기만이 있을 뿐이다. 이러한 주고받는 연기적 관계에서 자연스러운 마음을 찾아야 한다. 그렇지 않고 조작된 마음을 지닌다면 집착심에 얽매여 마음이 마음을 구속하게 된다. 그래서 인연을 따라가도록 마음을 놓아버리면 마음에 특별한 성인이나 현자가 비추어지는 것이 아니므로 별다른 집착심을 갖지 않게 된다는 것이다.

지극히 평범한 일상에서 불법을 찾고, 그 불법에 따라 실천하면 되는 것이다. 선사의 마음이라고 해서 특별한 것으로 보지 말고(분별치 말고) 모두가 다 그렇고 그렇다는 여여한 생각으로 서로 주고받는 관계 속에서 조작이 없는 무위적 마음을 가지면 된다. 가장 훌륭한 가르침은 실제 행동으로 보이는 것이지 단순한 언구에 있는 것이 아니다.

천황 선사가 공손히 차와 밥을 받고, 인사하면 고개를 숙여 답하는 모습 등은 연기적 삶이 어떻게 이루어져야 하는가를 몸소 가르쳐 주는 것으로서 선사의 자연스러운 일상적 행위를 드러내 보인 것이다. 이보다 더 고귀한 연기적 행위가 어디에 있으며 또한 귀중한 가르침이 어디에 있겠는가!

남을 존중하는 마음, 내려놓는 마음, 좋고 싫고를 떠난 중도의 마음, 제도해야 한다는 주종관계를 떠난 평등한 마음 등 이 모두가 불법을 따른 가르침으로 연기적 이법을 자연스럽게 드러낸 것이다. 그래서 천황 선사는 "다만 [분별하고 집착하는] 범부의 마음을 없애버리면 별달리 성인의 깨달음이랄 것도 없다"라고 했다. 따라서 가르쳐 주고 배우는 것에서 깨달음을 얻기도 하지만 진정한 참된 깨달음은 일상의 삶에서 무위적으로 나타내 보이는 언행과 포근한 성품에서 찾아야 할 것이다.

85 관계지한 선사 灌溪志閑 禪師

◉ 지한 선사가 대중에게
설법했다
「상념(相念)이
일어나지 않으면
본래 형체가 없고
큰 작용이
앞에 나타나면
시절을 말하지 않는다」
뒷날 열반할 때
시자에게 묻는다
「앉아서 간 사람이
누구인가?」
시자가 말한다
「승가 대사입니다」
또 묻는다
「서서 간 사람은
누구냐?」
시자가 말한다
「승회 대사입니다」
지한 선사가
이에 일곱 걸음을
걷고는
손을 드리운 채
임종한다

지한 선사는 "상념(想念)이 일어나지 않으면 본래 형제가 없고 큰 작용이 나타나면 시절을 말하지 않는다"라고 하면서 일부러 생각을 꾸미며 조작된 분별적 행을 하지 않을 것을 유언으로 남기고 걷다가 열반했다.

선사들은 앉아서, 서서, 거꾸로 등등 여러 가지 형태로 열반한다. 여기서는 열반의 모습보다는 지한 선사가 유위적인 행을 하지 말고 언제나 무위적인 연기적 이법에 따라 살아갈 것을 당부한 것이 더욱 중요하다. 그래서 그는 유유히 걷다가 열반에 든 것이다.

태어날 때 세상에 나오는 모습이 누구나 다 같은데 어찌하여 죽을 때는 남다른 특별한 형상을 취하려 하는가? 임종을 맞이하여 유별난 자세를 취하는 것은 죽음의 공포를 벗어난 초연함을 보이는 것이 중생 제도에 도움이 될 지도 모른다. 그러나 특별한 죽음의 자세를 보이는 것은 죽어가면서도 아상을 버리지 못하는 것으로 볼 수도 있지 않을까? 부처님이 '놓아라, 놓아라, 놓아라'라고 그렇게 당부했는데 어찌하여 죽을 때까지도 마음을 온전히 내려놓지 못하는가? 석가모니부처님은 오른쪽으로 누워서 편안하게 임종하였다. 이처럼 평범한 것을 버리고 특별한 것에 치우치는 것은 불법을 버리고 세상을 떠나는 것은 아닌지?

86 위산영우 선사
潙山靈祐 禪師

◉ 위산 선사가
백장 선사를
모시고 있는데
하루는 백장 선사가
묻는다
「누구냐?」
위산 선사가 말한다
「영우입니다」
백장 선사가 말한다
「그대는 화로에
불이 있는지
헤쳐 보았는가?」
위산 선사는
헤쳐 보고 나서
「불이 없습니다」
라고 한다
백장 선사가 몸소
화로를 깊이 헤집고는

조그마한 불을 얻어
보이면서
「이것은 불이 아닌가?」
라고 한다
위산 선사가
크게 깨닫는다

만물의 근본 이법은 쉽게 드러나지 않는다. 이는 연기적 관계가 유기적으로 복잡하게 서로 얽혀 있기 때문이다. 마치 화로를 대충 헤쳐서는 불을 찾을 수 없는 것과 같다. 다양한 연기관계를 주의 깊게 살피고 이들 전체를 종합적으로 통찰하여 일반적 이법을 찾아야 한다. 진리란 거창한 곳에만 있는 것이 아니라 사소한 것에도 깊은 진리가 내재하므로 차별 없이 모든 사물과 현상을 관조하며 전체를 아우르는 전일적 사고가 있어야 한다.

백장 선사가 화로 속을 깊이 헤집고서 불을 찾은 것은 바로 이러한 깊은 혜안에 의한 것이다. 이것은 결코 어떤 수행에 따른 신기(神氣)도 아니고 기적도 아니다. 화롯불은 아래로 갈수록 열기를 더욱 오래 간직하므로 깊이 헤쳐 보는 것은, 깊은 내면에 간직된 진리의 세계를 찾아내는 것에 해당한다. 이는 단지 오랜 수행만으로 이루어지는 것이 아니다. 우주 만유에 대한 불법의 근본을 이해하기 때문에 가능한 것이다. 그렇지 않고 만물은 마음이 짓는 것이라는 유심적 관념론에 치우친다면 불이라는 현상적 존재를 찾아내기 어렵다.

불법은 물과 심 모두에 연관된 이법이다. 즉 만물은 생의를 지니므로 외부 작용에 반응하는 마음을 지닌다. 따라서 물질을 다룬다는 것은 곧 마음을 다루는 것이고, 마음을 다룬다는 것은 물질을 다룬다는 것이다. 그래서 만약 불교를 '마음의 종교'라고 한다면 이는 곧 '물질의 종교'라고 할 수 있으므로 결국 불교는 '만물의 마음의 종교'인 셈이다. 《직지》에서 보여주는 선사들의 대체적인 선어나 공안은 인간만이 아니라 만물에 대한 '물심(物心)'의 연기적 이법을 설명한 것으로 볼 수 있다.

에드워드 윌슨이 《통섭》에서 "종교는 윤리적 기초 위에 형성되었으며, 그것은 틀림없이 이런저런 방식으로 도덕적 코드를 정당화하는 데늘 사용되어 왔을 것이다"라고 했다. 윤리는 인간과 인간 사이 그리고 인간과 자연 사이의 연기적 관계에서 이루어진 일종의 규칙이며 계율이다. 석가모니부처님의 성도도 바로 계·정·혜 삼학의 실천에서 이루어진 것이며, 특히 삼학에서 가장 중요한 것은 바로 [윤리적] 계(계율)이다. 결국 종교가 이러한 윤리에 기초함은 궁극적으로 종교가 집단의 연기적 이법을 그 바탕으로 한다는 뜻이다. 이런 관점에서 본다면 일반적으로 선문에서 추구하는 깨달음은 종교와는 무관한 개인적인 초월적 경지의 달성에 해당하는 것으로 볼 수 있다.

87 남대수안화상 南臺守安和尙

● 어떤 스님이 남대수안
화상에게 묻는다
「고요하고 고요하며
아무것도 의지함이
없을 때 어떻습니까?」
남대수안 화상이 말한다
「지극히 고요하도다」
이어 니(聻)한 다음
게송을 읊는다

남대에서
정좌(靜坐)하고 있는 향로
온 종일 무심히
만 가지 생각 잊는다
이는 마음을 쉬고
망상을 없앤 것이 아니라
한가하여 사량할 일이
없기 때문이다

남대수안 화상은 남대에서 정좌하고 있는 향로처럼 온 종일 단정히 앉아 온갖 생각 다 잊었다. 이는 마음을 쉬고 망상을 없앤 것이 아니라 모두가 사량할 일이 없기 때문이라고 했다. 여기에서 사량할 일이 없다는 것은 생각으로 무엇에 집착할 일이 없는 무위적 상태를 뜻한다. 이 세상에서 진정으로 고요함은 눈을 감고, 귀를 막고, 코를 막고 한적한 곳에 있는 정적 상태가 아니다. 고요함은 느끼는 것이 아니라 고요함과 움직임 속에서 자신의 내면이 고요함에 이르는 것이다.

우주 만물의 생멸의 소리가 있기에 절대 고요란 있을 수 없다. 살아 있거나 죽어 있거나 만물은 연기적 관계를 이루고 있다. 여기서는 고요하면서 움직임이 있고, 움직임 속에서 언제나 가장 낮은 에너지 상태에서 가장 안정된 상태를 유지하려는 고요함이 지속된다.

이러한 세계에서 눈을 크게 뜨고 귀와 코를 활짝 열고 만유와 상대하면서 가장 적은 에너지로 반응하는 연기적 세계가 바로 고요한 가장 안정된 상태(定)이다. 이것은 내가 만드는 것이 아니라 무위적 연기의 세계를 그냥 따르며 순응하는 것이다. 여기서 고요함이나 시끄러움 자체가 중요한 것이 아니라 스스로 대자연과 하나가 됨으로써 자신을 누구와도 분별하지 않는 무위적인 우주적 존재로 태어나는 것이다.

그러면 우주적 고요함과 더불어 우주적 생멸의 소리를 듣고 느낄 수 있게 된다. 시끄러움을 피하고 얻는 고요함은 집착에 따른 유위적 행동으로 이미 자신의 내면에 불안정이 싹트고 있음을 뜻한다. 그러면 동정일여한 연기적 세계와는 멀어지게 된다.

88 현사사비 선사
玄沙師備 禪師

◉ 경청 스님이
현사 선사에게 묻는다
「학인이 막 총림에
들어왔으니
선사께서 도에 드는
길을 일러주시기
바랍니다」
현사 선사가 말한다
「개울물이 흘러가는
소리를 듣는가?」
경청 스님이 말한다
「듣습니다」
현사 선사가 말한다
「여기서부터 들어간다」
경청 스님이
이 말에 들어가는
곳을 안다

도에 이른다는 것은 무엇을 뜻하는가? 초월적이거나 신비적 경지에 이르는 것이라 한다면 이는 도에 이르는 것을 특별하게 보는 것이기 때문에 보편성을 근본으로 하는 불법을 깨닫지 못한 것이다. 또한 남이 흔히 하지 못하는 행위나 사고를 하는 것도 특별한 것으로 보편적인 것이 아니다. 결국 도란 인간과 자연 그리고 인간과 인간 사이의 조화로운 연기관계의 이법을 체득하여 실천하는 것이다.

그렇다면 먼저 자신이 처해 있는 환경과 하나 되는 연기적 이법을 깨쳐야 한다. 흘러가는 개울물의 연기적 세계를 이해하고 또한 흘러가는 소리가 어떠한 연기적 불법을 지니고 있는가를 알아야 한다. 이 모두가 무위적 연기의 세계이다. 내가 흘러가라고 해서 물이 흐르는 것이 아니다. 만물은 높은 곳에서 낮은 곳으로 흐르며 이때가 가장 낮은 에너지 상태로서 가장 안정적이다. 이 상태가 바로 정(定)에 이르는 것이며 도에 이르는 것이다. 물을 높은 곳으로 억지로 끌어올리려면 많은 에너지가 필요하다. 이러한 유위적으로 조작된 행위로는 결코 정이나 도의 경지에 이를 수 없다. 그래서 석가모니부처님이 "내려놓아라" 라고 말한 것이다.

흔히 특이한 행동으로써 도의 경지에 이르는 방법을 보이기도 한다. 예를 들면 꽃을 들어 보이거나, 손가락 하나를 올려 보이거나, 몽둥이로 후려치거나, 고함을 지르거나, 손가락을 태우거나 하는 등등의 모든 유위적 행위는 꾸며낸 것으로 자연스러운 것이 아니다.

현사사비 선사가 도는 "여기서부터 들어간다" 라고 했다. 개울물이 흘러가는 소리를 듣는 데서부터 시작한다는 것은 무위적 자연으로부터 도에 이르는 방법을 제시한 것이다. 이것은 유의적인 관념적 방법과는 차원이 다르게 늘 경험하는 무위의 세계에서 도의 길을 찾아야 한다는 것이다. 왜냐하면 유위적이며 가식적인 설법보다는 무정물의 무위적 설법에는 가식이 없는 참된 불법이 드러나기 때문이다. 광대한 우주에서 인간은 우주의 구성 요소 중 하나이며 또한 극히 미비한 존재이다. 그러므로 바깥 세상에 펼쳐지고 있는 광대한 대자연과 대화하며 이들과 합일하는 것이 불성을 지닌 부처로 현현할 수 있는 첩경이다.

● 현사 선사가
상당하여
제비 소리를 듣고
말한다
「제비는 실상을
매우 잘 이야기하며
법을 잘 설하는구나」
라고 말하고는
곧 법상에서
내려온다

자연의 실상, 우주의 실상을 대하여 모양, 색, 소리 등등을 살피며 듣고 냄새 맡고 하는 것이 일반적 사고의 시작이다. 그러나 불법을 알고자 하면 이들 실상의 내면을 깊이 통찰하면서 불법의 본질적 이법을 찾아야 한다. 외면의 사실적인 지식을 넘어서 내면에 들어 있는 법성을 찾고 자신과 타자가 어떻게 서로 연기관계를 이루며 진화하고 있는가를 알아야만 우주적 법성과 합일하는 우주적 부처의 경지에 이를 수 있다.

인간은 인간사의 세속적 설법인 유정설법만을 듣고 마음만을 중시하며 그 속에서 불법을 찾고자 한다. 그러면서 마음 바깥의 외물을 경시함으로써 내 바깥의 부처들을 잊고 사는 것이 일반적인 삶이다. 그래서 땅을 존재토록 해 주는 바깥 우주를 멀리하고 오직 땅에만 붙어서 발버둥치면서 살아가는 것이 인간사이다. 그러나 마음 밖의 외물을 응시해 보라! 그곳에서 설법을 하고 있는 무수히 많은 생의를 지닌 부처들이 존재하고 있으며, 이들이 지상에서 경험하지 못한 불법의 세계를 우리들에게 펼쳐 보이고 있다. 그런데도 인간은 이것을 보려 하지 않고 탐·진·치 삼독의 세계만을 마음속에 담고 일생을 허비하고 있다.

제비 소리나 인간 소리나 울림이라는 물리적 소리는 같지만 그 속에 담긴 불법의 뜻은 하늘만큼 다를 것이다. 이 이치를 이해하는 것이 바로 불법을 배우는 길이다. 제비 소리가 아름답다고 느끼는 것은 그냥 느낌일 뿐이지 결코 그 소리의 내면에서 나오는 설법을 이해하는 것은 아니다. 이런 무정설법의 참뜻을 들을 수 있을 때 "제비는 실상을 매우 잘 이야기하며 법을 잘 설하는구나"라는 현사사비 선사의 뜻을 이해할 수 있게 될 것이다.

◉ 설봉 선사가
현사사비 선사에게
말한다
「사비 두타는
어찌하여 고개를 넘어
다른 곳을
참방(參訪)하지
않는가?」
사비 선사가
막 고개를 넘다가
돌에 발가락이 채이자
자기도 모르게
고통을 참으면서
소리를 지른다
「저곳도 텅 비었고
이곳도 텅 비었다
내 몸도 없는데
고통이 어디에서
오는가?
그만두자, 그만두자
달마는 동토에
오지 않았고
2조는 서천에
가지 않았다」 하고는
설봉 선사에게
되돌아온 후
다시는 고개를
넘지 않았다

몸은 지수화풍 사대로 이루어진 연기적 존재로서 고유한 정체성을 갖지 않는다. 그러나 몸의 각 기관은 연기적으로 이어져 외부와 반응하면서 삶이 지속된다. 돌에 채여 아픈 발가락의 고통은 발가락과 돌 사이의 충돌이라는 연기적 관계에서 일어난 격렬한 반응이 뇌로 전달되어 느끼게 된 것이다. 어떻게 보면 정체성이 없는 헛것으로 본 몸이 고통을 느끼는 것이 허망할지도 모른다. 그러나 이것은 엄연한 사실이다.

《죽창수필》에는 다음과 같은 내용이 나온다.

운서주굉 스님이 목욕을 하다가, 발을 헛디뎌 뜨거운 물에 허벅지까지 크게 데었다. 그러자 스님이 말씀하길, "온몸이 쓰리고 아프기만 한데 [진실로 깨달으면] 몸을 잊어버린다는 것은 무슨 말이며, 나는 분명히 병이 들어 있는데 병들지 않는다는 것은 무슨 말이며, 칼과 독약으로 살갗을 도려내는 듯한데 [칼을 맞더라도] 편안하고 [독약을 마시더라도] 한가롭다는 말은 대체 무슨 말이며, 사대와 오온이 실제로 내 몸인데 본디 [사대와 오온이] 공하여 있지 않다는 것은 무슨 말인가" 라고 하였다.

이러한 이야기는 육신이 허망한 것이 아니라는 것을 잘 보여 주는 예이다.

사비 선사는 "내 몸도 없는데 고통이 어디에서 오는가?" 라고 했지만 몸이 있기에 고통이 있는 것이다. 그리고 이런 고통에도 불법이 들어있다는 것을 알아야 한다. 결국 모든 것이 연기적 관계에서 일어나는 정신적인 주고받음의 결과이므로 고통은 결코 허망하지 않은 연기적 진실이다. 이것이 바로 물질과 마음은 하나라는 물심불이의 연기적 불법이다.

불법은 속이거나 피하지 않고 있는 그대로를 드러낼 뿐이다. 이와 같은 연기적 이법을 구태여 다른 곳에 가서 구할 필요는 없다. 어디에나 존재하는 것이 바로 연기의 세상이다. 달마나 혜가가 어디에서 오고 어디로 간들 불법이 바뀌겠는가? 어디에나 있는 그 자리가 바로 불법의 세상이다. 고생하면서 돌아다닌다고 해서 특별한 불법이 따로 있는 것도 아니다. 나타나는 현상이 다르면 연기적 관계가 달라보이기는 하지만 그 근본 이법은 우주 어디에서나 다를 바 없다. 이것은 부처님이 우주를 다 돌아다니지 않았어도 만유의 생주이멸과 성주괴공에 관한 연기적 이법을 찾게 된 이유이기도 하다. 이와 마찬가지로 현사사비 선사는 불법이 어디에나 존재함을 깨달은 것이다.

89 법안문익 선사
法眼文益 禪師

◉ 지장 선사가
법안문익 선사에게
묻는다
「상좌는 어디로 가는가?」
법안 선사가 말한다
「돌아다니며
행각합니다」
지장 선사가 말한다
「행각하는 일이 어떤가?」
법안 선사가 말한다
「모르겠습니다」
지장 선사가 말한다
「그 모르는 것이
가장 친절하고
가까운 것이다」
법안 선사가 활연히
크게 깨닫는다

세상 어디를 가나 색다른 것은 늘 있기 마련이다. 그러면 아는 것보다 모르는 것이 더 많아 보인다. 그러나 연기적 관계를 따르다 보면 모르는 것을 알게 되기도 하지만 아는 것이 모르는 의문으로 남기도 한다. 이것은 만유 사이의 연기관계가 환경과 대상에 따라서 다양하게 변하기 때문이다. 그래서 여러 곳을 행각하다 보면 아는 것보다 모르는 것이 많아질 수도 있다. 그러나 이처럼 모르는 것이 단순히 무지하기 때문이 아니라 연기적 이법인 불법이 오묘하고 심오하기 때문이다.

이런 경우를 지상 선사는 "그 모르는 것이 가장 친절하고 가까운 것이다"라고 했고, 그리고 법안 선사는 모르는 것이 불법에 가장 친절하게 가까워지는 것임을 깨달았다. 여기서 '모른다'는 것은 나를 낮추는 것이요, '가장 친절함'은 불법의 진리에 가장 가까워지는 첩경이라는 뜻이다. 자칭 깨달았다는 사람은 흔히 '모르는 것이 없는 도인'이라는 아상이 높은 사람에 속한다.

소크라테스는 "나는 아무것도 모른다는 것을 안다"라고 했고, 노자는 "사람이 안다는 것을 모르는 것이 최선이다"라고 했다. 결국 우리가 '안다'는 것은 현상적이고 표면적인 이해이고, '모른다'는 것은 내면의 진리 세계를 대상으로 한 것이다. 그러므로 '안다'는 것은 유위적인 제한적 세계인 반면에 '모른다'는 것은 열린 무위적 연기의 세계에 해당한다. 결국 지장 선사가 법안 선사에게 드러내 보인 것은 무위적인 열린 세계이다.

◉

법안 선사가
오공 선사와 함께
불을 쬐다가
부젓가락을 집어 들고
오공 선사에게 묻는다
「이것을 부젓가락이라고
불러서는 안 됩니다
사형은 무엇이라고
부르겠습니까?」
오공 선사가 말한다
「부젓가락이다」
법안 선사는
인정하지 않았다
이십 일 후에야
오공 선사가 그 뜻을
제대로 알게 된다

사람들은 사물의 종류나 용도 등에 따라서 여러 가지 이름을 붙여놓고 분별한다. 그런데 그 이름에 지나치게 집착하기 때문에 " … 이 아니라 그 이름이 … 이다"라는 말을 하게 된다. 여기서도 법안 선사는 "부젓가락이라고 불러서는 안 됩니다. 사형은 무엇이라고 부르겠습니까?"라고 묻자, 오공 선사가 "부젓가락이다"라고 대답한 것은 부젓가락은 이름일 뿐인데 물음의 뜻을 잘 모르고 부젓가락이라는 이름에만 집착한 것이다. 이런 뜻을 법안 선사는 20일이 지나서 제대로 깨닫게 되었다.

법당에 놓여 있는 부처의 조각상은 조각품일 뿐이지 부처 그 자체는 아니다. 그런데 조각상의 부처를 쳐다보고 심오한 감정을 가지며 경배하는 모습을 흔히 볼 수 있다. 불법은 이러한 정적인 부처보다는 생동하는 만물에서 더 잘 드러난다. 그러므로 조각상의 부처는 단지 이름이 부처일 뿐이다. 사람들은 자신이 만들어 놓은 이름에 집착하여 본래의 깊은 내면의 뜻을 잊는 경우가 많다.

흔히 감정이나 정서에 연관된 〈고/락〉, 〈미/추〉, 〈선/악〉 등은 연기적 양면성을 나타내는 것으로 어느 한 극단에 치우치지 않도록 '이름일 뿐이다' 라고 한다. 예를 들어 고통이 지나면 즐거움이 나오고, 즐거움이 지나면 고통이 나오는 것과 같이 고와 락은 동전의 양면처럼 늘 함께 있지만 동시에 함께 나타나지는 않는다. 고도 이름이고, 락도 이름인데 이를 분별하여 고는 싫어하며 피하고, 락만을 좇고자 한다.

그런데 고와 락 중에서 언제 어느 것이 나타날지 모르기 때문에 어느 한쪽에도 집착하지 않고 모두를 여의고 중도를 취하는 것이 불법을 따르는 길이다. 사실 고이면 어떻고 락이면 어떤가? 모두가 삶의 과정에서 나타나는 평범한 현상일 뿐인데. 연기의 세계에서는 어느 것에나 순응하고 적응하면서 무위적 연기법을 따르며 사는 것이 만유의 존재 방식이다.

◉ 법안 선사와 동행하는
세 사람이 있다
한 사람이 승조 법사의
「하늘과 땅은
나와 더불어
그 뿌리가 같고
만물은 나와 더불어
한 몸이다」라고
말을 인용하면서
「매우 기괴하고
기괴하다」라고 한다
계침 선사가 묻는다
「상좌(선배)여,
산하대지가
자기와 더불어
같은가 다른가?」
법안 선사가
「같습니다」
라고 하자
계침 선사가
손가락 두 개를 세워
한참 보고 나서
「두 개다」
라고 한다
법안 선사가
이에 매우 놀란다

하늘은 우주를 뜻하고, 그 속에 만물이 들어 있다. 여기에서 땅도 생기고 인간도 생겨났다. 그러므로 만물이 한 몸인 셈이다. 즉 그 근원은 같다는 것이다. 산하대지가 있기에 인간이 생겨난 것이므로 이 또한 산하대지와 한 몸으로 같은 뿌리이다.

그런데 현상적으로 보면 모두가 각기 다른 모습과 특징을 지니고 있기에 별개의 것처럼 보인다. 그렇지만 만물은 연기적으로 상의적 관계를 이루며 생주이멸을 이어간다. 따라서 서로 다르게 보이는 것은 인식의 현상학적 관점이고 모두가 연기적 관계성에 얽힌 한 뿌리라는 것은 진화의 근원적인 관점에서 본 것이다.

불법의 근본 요체는 실상의 분별과 차별을 벗어나 사물(실상)의 본질적인 연기적 존재의 이법을 찾는 것이다. 계침 선사가 손가락 두 개를 세우며 “두 개다”라고 한 것은 실상의 다양성을 나타내 보인 것이고, 승조 법사의 “하늘과 땅은 나와 더불어 그 뿌리가 같고 만물은 나와 더불어 한 몸이다”라는 것에서 한 뿌리와 한 몸은 본질적인 존재의 이법을 보인 것이다.

◉ 계침 선사가 문밖에서
법안 선사와 동료
세 사람을 전송하면서
「상좌(선배)여,
그대들은
평소의 도란 삼계가
오직 마음이라는
것을 알라」
라고 말하고는
손가락으로
뜰 아래에 있는
돌을 가리키면서
「이 돌은
마음 안에 있는가
마음 밖에 있는가?」
라고 묻는다
이에 법안 선사가
말한다

「마음 안에 있습니다」
계침 선사가 웃으며
말한다
「행각하는 사람이
무엇 때문에
무거운 돌덩이를
마음에 담고 다니는가」
법안 선사가 이에
크게 깨닫는다

천지만물은 인간이 태어나기 먼 과거부터 존재해 왔다. 인간의 정신 작용인 마음과는 하등의 연관도 없이 우주 만물의 생멸이 이어져 왔고 또 지금도 이어지고 있다. 다만 인간이 이들을 의식하고 인식하면서 마음에 형상을 담고 기억한다. 이것도 연속적으로 일어나는 것이 아니라 인간이 감각기관으로 인식하는 순간에서만 일어나는 관념적 행위이다. 또한 인간의 인식 범위 내에 국한된 사물만이 인식되는 것이고 그렇지 못한 것은 전연 알지 못한다.

예를 들어 우리는 전파를 볼 수 없고 X-선도 볼 수 없다. 오직 가시광만을 인식할 뿐이다. 이처럼 무한한 빛의 영역에서 인간이 인식할 수 있는 빛의 파장 영역은 머리카락 굵기보다 더 얇다. 그런데도 우주 만물이 인간의 마음 안에 있다고 말할 수 있겠는가?

'삼계가 오직 마음' 이라는 것은 인간이 우주의 주인으로 인간 정신을 최고로 보는 인간중심사상에 근거하는 관념적 세계를 나타내 보이는 것이다. 우주 만물은 생의를 지닌 생명체로서 외부로부터 영향을 받으면 그에 상응하는 마음(生意)을 낸다. 따라서 일반적으로 마음이란 연기적 상호관계를 나타내는 일종의 '작용과 반작용(반응)' 에 해당한다고 볼 수 있다. 이러한 연기적 반응은 무위적으로 일어나기 때문에 어떠한 집착심도 존재하지 않는다. 다만 인간의 경우에만 분별적 집착심이 생기기 때문에 이를 여의도록 중도를 중시할 뿐이다.

뜰 아래 돌은 대체로 나 자신과 무관한 존재로 보고 별로 관심을 두지 않는다. 그 돌에 관심을 갖지 않는다면 아무런 생각 없이 그 돌을 밟고 지나간다. 즉 돌의 존재와 내 마음과는 전혀 무관하다. 그런데 '이 돌은 마음 안에 있는가, 마음 밖에 있는가?" 라고 묻는다면 이미 돌의 존재를 상대방에게 알려 주고 있기 때문에 그 돌의 존재에 대한 의식이 마음에서 일어나게 된다. 이처럼 물음 자체가 이미 돌의 존재를 제시하기 때문에 돌이 마음 안에 있는지의 여부를 묻는 질문 자체가 모순이다. 질문에서는 다만 돌(외물)에 집착을 갖는지의 여부를 알고자 하는 데 의미가 있을 뿐이다.

만물이 삼계에 걸쳐 마음 안에 있다는 관념론은 온당한 불법이 아니다. 왜냐하면 '마음 안에 있으면 어떻고 마음 밖에 있으면 어떠한가' 라는 무위적 사고의 흐름이 바로 중도의 길이기 때문이다. 다만 유위적으로 무거운 돌덩이를 마음에 늘 담고 돌아다닐 필요가 없을 뿐이다. 살아가면서 마음 안에 두고 집착하기도 하고, 때로는 마음 밖에 두고 관심도 없이 살아가는 것이 보편적인 삶이다. 그런데 구태여 이 중에서 어느 한 쪽에 마음을 두도록 강요하는 것도 집착을 일으키는 원인이 된다.

삶에서는 정신적 사고 행위보다 육체적 노동 행위가 더 중요하고 값지다. 왜냐하면 창조와 생산이 궁극에는 노동에 의해 이루어지기 때문이다. 불교에서의 깨달음이란 노동을 통해 보편적 삶의 방식을 체득하고 가능한 무위적 연기관계를 이루어가는 것이다. 선사도 평범한 사람으로서 한 세상 살다가 사라진다. 그러면 찾을 길 없는 곳으로 육신도 사라지고 마음도 사라진다. 이처럼 생멸이 들판의 풀과 다를 바 없는데 어찌 인간만이 가장 고귀한 존재가 되어 만물을 마음속에 담고 다녀야 하는가?

인간이 초원에 핀 작은 풀꽃의 마음을 알 수 있는가? 이 마음을 아는 것이 바로 불법의 바른 터득이다. 결국 내 마음이 중요한 것이 아니라 타자의 마음을 더 중요하게 보아야 한다. 그래야만 만유가 서로 조화로운 연기관계를 이루어갈 수 있다. 그러므로 만물을 내 마음 즉 내 사고의 틀에 담지 말고 원래대로 그대로 두고 그들의 마음을 조금이나마 이해하려고 노력하는 것이 성불의 바른 길일 것이다.

◉ 강남의 이왕(李王)이
법안 선사를 청하여
법석을 연다
승록이 말한다
「사부대중이 모두 모여
귀를 기울이고 보면서
일시에 법좌를
에워싸고 있습니다」
법안 선사가 말한다
「다른 곳에 있는
대중이 진짜 선지식을
참견하는구나」
승록이 그 말에 크게
깨닫는다

선지식이라고 하면 고준한 법문을 해 주기를 기대하며 많은 대중이 모여드는 것이 흔한 예이다. 그런데 법안 선사는 "다른 곳에 있는 대중이 진짜 선지식을 참견한다" 라고 말하면서 여기 모인 대중이 나를 선지식으로 보고 고준한 법문을 기대하는 것은 그릇된 것임을 지적했다. 그는 우주 만물이 모두 선지식이고, 또 만물이 대중이라고 본 것이다. 어찌 인간의 설법에서만 불법이 나오겠는가! 만물의 무정설법이 불법을 바르게 펴 보이는 진정한 설법인 것이다.

자신을 버리고 또 주변의 사물을 버리고 소문난 선지식을 찾는 것은 보배를 옆에 두고 다른 곳에서 애써 찾는 것과 다를 바 없다. 이 세상에 선지식이 따로 있고 대중이 따로 있는 것이 아니다. 연기의 세계에서는 모두가 말하는 화자(話者)로서의 선지식이고 또한 모두가 듣는 청자(聽者)로서의 대중인 것이다. 이를 분별함은 불법을 떠난 외도(外道)이다.

● 어떤 스님이
법안 선사에게
묻는다
「무엇이 학인의
한 권의 경전
입니까?」
법안 선사가
말한다
「제목이 매우
분명하도다」

“무엇이 학인의 한 권의 경전입니까?”라고 물었다. 경전은 석가모니부처님의 교설을 모아 정리한 책이다. 이 속에 불법이 들어 있고 또한 실천 방법이 들어 있다. 그러나 이것은 어디까지나 삶의 지침일 뿐이지 삶 그 자체는 아니다. 그래서 법안 선사는 ‘제목이 매우 분명하도다’라고 하면서 ‘삶의 제목’을 분명히 찾으라고 한 것이다. 즉 삶의 목적과 실천을 불법에 따라서 분명히 이루어 가도록 강조한 것이다.

물론 경전도 중요하지만 실천이 없는 내용은 아무런 가치도 없고 오히려 삶의 과정에 장애가 될 수도 있다. 2,600여 년 전에 쓰인 경전 내용이 오늘날의 첨단과학문명시대에 그대로 모두 적용되기에는 어려움이 있기 때문에 현대에 알맞게 새롭게 경전을 보완하고 수정할 필요도 있을 것이다. 그렇게 하려면 모두가 현대의 ‘삶의 제목’ 즉 ‘삶의 목적과 방식’을 분명히 바르게 이해하고 이를 따라야 할 것이다. 불교는 열린 종교이므로 삶의 질이나 방법이 시대에 따라서 변하지 않을 수 없다. 이것은 불법이 우주 만유의 연기적 변화의 이법을 근본으로 하기 때문이다. 그런데 오늘날 과연 현대인을 위한 ‘삶의 제목이 분명한 한 권의 경전’이 존재하는가?

◉ 어떤 스님이
법안 선사에게 묻는다
「소리 성(聲)자와
사물 색(色)자
이 두 글자를
어떻게 벗어날 수
있습니까?」
법안 선사가 말한다
「여러분, 만약
이 스님이 묻는 것을
안다면 소리와
사물을 벗어나는 것이
또한 어렵지
않을 것이다」

소리와 사물은 외물이라고 해서 마음을 중시하는 선가에서는 이를 경시한다. 그리고 모든 것은 마음 안에 있고 또 마음이 짓는다는 생각에서 외물에 대한 집착을 멀리한다. 물론 외물에 지나치게 집착함으로써 번뇌를 일으킨다면 이는 그릇된 행위이다. 그렇다면 우리의 생활에서 소리와 사물 등 외물을 멀리하고 생활할 수 있을까?

언어는 소리로 전달된다. 사물은 빛을 반사함으로써 인식된다. 소리를 연구하면서 전화, 라디오, 음악 등이 생겼고, 빛을 연구하면서 안경, 현미경, 망원경 등의 중요한 발명품이 나오게 되었다. 오늘날 이들 없이는 생활을 이어갈 수 없다. 남에게 해를 끼치는 집착은 나쁘지만 새로운 세계를 열어주는 지적(知的) 집착(일종의 호기심)인 탐구가 현대 물질문명을 이끌어 오고 있다.

불교에서는 외물을 지나치게 경시하면서 형태가 없는 마음만을 잡고 있었기 때문에 출가자가 현대 과학문명에 실질적으로 기여한 바가 거의 없다. 천주교에서는 18세기에 천문대를 세워 천체를 연구했다. 그런데 부처님이 진동 우주와 화엄세계를 제시한 불교에서는 후대에 이르기까지 천문학자가 나온 적이 없다. 불교는 훌륭한 과학적 우주관을 지니고 있으면서도 실제로는 현대 천문학에 기여한 바도 없고 또한 하늘의 천체에 관심조차 두지 않는다. 이는 현대 불교가 순전히 관념적 종교임을 증명하는 것이다. 그러나 경전에는 분명히 과학적 세계관과 우주관이 내포되어 있다.

어떠한 이유로 외물을 멀리하고 오직 인간의 좁은 마음만 움켜쥐고 있는가? 외물에서 벗어나려면 이 세상을 하직하는 것이 유일한 방법일 것이다. 왜냐하면 숨을 쉬고, 물을 마시고, 양식을 구해 먹는 것은 모두가 외물에 의존하는 것이기 때문이다. 그러면 이런 외물을 멀리해야 하는 이유는 집착이 두렵고 또 번뇌가 두렵기 때문인가? 그렇다면 무엇 때문에 불교를 믿는가? 집착과 번뇌는 인간이 만든 말에 불과하다. 그럼에도 불구하고 인간이 집착과 번뇌라는 말에 얽매이기 때문에 집착이 집착을 낳고, 번뇌가 번뇌를 낳게 되는 것이다. 이런 관점에서 법안 선사가 "여러분, 만약 이 스님이 묻는 것을 안다면 소리와 사물을 벗어나는 것도 또한 어렵지 않을 것이다"라고 말한 것은, 소리와 사물에 집착하고 있음을 깨닫는다면 외물에 대한 집착에서 벗어날 수 있다는 뜻이다.

이런 점에서 "깊이 고집하여 잊어버리지 못하는 집착은 갖지 말아야 하지만, 늘 간직하여 잊어버리지 않는 집착은 꼭 필요하다"라는 운서주굉 스님의 말을 귀담아 들어야 할 것이다.

불법은 만유의 연기적 존재의 이법이기 때문에 집착이니 번뇌니 하는 인간중심적인 것은 중요하지 않다. 집착과 번뇌는 인간 스스로 만든 유위적인 것이지만 무위적 연기의 세계에서는 이들 모두가 지극히 보편적인 현상이다. 따라서 외물을 멀리할 것이 아니라 타자가 볼 때는 인간도 외물에 지나지 않으므로 외물을 분별하지 말고 이들과 더불어 조화로운 연기적 세계를 이루어가도록 하는 것이 불법을 진정으로 따르는 길일 것이다.

◉ 어떤 스님이
법안 선사에게 묻는다
「무엇이 조계의
한 방울 물입니까?」
법안 선사가 말한다
「이것이 조계의
한 방울 물이다」
그때 옆에서 국사를
모시고 있든 천태덕소가
활연히 크게 깨닫는다

조계의 한 방울 물(曹源)이란 조사들이 이어온 정법안장(正法眼藏－올바른 세계의 견해 또는 깨달음의 진실)으로 선가의 정신을 뜻한다. 이런 정신이 무엇이냐는 질문에 "이것이 조계의 한 방울 물이다"라고 했다. 여기서 '이것'이 무엇인가? 아마도 법안 선사는 눈에 보이는 세상 만물을 가리켰을 것이다.

왜냐하면 선가의 기본 정신은 만물이 항상 안정된 상태에 머무르려는 무위적인 연기의 이법을 따르기 때문이다. 들뜨지 않고 조작되지 않은 세계가 바로 자연이며 이러한 무위자연의 이법을 따르고자 함이 선불교의 정신이라면 이를 뜻하는 조계의 한 방울 물이 우주 어디엔들 없겠는가! 그럼에도 불구하고 인간의 마음에서만 '조계의 한 방울 물'을 구하려 한다면 이것은 얼마나 어리석은 짓인가.

◉ 어떤 스님이
법안 선사에게 묻는다
「경전에서 말하기를
머문 바 없는
근본으로부터
일체법을 건립한다
라고 하는데
무엇이 머문 바 없는
근본입니까?」
법안 선사가 말한다
「형체는 바탕이
없는 데서 생기고
이름은 이름이
없는 데서 생긴다」

"머문 바 없는 근본으로부터 일체법을 건립한다"라는 것에서 '머문 바 없음'은 조작되지 않은 '무위적 행'을 뜻한다. 그래서 우주 만유의 일체의 법은 모두 무위적 연기관계에서 건립되었다는 것이다. 사물이라는 것도 원래는 형체가 없는 것에서 생겨나며, 이름이라는 것도 분별하기 위해 만든 것이라 원래부터 있었던 것이 아니다.

이런 내용을 법안 선사는 "형체는 바탕이 없는 데서부터 생겼고 이름은 이름이 없는 데서부터 생겼다"라는 말에서 '바탕 없음'이나 '이름 없음' 등으로 표현했다. 이처럼 조작이 없는 세계는 언제나 평등하고 보편적이다. 불교는 바로 이러한 우주 법계에서 일어나는 생주이멸이나 성주괴공의 연기적 일체의 법을 그 대상으로 한다.

◉ 법안 선사가
어떤 속인이
아이를 데리고
다니는 것을 보고
그 아이에게 물어도
대답을 하지 않자
이에 게송을 짓는다

아이의 나이가
여덟 살이지만
물어도 말을
할 줄 모르니
이것은 말을
못하는 것이 아니라
큰 법을 드러내기
어렵기 때문이다

백운수단 선사가
말한다
「이것은 말을
못하는 것이 아니고
큰 법을 온전히
드러낸 것이다」

어린아이가 세속의 언어를 얼마나 알 것이며 또한 얼마나 조리 있게 말할 수 있겠는가? 설령 어린아이가 큰 법을 알아도 자신이 아는 말로 그 뜻을 모두 드러낼 수 없을 것이다. 바른 진리는 언제나 바른 언행에서 드러난다. 언행이 그릇되면 아무리 고상한 언구로도 진리를 찾을 수 없게 된다.

자신이 불법의 진리를 따르지 않으면서 진리를 논하는 것은 양의 탈을 쓴 이리에 해당한다. 백운수단 선사가 "큰 법을 온전히 드러낸 것이다"라고 말한 것은 비록 말은 잘할 줄 모르나 아이의 행에서 큰 법의 그릇을 비추어 본 것이다.

90 용제소수 선사
龍濟紹修 禪師

◉ 소수 산주(용제 선사)가
세 번이나
설영 땅에 들어가서
지장 화상을
참배하고 묻는다
「이 사람이 특별히
화상을 위하여
정주에서부터 이렇게
고생을 하면서
많은 산과 재를
넘어 왔습니다
어느 곳을 향해
가야 합니까?」
지장 화상이 답한다
「많은 산과 재를
넘었으니
또한 나쁘지 않구나」
소수 산주가 그 뜻을
알지 못하다가
늦게까지 침상 앞에서
시립하고 있다가
말한다
「저는 백 겁 천생을
한 번도 화상을
어기지 않았는데
여기에 와서 화상을
만나 불안합니다」
지장 화상이 일어나
주장자를
그의 얼굴 앞에
들이대고 말한다
「다만 이것만은
어기지 않는다」
소수 산주가
이에 깨닫는다

오랜 세월 동안 사람을 만나며 살아왔지만 불법을 얻지 못하다가 주장자를 보고 깨달았다는 이야기다. 용제소수 선사는 "저는 백 겁 천생을 한 번도 화상을 어기지 않았는데 여기에 와서 또 화상을 만나 불안합니다" 라고 하면서 사람으로부터는 불법을 얻지 못했다고 했다. 그러자 지장 화상이 용제소주 선사의 얼굴 앞에 주장자를 세우고 "다만, 이것만은 어기지 않는다" 라고 했다. 즉 주장자는 거짓말을 하지 않는다고 한 것이다.

지장 화상은 용제소주 선사 앞에 불법을 상징하는 주장자를 보이면서 이것만은 어기지 않는 진리임을 보인 것이다. 이처럼 불법의 진리는 구차한 말이 필요 없이 언제 어느 곳에서나 존재하지만 다만 사람이 이것을 보고 알지 못할 뿐이다.

● 소수 산주가
어떤 스님에게 묻는다
「어디서 오는가?」
스님이 말한다
「취암 선사 회상에서
옵니다」
소수 산주가 말한다
「취암 선사는
무슨 말로써
제자를 가르치나?」
스님이 말한다
「화상께서는
문을 나서면
미륵을 만나고
문에 들어오면
석가를 본다
라고 합니다」

소수 산주가 말한다
「그렇게 말하면
어떻게 깨닫겠는가?」
스님이 화상에게
묻는다
「그러면 어떻게
하십니까?」
소수 산주가 말한다
「문을 나서면
누구를 만나고
문에 들어오면
무엇을 보는가?」
스님이 그 말에
깨닫는다

과거의 석가나 미래의 미륵은 모두 불법이 온 우주를 덮고 있는 화엄세계를 뜻한다. 그러니 어디에 들고 난들 부처가 없는 곳이 없다. 그런데 어찌 석가나 미륵만이 불법을 나타내고 있겠는가? 우주 만유가 불성을 지닌 부처이니 어디에 들고 나며 또 누구를 만난들 무슨 상관인가!

우리는 흔히 특별한 것에 얽매여 불법의 세계를 보려는 좁은 안목을 지닌다. 그러나 만유는 평등하고 보편적이므로 모두가 불법의 세계를 이루는 구성원이다. 그래서 소수 산주가 "문을 나서면 누구를 만나고 문에 들어오면 무엇을 보는가?"라고 반문한 것이다. 즉 유정과 무정을 분별하지 말고 삼라만상과 일월성신이 모두 불법을 드러내고 있는 부처임을 깨닫도록 일러주었다.

91 승자방 僧子方

◉ 자방 스님이
법안 선사에게 묻는다
「스님이 오랫동안
장경 선사를 친견했는데
지장 선사의 법을
이었다는 것은
무슨 뜻입니까?」
법안 선사가 말한다
「장경 선사가 만상 중에
홀로 드러난 몸이라고
한 말을 알지 못했기
때문이다」
자방 스님이 불자(拂子)를
들어 보인다
법안 선사가 말한다
「만상을 부정하는가
만상을 부정하지 않는가?」

자방 스님이 말한다
「만상을 부정하지 않는다」
법안 선사가
「홀로 드러난 몸이니라」
라고 하며
이(咦)라고 한다
자방 스님이 또 말한다
「만상을 부정한다」
법안 선사가 또 말한다
「만상의 안이다」
라고 하고
이(咦)라고 하니
자방 스님이 이에
그 뜻을 깨닫고
탄식하며 말한다
「내가 금생을
잘못 보내고 있구나」

만상의 부정은 인간중심적이며, 만상의 긍정은 외물의 존재를 인정하는 것이다. 온 천지에 어느 곳에서도 홀로 드러난 몸은 없다. 그래서 법안 선사는 만상의 안에 있다고 했다. 만유가 서로 연기적 관계를 이루기 때문에 만상은 '홀로'가 아니라 '더불어' 연기적으로 일어나고 사라지는 것이다. 이러한 생주이멸의 세계에서 무엇을 부정하고 무엇을 긍정하겠는가! 부정이나 긍정은 유위적 희론일 뿐이며 자연은 인간의 의지와는 상관없이 생멸을 이어간다.

무위적으로 흘러가는 화엄세계에서 인간은 수많은 언구로 자연을 회자하지만 이 모두가 인간중심주의에 따른 환상일 뿐이다. 긍정이나 부정 그리고 안이나 밖 등은 모두 인간의 유위적 관점에 따를 뿐이며 대자연은 무시이래로 분별이 없는 무위적인 연기법을 따라 진화하고 있다. 인간은 이와 같은 만상 안에 드러난 한 존재일 뿐이므로 법안 선사가 "만상의 안이다" 라고 한 것이다.

92 소수 산주
紹修 山主

◉ 소수 산주가 법안 선사와
이야기하고 있다
법안 선사가 묻는다
「고인이 말하기를
만상 가운데
홀로 드러낸 몸이라고
하였는데
이것은 만상을
부정한 것입니까
만상을 긍정한
것입니까?」
소수 산주가 말한다
「만상을 긍정한
것입니다」
법안 선사가 말한다
「무엇 때문에
부정과 긍정을
말합니까?」
소수 산주가
어리둥절하며
지장 스님에게
돌아가니
지장 스님이 묻는다
「자네가 간지 오래지
않았는데 어째서
돌아왔는가?」
소수 산주가 말한다
「해결하지 못한 일이
있는데 어찌
산천을 지나옴을
마다하겠습니까?」
지장 스님이 말한다
「그대가 산천을 많이
다니는 것은
나쁘지 않다」
소수 산주가 그 뜻을
알지 못하고 묻는다
「고인이 말씀하신
만상 가운데
홀로 드러난 몸의
뜻이란 무엇입니까?」
지장 스님이 말한다
「그대가 말한 고인은
만상을 부정했는가
만상을 긍정했는가?」
소수 산주가 말한다
「만상을 긍정했습니다」
지장 스님이 말한다
「두 개로구나」
소수 산주가
어리둥절하며
깊이 생각하다가
다시 묻는다
「알지 못하겠습니다만

고인은 만상을
부정했습니까
만상을 긍정했습니까?」
지장 스님이 말한다
「그대는 무엇을
만상이라고 하는가?」
소수 산주가
크게 깨닫고
지장 스님을
예배하고 인사한다
「법안 선사를 친견하고
법안 선사의
말씀의 뜻이
지장 스님의 가르침과
전후가 같습니다」
라고 한다

만상을 부정한다는 것은 자기와 외경을 분리하는 것이고, 만상을 부정하지 않음 즉 긍정함은 자기와 외경을 분리하지 않는 것이다. 즉 인간과 외경 사이에서 만상의 부정은 주종관계를 의미하고 그리고 만상을 부정하지 않음은 평등관계를 뜻한다. 주종관계에서는 인간이 만상을 지배하는 위치로서 인간의 마음속에 만상이 내재하는 유심주의를 뜻하며, 평등관계는 불법의 평등사상을 따름으로써 분별을 여의는 경우이다.

지장 스님이 "그대는 무엇을 가지고 만상이라고 하는가?"라고 물었다. 여기에서 만상을 인간의 마음속에 들어 있는 관념적인 대상으로 볼 수도 있고, 인간의 인식 한계와 무관한 우주 만유의 실상으로 볼 수도 있다. 사실 인간이 만상을 부정한다고 해서 외경이 없어지는 것도 아니고 또한 긍정한다고 해서 만상을 다 아는 것도 아니다. 일반적으로 만상이라고 할 때는 주로 인간의 인식 범위 내의 만물로 정의되며 그리고 그 만상 속에는 자신도 포함되어야 한다. 왜냐하면 만상을 떠나서는 인간이 홀로 존재할 수 없기 때문이다.

따라서 '만상 가운데 홀로 드러난 몸'이라고 하는 것을 마치 '우주 속에 홀로 드러난 몸'으로 보고 인간의 마음이 만법의 왕인 것처럼 생각하는 것은 연기적 이법에 맞지 않다. 이 세상에 태어난 것은 무엇이든 단 하나밖에 없으므로 유일한 존재처럼 보이지만 만유의 생주이멸이 일어나는 연기의 세계에서는 모두가 평범하고 동등한 존재이다. 그러므로 오직 깨달음을 통해서 삼라만상을 마음속에 품는 것처럼 생각하는 것은 근본적으로 연기의 이법에 위배된다.

만상은 화엄법계를 이루는 생의를 지닌 연기적 만물이며, 그리고 인간은 이러한 법계에서 찰나적 일생을 살아가는 구성원 중 하나에 지나지 않는다. 만상은 인간을 분별하지 않는데 인간이 만상을 분별해서 보려는 것은 인간중심주의에 근거한 바르지 않은 생각이다.

93 용아거둔 선사

龍牙居遁 禪師

◉ 암두 선사가 영남에서 온
거둔 선사에게 묻는다
「영남의 한 어른은
공덕(功德)을 성취하지
않았는가?」
거둔 선사가 말한다
「성취한 지는 오래 되지만
아직 점안을 못했습니다」
암두 선사가 말한다
「점안하고자 하는가?」
거둔 선사가 말한다
「점안하고자 합니다」
암두 선사가 한 쪽 발을
드리우자 거둔 선사가
예배하니 암두 선사가
말한다
「그대는 무슨 도리를
보았는가?」

거둔 선사가 말한다
「저의 소견에 따르면
마치 붉은 화로 위의
한 점의 잔설과 같습니다」
암두 선사가 말한다
「사자 새끼가 크게
울부짖을 줄 아는구나」
거둔 선사가
게송으로 읊는다
금생에 쉬지 않고
어느 때에 쉬리오
쉬고 있음을 금생에
함께 알고자 하네
마음의 쉼은 단지
망상이 없음이니
망상이 없이
마음을 쉰 시절이로다

선사들은 깨달음에 이르면 이를 인가함으로써 진정한 선사로 인정받는다. 결국 깨달음의 경지를 시험해 보는 것이다. 깨달음이란 무엇인가? 암두 선사가 "그대는 무슨 도리를 보았는가?"라고 묻자, 거둔 선사는 "마치 붉은 화로 위에 한 점의 잔설(殘雪)과 같습니다" 라고 했다. 붉게 타고 있는 화롯불 위에서 작은 한 송이 눈이 곧 사라지는 것처럼 깨달음이라는 것도 실은 허망한 것이다.

그렇다면 깨달음을 인가하는 방법은 더욱더 허망한 것이다. 누가 누구를 인가할 수 있겠는가? 모두가 허망한 노릇인데. 살아가면서 오직 망상을 여의고 가능한 한 청정하게 만유와 더불어 살아간다면 이것이 바로 불법을 따름이고, 연기의 세계에서 타자에게 삼륜청정을 베푸는 일이다. 그런데 부질없이 깨달음이라는 목표에 매달려 쉬지 않고 달려본들 남는 것은 허망한 아상이나 인상(人相)일 뿐이다.

만유와 더불어 살지 못하고 홀로 가는 인생은 그 자체가 비참한 불행의 길이다. 그러니 거둔 선사의 게송에서 "마음의 쉼은 단지 망상이 없음이니 망상이 없이 마음을 쉰 시절이네" 라고 말한 것처럼 집착을 여의고 금생에 만유와 더불어 쉬는 것이 불법을 바르게 따르는 길일 것이다.

◉ 거둔 선사가
게송으로 말한다

소를 찾을 때는
모름지기
발자국을
찾아야 하고
도를 배우는 데는
무심을
찾아야 한다
발자국이 있으면
소가 있었고
무심하면 도를 쉽게
찾을 것이다

여기에서는 심우도에서 동자가 소의 발자국을 찾아가는 것을 묘사한 첫 번째 그림인 심우(尋牛)에 해당한다. 그래서 "소를 찾을 때는 모름지기 소의 발자국을 찾고 도를 배우는 데는 무심을 찾아야 한다" 라고 했다. 이것은 소를 찾으려면 소의 발자국의 흔적을 찾아가듯이 도를 얻으려면 무심을 찾아야 한다는 뜻이다. 그런데 여기서 두 가지 문제점이 제기된다.

첫째는 소(본성이나 불성)의 발자국을 찾는 것은 타자와 무관한 고립된 상태를 뜻하므로 연기법을 어기게 된다. 따라서 소의 발자국을 찾듯이 깨달음을 달성하고자 자신의 마음의 본성을 찾아본들, 찾았다는 성취감과 이에 따른 아상이나 증상만만 높아질 가능성이 있다.

둘째는 "무심하면 도를 쉽게 찾을 것이다"라고 할 때 이 무심은 아무런 생각이나 조작이 없이 무료하게 있는 것이 아니라 무위적 자연의 연기법을 이해하고 따르는 청정한 연기적 무심이라야 한다. 이것은 곧 일상의 무위적인 연기적 삶을 뜻한다. 조작된 유위적 행을 하지 않고 무위자연의 연기세계를 따르는 것이다.

일반적으로 한 가지 목적을 가진 자는 만유의 연기적 불법을 찾을 수 없다. 불교의 근본 원리가 연기사상이고 우주 만유가 이런 연기법을 따른다. 그런데 소를 찾아가며 깨닫는다는 심우도에서는 타자와 직접적인 연기관계가 없이 홀로 자신의 본래 성품을 찾음으로써 불성을 깨닫게 된다는 내용이다. 이 심우도는 원래 선종의 사상을 나타내는 대표적인 그림이다. 이러한 주관적이고 관념적 사상으로써 우주 만물의 연기관계를 중시하는 화엄세계를 이해하기는 불가능할 것이다. 왜냐하면 연기의 세계에서는 자신의 불성이 외경과 적극적인 상호 관계를 통해서 부처로 현현할 수 있기 때문이다.

● 거둔 선사가
또 게송으로 말한다

오직 문 앞의
나무를 생각하니
새가 머물고
나는 것을
능히 용납하며
오는 것은
무심히 받아주고
날아가는 것이
돌아옴을
기다리지 않네
사람의 마음이
나무처럼 되면
도와 더불어 서로
어긋나지 않으리라

날고 머묾, 오고 감 등 이 모두는 생주이멸의 이법에 따라서 무위적으로 일어나는 현상이다. 만유는 어디에도 집착해 머물지 않고 변화에 순응하고 적응해 간다. 사람도 이처럼 무위적인 삶을 살아간다면 만유의 조화로운 연기법을 어찌 어기겠는가.

그래서 거둔 선사는 "만약 사람의 마음이 나무처럼 되면 도와 더불어 서로 어긋나지 않는다" 라고 했다. "사람이 나무처럼 되라" 또는 "사람이 바위처럼 되라" 라는 말은 분별과 조작을 행하지 않고 무위적으로 연기의 이법을 따르며 자연과 합일하는 무위자연의 경지를 나타낸 것이다. 이것이 만물 사이에 분별과 차별이 없이 생주이멸을 따르는 이법이다. 인간이 모든 탐욕을 벗어나 나무나 바위처럼 되기 위해서는 인욕바라밀이 필수적이다. 만약 그렇지 못하면 자연의 순리를 거역하게 되므로 그에 상응하는 바람직하지 못한 과보를 반드시 받게 되는 것 또한 연기의 이법이다.

만물과 합일하는 무심의 경지에 이르는 도란 바로 무위적 연기법의 따름이다. 흔히 깨달음의 도를 신비로운 초월적 경지로 보는 경우는 주관적 관념의 세계에 국한된 것으로 만유와 연기적 세계가 종속적 관계로 취급된다. 이 경우에는 내가 나무가 되고 또 바위가 되는 인간과 자연의 합일사상 즉 물아일여인 천인합일사상이 배제되므로 인간이 자연을 마음대로 이용하며 지배하게 된다.

프랑스 철학자 메를로-퐁티는 《지각과 현상학》에서 "사물들의 관계나 사물들의 모습들의 관계는 언제나 우리들의 신체에 의해 매개되어 있고, 자연 전체는 우리 자신의 삶의 연출이요, 일종의 대화 속에 있는 우리의 대화자이다" 라고 하면서 '세계-에로-존재' 를 강조했다.

그리고 영국 인류학자 그레고리 베이트슨은 《마음의 생태학》에서 "여러분이 모든 마음을 자신의 것으로 가로채버린다면, 여러분의 주위에 있는 세상은 무심한 것이어서 도덕이나 윤리적인 고려의 가치가 없는 것으로 보일 것이다. 환경은 여러분이 착취해야 할 대상으로 여겨질 것이다" 라고 했다. 이들은 모두 인간이 자연의 지배자가 아니라 자연만물과 평등한 주객불이의 존재로서 인간이 자연과 합일함으로써 만유의 동등한 존재가치가 발현될 수 있음을 강조한 것이다.

한편 상대성이론을 정립한 아인슈타인은 "인간은 생각하고, 느끼고 행동하는 데에서 자유로운 것이 아니라 별의 운동에서처럼 인과적으로 얽매여 있다" 라고 하면서 만유의 무위적 연기의 세계를 강조했다. 그리고 그는 초월자나 인격신을 신봉하는 신앙적 종교를 거부하면서 우리가 이해할 수 없는 것을 넘어선 [자연의 신비적] 힘에 대한 숭배가 바로 종교라고 했다. 이러한 종교관에 따라 "우주적, 종교적 느낌은 과학 연구의 가장 강력하고 가장 숭고한 원동력" 이므로 "종교가 없는 과학은 절름발이고, 과학이 없는 종교는 장님이다" 라고 했다. 이런 관점에서 연기법을 바탕으로 한 불교는 과학적 종교라는 것을 알 수 있다.

94 분양무덕 화상
汾陽無德和尙

◉ 분양무덕 화상이
하루는 대중에게
말한다
「지난밤 꿈속에서
돌아가신 부모님께서
술과 고기와
지전(紙錢)을 찾기에
세속의 관습에 따라서
제사를 지내며
베풀지 않을 수 없다는
생각이 들었다」
고당(庫堂)에서
신위를 모시고
세속의 예를 따라서
술을 올리고
고기를 베풀며
지전을 만들어 올렸다
일을 주선하는
사람들을 모이게 하고
고기머리를
상에 흩뜨리니
이들이 모두
물러나갔다
무덕 화상이 홀로
제사상 앞에 앉아서
태연하게
음식을 먹으니
대중이
술을 마시고
고기를 먹는 승려가
어찌 감히
스승의 법이 되겠는가
라고 하면서
모두 보따리를 메고
떠나가 버리고
오직 자명 선사와
대우 선사와 전대도 등
육, 칠 명만 남는다
무덕 선사가
다음날 법당에 올라서
「많은 한가로운
악귀와 귀신들이
상에서 술과
오직 고기와
두 덩이의 지전을
소비하기에
쫓아버렸다
법화경에서 이르기를
여기 대중은
가지와 잎은 없고
오직 열매만
남아 있다」
라고 하고는
곧 자리에서 내려온다

속제(俗諦)에 진제(眞諦)가 있고 진제에 속제가 있기에 진속불이라고 한다. 모든 진리는 실상이 존재하는 세속에 있고, 세속의 만물은 본질적으로 자연의 이법인 진제를 따른다. 그러므로 진리는 바로 세속에서 찾아야 한다. 인간이 만든 유위적 규범이나 관습 등의 모든 제도는 인간세계에 국한된 것이지 결코 우주 만유에 적용될 수 있는 것이 아니다. 따라서 인위적 규범을 어긴다고 해도 상호간의 연기적 관계만 잘 이루어 간다면 공동체의 연기적 삶에는 아무런 지장을 주지 않을 것이다.

결국 규범이나 제도, 관습 등을 만드는 것은 그 집단이나 사회에 국한되는 것이지 우주 만유에 적용되는 것이 아니므로 그것을 보편적인 진리로 받아들일 수는 없다. 그렇다면 그러한 제한적 조건을 어기는 것이 진리를 거역하는 것이 아니라 오히려 무조건적으로 기존의 유위적 제약을 따르려는 생각 자체가 연기법을 어기는 것으로 집착에 얽매이는 것이다.

예를 들어 승려는 고기를 먹지 않는다는 것은 승려 사회가 만든 계율일 뿐이다. 그러나 부모를 위하는 마음에서 관례에 따라서 차린 제사상에 올려놓은 고기를 먹는 것은 부모님의 혼이 오셔서 드시고 간 것을 자식이 먹는 것으로 부모를 생각하는 지극한 정성에서 나온 것이다. 어찌 부모에 앞서 승려라는 존재가 따로 있겠는가. 또한 고기를 먹거나 먹지 않는 것이 중요한 것이 아니라 조상을 위하는 마음이 더 중요한 것이다. 불교는 인륜의 기본적인 도덕을 벗어나는 것이 아니라 이를 강조하는 종교이다.

《법화경》에서 이르기를 "여기 대중은 가지와 잎은 없고 오직 열매만 남아 있다"라고 했다. 나무에서 가지가 없이 잎이 나올 수 없고, 잎이 없이 열매가 맺힐 수 없다는 것은 바로 연기적 이법을 어기기 때문이다. 세속의 다양한 연기적 세계가 없다면 어디에서 진리라는 열매가 생길 수 있겠는가? 사람은 세속의 법을 따라서 평범하게 살아간다. 중생이니 출가자니 하며 분별하는 것은 인간이 만든 차별적 분별일 뿐이다. 대중이 출가자의 집단을 특별하게 보는 이유는 승단이 만든 생활에 대한 계율이 대중 사회의 것과는 매우 다르기 때문이다.

95 동사여회 화상
東寺如會和尚

◉ 동사여회 화상이
앙산 선사에게 묻는다
「그대는 어느 곳
사람인가?」
앙산 선사가 말한다
「광남 사람입니다」
동사 화상이 말한다
「내가 듣기에 광남에는
바다에 진해명주가
있다는데
일찍이 거두었는가?」
앙산 선사가 말한다
「거두어 가졌습니다」
동사 화상이 말한다
「구슬이 무슨 색을
띠는가?」
앙산 선사가 말한다
「백월(白月)에는 나타나고
흑월(黑月)에는
숨어버립니다」
동사 화상이 말한다
「어찌하여 노승에게
보여주지 않는가?」
앙산 선사가
차수하고
가까이 가서 말한다
「혜적이 지난날
위산에 이르러
이 구슬을 찾았지만
말로써 설명할 수
없으며
이치로써 표현할 수
없습니다」

동사 화상이 "내가 들으니, 광남에는 바다에 진해명주(鎭海明珠)가 있다고 하는데 일찍이 거두었는가?" 라고 묻자, 앙산 선사가 "거두어 가졌습니다"라고 답했다. 이것은 자신의 내면에 있는 불성(眞如自性)을 찾았느냐는 질문에 찾았다고 답하면서 이를 말로써 표현할 수 없고 이치로써 설명할 수 없는 것이라고 했다. 과연 불성이나 불법이 언구로 기술할 수 없는 신비하고 현묘하고 불가사의한 것인가? 그렇다면 부처님이 "객관적이고 보편타당한 진리를 추구하라"는 말은 무엇을 뜻하는 것인가?

구슬도 꿰어야 보배라고 했다. 말과 글로 표현할 수 없이 오직 홀로만 아는 것은 극히 주관적인 것으로 궁극적인 진리가 될 수 없다. 흔히 언어도단(言語道斷)이며 심행처멸(心行處滅)이라고 해서 말하려 해도 말할 수 없고 또한 마음 갈 곳이 없다고 하면서 불성을 뜻하는 진여자성을 신비화하기도 한다. 이것은 마음을 신비의 대상으로 보는 그릇된 생각이다.

변화하는 연기의 세계에서는 특수성이나 고유성이 존재할 수 없다. 왜냐하면 오늘날 연기적 세계관과 우주관의 발전에 따라서 신비성이나 특수성의 베일이 벗겨지면서 이들이 점차 객관적으로 타당성을 지니는 보편적 현상으로 밝혀지고 있기 때문이다. 따라서 지나친 신비화는 오히려 진리를 가리게 될 것이다.

96 원오극근 선사
圓悟克勤禪師

● 원오극근 화상이
불감 선사에게 말한다
「이 도리는 무엇입니까?」
불감 선사가 그때에
아무 말이 없다가
홀연히 어느 날
원오 화상에게 말한다
「앙산 화상이 동사 화상을
친견한 인연에 관해서
내가 할 말이 있다
동사 화상이 당시에
다만 한 덩이의 밝은
구슬만 찾기에
앙산 화상이 바로
그릇을 기울여 버렸다」
원오 화상이
깊이 수긍한다

진여자성이라는 불성은 어디 한 곳에만 있다는 것이 아니다. 산하대지와 일월성신 모두에 들어 있다. 그런데 한 군데에서만 이를 찾으려 하니 한쪽에 기운 집착심을 버리고 우주 만유를 두루 통찰하라는 뜻에서 앙산 화상이 구슬이 담긴 그릇을 기울여 쏟아버렸다. 이것은 진리가 어느 한 곳에만 있는 것이 아니라 온 천지가 진리의 세계요, 불성이 내재한 화엄법계임을 뜻한다.

따라서 자신의 불성을 찾고자 한다면 넓은 우주를 상대로 자신을 비추어 보아야 한다. 그래야만 보편타당한 진리의 세계를 알 수 있게 된다. 그렇지 않고 자신의 마음에만 안주해 있는 한 불법의 세계를 찾기란 요원할 뿐이다.

97 천태덕소 국사
天台德韶 國師

◉ 천태덕소 국사는
천태지자 대사의
후신이다
나이 십오 세 때
인도에서 온
어떤 스님이
그를 보고는
출가를 권유한다
당나라 동광 연중에
서주에 가서
투자 암주를 친견하고
다음에는 용아소산
화상을 친견한다
이렇게 참례한
선지식이
무려 오십사 명이다
모두 불법의 인연이
아니라서

임천에 이르러
정혜 선사를 뵙고는
오직 대중을 따라
지나며
아무것도
참문하지 않는다
어떤 스님이
법안 선사에게 묻는다
「열두 시 중에
어떻게 해야 만 가지
인연을 한꺼번에 쉴 수
있었습니까?」
법안 선사가 말한다
「공이 그대와
인연이 되는가?
색이 그대와 인연이
되는가?
공이 인연이 된다면

공은 본래
인연이 없는 것이고
색이 인연이 된다면
색과 마음은
둘이 아니니
일상에
과연 무슨 물건이
그대와 인연이
되겠는가?」
덕소 국사가 듣고는
당황하며
이상하게 여긴다

만물은 서로 주고받는 연기관계 때문에 고정된 자성을 갖지 못한다. 그래서 조금 전의 자성은 사라졌기 때문에 공이라 한다. 따라서 연기이면 공이고 공이면 연기이다. 연기란 인연생기의 약자이며, 특히 인간사회의 연기를 흔히 인연이라 한다. 인간의 삶 자체가 바로 주고받는 연기법을 따르므로 인간은 만유와 인연의 사슬에 얽혀서 살아가는 셈이다. 그런데 어찌 인간이 연기적 공과 무관하고 색과 무관할 수 있겠는가?

법안 선사는 "공이 그대와 인연이 되는가? 색이 그대와 인연이 되는가? 공이 그대와 인연이 된다면 공은 본래 인연이 없는 것이고, 색이 그대와 인연이 된다면 색과 마음은 둘이 아니니, 일상에 과연 무슨 물건이 그대와 인연이 되겠는가?"라고 했다.

여기에서 공은 연기에 따른 공이 아니라 허공이나 허상으로 없다는 뜻이다. 그래서 본래부터 맺고 있는 인연은 없다는 것이다. 그리고 일상에 인연이 되는 것은 무슨 물건이냐는 물음이다. 결국 만유는 공으로 허상일 뿐인데 어디에 인연을 맺겠느냐는 것이다. 이 뜻은 만유가 모두 마음에서 나온다는 유심사상을 나타낸 것이다.

만물이 존재하기에 인간이 생겨난 것이며 또한 그들과 연기적 관계를 맺으면서 삶을 이어간다. 이처럼 만물이 탄생과 더불어 연기의 끈에 묶여 생주이멸을 이어가는 것이 불교의 세계임에도 불구하고, 세상을 꿈 같고 아지랑이 같은 환상으로 보는 것은 불법의 바른 뜻이 아니다. 선가에서는 지나치게 마음에 집중하고 자신에 치중하기 때문에 타자와의 연기관계를 등한시하거나 경시하게 된다. 만약 연기적 화엄법계를 중요시하지 않고 자신의 콩만큼 작은 마음만을 움켜잡고 한 세상을 살아간다면, 깨달음을 얻은들 이것이 과연 우주법계의 오묘한 이법과 비교될 수 있겠는가?

흔히 인연이나 연기라고 하면 무엇에 집착하여 망상을 일으키는 것으로 착각하고 있다. 우리가 숨을 쉬지 않고, 물도 마시지 않고, 양식도 거부한 채 땅을 밟지도 않고도 살아갈 수 있는가? 땅을 밟는 것은 땅과의 연기이고, 숨을 쉬는 것은 공기와의 연기이고, 물을 마시고 양식을 취하는 이런 모든 행위는 모두 인간과 자연 사이의 주고받는 연기관계이다. 걸식을 해서 얻은 한 줌의 양식도 인간들 사이의 연기관계에서 보시 받은 것이다. 경을 읽고 배우는 것은 현자들의 생각과 연기관계를 이루고자 함이다. 사람이나 만물이 태어날 때도 인연에 따른 것이며, 인연관계로 살다가 사멸하는 것도 또한 인연에 의한 것이다. 이것이 바로 생멸의 연기적 과정이다. 우리는 지상의 사물뿐만 아니라 우주 만물과 연기적 관계를 동시에 맺고 있기 때문에 "만 가지 인연을 한꺼번에 쉰다"고 하는 것은 불가능하다.

인연을 재산이나 명예, 권력 등에 관련된 집착으로 보는 것은 인연이나 연기의 일반적인 뜻을 벗어난 인간의 탐·진·치에 연관된 소유적 연기에 해당된다. 하기야 인간이라는 생물종의 세계에서는 유위적인 경쟁적 연기관계를 무시할 수 없다. 의식적으로 이루어지는 인연이나 연기도 있지만 대부분 집단 내에서 구성원 사이, 그리고 자연과의 상호 관계에서 무의식적으로 연기관계를 이루어가면서 살아간다. 따라서 연기가 의식적이든 무의식적이든 모두가 삶의 과정에서 반드시 나타나므로 이 세상에서 어떤 것도 연기관계를 벗어나서 존재할 수는 없다.

《대반야경(大般若經)》에서 "세존이시여! 깊은 반야바라밀다를 닦아 배우는 것은 생사의 허물을 싫어하여 멀리하기 위해서가 아니며, 열반의 공덕을 기뻐하기 위해서가 아닙니다. 왜냐하면, 이 법을 닦으면 생사도 볼 수 없거늘 하물며 싫어함이 있겠습니까! 열반도 볼 수 없거늘 하물며 즐거움을 기뻐함이 있겠습니까!" 라고 했다. 이것은 생사와 열반의 연기적 공인 필경공을 뜻한다. 그리고 용수는 《대지도론》에서 "일체법을 관함에 인연으로부터 생기며, 인연으로부터 생기므로 무자성이다. 무자성이기 때문에 필경공이며 이러한 필경공을 반야바라밀지혜의 완성이라 부른다" 라고 했다. 결국 연기법의 바른 이해가 지혜의 완성으로 반야바라밀에 이름이며, 이 경우가 곧 성불(成佛)임을 뜻한다. 이처럼 성불은 결코 신비하고 초월적인 불가사의한 경지에 이르는 것이 아니라 연기법 또는 필경공의 바른 이해와 실천이다.

◉ 어떤 스님이
덕소선사에게 묻는다
「무엇이 조계의
한 방울 물입니까?」
법안 선사가 말한다
「이것이 조계의
한 방울 물이다」
그 스님은
어리둥절하나
천태덕소 선사는
옆자리에서 활연히
크게 깨달아
평생 동안
덩어리진 것이
얼음 녹듯이 풀린다
드디어 깨달은 바를
법안 선사에게
말씀드리니
법안 선사가 말한다
「그대는 뒷날 마땅히
국왕의 스승이 되어서
조사의 도를
크게 빛낼 것이다
나는 그대만 못하다」
라고 한다
이후로는 제방의
주장과 달리
고금의
현묘한 진리를
결택함에
조금의 자취도
남기지 않는다

'조계의 한 방울 물'은 조사들이 이어온 정법안장으로 선가의 정신을 뜻한다. 이에 대해 어떤 스님은 다음과 같이 말했다.

"여기에 한 물건이 있어서 이름도 모양도 없으나 과거와 현재와 미래를 모두 꿰뚫고 있으며, 아주 작은 먼지에도 들어가지만 온 우주를 다 에워싸고도 남는다. 안으로는 불가사의한 신통 묘용을 다 갖고 있으며 밖으로는 온갖 존재에 일일이 다 맞추어 응하고 있다. 하늘과 땅과 사람에 있어서 주인 노릇을 하고 천지만물 삼라만상의 왕의 노릇을 한다. 무엇과도 비교할 수 없이 크고 높아서 그와 짝을 할 수 없다"라고 했다.

위와 같은 생각은 수처작주 입처개진(隨處作主 立處皆眞—어디서나 제 안의 主人公을 잃지 않으면 어디에 처하든 참되리라)이라는 것으로 마치 선사가 우주의 중심에서 만유를 자유자재로 운용하는 것과 같은 전지전능한 신처럼 묘사되고 있다. 그렇다면 선가는 부처님의 불법을 따르지 않는가?

'한 방울 물'이란 바로 법성이다. 이것은 만유에 내재하는 법성이다. 그리고 이것은 결코 불가사의하지도 않으며 우주의 왕 노릇도 하지 않는다. 오직 만유의 무위적 연기를 이루어가는 이법일 뿐이다. 그래서 자타불이로서 모두가 동등하고 보편적이며 원융한 화엄세계를 이루어가며 진화한다.

그런데 선가에서는 평범한 것을 특별한 것으로, 동등한 것을 위와 아래로 나누어 차별화하고, 보편적인 것을 불가사의한 특수성으로 규정짓는데 이것은 결코 석가모니부처님의 불법이 아니다.

임제(臨濟) 선사는 "다른 사람의 미혹을 받지 않고, 행동하고 싶으면 바로 행동한다. 다만 내 견해가 특별하여 밖으로 범부와 성인의 차별 경계에 집착하지 않고, 안으로는 근본자리에도 머물지 않으며 투철히 보아서 다시는 의심하고 그르치지 않는다. 불법은 공(功)을 써서 조작할 것이 없다. 다만 평상시 대로 하면 아무런 일이 없다. 대변을 보고 소변을 보며 옷을 입고 밥을 먹으며 그리고 피곤하면 누워서 쉰다"라고 했다.

이것은 '무위진인(無位眞人)'과 '수처작주 입처개진'의 근본 요지에 해당하는 것으로 주체성 확립, 자유의 향유, 전통과 관습의 탈피, 권위에 대한 불복종 등의 임제 사상을 나타낸다. 이것은 기존의 관념이나 질서, 권위 등의 맹종을 거부하는 자유로운 무위적 사상의 추구를 강조한다.

서옹(西翁) 스님은《임제록연의》에서 "무위진인은 존재·비존재적인 자기도 아니고 가치·반가치적인 자기도 아니다"라고 했다. 즉 자기를 부정하는 무(無)에서 능동적 적극성이 나타나는 주체로 본 것이다. 그리고 "무의 주체는 절대적 자주자율이니 궁극적인 자주자율이라 하겠다. … 이 주체는 무한히 자기부정하고, 무한히 자기실현을 하여 일체 중에서 자유자재하게 활동한다"라고 하면서 "무한히 자기 부정하는 동시에 능동적으로 적극적으로 무한히 자기 실현하여 참사람(眞人)이 곧 우주만법이고 우주만법이 곧 참사람이다"라고 했다. 여기서는 무위진인이 어떠한 틀에도 얽매이지 않고 일체의 범주를 넘어서는 대자유인을 나타낸다.

위에서 존재와 비존재, 가치와 반가치, 자기부정과 자기실현(긍정) 등은 모두 연기적 양면성을 나타낸 것이다. 그런데 "참사람이 곧 우주만법이고 우주만법이 곧 참사람이다"라는 것은 절대적 자주자율을 지닌 주체의 마음속에 우주 만법이 다 들어 있다는 만법유심사상으로서 앞의 연기적 양면성에 모순되는 논리이다.

서옹 스님은 '수처작주 입처개진'을 "어느 곳에서든지 주인공이 되면 그 서 있는 곳마다 진실한 것이다"라고 했다. 한편 임제 선사가 말한 "다만 평상시 대로 하면 아무런 일이 없다. 대변을 보고 소변을 보며 옷을 입고 밥을 먹으며 그리고 피곤하면 누워서 쉰다"라는 것은 무사(無事-업을 짓지 않고 여여함)한 평상심에 따른 삶을 영위하는 진실한 사람 즉 무위진인을 뜻한다.

그렇다면 입처개진은 '어디에 있거나 참된 진리를 따르는 주체적 사람이 되라'는 뜻이다. 결국 '수처작주 입처개진'은 선을 통해 얽매이지 않는 주체적 삶의 실현으로 볼 수 있으며 이런 선가의 정신이 '조계의 한 방울 물'인 것이다. 이 경우에는 타자와 긴밀한 상호 의존적인 연기관계가 없이 오직 개인의 주체성이 강조되고 있다.

◉ 어느 날 덕소 선사가
상당하여 말한다
부처님이 영축산에서
법을 부촉한 것이
분명하니 여러분들은
모두 일시에 깨달아라
깨달으면
별다른 이치가 없이
다만 지금과 같다
비유컨대 허공에서
태양은 밝고
구름은 어둡고
산하대지와
일체 유위의 세계가
모두 다 밝게 나타나며
무위의 법도 또한
이와 같다
세존이 가섭에게

부촉하여 지금에
이르기까지 털끝만큼도
차별이 없으니
또 누구에게
부촉하겠는가?
따라서 조사가 말한다
마음은 스스로
본래의 마음이니
본래의 마음은
있음의 법이 아니다
법이 있고
본래의 마음이 있으면
마음도 아니고
본래의 법도 아니다
이것이 영축산에서
부촉한 예이다
여러분들은
철저히 알아라

국왕의 은혜를
갚기 어려우며
모든 부처님의
은혜를 갚기도 어렵고
부모와 스승의 은혜를
갚기도 어려우며
시주의 은혜를
갚는 것도 어렵다
은혜를 갚고자 한다면
반드시 도의 안목을
명철하게 깨달아
반야의 성품 바다에
들어가야 한다
오래들 서 있었네
수고들 했네

마음이란 무엇인가? 크게는 생의(生意) 즉 생명력이다. 인간의 경우에 마음은 육체에서 일어나는 정신작용이다. 마음은 크게 두 가지로 구성된다. 하나는 선천적으로 유전되는 것이고, 둘째는 후천적인 학습과 경험에서 훈습되는 것이다. 조상, 종족, 인류, 우주 등의 정보는 선천적인 것으로 잠재의식 속에 내재한다. 또한 생물학적 유전 정보도 태어날 때 받아 나온다. 선천적 정보는 일반적으로 물질에 내재된 것으로 우주만유에 모두 적용된다. 그래서 인간에게도 우주적 정보가 들어 있다. 이것이 바로 연기적 불성이고 법성이다. 이것의 특징은 보편성, 평등성, 무위성, 이완성 등이다.

위의 글에서 부처님이 가섭에게 전한 것은 "마음은 스스로 본래의 마음이니 본래의 마음은 있음의 법이 아니다. 법이 있고 본래의 마음이 있으면 마음도 아니고 본래의 법도 아니다. 이것이 영축산에서 석가모니부처님이 부촉한 예이다"라고 했다. 여기서 석가모니부처님이 가섭에게 전한 본래의 마음은 바로 원초적 마음인 우주 만유의 법성이다. 이것은 만유의 물질적 속성으로 우주심에 해당하는 것으로서 인간에 국한된 마음도 아니고 또한 어떤 법에 의해서 이루어진 마음도 아니므로 '마음도 아니고 본래의 법도 아니다'라고 한 것이다.

후천적 정보는 개체가 존재하는 집단의 연기적 환경에 따라서 크게 좌우된다. 소위 탐·진·치나 사상(四相)과 같은 것은 모두 후천적인 것이다. 이처럼 인간의 마음은 선천적 정보와 후천적 정보로 이루어져 있다. 여기서 본래의 마음이란 선천적 마음을 뜻한다. 이런 본래의 마음은 다양한 후천적 훈습에 의해 여과되어 점차 사라지게 되므로 잘 나타나지 않는다. 즉 유위적으로 조작된 정보가 많아질수록 본래의 마음이 잘 드러나지 않게 된다. 유위적 조작은 외물과의 관계에서 주로 이기적 집착심에 따른 염오의 마음을 만들어 낸다. 그러므로 진실로 부모나 스승의 은혜를 갚고자 한다면 마음도 아니고 본래의 법도 아닌 청정한 우주적 법성을 명철하게 깨달아야 한다.

98 설봉의존 선사
雪峰義存禪師

◉ 설봉 선사와
암두 선사가
풍주 오진산에 이르자
눈에 길이 막혔다
암두 선사는
매일 잠만 자고
설봉 선사는 늘
좌선을 한다
설봉 선사가 말한다
「사형(암두)、사형、
그만 일어나십시오」
암두 선사가 말한다
「무슨 일인가?」
설봉 선사가 말한다
「금생에 마음이
편치 못해서
문수라는 자와
함께 행각하여
이르는 곳마다
그에게 누를 입었는데
오늘 사형과 함께
이곳에 왔는데 또한
오로지 주무시기만
합니까?」
암두 선사가
할을 하고 말한다
「잠이나 주무시오
잠이나 주무시오
매일 평상에
앉아 있는 것이
마치 시골의
토지신의 모습과
똑같아 후일에
세상의 남녀들을
귀신에게 홀리게 하겠소」

선정을 통해서 깨침을 얻기 위해 좌선을 하거나 자지 않고 앉아서 생활하는 장좌불와 등 여러 가지 수행 방편을 쓴다. 이런 행위는 모두 유위적이고 조작된 방법으로 자신의 심신을 조정하고자 하는 것이다. 이 경우는 마음을 앞세워 육체에 고통을 가하는 일종의 자신에 대한 고문이다. 이렇게 해서 과연 불법을 깨달을 수 있을까?

불법은 무위성을 근본으로 하므로 유위적 조작은 불법에 어긋난다. '잠을 잔다'는 것은 단순히 마음을 내려놓고 만사에 무심한 상태가 아니라 무위적으로 안정된 상태를 유지하는 것이다. 억지로 자신의 육체에 고통을 가하지 않고 편히 둠으로써 안정된 마음에서 무위적 연기법을 깨달아야 한다. 자신과의 무위적 연기관계에서는 무위적 연기법을 체득할 수 있지만, 자신의 육신을 돌보지 않는 조작된 연기관계에서는 결코 무위적인 연기의 세계를 깨달을 수 없다. 설령 깨달았다고 해도 자기중심적이기 때문에 아상이나 아만만 높아질 가능성이 크다.

'여여함'은 무위적 연기를 뜻하며 이런 상태가 바로 성불의 경지이다. 자신의 육신 하나도 제대로 간수하지 못하면서 어찌 육신에서 나오는 마음을 관리하여 성불의 경지에 이를 수 있겠는가? 그러니 암두 선사의 말처럼 '잠이나 주무시오'라는 말은 토지신처럼 우두커니 앉아만 있지 말고 먼저 자신의 몸이나 제대로 잘 간수하라는 뜻과 다르지 않다.

◉ 설봉 선사가 말한다
「제가 처음
염관 선사를 뵙고
염관 선사가
법상에 올라서
물질과 공의 이치를
설하는 것을 보고
이해한 바가
있습니다」
암두 선사가 말한다
「이것은 거리가
삼십 년이나 뒤졌으니
절대 일컫지 말라」

《반야심경》에 색즉시공(色卽是空) 공즉시색(空卽是色)이라는 말이 있다. 만물들 사이의 주고받는 연기적 관계에서는 모든 것이 변화하기 때문에 어느 것도 고정된 자성을 갖지 못한다. 이처럼 변화에 따른 자성의 소멸을 공이라고 한다. 따라서 공이라는 말은 텅 빈 것이 아니라 물질의 연기적 관계에 따른 변화를 나타내는 것이다. 그래서 연기관계에 따른 물질의 자성의 소멸이 색즉시공이고, 자성의 소멸은 곧 물질의 존재를 뜻함이 공즉시색이다. 이처럼 색즉시공 공즉시색의 근본은 상호 의존적 관계인 연기법을 뜻한다. 이와 같은 연기법을 단순히 물질과 공 사이의 관계로 설명할 경우에는 상호 의존적인 연속적 변화성이 결여되므로 색즉시공 공즉시색의 뜻이 바르게 설명될 수 없다. 따라서 이 경우의 공을 연기적 공 또는 필경공으로 표현함으로써 빈 허공이나 허상 또는 부정을 뜻하는 공과는 분명히 구별되어야 한다.

불교에서 연기는 현상적인 방편이고 공은 궁극적 본체의 진리로 보는 경향이 많다. 그러나 공은 연기이기 때문에 생기는 현상이지 연기가 없이 공이 존재하는 것은 아니다. 그러므로 연기는 현상적 방편인 동시에 만물의 존재 원리를 나타내는 본체적 진리이다. 그래서 연기법이 불법의 바탕을 이루게 되는 것이다.

석가모니부처님이 이르기를 "연기법은 내가 만든 것도 아니고 역시 다른 사람이 만든 것도 아니다. 그것은 내가 세상에 나오거나 세상에 나오지 않거나 진리의 세계에 항상 존재하고 있다. 나는 이 진리를 스스로 깨달아 정각을 이루었고, 모든 사람을 위해 가르친다"라고 했다. 이처럼 연기법은 특별하고 신비로운 것이 아니라 우주의 언제 어디에나 존재하는 지극히 평범한 이법이다. 우리의 일상적인 삶에서 인간과 인간 사이 그리고 자연과 인간 사이의 관계가 모두 연기적 이법을 따르고 있다. 오늘날 불교에서는 연기법보다는 공을 막연하게 신비화하는 경향이 있다.

그리고 공을 모순대립의 관점에서 다루기도 한다. 예를 들면 공사상을 설명하기 위해서 "공변증법(空辨證法)은 모든 견해에 대한 무한적 해체를 목적으로 한다. 이는 긍정과 부정을 초월토록 하는 논법으로 모순대립의 무한 부정의 논리를 통하여 새로운 지혜를 얻는 방법이다" 라고 설명하는 경우가 있다. 연기는 동등한 상호 관계에서 일어나는 주고받음의 관계이며 결코 단순한 주객의 상대성이나 정반(正反)의 모순대립을 나타내는 변증법적 관계가 아니다. 그리고 연기에 따른 연속적 자성소멸의 현상학적 상태가 공이므로 연기이면 반드시 공이다. 따라서 공은 모순대립이나 무한 부정과는 무관하다. 이런 관점에서 연기적 공(필연공)은 정반합(正反合)의 헤겔 변증법을 따르는 것이 아니라 연기적 변화에 따른 새로운 질의 창출을 이루어 간다.

일반적으로 서로 주고받는 연기는 사물이나 현상의 존재를 뜻한다. 그러므로 연기이면 존재이고 존재이면 연기이다. 또한 연기이면 공이고 공이면 연기이다. 이처럼 연기나 연기적 공은 만법의 존재를 나타내는 지극히 평범한 것임에도 불구하고 "이것은 30년이나 뒤졌으니 절대 일컫지 말라" 라고 했다. 이것은 색과 공(연기적 공)의 이치 즉 연기법을 바르게 알려면 30년은 더 공부해야 한다는 뜻으로서 불교를 신비하고 난해한 종교로 전락시키는 것과 다를 바 없으며 불교를 수행 승려의 전유물로 삼으려는 의도가 엿보인다.

◉ 설봉 선사가 또 동산의
게송을 들어서 말한다
절대로 다른 데서
그를 찾지 말라
오히려 그는 너를 떠나리
나 이제 혼자 스스로 가니
어디에서나 그를 만나리
그는 지금 내가 아니지만
나는 지금 바로 그다
이와 같이 깨달아야
비로소 진여와
합일하리
암두 선사가 말한다
「만약 그렇다면
자신을 구제하는 것도
이루지 못한다」

"그는 지금 내가 아니지만 나는 지금 바로 그다"에서 혹자는 '그'를 개울물에 비친 자신의 모습으로 보기도 하지만 실제는 자신과 연기적 관계를 이루고 있는 주변의 사물과 환경을 뜻한다. 따라서 동산 선사는 만유 사이의 연기적 이법을 강조했다. 진리의 법성은 어디에나 있다. 멀리 간다고 해서 찾는 것도 아니다. 가는 곳마다 그곳에 진리가 있다. 그런데 이러한 법계의 법성은 우주적으로 광대하므로 나 자신이 바로 우주 법계 그 자체일 수는 없다. 다만 나는 그 우주적 법계에 속한 한 구성원일 뿐이다. 이러한 연기적 이치를 바로 깨달아야 내가 우주와 합일할 수 있는 것이다.

이런 경지가 심법무형 통관시방(心法無形 通貫十方)으로 무형의 심법이 [극미 세계에서 극대 세계에 이르는] 우주 만유의 진리를 따르는 해인삼매(海印三昧)에 해당한다. 유식사상에서는 만유가 내 마음에 있다고 보고 외물의 존재를 경시하므로 외물과의 연기적 이법이 무시된다. 이 경우가 바로 "만약 그렇다면 자신의 구제도 이루지 못한다"라는 암두 선사의 이야기에 해당한다. 즉 깨달음은 연기적 이법의 탐구가 아니라 자신의 내면에 있는 진리의 불성을 드러내는 것으로 보고 외물과의 연기적 관계로는 깨달음을 이룰 수 없다는 것이다.

외물을 경시하는 것은 어불성설이다. 공기와 물 그리고 양식 없이도 살아가면서 깨달음을 얻을 수 있는가? 인간의 마음은 육신에서 나오며 육신은 외물에 의존해 지탱되는 것이다. 그런데 외물과의 연기관계 없이 어떻게 인간이 존재할 수 있으며 또한 성불할 수 있겠는가?

◉ 설봉, 암두, 흠산 선사
세 사람이 소상강에서
강남으로 들어가다가
신오산 밑에 이르렀다
그때 흠산 선사가
발을 씻다가 물가에서
나물 잎 하나를 보고
반가운 마음에
손가락으로
가리키면서 말한다
「이 산중에 틀림없이
도인이 있으니
따라가서 찾아봅시다」
설봉 선사가
화를 내면서 말한다
「그대는 지혜의 눈이
매우 탁하군
그런 눈으로
어떻게
진정한 수행인을
분간할 수 있겠소?
그들이 복을
아끼지 않는 것이
이와 같은데
이 산에 머문들
무슨 득이 있겠소?」

연기적 관계에서 반드시 지켜야 하는 삼륜청정은 주는 자의 마음과 받는 자의 마음이 청정하고 자비로워야 하며 그리고 서로 주고받는 매체 등 이 세 가지가 청정해야 한다. 하나의 나물 잎이지만 자연으로부터 얻은 귀한 것이므로 이를 무심하게 버린다면 삼륜청정의 연기관계가 잘 이루어질 수 없게 된다. 따라서 자연에서 얻은 나물 잎 하나도 귀중하게 여겨야 한다. 그렇다면 물가에서 흘러가는 나물 잎을 보고 어찌 그곳에서 삼륜청정의 연기법을 따르는 도인을 기대할 수 있겠는가? 그래서 이를 바라본 설봉 선사가 "그들이 복을 아끼지 않는 것이 이와 같으니 이 산에 머문들 무슨 득이 있겠는가?" 라고 말한 것이다.

실은 나물 잎이 인간에 종속된 대상으로서 이를 단순히 아낄 것이 아니라 인간과 나물 잎을 동등한 관계의 입장에서 보아야 한다. 왜냐하면 무엇을 아낀다는 것은 주체와 대상 사이의 평등관계보다는 주종관계를 나타내기 때문이다. 따라서 만물을 아끼는 것이 아니라 모두가 귀한 동등한 존재로 여겨야 한다.

◉ 설봉 선사 이야기다
어떤 스님이 산중에
암자를 짓고 여러 해 동안
머리도 깎지 않는다
스스로 나무바가지
하나를 만들어
냇가에서
물을 떠 마신다
그때 한 승려가
그것을 보고 묻는다
「무엇이 조사가 서쪽에서
오신 뜻입니까?」
그 암주가 나무바가지를
세우고 말한다
「개울이 깊으면
바가지의 자루도 길다」
그 승려가 돌아가서
설봉 선사에게 전한다

설봉 선사가 말한다
「매우 기괴하고도
기괴하도다」
설봉 선사가 하루는
시자와 함께 머리 깎는
칼을 가지고 가서 그를
보자마자 묻는다
「무엇이 조사가
서쪽에서 오신 뜻인지
한마디 한다면
그대의 머리를
깎지 않을 것이오」
암주가 곧 머리를 감고
설봉 선사 앞에
꿇어앉자
설봉 선사가 곧
그의 머리를 깎아준다

달마 조사가 서쪽으로 온 것은 그의 뜻에 따른 것이다. 내가 물을 떠 마시는 것도 나의 뜻에 따른 것이다. 개울이 얕으면 나무바가지의 자루가 짧아도 쉽게 물을 뜰 수 있다. 그러나 개울이 깊으면 바가지의 자루도 당연히 길어야 한다. 그래서 "개울이 깊으면 바가지의 자루도 길다"라고 한 것이다. 이 얼마나 평범한 연기적 이치인가!

'달마 조사와 서쪽'이나 '바가지와 물'은 모두 연기적 관계를 나타낸다. 즉 법을 전하고자 달마 조사가 서쪽으로 온 것이고, 물을 먹기 위해서는 물을 뜨는 바가지가 있어야 한다. 이 모든 것이 연기적 이법을 따른 지극히 자연스러운 행위이다. 이처럼 불법은 특별한 것이 아니라 지극히 평범한 연기적 과정 속에 들어 있다. 지혜로운 자는 쉬운 것에서 불법을 찾고, 어리석은 자는 어렵고 신비스러운 것에서 진리를 찾으려고 애쓴다. 흔히 위와 같은 선어를 사구(死句)나 또는 제 2구로 보면서 활구(예를 들면 조주 선사의 무자 화두)의 공안으로 취급하지 않기도 한다. 그러나 불법은 어디에나 존재하므로 선어를 사구나 활구로 구태여 분별할 필요가 있겠는가?

99 장로응부 화상 長蘆應夫 和尙

◉
장로 화상이、
동산 화상이
행각할 때의
이야기를 가지고
말한다
동산 화상이
한 암주에게 묻는다
「무슨 도리를
보았기에
이 산에 머무는가?」
암주가 말한다
「내가 보니
두 마리 진흙소가
싸우다가
바다에 들어갔는데
아직까지 아무런
소식이 없습니다」

장로 화상이 말한다
「여러분、
한 가문을
세우는 것은
저 동산 화상의
말씀이고
태고의 참된 가풍은
설봉 암주이다」

세속의 흙탕 속에 살다가 조용한 산중에 있으니 무소식이 희소식이다. 마냥 신선과 함께 여여히 살아가는 격이다. 하지만 천지 만물과 설법을 나누며 살아가는 삶도 또한 삶이다. 그러나 이왕에 태어난 몸이면 인간사회를 위해 보시하며 사는 것도 또한 가치 있는 일이 아니겠는가?

진흙소가 싸우다가 바다에 들어갔는데 그들이 나올 때까지 기다린다면 언제쯤 깨달음에 이를 수 있겠는가? 번뇌에 휩싸여 싸우다가 바다에 들어간 진흙소를 기다리지 말고 땅 위에서 싸우는 진흙소를 찾아보는 것이 살아 있는 불법이 아닐까? 개울이 깊으면 바가지의 자루도 길게 하듯이 현재의 삶에서 불법을 찾아야 한다.

장로 화상이 "한 가문을 세우는 것은 저 동산 화상의 말씀이고 태고의 참된 가풍은 설봉 암주이다"라고 했다. 그러나 동산 화상의 게송에서 물에 비친 자기 모습이나 암주의 물 뜨는 바가지에 관한 이야기는 모두 다 연기적 이법을 나타내 보인 것으로 실은 같은 내용이다.

◉

어떤 스님이
설봉 선사에게 묻는다
「무엇이 눈에
보이는 것마다
모두 보리입니까?」
설봉 선사가 말한다
「저 등롱을 보는가?」

우주 만유가 모두 법성을 지닌 보리요, 부처이다. 산천초목이나 일월성신 그리고 물소리나 바람소리 등 오관으로 느끼는 것이나 느끼지 못하는 것이나 우주 만유가 법성을 지닌 진리의 부처이다. 이를 잘 모르고 "무엇이 눈에 보이는 것이 모두 보리입니까?"라고 묻자, 설봉 선사는 눈앞에 보이는 "저 등롱(燈籠)을 보았는가?"라고 물었다. 이것은 불을 밝히는 도구인 등롱에도 보리가 있고 법성이 있음을 지적한 것이다.

우주 만유의 법성이 오직 자신의 눈에 보이는 것에만 국한되겠는가? 자신의 개인적인 경험뿐만 아니라 여러 사람들의 경험에서 이해하는 것은 모두가 법성을 지닌 존재자들이기 때문이다. 경험주의자들은 자신의 경험을 기준으로 하여 진리를 논한다. 그렇다면 나무가 많이 모인 것을 보지 못한 경우에 나무가 많이 모여 있는 숲의 존재를 이야기해도 믿지 않을 것이다. 이처럼 불법은 개인적 경험에 국한되지 않고 우주 만유 전체를 대상으로 하는 이법이다.

100 대수법진 선사
大隨法眞禪師

● 어떤 스님이
대수법진 선사에게
묻는다
「겁(劫)의 불길이
환하게 타올라
대천세계를
다 무너뜨린다고 하니
알 수 없지만
이것도 무너져
없어집니까?」
법진 선사가 말한다
「무너진다」
스님이 말한다
「그러면 무너지는 것을
따라야 합니까?」
법진 선사가 말한다
「무너지는 것을 따른다」
그가 또 수산주에게

앞과 똑같이 묻자
수산주가 말한다
「무너지지 않는다」
「왜 무너지지
않습니까?」
수산주가 말한다
「대천세계와
같기 때문이다」

삼천대천세계의 성주괴공이란 우주가 생겨서 지나다가 수축으로 우주 만유가 붕괴하면 전체가 한 점으로 사라지게 된다. 그런 후 곧 새로운 대폭발로 우주가 생기면서 성주괴공이 시작된다. 이것은 석가모니부처님의 진동 우주에 해당하는 물리적 현상이다. 여기서 공이란 텅 빈 것이 아니라 만물이 대붕괴로 한 점의 특이점(特異點)에 모이는 상태이다.

우주의 연기적 이법은 우주가 존재할 때 의미가 있는 것이지 모두가 한 점(점은 공간을 가지지 않는다)에 모이는 경우에는 물리법칙이 성립하지 않는 상태로서 불법도 존재하지 않는다. 단지 우주가 성주괴공을 순환한다는 과정의 불법은 존재할지라도 공의 상태에서는 어떤 것도 논의의 대상이 될 수 없다.

"겁의 불길이 환하게 타올라 대천세계를 다 무너뜨린다고 했으니 알 수 없지만 이것마저도 무너져 없어집니까?"라는 질문에서 법진 선사는 '무너진다'라고 하면서 '무너지는 것을 따른다'라고 했다. 여기서 '이것마저도'라는 것을 불법으로 볼 경우에 삼천대천세계의 붕괴와 함께 불법도 그 의미를 잃는다는 것이다.

한편 수산주는 '무너지지 않는다'라고 하면서 '삼천대천세계와 같기 때문이다'라고 했다. 여기에는 모순이 따른다. 왜냐하면 삼천대천세계가 무너진다는 전제 하에서 물은 것이기 때문이다. 따라서 삼천대천세계가 무너진다면 불법이든 마음이든 모두 무너져서 사라져야 한다. 그럼에도 불구하고 '무너지지 않는다'라는 답은 잘못된 것이다.

결국 만유의 실상은 모두 마음에서 일어난다는 유심사상에 따라서, 수산주의 견해는 무너진다는 마음을 가지면 무너지고, 무너지지 않는다는 마음을 가지면 무너지지 않는다고 본 것이다. 그러나 불교의 우주관은 선가의 유심사상과는 달리 과학적이고 논리적인 연기적 이법을 근본으로 한다.

◉ 어떤 스님이
대수 선사에게 묻는다
「대수산에 불법이
있습니까, 없습니까?」
대수 선사가 말한다
「있다」
또 묻는다
「무엇이 대수산의
불법입니까?」
대수 선사가 답한다
「돌이 큰 것은 크고
작은 것은 작다」

부처님의 불법이 경전 속이나 법당 안에만 있는 것이 아니다. 우주 만물이 법성을 지니므로 언제 어디에나 불법이 있다. "무엇이 대수산의 불법입니까?" 라는 물음에 대수 선사가 "돌이 큰 것은 크고 작은 것은 작다" 라고 했다. 이것은 큰 돌이라고 해서 더 많은 불법을 지니는 것도 아니고 작은 돌이라고 해서 불법이 적게 들어 있는 것도 아니라는 것이다. 티끌 속에도 우주 만유의 불법이 들어 있다. 만물이 형태나 구성에 따라서 각기 다른 실상을 나타내지만 모두가 같은 법성을 지니고 있다.

이처럼 불법이란 특이하거나 신비한 것이 아니라 만물의 평범한 보편적인 존재이법으로 어디에나 존재한다. 그래서 대수 선사는 대수산 속의 불법이란 "큰 돌은 큰 돌대로 불법이 들어 있고 작은 돌은 작은 돌대로 불법이 들어 있다" 라는 보편성에 따라서 모든 현상계에 불법이 들어 있음을 나타내 보인 것이다.

101 지통선사
智通禪師

◉ 지통 선사가
귀종 선사의
문하에 있다
어느 날 밤에 홀연히
문득 법당을 돌다가
부르짖는다
「나는 이미
크게 깨달았다」 라고
하여 대중이 놀란다
다음날 귀종 선사가
법상에 올라서
대중을 모아 놓고
묻는다
「어제 크게
깨달았다는 승려는
나오시오」
지통 선사가
나가서 말한다

「지통입니다」
귀종 선사가 말한다
「그대는
무슨 도리를 보았기에
크게 깨달았다고
했는가?
본 것을 설명해 보라」
지통 선사가 대답한다
「할머니는 원래
여자다」

만법의 진리는 본래부터 간명한 것으로 쉽고 보편적인 것이다. 흔히 진리는 어렵고 신비로운 불가사의한 이법으로 보지만 그런 것은 아직 진리라고 할 수 없고 사변적 논리에 불과한 것이다. 깨달음도 지극히 간명한 진리의 체득이다. 기상천외한 초월적이고 신비로운 불가사의한 경지를 경험하는 것이 아니다.

"할머니는 원래 여자다" 라는 것은 인간이 그렇게 정의한 것이다. 이것이 실상을 바르게 본 것으로 깨달음에 해당한다. 할머니를 위대하고 숭고한 특별한 존재로 격상해서 본다면 할머니라는 존재의 실상이 평범한 여자를 떠나 신격화되면서 불법의 진리를 벗어나게 된다.

선지식이라는 것도 '선지식은 사람이다' 라는 것이 진리이지 선지식을 깨달음이 성취된 특별한 존재로 본다면 이것은 이미 만유의 평등성과 보편성의 불법을 벗어난 것으로 진리가 될 수 없다. 선지식도 단순히 인간이 분별해서 만든 말일 뿐이다. 좀 더 알고 깨친 자가 선지식이다. 선지식도 다른 사람의 지혜를 배우려는 마음이 없다면 그는 바른 선지식이 아니다.

마찬가지로 '석가모니부처님은 사람이다' 라고 했을 때 석가모니부처님은 한 인간으로서 삶의 진실성이 드러나게 된다. 그렇지 않고 신비한 깨달음을 얻은 초월자로 본다면 석가모니부처님은 이 세상에 존재하지 않는 가상의 신적 존재자로 전락하므로 인간으로서의 석가모니부처님의 존재는 역사 속에서 영원히 사라지게 될 것이다.

102 현정 선사
玄挺 禪師

◉ 현정 선사가
오조 선사를 모시고
있는데
하루는 화엄경을
공부하는 스님이
오조 선사에게 와서
묻는다
「참 성품 가운데서
연기한다는 뜻이
무엇입니까?」
오조 선사가 묵묵히 있자
현정 선사가 이에 답한다
「대덕이 지금
한 생각을 일으켜서
묻는 이것이 참 성품
가운데 연기하는 것이다」
그 스님이 그 말에
크게 깨닫는다

참 성품(眞性)이란 본성이다. 인간과 인간, 인간과 사물 사이의 연기는 인간의 생각(意識) 즉 마음이 대상을 접해서 일어나는 것에서부터 연기적 관계가 시작된다. 이처럼 인간의 본성에 따른 연기가 진성연기(眞性緣起)이다. 이런 연기는 자연의 이법을 따르는 연기이다. 나쁜 마음은 참 본성이 아니므로 여기서 일어나는 연기는 진성연기가 아니다.

"대덕이 바로 한 생각에서 묻는 이것이 참 성품 가운데 연기하는 것이다"라는 것은 어떤 진리를 알고자 하는 화자의 참 성품에서 상대방에게 묻는 연기적 관계로서 진성연기이다. 이처럼 인간의 삶에서 가능한 바른 마음 즉 참 성품으로 타자와 연기관계를 맺어간다면 지상에서도 화엄법계가 쉽게 이루어질 것이다.

103 보수 화상
寶壽 和尙

◉ 보수 화상이
하루는 마을에서
두 사람이
싸우는 것을 본다
한 사람이
멱살을 잡고
상대방의 얼굴을
주먹으로
한 대 때리니
맞은 사람이 말한다
「이렇게 되어서
면목이 없습니다」
이 말에 보수 화상이
크게 깨닫는다

싸움은 각자의 생각이 옳다는 주장에서 시작된다. 이것은 탐·진·치 삼독 중에서도 특히 진에(嗔恚) 즉 갑자기 불끈 솟아오르는 화를 참지 못해서 일어나게 된다. 이것을 알고 한 사람은 "이렇게 되어서 면목이 없습니다"라고 하면서 뒤로 물러섰다. 이것은 자신의 참 성품 즉 본성을 잠시 잊고 이기적 집착심에 휩싸여 잘못을 저질렀다는 것을 뉘우친 것이다. 그래서 싸우게 된 것은 자신의 참된 면목 즉 진면목이 아니라는 것을 비추어 보였다.

이처럼 진면목은 참된 성품을 뜻하는 것으로 내면의 청정심에 해당한다. 인간의 마음에 존재하는 청정심은 법성을 뜻한다. 이러한 청정심에 따른 행은 곧 불법의 실현이며 이런 경지에 이름이 성불이다.

104 신안흥성 국사
神晏興聖 國師

◉ 하루는 신안 국사가
설봉 선사를 참례한다
설봉 선사는
그가 도의 인연이
충분히 성숙된 것을 알고
벌떡 일어나
멱살을 잡고 말한다
「이것이 무엇이냐?」
신안 국사가 확연히
깨닫고는 그 깨달은
마음마저 잊고 오직
손을 들어 흔들어 보인다
설봉 선사가 말한다
「그대는 도리를 이루었나?」
신안 국사 말한다
「무슨 도리가 있겠습니까?」
설봉 선사가 이에
어루만지며 인가한다

도의 이치인 도리는 곧 불법을 뜻한다. 세상 만물이 태어나 살아가고 사라지는 것은 자연의 생멸의 이치이다. 이것은 인간의 유위적인 조작이 없이 자연적인 무위적 과정으로 이루어진다. 이러한 불법의 이치를 따름은 산천초목이나 일월성신의 생주이멸의 과정과 다를 바 없다. 그러니 도리를 안다는 것이 특별한 것이 아니다. 다만 무위적 연기관계에서 일어나는 평범한 삶의 과정일 뿐이다.

그래서 설봉 선사가 말한 "이것이 무엇이냐?"는 질문에 대해서 신안 국사는 손만 흔들어 보였다. 그러자 설봉 선사가 "그대는 도리를 이루었나?"라고 묻자, 신안 국사는 분명히 깨닫고도 "무슨 특별한 도리가 있겠습니까?"라고 겸손하게 말한다. 여기서 자신을 내려놓은 무위적 도의 경지가 조용히 비추어지고 있다. 세상 만물은 특별한 것이 없이 언제 어디서나 평범하고 보편적인 과정으로 생멸을 이어간다. 그런데 이를 특별한 것으로 생각하는 마음이 일어난다면 이미 불법을 떠난 것이다. 따라서 성불을 목적으로 하는 모든 유위적 행을 바른 불법의 도리로 보기는 어렵다.

105 영운지근 선사
靈雲志勤 禪師

◉ 영운지근 선사가
위산영우 선사의
회하에 있으면서
복사꽃을 보고
도를 깨닫고
게송을 남긴다

삼십 년 동안
검객을 찾아다니는데
몇 번이나 낙엽 지고
가지 돋았는가?
복사꽃을 한번
본 이후로 지금까지
다시는
의심치 않도다

이 내용을
위산 선사에게
이야기하니
위산 선사가 말한다
인연을 따라
깨달았으니
영원히
잃어버리지
않을 것이다
잘 보호하여
간직하시오

한 송이 꽃이 피어나는 광경을 보자. 따뜻해진 봄에 새싹이 돋아나고 날이 갈수록 자라면서 어느새 꽃망울을 맺더니 꽃잎이 점차 벌어지며 화사한 한 송이 꽃으로 피어난다. 그리고 영원히 그대로 있을 것 같던 이 꽃도 시들어가다가 물기 없는 낙엽으로 떨어지고 만다. 이처럼 생명체의 생주이멸에는 만법이 들어 있다. 꽃을 보는 자신도 이와 같이 한 세상 왔다가 다시 어딘지도 모르는 곳으로 사라진다.

불법이란 바로 이와 같은 만유의 생주이멸과 성주괴공의 무위적 연기관계에 관한 이법이다. 이러한 불법은 언제 어디서나 볼 수 있다. 무엇인가 매서운 칼날 같은 특별함이 있는 경이로운 신비적 경지를 체득코자 했지만 영운 지근 선사는 그런 것이 바로 복사꽃에 있음을 알게 되었다. 이처럼 이 세상의 모든 현상은 특수성이나 불가사의한 신비성보다는 평범하고 보편적인 것으로 존재한다. 그러니 무슨 인연으로 특별한 수행으로 놀라운 신비적 경지를 체득할 것에 집착하며 찰나 같은 일생을 허비해야 하겠는가?

복사꽃의 자비로운 인연은 바로 자연 만물과 인간 사이의 평범한 주고받는 연기의 세계이다. 만약 복사꽃을 꺾었다면 이미 아름다운 인연은 사라지고 한 생명을 잔인하게 사라지게 한 업을 짓게 될 것이다. 그러니 만물이 본래의 생멸을 이어가도록 그대로 두고 인간의 뜻에 따라 조작하지 말아야 한다.

양식은 인간의 생존을 위해 필수적인 자연의 보시물이므로 양식을 제공해 주는 자연 만물에 감사해야 한다. 꽃들이 시들어가는 모습을 볼 때 늙어가는 자신의 추한 모습과 무엇이 다르겠는가? 영운 지근 선사가 "복사꽃을 한번 본 이후부터 곧 바로 지금까지 다시는 의심하지 않네" 라고 하자, 그가 만물의 생멸의 연기적 이법을 깨달았음을 알고 위산 선사가 "인연을 따라 깨달았으니 영원히 잃어버리지 않을 것이다"라고 말한 것이다.

106 앙산혜적 선사
仰山慧寂禪師

◉

앙산 선사가 하루는
향엄 선사를 보고 묻는다
「요즘 사형의 공부는
어떻습니까?」
향엄 선사가 말한다
「내가 본 것에 따르면
한 물건도 마음에
닿는 것이 없습니다」
앙산 선사가 말한다
「그대의 견해가 오히려
경계에 있습니다」
향엄 선가가 말한다
「저는 다만 이와 같은데
사형은 어떻습니까?」
앙산 선사가 말한다
「그대가 어찌 한 법도
마음에 닿는 것이 없다는
것을 알지 못하겠소」

우리는 살아가면서 사물을 보고 소리를 듣고 부딪치고 하면서 다양한 것을 경험한다. 이들은 무의식적이든 의식적이든 머릿속에 저장된다. 물론 저장된 정보가 계속 남아 있다는 보장은 없다. 깊이 의식하며 중요시한 것은 오래 기억될 수 있지만 그렇지 못한 것은 쉽게 잊어버리게 된다. 이처럼 우리는 항상 외부 경계를 접하면서 살아간다. 이런 과정에서 집착심이 일어나는 것도 있고 그렇지 않은 것도 있다.

그런데 만약 어떤 경계가 마음에 들지 않아 그에 대한 기억도 없다면, 이것은 외물에 대해 전연 무관심한 경우이다. 집착은 관심으로부터 시작된다. 관심이 없다는 것은 대상에 대해 호기심이 없기 때문에 탐구의욕이 없다는 것이다. 다시 말하면 타자와 연기관계를 이어가면서도 타자를 위해 무엇을 해야 할까라는 책임감 같은 의식을 갖지 않음을 뜻한다.

존재자는 반드시 다른 존재자와 주고받음의 연기관계를 가진다. 예를 들면, 인간은 기본적으로 공기로 숨을 쉬고, 물을 마시고, 땅에서 양식을 구해 먹으면서 살아간다. 그럼에도 불구하고 외부 경계에 마음이 없다는 것은 오히려 경계를 의식하기 때문에 이것을 피하려는 작위적인 의식 즉 불필요한 집착심을 가지고 있음을 뜻한다. 진정으로 경계에 무관심하다면 경계에 대한 마음(意識)이 있는지 없는지를 느낄 수 없어야 한다.

향엄 선사가 "내가 본 것에 따르면 한 물건도 마음에 닿는 것이 없습니다"라고 말했다. 이것은 한 물건도 마음에 드는 것이 없다는 것으로 외물에 집착하지 않는 상태를 나타낸 것이다. 이런 경우는 주로 모든 것은 마음이 짓는다는 유심사상에서 외물을 경시하는 경우에 해당한다. 앙산 선사는 마음에 드는 것이 없다는 것도 경계에 대한 집착이라고 하면서 향엄 선사의 생각을 이해한다고 했다.

그런데 우리의 삶은 언제나 외부 대상을 상대로 살아가는 연기의 세계 속에 있는데 어떻게 한 물건(사건이나 현상)도 마음에 두지 않고 살아갈 수 있을까? 삶 자체가 상대적이고 연기적이므로 외부 대상에 관심이 없다는 것은 삶을 포기하는 것과 다를 바 없지 않는가?

일반적으로 인간이 살아가면서 외부 경계에 관심을 많이 가질 수도 있고 적게 가질 수도 있지만 전연 무관심하게 살아갈 수는 없다. 이것이 인간의 보편적인 삶이다. 그런데 무엇 때문에 모든 경계를 마음에서 지워 없애려고 하는가? 인간은 연기적 산물이다. 그러므로 외물이란 대상이 없이는 존재할 수 없다. 특히 선종에서는 외물의 경계를 경시하지만 경계가 인간을 해치는 것이 아니라 오히려 인간이 경계를 해치고 있음을 유의해야 한다.

107 경조미호 화상
京兆米胡 和尚

◉ 경조미호 화상이
왕상시를 방문한다
왕상시가 사무를 보다가
붓을 들어 보이자
미호 화상이
「허공도 쪼갤 수
있겠는가?」라고 하자
왕상시가 붓을 던지고
집에 들어가서 다시는
나타나지 않는다
미호 화상이 궁금해 하자
다음날 빙화엄 스님이
차를 마시는 자리를
마련하고 묻는다
「어제 미호 화상이
무슨 말을 했기에
서로 보지 않는가?」
왕상시가 말한다
「사자는 사람을 물고
한나라 개는 흙덩어리를 문다」
미호 화상이 그 말을 듣자
곧 나와서 유쾌하게
웃으며 말한다
「나는 알았다、나는 알았다」
왕상시가 말한다
「다 안다니 그대는
어디 한번 말해보시오」
미호 화상이 말한다
「청하건대 왕상시가
들어보시오」
왕상시가 이에 젓가락
한 짝을 세우자
미호 화상이 말한다
「이 여우 같은 놈아」
왕상시가 말한다
「이 놈이 알았구나」

사람은 무엇에든 관심을 보이며 호기심을 가진다. 왕상시가 붓을 들어 보인 것에 관심을 가지고, 젓가락을 세우는 것에 관심을 가진다. 관심이 때로는 집착을 일으킨다. 왕상시가 붓을 들어 보일 때 미호 화상이 붓을 잡아 부러뜨리거나 집어던지지 않고 이에 관심을 보이며 쓸데없는 소리를 했다. 그래서 왕상시가 "사자는 사람을 물고 한나라 개는 흙덩어리를 문다"라고 했다. 그러나 왕상시가 다시 젓가락을 세우자 그때야 비로소 미호 화상이 부질없이 경계에 휘말리는 어리석음을 깨우쳤다.

어리석은 개처럼 먹지도 못하는 흙덩이를 쫓아가서는 안 된다. 부처님이 꽃을 들어 보이자 가섭은 이를 보고 미소를 지었다고 했다. 대중 모두가 꽃을 보았지만 가섭 존자만이 부처님의 뜻을 알았다는 것이다. 과연 부처님의 뜻이 무엇이었을까? 어째서 가섭 존자 혼자만 신비스런 미소를 지었을까? 또는 그 꽃을 보고 아무도 관심을 보이지 않았다면 부처님의 법이 전해 오지 못했을까?

◉
미호 화상이
어떤 스님을 시켜서
앙산 선사에게
묻는다
「요즘 사람들도
깨달음을
얻고자 합니까?」
앙산 선사가 말한다
「깨달음이라고 한다면
없는 것은 아니지만
제이(第二)에
떨어졌음을
어찌하겠는가」
미호 화상이
깊이 수긍한다

불교의 궁극적 목표를 흔히 부처의 경지에 이르는 깨달음에 둔다. 그래서 불법의 근본적인 이해보다는 순수한 종교적 견지에서 초월적이고 관념적인 경지에 이르는 것을 매우 중시한다. 이 경우 깨달음에 대한 구체적 내용이 명확히 설정되지 않은 채 막연히 어떤 신비적 경지를 체득하려고만 한다. 이런 관점에서 순수 관념적 깨달음은 비현실적이며 자기중심적이다. 왜냐하면 깨달음을 객관적으로 검증할 수 있는 보편타당한 논리적 기준이 없기 때문이다.

앙산 선사는 "깨달음이 없지 않으나 제2구에 떨어졌음을 어찌하겠는가"라고 했다. 대혜 선사는 오묘한 깨달음(제1구)을 추구하지 않는 방편적 깨달음을 제2구로 본다. 예를 들면 마음을 가지고 깨달음을 기다리는 것, 들어 보이는 그 자리에서 깨달음을 얻으려 하는 것, 현묘한 앎을 짓는 것, 있다 없다는 알음알이를 짓는 것 등이다.《서장》에서 언급된 이러한 것들은 모두 깨달음으로 사람을 속인다고 했다. 그러면서 "세속도 생각하지 말며 또한 불법도 생각하지 말라" 라고 했다. 여기서 조주 선사의 무자 화두에 해당하는 제1구의 근본적 깨달음이든 또는 제2구의 방편적 깨달음이든 모두가 불가사의하고 오묘한 개인적인 깨달음에 해당한다.

흔히 성불이라는 깨달음은 고독한 참선수행으로 달성한 신비하고 불가사의한 초월적 경지를 뜻하기도 하지만 진정한 깨달음은 세속에서 연기적 불법을 바르게 체득하는 것이라야 한다. 이를 위해서는 대중과 더불어 사는 사회인 세속에서 적극적인 연기관계를 통해 공감이 이루어져야 한다. 그렇지 않고 고립된 상태에서 특수한 수행으로 깨쳤다는 것은 연기법을 떠난 것으로 출가자와 재가자 사이에 주종적인 수직관계를 이루면서 자칫 출가자의 아상이나 증상만이 높아지기 쉽다. 그러나 출가자도 사회의 구성원이므로 일반 대중과 연기적 평등관계를 유지해야 한다. 그렇지 않고 승단을 특수한 집단으로 생각한다면 출가자가 어떠한 성불의 경지에 이르더라도 대중과 함께하는 자타불이의 원융한 불법의 세계를 이루기는 어려울 것이다.

결국 개인적 깨달음보다는 사회 구성원 모두가 조화로운 연기관계를 이루며 불법을 펴 보이는 자타일시성불도가 대승불교에서 중시하는 진정한 성불이며 원융무애한 화엄세계의 달성일 것이다. 여기서는 개인적 성불은 큰 의미가 없다. 왜냐하면 자신의 목적을 설정하고 이를 추구하고자 하는 것은 이미 타자와 차별적 관계를 가지게 되므로 비연기적이기 때문이다.

한편 청량징관(清凉澄觀) 국사는 "놓고 비워서, 그 가고 머무는 데에 맡겨서 마음을 고요히 하며, 그 원류를 깨닫는다. 증득함을 말하자면 사람에게 보일 수 없고, 이치를 말하자면 증득하지 않으면 통달하지 못한다"라고 했다. 여기서 원류란 물아일여로서 주체와 대상이 하나가 되는 주객불이의 근본적 연기관계를 뜻한다. 따라서 깨달음의 증득은 주체와 객체가 다르지 않은 주객불이의 관계에서 무위적인 실제 행으로 보여야 하고, 그리고 이치의 증득은 무위적 언행에서 드러내 보여야 한다.

석가모니부처님이 교설한 불법의 근본 뜻은 우주 만유의 생주이멸과 성주괴공의 이법을 바르게 이해하고 이를 실천함으로써 올바른 삶을 영위하게 하는 것이다. 그러므로 종교라는 형태에서 생긴 개인중심적인 기복 신앙은 석가모니부처님의 원래 뜻이 아니니다. 따라서 불법의 체득은 단순한 개인적 성불이나 또는 어떤 초월자나 절대자로부터 도움을 바라는 기복 신앙에 있지 않고 만유가 안정된 연기집단을 유지하도록 하는 것이다.

108 경산도흠 선사
徑山道欽禪師

◉ 경산 선사가
대종 황제의
조칙을 받고
대궐에 들자
대종 황제가
친히 예배한다
어느 날 경산 선사가
대궐 안에 있다가
황제를 보고 일어나니
황제가 말한다
「선사는
왜 일어납니까?」
경산 선사 말한다
「단월(황제)은 왜
네 가지 위의에서
빈도를 봅니까?」
황제가 크게 기뻐한다

이 세상에 특별히 높고 낮음이란 없다. 단지 각자의 맡은 바 직책에서 최선을 다하면서 원융한 연기집단을 이루어가도록 하면 되는 것이다. 황제는 선사에게 예를 갖추고, 선사는 황제에게 예를 갖추는 것이 바로 자연스러운 주고받음의 연기적 관계이다. 따라서 네 가지 위의(行住坐臥)에서 평범한 삶을 사는 그 자체가 바로 평등한 연기적 삶인 것이다.

불교의 궁극적 목표도 바로 이러한 평등성과 보편성에 있다. 그렇다면 먼저 기본적인 예의범절을 지킬 줄 아는 인간이 되어야 한다. 그래서 경산 선사가 황제는 네 가지 위의에서 가난한 도인(貧道)을 본다고 했다.

오늘날 출가 승려들이 과연 교나 선을 찾기 이전에 재가자에 대해서 기본적인 예의범절을 갖추고 있다고 자부할 수 있는가?

109 덕산선감 선사
德山宣鑑禪師

덕산선감 선사가
처음 용담에 이르러
묻는다
「오랫동안 용담을
선망해 왔는데
와서 보니
못도 보이지 않고
용도 나타나지
않는구나」
용담 선사가 말한다
「그대가 친히
용담에 이르렀네」
덕산 선사가
예배하고 물러나온다

《금강경》의 교학에 뛰어난 덕산이 용담(龍潭)에 와서 보니 용담의 이름처럼 뛰어난 용도 없고 맑은 못도 없다고 했다. 이는 용담에는 뛰어난 인물이 없다는 교만한 덕산의 생각이었다. 그러자 용담 선사가 "그대가 친히 용담에 이르렀다"라고 했다. 이 말은 이제 그대가 훌륭한 용이고 또한 맑은 못에 이르렀다는 뜻이다. 결국 "덕산, 네가 용담으로 나보다 잘 났다"는 경책의 말이다.

무겁고 익을수록 고개를 숙이는 것이 불법이거늘 덕산은 용담 선사 앞에서 기백을 부리며 고개를 치켜든 것이다. 그러다가 덕산은 용담 선사의 말뜻을 깨닫고 예배하고 물러났다.

◉ 덕산 선사가
용담 선사 방에
있다 보니
밤이 깊었다
용담 선사가 말한다
「그대는 그만
내려가 보게」
덕산 선사가 쉬려고
발을 걷고 나가다가
바깥을 보니 캄캄했다
돌아서며 말한다
「화상이여
바깥이 캄캄합니다」
용담 선사가 촛불을
켜서 건네준다
덕산 선사가
촛불을 잡으려고 하자
곧바로 촛불을 불어서
꺼버린다
덕산 선사는
자신도 모르게
소리친다
「내가 이후로 다시는
천하의 노화상들의
말씀을 의심치
않겠습니다」 하고는
마침내
금강경 소초들을
가져와 법당 앞에
모아놓고
횃불을 높이 들고
외친다
「현묘한 것을
다 말한다 해도
터럭 하나를 허공에
둔 것과 같고
세상의 중요한 것을
다 한다고 해도
물 한 방울을
큰 바다에 던진
것과 같다」
금강경 소초를 들고
「그림의 떡은
주린 배를 채울 수 없다」
라고 하면서
책을 태우고는
용담 선사에게 예배를
올리고 떠나간다

마음이 어두운 자에게 밖이 밝은들 무슨 소용이 있는가! 오히려 밖에서 밝음을 찾다보면 자신의 내면을 바르게 관조할 수 없게 된다. 그래서 자신의 내면을 잘 살피도록 용담 선사는 촛불을 꺼버렸다.

연기적 불법은 책 속에 있는 것이 아니라 인간과 인간, 인간과 자연 사이의 실제적인 연기적 관계에서 찾아야 한다. 남이 써놓은 글은 자칫 마른 똥과 같아 아무리 만지고 냄새를 맡아도 그 진가를 알 수 없고, 글을 읽어도 바른 행이 따르지 않으면 수박겉핥기와 같아 그 참맛을 모르게 된다.

불법은 현실 중심적이고 실제의 연기적 과정을 중시하는 삶의 철학이다. 흔히 불교를 마음의 종교라고 하면서 마치 심령사나 심리치료사가 마음의 병을 고치는 것처럼 잘못 생각하는 경우가 적지 않다. 그래서 마음만 잘 다스리면 성불할 수 있다고 이야기한다. 이런 것은 석가모니 부처님의 불법에 근거한 불교가 아니다.

불법의 진의를 어디에서 찾아야 하는가를 알아차린 덕산 선사는 자신이 소중히 간직해 온《금강경》의 소초(疏鈔)들을 모두 불태워 버렸다. 행이 없는 불교는 죽은 불교이다. 그림의 떡과 같은 글에 의존한들 배가 부르지도 않고 또한 불법을 알 수 있는 것도 아님을 깨달은 것이다. 덕산 선사는 용담에 와서 훌륭한 용과 큰 그릇의 못을 실제로 보고 깨달았다. 그래서 덕산 선사는 용담 선사에게 예배를 드리고 새로운 불법을 찾아 떠난 것이다.

아무리 많이 알고 외운들 그것은 한갓 태산 아래 뫼이고, 큰 바다의 한 방울 물에 지나지 않는다. 그래서 덕산 선사는 "현묘한 것을 다 말한다 해도 터럭 하나를 허공에 둔 것과 같고, 세상의 중요한 것을 다 한다고 해도 물 한 방울을 큰 바다에 던진 것과 같다"라고 했다. 결국 불교는 미래에 대한 관념적 종교가 아니라 현실적인 실천적 종교이다.

110 동산양개 선사
洞山良价禪師

◉ 동산양개 선사가
운암 화상에게 묻는다
「백년 뒤에 어떤 사람이
스님의 진면목이
무엇이냐고 물으면
어떻게 대답해야
합니까?」
운암 화상이
한참 있다가 말한다
「바로 이것이다」
동산 선사가 한참을
생각하는데
운암 화상이 말한다
「이것을 알고자 하면
모름지기 자세히 살펴라」
동산 선사가
깊은 의문에 잠긴 채
개울을 건너다가
물에 비친
자신의 모습을 보고
그 뜻을 크게 깨닫고
이에 게송을 남긴다

절대 다른 데서
그를 찾지 말라
찾는다면
그는 너와 멀어지리
나 이제 혼자
스스로 가니
어디에서나
그를 만나리
그는 바로 나지만
나는 지금 그가 아니다
이것을 깨달아야
비로소 진여에
합일하리라

동산 선사의 오도송 내용을 흔히 자기중심적 깨달음으로 보기도 한다. 즉 모든 것은 나로부터 비롯되고 내 마음에 달렸으므로 밖에서 구하지 말라는 것이다. 물론 의식하는 것은 자신의 마음이다. 그러나 그 과정은 나와 타자 사이의 연기적 관계에서 비롯되는 것이지 타자 없이 스스로 이루어지는 것은 어디에도 없다. 이것은 만유가 모두 연기적 존재이기 때문이다.

운암 화상은 자신의 진면목에 대한 물음에 대해 "바로 이것이다"라고 했다. 이 뜻을 깨달은 동산 선사는 그의 오도송에서 "그는 바로 나지만 나는 바로 그가 아니다. 이것을 깨달아야 본래의 얼굴과 하나가 된다"라고 했다. 여기서 "그는 바로 나지만 나는 바로 그가 아니다"라는 뜻은 무엇일까? 연기법에 따르면 우리 자신은 만유와 더불어 주고받는 연기적 관계를 맺는 존재이므로 나는 우주 만유에 포함된다. 그러나 나 자신이 우주 만유 그 자체는 아니다. 다시 말하면 나는 우주의 불법을 따르지만, 나 자신이 우주 만유의 불법 그 자체일 수는 없다. 결국 연기 관계에서 각자는 한 구성원으로 연기집단에 기여할 뿐이지 자신에 의해 연기집단이 형성되는 것은 아니라는 것이다. 따라서 동산 선사의 오도송은 자기중심적이 아니라 우주적 이법의 깨침을 보인 것이다. "절대 다른 데서 그를 찾지 말라"는 것은 우선 자신의 존재를 깊이 관조하며 통찰하라는 뜻이다. 그래야만 내가 다른 사람과 어떠한 연기관계를 맺고 있는가를 가늠할 수 있다. 개울물에 비친 자신의 모습도 자기와 개울물 사이의 연기적 관계에서 일어나는 현상이다.

그런데 만약 "자기 이외의 다른 것에서 찾지 말라"라는 것을 외부 경계와 무관하게 자신이 존재하는 것으로 본다면 물속의 그림자는 어디서 오는 것인가? 자신이 딛고 걸어가는 땅은 어디에 있고, 숨 쉬는 공기는 어디에서 오는 것인가? 불교는 연기의 세계를 떠나서 존재할 수 없다. 따라서 운암 선사가 말한 "바로 이것이다"라는 것은 곧 연기적 불법을 뜻하는 것으로 볼 수 있다.

◉ 동산 선사가
어떤 승려에게 묻는다
「세상에서 무엇이
가장 고통스러운가?」
그 승려가 말한다
「지옥이 가장
고통스럽습니다」
동산 선사가 말한다
「그렇지 않다
이 가사를 입고
큰일을 밝히지
못하는 것
이것이 비로소
고통이다」

연기의 세계에서 인간의 고통은 일반적으로 보시를 받고 이에 상응하는 보시를 되돌려 주지 못해서 생긴다. 만물은 삼륜청정의 보시를 행한다. 그런데 인간은 이기적 집착심에 이끌려 타자로부터 받는 만큼 되돌려 주는 역할을 하지 못할 때 존재자로서의 가치는 무정물보다 못하니 어찌 큰 고통이 아니겠는가?

더욱이 동산 선사의 말처럼 출가자로서 가사를 입고 보시를 받으면서 오로지 자신의 성불에만 집착하여 남에게 베풂이 없다면 이것이야말로 지옥 같은 고통이 아니겠는가? 비록 자신이 성불한다고 하더라도 이 세상에 되돌려 주는 보시가 없다면 그는 이미 불법을 떠난 불쌍한 존재로 전락될 뿐이다. 입만 살아 있고 손발이 묶여 일하지 않고 살아간다면 산 송장과 다를 바 없게 된다.

연기의 세계에서는 육상원융의 화엄세계를 중시한다. 육상 중에서 이상(異相)은 각자의 소질과 재능이며 그리고 괴상(壞相)은 자신의 소질과 적성에 알맞은 자리에서 능력을 충분히 발휘하는 것이다. 연기집단에서 각 구성원이 자신의 소질과 재능에 따라서 적재적소에서 맡은 바 일을 충실히 수행해 나간다면 그 집단은 구성원 모두가 상즉상입(相卽相入)한 안정된 육상원융의 연기집단을 이루게 된다. 사회 전체가 이러한 상태에 이르면 이것이 곧 화엄세계이다.

동산 선사가 말한 "이 가사를 입고 큰일을 밝히지 못하는 것 이것이 비로소 고통이다"라는 말의 뜻도 바로 이처럼 바른 불법의 세계를 이루기 위해서는 개인적 성불보다는 모두를 위한 바른 연기적 삶을 강조한 것으로 볼 수 있다.

111 청평영준선사
淸平令遵 禪師

◉ 영준 선사가
취미 선사에게 묻는다
「무엇이
조사가 서쪽에서 온
뜻입니까?」
취미 선사가 말한다
「사람이 아무도 없을 때
그대에게 말하겠네」
영준 선사가
가만히 있다가 말한다
「사람이 없습니다
스님께서
말씀해 주십시오」
취미 선사가
영준 선사를 이끌고
대나무 숲으로
들어가자
영준 선사가
또 말한다
「사람이 없습니다
스님께서
말씀해 주십시오」
취미 선사가 대나무를
가리키면서 말한다
「이 한 줄기는
이렇게 길고
저 한 줄기는
저렇게 짧다」
영준 선사가 그 말에
크게 깨닫는다

달마 조사가 서쪽에서 온 이유는 불법을 전하기 위해서다. 그러면 불법이 중요한 것이지 달마 조사가 어디서 오든 또는 달마 조사가 아닌 다른 누가 오든 무슨 상관인가? 그러니 현재 온 만물이 법성을 지닌 존재이니 이들에게서 불법을 찾으면 된다. 구태여 달마 조사의 먼 이야기로 돌아갈 필요가 없다. 그래서 취미 선사는 영준 선사를 데리고 대나무 숲으로 가서 실상을 보이면서 "이 한 줄기는 이렇게 길고 저 한 줄기는 저렇게 짧다"라고 말하면서 '여기에 불법이 있다'는 것을 이해토록 한 것이다. 이와 비슷하게 대수 선사는 "무엇이 대수산의 불법입니까?"라는 물음에 대해서 "돌이 큰 것은 크고 작은 것은 작다"라고 했다.

이처럼 살아 있는 불법은 법당 안에만 있는 것도 아니고 책 속에만 있는 것도 아니다. 바로 누구나 경험하는 현실 세계의 모든 실상 그 속에 들어 있다. 그러므로 불법을 찾고자 하는 사람은 실상을 통해서 불법을 볼 것이고 그렇지 않은 무관심한 사람은 자신이 지닌 불성을 밖으로 끌어내지 못한 채 한 세상 살다가 사라질 것이다. 불법은 심오하면서도 지극히 쉽고, 광대하면서도 지극히 간단한 것에서 찾을 수 있는 것이며, 이기적 집착심만 없다면 불법의 체득과 실천 또한 지극히 쉬운 것이다.

112 고정간 선사
高亭簡 禪師

◉ 고정간 선사가
강을 사이에 두고
덕산 선사를 보고는
멀리서 합장하며
말한다
「안녕하십니까?」
덕산 선사가
손에 들고 있는
부채로 부르는데
고정간 선사가
홀연히 깨닫는다
그리고는 지나간 후
다시는 돌아보지
않는다

부채를 흔들면 바람이 피부에 닿아 열기를 빼앗아가므로 시원해진다. 그런 부채를 흔들며 답하는 모습을 보고 고정간 선사는 무엇을 느꼈을까? 바람처럼 왔다가는 인생을? 덕산 선사의 말소리보다 부채라는 외물에 정신이 빼앗겨서 덕산 선사의 진의를 모르기 때문에 돌아보지 않고 떠난 것일까? 또는 부채를 흔드는 덕산 선사의 고결한 자태에서 깨달음을 얻은 것일까?

말없이 떠나간 고정간 선사에게 물어볼 수 없으니 그 뜻을 알 수 없지만, 분명한 사실은 말을 서로 건네다가 무엇인가를 깨달았음은 분명하다. 다만 이런 과정에서 결실을 얻기까지는 고정간 선사의 수많은 수행이 축적되어 온 것에서 비롯된 것임은 틀림없다. 그래서 하나를 보고도 그 내면을 통찰하며 직관할 수 있는 전일적 사고력을 발휘할 수 있게 된 것이다.

여기에는 단순히 육체적·정신적 수행뿐만 아니라 경론을 통한 깊은 불법의 이해가 그 바탕이 되어야 한다. 흔히 글을 멀리하고 오직 이심전심으로 얻어지는 마음만을 중시하는 경우가 많은데, 이렇게 된다면 결코 간단한 한 가지 사건에서 심오한 불법을 쉽게 깨치기는 어려울 것이다.

113 운암담성 선사
雲巖曇晟 禪師

◉ 운암 선사가
어떤 스님에게 묻는다
「스님이 외우는 것은
무슨 경전인가?」
「유마경입니다」
운암 선사가 말한다
「유마경을
물은 것이 아니라
외우는 것이
무슨 경전인가?」
스님이 이 말에
깨닫고 돌아간다

"외우는 것은 무슨 경전인가"라는 질문의 근본 뜻은 무엇일까? 운암 선사는 "유마경을 물은 것이 아니라 외우는 것이 무슨 경전인가?"라고 했다. 즉 외우고 있는 경전의 제목을 물은 것이 아니라 어떠한 불법이 그 속에 담겨 있으며 그리고 그 내용을 어떻게 또 얼마나 체득하고 있는지를 알고자 한 것이다.

스님은 처음에는 그 뜻을 몰랐다가 두 번째 질문에서 자신이 경을 무조건 외우기만 할 뿐 불법을 놓치고 있음을 깨닫게 된 것이다. 불교에서는 흔히 경전을 외우고 또 베껴 쓰도록 권한다. 이 경우에는 불법의 어떤 내용이 그 경전 속에 담겨 있는지를 잘 모른 채 지나치기 쉽다. 경을 수천 번 외우고 또 사경을 수없이 한들 무지를 벗어나지 못하면 불법과는 수만 리나 멀어지고 만다.

그래서 경에서 이르기를 "경을 많이 외운다고 이익이 될 것이 없고 경을 잘 외운다고 훌륭한 것이 아니다. 목동이 주인의 소를 아무리 세어도 자기의 소는 한 마리도 없음과 같으니 적거나 많거나 외우고 익혀 법대로 살아가는 것 그것이 가장 훌륭한 수행자의 태도니라"라고 했다.

114 운거도응선사
雲居道膺禪師

◉ 운거 선사가
동산삼봉에서
암자에 머물 때
여러 날을 공양하러
승당에 나가지 않았다
동산 선사가 묻는다
「그대는 어찌하여
승당에 나와서
공양하지 않는가?」
운거 선사가 말한다
「매일 천신이 음식을
보내옵니다」
동산 선사가 말한다
「그대를 건실한
사람으로 보았는데
오히려 견해가
겨우 그 정도구나
저녁에 좀 들러라」

운거 선사가 늦게 오자
동산 선사가 부른다
「도응 스님!」
운거 선사가
「예」 라고 답하자
동산 선사가 말한다
「선도 생각하지 않고
악도 생각하지
않는다는 이것이
무엇인가?」
운거 선사가
곧 돌아와서
암자에 편안히
앉아 있으니
천신이 며칠을 와도
선사를 볼 수 없자
울면서 돌아간다

천신이 공양을 올린다는 것은 자신의 도가 높다는 것으로 소위 '잘났다'는 뜻이다. 그러자 동산 선사는 "선도 생각하지 않고 악도 생각하지 않는다는 이것이 무엇인가?"라고 물었다. 도가 높고 낮음 즉 잘나고 못나고의 분별심이 있는 한 불법은 존재할 수 없다. 동산 선사의 말을 듣고 운거 선사가 암자에 편히 앉아 분별심을 여의자 천신도 사라지고 악신도 보이지 않는 경지에 이르게 되었다.

불교에서는 도의 높고 낮음을 분별적으로 가늠하는 경우가 많다. 도의 경지를 높이려는 뜻으로 쓰이지만 결코 불법을 따르는 바른 방법은 아니다. 도의 경지에서 천신이면 어떠하고 악신이면 어떠한가? 모두를 여의고 중도에 들어 있는데. 선의 경지에 이르는 것이 신비롭고 경이로운 상태로서 천신들과 상대하는 고귀하고 높은 특별한 것으로 보는 경우가 적지 않다. 그러나 선의 경지나 도의 경지는 특별한 것이 아닌 불법을 따르는 보편적이고 평등한 연기적 삶에서 바르게 드러나는 법이다.

115 천복승고 선사
薦福承古 禪師

◉ 천복승고 선사가
이런 이야기를
들어서 말한다
여러분,
고인은 몸과 마음이
이와 같은 경지에
이른다 해도
오히려 귀신이
엿볼 수 있게 된다고
하였는데
어찌 하물며
그대들뿐인가
요즘 사람들은
밤낮으로 자신을
속이고 있다
천신과 토지신들은
여러분들의
좋고 나쁜 행동을
다 보고 있다
그들이 모두 다
알 수 있는 것은
여러분이 이 한 생각을
잊어버리지 못하기
때문이다
지금 이 이야기의
큰 뜻은 오직
여러분이 참구하며
배우는 마음과
수행하는 마음을
쉬도록 하려는 것이다
마치 한 개의
돌덩이와 같아야 하며
또 불이 꺼진
식은 재와 같아야 한다
만약 능히
이렇게 된다면
깨달을 수 있지만
그렇지 못하면
여러분이
미래세가 다할 때까지
육도만행을 닦아도
다만 보신과 화신의
부처만 될 뿐이다
보지 못하는가?
보신불과 화신불은
참다운 부처가 아니고
또한 법을
설하는 것도
아니라고 한다

불법을 이해하고 체득하여 세상을 바르게 보고자 특별히 원을 세워 밤낮없이 좌선하며 수행에만 전념한다면 불법의 근본을 놓치기 쉽다. 왜냐하면 불법은 평범한 연기적 삶 속에 있기 때문이다. 더욱이 인간은 인간 사이의 연기관계뿐만 아니라 삶을 지속할 수 있도록 양식을 제공하는 자연 만물과 연속적인 연기관계를 이루고 있다. 인간이 세속을 벗어나 대자연과 더불어 사는 연기법을 이해하지 못한다면 수많은 수행과 원을 세워도 불법과는 천만 리나 멀어지게 된다.

그래서 비록 중생의 근기에 응하여 나타나는 미륵불이나 보신불 그리고 중생교화를 위한 화신불이 나타나더라도 이들은 진정한 불법을 지닌 부처가 아니다. 그러면 참된 불법을 현현하는 부처는 어디에 있는가? 우리가 늘 만나는 돌덩이요, 한 줌의 재를 비롯한 산천초목과 일월성신 모두가 부처이다. 그래서 천복 선사는 "한 개의 돌덩이와 같아야 하며, 또 불이 꺼진 식은 재와 같아야 한다"라고 했다. 즉 재처럼, 돌처럼, 바위처럼 무위적인 연기관계를 따라서 살아가는 것이 바로 삼독의 번뇌를 여의고 자연스럽게 불법을 따르는 첩경이다. 이처럼 자연 만유와 하나가 되는 경지에 이르지 못하면 육도만행을 닦아서 그 보답으로 공덕을 갖춘 보신불이나 또는 부처로 화해서 나타나는 화신불이 된다고 해도 참된 불법을 얻을 수는 없다고 했다.

불법을 아무나 접근하기 어려운 이법으로 보고 특별한 수행을 통해서만 체득할 수 있다고 한다면 이는 불법의 근본을 모르는 외도이다. 진리는 항상 가까운 곳에 있다. 말과 생각이 많은 곳에는 불법이 잘 드러나지 않는다. 바람이 불면 부는 대로, 비가 오면 오는 대로, 눈이 오면 오는 대로, 햇볕이 쬐면 마다 않고 다 받아들이는 바위야말로 어떠한 집착도 없이 자연의 연기적 과정에 순응하며 적응해 간다. 춥고 덥고를 반복하다가 바위는 부서져 돌이 되고 모래가 되고 흙이 된다. 바위가 자연의 연기적 이법을 따르지 않으면 어찌 돌과 모래와 흙이 생기겠는가?

이처럼 불법은 무위적 연기법으로 생주이멸과 성주괴공을 주재하는 근본 이법이다. 수천 년을 살아가는 바위도 이러한 이법을 어기지 않고 따르는데 하물며 찰나를 살아가는 인간이 자신의 뜻대로 세상을 바꿀 수 있다고 생각하는가? 불법의 따름은 무엇을 바꾸려는 것이 아니라 마음을 안정된 상태로 두고 무위적인 연기관계를 자연스럽게 따르는 것이다. 따라서 어떤 목적을 세우고 그에 따른 유위적인 조작된 행위를 하지 않아야 한다. 그래서 천복승고 선사는 "지금 이 이야기의 큰 뜻은 오직 여러분이 참구하며 배우는 마음과 수행하는 마음을 쉬도록 하려는 것이다"라고 했다.

이런 무위적 삶에 대해 중봉명본(中峰明本) 선사는 다음과 같이 말했다. "병(病) 중의 공부에는 용맹정진도 필요 없으며 눈을 부릅뜨고 억지 힘을 쓸 것도 없으니 단지 너의 마음을 목석과 같게 하고, 뜻을 찬 재와 같이하여 이 사대환신(四大幻身－지수화풍 사대로 이루어진 허망한 몸)을 타방세계 밖으로 던져버리고, 병들어도 그만, 살아도 그만, 사람이 와서 돌봐 주어도 그만, 돌봐줄 사람이 없어도 그만, 향기로워도 그만, 악취가 나도 그만, 병을 고쳐 건강하게 되어 120세를 살아도 그만, 죽어서 숙업에 끌려 화탕·노탕 속에 들어가도 그만이라고 생각하고, 이러한 경계 중에 도무지 요동함이 없이 다만 간절하게 저 아무 맛도 없는 화두를 가지고 병석에 누운 채 묵묵히 궁구하고 놓아 지내지 말아야 한다" 이런 삶은 삶의 포기가 아니라 함이 있되 함이 없는 적극적인 삶이다.

116 운거 선사
雲居 禪師

◉ 어떤 스님이
운거 선사에게 묻는다
「무엇이
하나의 법입니까?」
운거 선사가 말한다
「무엇이 여러 가지
법입니까?」
스님이 말한다
「저는 모르겠습니다
중요한 것을 어떻게
알아야 합니까?」
운거 선사가 말한다
「하나의 법은
그대의 본심이고
모든 법은
그대의 본성이다
또 말해보시오
마음과 성품이
하나인지 둘인지?」
스님이 예배한다
운거 선사가
이에 게송을 읊는다
하나의 법은
모든 법의 근본이고
만법은
한 마음과 통하네
마음만이 오직
그대의 성품이니
다르고 같음을
말하지 말라

인간의 마음에는 태어날 때 부모로부터 받아 나오는 선천적 마음과 자라면서 학습과 경험에 의해 형성되는 후천적 마음이 있다. 전자에는 만물의 근원적 마음인 우주심과 부모로부터 받아 나오는 생물학적인 유전적 정보 등이 내포된다. 여기에는 선악과 같은 차별적 분별심이 들어 있지 않다. 그러나 훈습된 후천적 마음에는 다양한 염오심이 내재한다. 아뢰야식에는 선천적 정보와 후천적 정보가 모두 포함되어 있다. 그리고 선천적 정보 중에서 우주 만물의 청정심인 우주심은 제9식 아마라식에 들어 있다.

일반적으로 성품이란 밖으로 드러나 작용하는 마음을 기준으로 말한다. 여기에는 태어날 때 가지고 나오는 정보와 성장하면서 훈습된 정보 등 모두가 내포된다. 이때 본래의 성품 즉 본심에 따른 성품을 본성이라고 볼 수 있다. 그리고 본심은 선천적으로 받아 나오는 마음으로 청정한 우주심과 유전적 정보가 들어 있다. 이런 점에서 본심은 염오심이 없는 제9식 아마라식과 제8식 아뢰야식에 해당한다고 볼 수 있다. 그러나 제7식 말라식을 통해서 부모로부터 받은 유전적 정보의 내용에 따라 선한 성품을 나타내 보일 수도 있고 또는 악한 성품을 나타내 보일 수도 있다.

불교에서 법이란 일반적으로 사물이나 현상, 이법 등을 통칭한다. 여기서 '하나의 법은 그대의 본심이다'라는 것은 인간의 마음에는 청정한 우주심과 유전적 아뢰야식이 내재함을 뜻한다. 그러므로 인간의 본심은 만법 중의 하나일 뿐이지 우주 만법의 근본이 될 수는 없다. 인간의 본심에는 청정심 이외에 먹고 살기 위해 양식을 구해야 하기 때문에 선천적 집착심이 내재해 있다.

"모든 법은 그대의 본성이다" 라는 것은 "모든 법은 그대의 본심에 따른 성품이다" 라는 뜻이다. 마음의 드러남이 성품이며 그 마음의 발현은 대상에 따라서 각기 그 성질이 달라진다. 그러므로 본성은 만법과 연관된다. "하나의 법은 모든 법의 근본이다"라고 하지만 여기서 '하나의 법' 이란 본심을 뜻하는 것으로 과연 이러한 본심이 우주 만유의 모든 법의 근본이 될 수 있겠는가?

인간의 본심이 만법의 근본이라 하는 것은 인간의 마음이 우주 만유를 내포하고 있다는 유심사상에 근거한다. 이것은 인간중심적 인생관과 우주관에 해당한다. 광대한 우주에서 어찌 인간만이 가장 존귀하고 특별한 존재일까? 만유가 모두 법성을 지닌 생명체인데 우주에서 인간이 만물을 지배하는 유일한 존재로 보는 것은 불법의 평등성에 어긋난다.

그리고 "하나의 법은 모든 법의 근본이고, 만법은 한마음과 통한다"라고 했다. 이것은 "만법은 마음에 있고, 모든 법은 이 한마음에서 나온다"라는 것과 같은 뜻이다. 이런 생각은 불법의 연기법에 어긋난다. 연기의 세계에서는 인간의 마음과 외물의 마음은 모두 상호 평등한 의존성을 지닌다. 따라서 누구의 마음을 지배하거나 지배당하는 경우는 존재하지 않는다.

연기집단에서는 각 구성원 사이의 연기적 주고받음의 과정을 통해서 각자의 정체성이 계속 상실되는 무아와 무자성을 이루면서 모두가 하나의 공통된 집단의 특성을 형성하게 된다. 그러면 각 구성원의 특성은 집단의 특성에 의해서 규정된다. 이처럼 상즉상입으로 원융한 상태에 이르는 것이 바로 사사무애한 화엄세계이다. 그래서 《화엄경》에서 "보살이 연기법을 훌륭히 관한다면 하나의 법에서 무릇 많은 법을 깨달으며 그리고 무릇 많은 법에서 하나의 법을 완전히 깨달아 낸다" 라고 하면서 만유에 대한 연기법의 중요성을 강조한다.

만약 "하나의 법이 모든 법의 근본이요, 만법은 한 마음과 통한다"라는 운거 선사의 견해를 집단의 연기적 측면에서 살펴본다면 "한 연기집단의 고유 특성(법)이 구성원 전체의 연기적 특성(법)에 의해 형성되며, 구성원 각자의 특성(법)은 집단의 특성(법)에 의해 규정된다"라는 뜻과 같다. 이것이 바로 일즉다 다즉일(一卽多 多卽一)로 연기집단의 특성이다. 이러한 연기적 특성은 안정된 집단이나 사회에서는 언제나 성립된다.

117 조산본적 선사
曹山本寂 禪師

◉
경청 스님이
조산본적 선사에게
묻는다
「맑고 텅 빈 이치로
결국에는 몸이 없게
될 때는 어떻습니까?」
조산본적 선사가
말한다
「이치는 이와 같으나
현상은 또
어떻습니까?」
경청 스님이 말한다
「이치도 그러하고
현상도 그러합니다」

이치가 맑고 텅 빈 것이란 잘못된 표현이다. 이치란 자연 만물의 생주이멸과 성주괴공의 연기적 이법을 뜻한다. 이것이 불법의 근본 바탕을 이룬다. 연기이면 존재이고 존재이면 연기이다. 그러므로 연기 없는 존재는 없다. 따라서 사물의 현상계가 없이는 이법이 존재할 수 없다.

이법이 공이라는 것은 단순히 연기법에 따른 무자성을 뜻하는 것이지 허공처럼 빈 것이 아니다. 만유는 연기적 이법을 따르므로 이사무애이고 현상계 사이에는 연기적 이법이 늘 작용하므로 사사무애하다. 따라서 "이치도 그러하고 현상도 그러하다"라고 하는 것은 이치나 현상 모두 연기적 이법에 근거함을 뜻한다. 이러한 연기법에 따라서 몸은 있지만 그 자성이 항상 변화하는 현상으로 나타난다.

따라서 "맑고 텅 빈 이치로 결국에는 몸이 없게 될 때는 어떻습니까?"라는 질문에서 몸이 없게 된다는 것은 몸의 자성(정체성)의 소멸을 뜻한다. 그리고 "이치는 이와 같으나 현상은 어떻게 일어나는가?"라는 질문에서 이치는 연기법이고, 현상은 연기법에 따라서 자성의 소멸로 무아(無我)이며 무상(無常)한 상태를 나타낸다.

◉ 조산 선사가
덕 상좌에게 묻는다
「부처님의 참 법신은
허공과 같은데
물체에 응하여
형상을 나타내는 것이
마치 물에 비친
달과 같다고 하니
그에 응하는 도리를
어떻게 설명하는가?」
덕 상좌가 말한다
「마치 당나귀가
우물을 쳐다보는 것과
같습니다」
조산 선사가 말한다
「말은 그렇게 하지만
다만 8할만
말했을 뿐이네」

덕 상좌가 말한다
「그러면 화상께서는
어떻게 하십니까?」
조산 선사가 말한다
「우물이 당나귀를
쳐다보는 것과 같다」

부처님의 교법을 나타내는 법신은 진리로서 만유에 내재한다. 형상은 없지만 이런 법신은 사물이 존재하면 그에 상응하여 생주이멸과 성주괴공의 이법으로 나타난다. 그래서 마치 진리(연기법)의 물에 비친 달 즉 현상계와 같다고 하는 것이다. 이를 이사무애라 한다. 이것은 모든 사물이 법신의 이법을 나타낸다는 뜻이다.

이와 같은 원융한 사법계(事法界)에서는 사물이 모두 연기적 관계를 이루며 법신의 이법을 따르기 때문에 사사무애로 원융한 육상원융을 이루게 된다. 이런 화엄법계에서 사물의 존재는 연기를 뜻하고, 연기는 사물의 존재를 뜻하게 된다. 따라서 당나귀가 우물을 쳐다보든 우물이 당나귀를 쳐다보든 모두가 사물들 사이의 연기적 관계성을 나타내는 것으로 같은 뜻이다.

118 경청도부 선사
鏡淸道怤 禪師

◉ 경청 선사가 어떤
스님에게 묻는다
「문 밖에 무슨 소리인가?」
스님이 말한다
「빗방울 소리입니다」
경청 선사가 말한다
「중생이 전도되어
자기를 모르고
사물을 쫓고 있구나」
또 스님에게 묻는다
「문 밖에 무슨 소리인가?」
「뱀이 개구리를 먹는
소리입니다」
경청 선사가 말한다
「장차 중생의 고통을
말하려는 참인데
벌써 고통스러운
중생이 있구나」

"문 밖에 무슨 소리인가?"라고 묻자 "빗방울 소리입니다"라고 답했으며, 또 "뱀이 개구리를 먹는 소리입니다"라고 했다. 묻는 화자가 "무슨 소리인가"라고 했기에 이를 듣고 답하는 청자는 당연히 자신이 들은 소리의 근원을 밝혀 답하는 것이 일종의 연기적 예법이다. 그런데 "중생이 전도되어 자기를 모르고 사물을 쫓고 있구나"라고 하면서 화자가 오히려 외물에 집착하여 청자의 답을 그대로 받아들이지 않고 전도된 생각으로 외물을 쫓는 경계의 집착을 운운하는 것은 바람직하지 않다.

즉 청자는 화자의 물음에 자연스럽게 답했는데 오히려 화자가 청자의 대답하는 사물과 현상에 집착하여 자신이 고통을 몰고 온 셈이다. 물론 화자의 근본 뜻은 청자가 외부 경계에 집착하지 말고 화자의 말뜻을 바르게 이해할 것을 강조한 것이다. 그러나 물었으니 답을 한 것이지 청자가 그 경계에 집착한다고 지레짐작하는 것 또한 바른 것이 아니다.

불교에서는 외경에 대한 집착을 그릇된 것으로 보고 오직 만법이 마음에서 나오므로 마음을 잘 다스려 이해하라고 한다. 하지만 인간의 삶 자체가 전적으로 외물에 의존하는데 외물을 경시하고 자신의 마음만 믿고 살 수 있을까? 마음만 먹으면 양식이나 과학적 발명품이 저절로 나올 수 있는가? 농부나 노동자가 일하는 것은 외부 대상인 외물을 상대로 한다. 이것도 집착이므로 삼가야 하는가?

불교에서는 집착을 매우 경계한다. 호기심과 탐구심도 집착에 포함된다. 집착이 무조건 나쁜 것이 아니라 단지 연기적 관계에서 자신에게 유리한 이기적 집착이나 남에게 피해를 주는 집착이 나쁘다는 것이다. 사실 인간이 나쁜 집착심으로 외물을 훼손하고 파괴하며 이익을 쟁취하는 것이지 외물이 인간에게 고의적으로 피해를 입히는 경우는 없다.

자연 재해는 자연의 연기적 순환관계에서 새로운 안정된 상태를 찾아가는 과정에서 일어나는 지극히 정상적인 과정으로 인간에게 피해를 끼치려는 어떠한 고의성도 없다. 오히려 인간이 외물을 경시하며 자연의 주인공처럼 대처하기 때문에 인간 스스로 자신의 종말을 이끌어가고 있는 것이다. 우주 만물 중에서 인간이 어디서나 주인이라는 생각은 지극히 그릇된 인간중심적 인본사상이다.

모든 자연 현상을 자연스럽게 받아들이는 무위적 연기관계를 지녀야 한다. 이것이 바로 연기적 불법이다. 그러니 문 밖에 무슨 소리가 나면 나는 대로 두고 여여해야 한다. 구태여 물을 필요가 없다. 화두나 질문을 던지고 그것에 얽매이는 것도 집착이고 우매한 짓이다. 그리고 설령 외물에 집착한다고 해도 이를 고통스러운 것으로 여기는 것은 단견으로 자기중심적 생각일 뿐이다. 예를 들어 천둥소리를 듣고 천둥과 번개의 발생 원인을 탐구하는 집착이 나쁜 것이 아니라 이런 현상을 연구함으로 해서 사람이 천둥번개의 피해를 입지 않는 방법을 찾아낼 수 있는 것이다.

불교에서는 집착이니 고통이니 하는 말을 많이 쓴다. 불가사의한 화두나 공안도 고통스러운 집착의 산물이 될 수 있다. 인간이 선악, 집착, 고통, 행, 불행 등의 많은 말을 만들어 놓고 왜 스스로 이런 말에 얽매여 스스로 고통이나 불행의 늪으로 빠져들게 하는가? 이 모두가 인간이 만든 유위적 조작으로 연기관계를 조화롭게 이끌지 못하는 원인이 될 수 있다. 〈고/락〉, 〈행/불행〉, 〈미/추〉, 〈선/악〉 등은 원래 없는 것이며, 집착이라는 것도 원래 없는 것이다. 그리고 자기와 타자의 분별도 원래 없는 것이 불법의 세계이다. 여기에는 높고 낮은 주종(主從)이 없고 또한 깨달음을 이룬 특별한 주인공도 없다. 모두가 자연의 이법인 연기법을 따를 뿐이다.

뱀이 개구리를 먹는 것이나 인간이 밥을 먹는 것이나 무엇이 다른가? 뱀이라는 중생이나 인간이라는 중생이 살아가기 위해서는 먹어야 한다. 여기에서 고통이 따르게 된다. 그래서 경청 선사가 "뱀이 개구리를 먹는 소리입니다"라는 말을 듣고는 "장차 중생의 고통을 말하려는 참인데 벌써 고통스러운 중생이 있구나"라고 말한 것이다.

119 녹문처진 선사
鹿門處眞 禪師

●
처진 선사가
대중에게 말한다
한 조각 응연한 빛이
찬란하지만
찾고 또 찾아도
보기 어렵네
밝게 비추어서
마음을 뚫으니
대사(大事)가 분명히
모두 갖추어지네
이것은 쾌활하여
얽매임이 없으니
만 냥의 황금으로도
바꾸지 않네
일천 성인이
나오더라도
모두가 그림자로
나타난 것이로다

깨달음의 경지를 읊은 것이다. 깨달음의 경지를 찬란한 광명의 출현, 얽매임이 없는 절대 자유, 만 냥의 황금으로 바꿀 수 없는 쾌활함, 일천 성인도 단지 그림자에 불과한 보잘 것 없는 존재 등으로 묘사했다. 그런데 이러한 관념적인 깨달음에서 구체적으로 무엇을 이해하고 또 무엇을 체득했다는 내용이 없다.

이러한 주관적이며 추상적인 깨달음이 과연 인류의 문화 발전에 얼마나 기여해 왔으며 또 기여할 수 있는가? 이런 종류의 게송에서는 누구나 이해할 수 있는 불법의 진의를 찾기가 매우 어렵다. 그러기에 자칫 불법을 떠난 아상이나 증상만을 드러낼 위험성이 따르게 된다.

120 신라대령 선사
新羅大嶺 禪師

◉ 어떤 스님이 신라의
대령 선사에게 묻는다
「일체처가
청정하다는 것이
무엇입니까?」
대령 선사가 답한다
「붉은 옥을 자르면
마디마디가 모두 보배요
전단향을 쪼개면
조각조각이 모두 향이다」
또 게송으로 말한다
하늘과 땅이
모두 황금이요
만유가 다 청정하고
미묘한 몸이로다

옥은 옥으로 이루어졌고, 전단향은 전단향으로 이루어졌다. 이와 마찬가지로 우주 만유는 존귀한 것으로 이루어진 청정한 법신이다. 대령 선사는 "하늘과 땅이 모두 황금이요, 만유가 전부 청정하고 미묘한 몸이로다"라고 하면서, 인간 세계를 떠나 우주 만유의 청정한 화엄법계를 보여주었다. 이런 우주 속에 살고 있는 인간 세계도 화엄법계이다. 그러나 인간은 훈습된 염오심 때문에 타고난 청정 법신을 잘 드러내지 못하게 된다.

만약 옥이 옥으로 이루어지지 않으면 전단향 역시 전단향으로 이루어지지 않는다. 이것이 바로 연기적 불법의 세계이다. 다시 말하면 불법의 연기적 세계에서는 어느 하나가 청정한 법신이 못 되면 전체가 청정한 법신이 못 된다. 그래서 경에서 이르기를 "하나가 장애되면 일체가 장애된다" 든지 또는 "하나의 번뇌를 단멸하면 일체의 번뇌가 단멸된다" 라고 한다. 결국 만유 모두가 청정할 때 비로소 청정한 법계가 이루어지게 된다. 이것이 바로 연속적인 연기관계를 통해서 필연적으로 달성되는 불법의 세계이다. 이것이 "일체처가 청정하다는 것이 무엇입니까?" 라는 물음에 대한 답이다.

"모든 인간이 자유를 찾을 때까지는 아무도 완전한 자유를 얻을 수 없다. 모든 인간이 도덕적인 사람이 되기까지는 아무도 완전하게 도덕적일 수 없다. 모든 인간이 행복해지기 전에는 아무도 완전한 행복을 맛볼 수 없는 것이다" 라는 영국 철학자 스펜서의 이야기도 역시 연기의 세계를 나타내고 있다.

인간 세계가 불법을 잘 따르지 못해서 청정하지 못하다고 해도 연기적 관계를 통해 언젠가는 조화로운 청정한 연기의 세계를 이루게 될 것이다. 만약 그렇게 되지 않는다면 인간이라는 종은 이 세상에서 멸종되어 사라지게 되는 것이 바로 자연도태의 원리를 따르는 육상원융의 원리이다. 즉 인간 세계가 총상(전체), 별상(개체), 이상(개체의 특성), 괴상(개체 특성의 발휘), 동상(동등성), 성상(안정성) 등의 육상(六相)을 원융하게 이루지 못하면 불안정 상태에 이르게 되어 궁극에는 인간 세계가 파멸되어 사라지게 된다.

121 지장계침 선사 地藏桂琛禪師

◉ 지장계침 선사가
수산주에게 묻는다
「어디에서 오는가?」
수산주가 말한다
「남방에서 옵니다」
지장 선사가 말한다
「요즘 남방의 불법이
어떤가?」
수산주가 말한다
「생각과 분별이
심합니다」
지장계침 선사가 말한다
「어찌 내가
여기에서 밥을 먹는
마음과 같겠느냐」
수산주가 말한다
「삼계는 어찌하겠습니까?」
「무엇을 일컬어
삼계라 하는가?」
수산주가 그 말에
깨닫고는
게송으로 말한다

논밭에
곡식을 심어서
밥을 먹는 것은
집안의 일상사이나
참선이 무르익은
포참인(飽參人)이
아니면
알지 못하리라

사량 분별이 많음은 대체로 어떤 대상에 대한 현상과 그에 따른 이법을 찾고자 하는 것이다. 만유가 연기적 관계에 의존하므로 타자에 대해 의식적이든 또는 무의식적이든 상호 관계를 지니지 않을 수 없다. 그래서 불교에서 교학을 중시한다. 경론에서는 모두 이러한 자연의 연기적 이법인 불법을 잘 펼쳐 보이고 있다. 물론 이법의 이해를 위해 여러 가지 방편을 쓰기도 한다.

"요즘 남방의 불법이 어떤가?"라고 묻자, 남방의 불법에서 생각과 분별이 심하다고 했다. 그러자 지장계침 선사가 "어찌 내가 여기에서 밥을 먹는 마음과 같겠느냐"라고 했다. 즉 남방에서 불법을 가르치는 방법이 지장계침 선사가 자연의 무위적 이법에 따라서 농사지어 밥을 먹는 방법과는 다르다는 것이다. 이에 대해 수산주는 그러면 "이 삼계는 어찌하겠습니까?"라고 하면서 세상사를 염려했다. 지장 선사는 "무엇을 일컬어 삼계라 하는가?"라고 하면서 삼계, 곧 세상사라는 것이 무엇이냐고 되물었다.

이 말을 듣고 수산주는 게송에서 논밭에 곡식을 심어서 밥을 먹는 것은 집안의 일상적인 일이지만 참선을 해서 무르익은 사람이나 공부를 깊이 한 사람(飽參人)이 아니면 자연의 이법을 알지 못한다고 했다. 이것은 비록 농사나 집안의 일상적인 일이라 하더라도 그 속에 깊은 불법이 들어 있기 때문에 깊이 공부해 보지 않고는 인간 세상과 자연 만유에 대한 넓고 깊은 연기적 불법을 제대로 이해하기란 쉬운 것이 아니라는 뜻이다.

그래서 대혜 선사는 알음알이를 벗으로 삼고, 알음알이를 방편으로 삼아서, 알음알이 위에서 평등한 자비를 실천하고 또 불사를 짓도록 했다.

◉ 지장 선사가
보복사의 스님에게
묻는다
「보복사에서는
대중에게 불법을
어떻게 가르치는가?」
스님이 답한다
「보복 선사는
어떤 때 말하기를
그대의 눈을 막아서
그로 하여금
보지 못하게 하고
그대의 귀를 막아서
그로 하여금
듣지 못하게 하고
그대의 뜻을 막아서
그로 하여금 분별하지
못하게 합니다」

지장 선사가 말한다
「그대에게 묻노니
그대의 눈을
막지 않는 것이니
그대는 무엇을 보며
그대의 귀를
막지 않는 것이니
무엇을 들으며
그대의 뜻을
막지 않는 것이니
어떻게 분별하는가?」
그 스님이 그 말에
크게 깨닫는다

보복 선사는 주관과 객관을 분리하여 객관에 의해 주관의 모든 것이 방해 받지 않을 것을 강조했다. 선가에서는 만유의 존재는 마음이 짓는 것으로서 주관을 강조하며 객관을 경시한다. 이것은 관념적 독단주의를 나타낸다. 이에 반해 지장계침 선사는 주객불이로 주관은 객관에 의해 이루어지므로 주관과 객관은 분리될 수 없음을 강조한다.

인간이 태어나 성장하면서 얻게 되는 사물에 대한 정보가 아뢰야식에 저장되고, 이것이 어떤 대상을 만나면 아뢰야식의 정보가 발현되어 정신작용 즉 마음이 일어나 주관을 이루게 된다. 따라서 주관이라는 것도 궁극적으로 훈습된 객관적 사실의 정보와 이에 따른 주관적 사유작용의 결합으로 이루어지는 것이지 처음부터 객관의 대상에 대한 정보가 없이 주관이라는 마음이 생길 수는 없다.

예를 들어 우리가 다섯 가지 감각기관을 쓰지 못하는 경우에는 사물에 대해서 어떠한 주관도 이끌어낼 수 없게 된다. 따라서 우리의 삶은 언제나 객관이라는 세상과 함께하므로 주관과 객관은 결코 분리될 수 없는 것이다.

독일 물리학자 슈뢰딩거는《생명이란 무엇인가》에서 "나의 정신과 세계를 이루는 요소는 동일하다. … 존재하는 세계가 주어지고, 또 지각되는 세계가 주어지는 것이 아니다. 주관과 객관은 단지 하나이다"라고 했다. 이것은 주관과 객관이 서로 다른 별개의 것이 아니라는 주객불이를 뜻한다. 이러한 연기적 이법을 따르지 않고는 우주 만유의 화엄세계를 바르게 이해할 수 없다.

122 혜구적조 선사
慧球寂照 禪師

◉ 혜구적조 선사가
대중에게 말한다
내가 여기에서
죽과 밥의 기력으로
형제(대중)들을 위하여
설법하는 것은
언제나 할 수 있는
것이 아니다
만약 그대들이
요점을 깨닫게 되면
도리어 이 산하대지가
여러분과 더불어
빛을 내므로
그 도가 항상한 것이며
그것이 필경의
목적이 된다
만약 문수의 문으로
들어간 사람이면

일체 유위인
흙과 나무와
기와와 돌이
여러분들에게
깨닫는 계기가
되도록 도울 것이다
만약 관음의 문으로
들어간 사람이면
일체 선악의 소리나
개구리와 지렁이가
여러분을 위해
법을 설할 것이다
만약 보현의 문으로
들어간 사람이면
걷지 않고 이를 것이다
내가 지금
이 세 가지
문의 방편으로

여러분에게 보인 것은
마치 한 짝의 부러진
젓가락으로
큰 바닷물을 저어서
고기와 용들로 하여금
물이 생명을
이룬다는 것을
알게 하는 것이다
알겠는가?
만약 지혜의 눈으로
자세히 살피지 않으면
여러분의
백 가지 재주로도
목적지에 이르지
못할 것이다

혜구 적조 선사의 말에서 인간이 자연 만물과 어떻게 살아가야 하는지를 잘 보이고 있다.

흙, 나무, 기와, 돌, 개구리, 지렁이, 물 등은 인간과 함께 존재하며 인간은 이들에 의존하면서 살아간다. 그러면서도 이들이 우리에게 어떠한 법문을 전해 주는지에 대해서는 관심을 기울이지 않는다. 흙이 없다면 양식을 얻을 수 없다. 개구리와 지렁이가 없다면 흙이 썩어서 양식을 제공해 줄 수 없다. 나무와 돌이 없다면 집을 지을 수도 없다.

이처럼 인간은 전적으로 외물에 의존해 살아가고 있다. 이 세상의 유정과 무정 모두가 법성을 지니면서 상호 연기적 관계를 지니고 있다. 그러니 어찌 불법이 인간에게만 존재하겠는가? 세상의 유정과 무정 모두가 인간에게 전해 주는 법문을 우리가 잘 듣도록 해야 한다. 그래야만 인간이 자연과 함께 조화로운 평등한 연기관계를 이루어가면서 불법을 바르게 펼 수 있게 된다.

그래서 혜구적조 선사는 유위적 조작을 하지 않고 무위적 행을 함으로써 만유와 더불어 연기관계를 이룰 수 있음을 보여 주었다. 여기서 문수의 지혜, 관음의 자비, 보현의 실천을 거론한 것은 모두 실제적인 행을 통한 자연스러운 상의적 연기관계를 통해서 만유와 조화로운 삶을 영위하는 것을 보인 것이다. 그래서 "내가 지금 이 세 가지 문의 방편으로 그대들에게 보이는 것은 마치 한 짝의 부러진 젓가락으로 큰 바닷물을 저어서 고기와 용들로 하여금 물이 생명을 이룬다는 것을 알게 하는 것이다"라고 했다. 이는 고기와 용이 물을 떠나 살 수 없듯이 만물은 서로 연기적 관계를 이루고 있음을 강조한 것이다.

123 파릉호감 선사
巴陵顥鑑禪師

◉ 어떤 스님이
파릉 선사에게 묻는다
「조사의 뜻과
교학의 뜻이
같습니까?
다릅니까?」
파릉 선사가 말한다
「닭은 추우면
횃대에 올라가고
오리는 추우면
물속으로 들어간다
근원은 같으나
계통이 다르다」

경론을 중시하는 것이 교이고, 마음을 중시하는 것이 선이다. 석가모니부처님의 8만 4천 법문은 교이고 부처님의 마음은 선이라고 본다. 특히 석가모니부처님이 영산회상에서 꽃을 들어 보일 때 미소를 지은 가섭에게 뜻을 전했다는 염화미소가 선문의 효시라고 한다. 이런 비밀스러운 마음의 전함이 바로 선이다. 그래서 선사들의 선어는 선에 해당하며 특히 화두는 자신의 내면의 불성을 찾아내는 가장 간편한 방편이라고 본다.

선과 교는 모두 불교의 근본인 불법을 다룬다. 그런데 교학에서는 논리적 과정을 거치면서 불법의 연기적 진리를 찾아 실천하도록 하는 것이고, 선문에서는 교외별전이라고 하여 교 밖에 따로 전하는 비논리적인 비밀스런 마음을 통해 불법을 스스로 체득하도록 한다. 여기서는 마음을 전해 주는 선사의 절대적 권위가 우선이다. 그리고 한번 깨침으로 끝나는 몰록 깨침이라는 돈오를 매우 중시한다.

불교가 인간만을 위한 종교가 아니고 우주 만유를 상대로 하는 종교라고 한다면 인간 사이에서는 마음을 전할 수 있지만 무정물이나 동식물에게는 어떻게 마음을 전하고 또 받을 수 있는가? 이런 관점에서 보면 선가에서 추구하는 것은 인간 중심적 불교임을 알 수 있다. 그래서 선가에서는 인간의 깨침을 매우 중시한다. 그러나 석가모니부처님의 근본 불법에 따르면 연기법은 우주 만물의 생주이멸과 성주괴공에 관한 근본 이법이다. 이러한 연기법이 마음만으로 전해지는 관념적 세계에서는 이해되기가 매우 어렵다. 인간과 인간 사이, 인간과 자연 사이, 자연 만물들 사이 등에서 일어나는 모든 연기적 관계를 이해하기 위해서는 기본적으로 만유의 연기적 과정과 그에 따른 이법을 알지 않으면 안 된다. 이를 위해서는 경론의 교학이 필수적이다.

그런데 임제 선사는 "부처를 구하고 법을 구하는 것도 바로 지옥의 업을 짓는 것이요, 보살을 구하는 것도 또한 업을 짓는 것이며 경을 읽고 교를 보는 것 또한 업을 짓는 것이다" 라고 하면서 "나는 그대들이 경과 논을 이해하는 것을 인정하지 않는다" 라고 했다. 마찬가지로 황룡사심(黃龍死心) 선사도 "부디 책상으로 글귀를 더듬어 선을 찾고 도를 구하는 것을 삼가라. 선은 결코 책자에 있는 것이 아니니, 설사 일대장교(모든 경론)와 제자백가를 다 외운다 하더라도 이것은 다만 한가로운 말일 뿐이라 죽음에 임하여는 아무런 용처도 없는 것이다" 라고 했다. 이에 대해 《선관책진》에서 운서주굉 스님이 평하기를 "이러한 말을 듣고 교법을 훼방하지 말라. 이것은 말이나 문자에만 국집하고 실지 수행에 힘쓰지 않는 것을 경계한 것이요, 글 한 자라도 모르는 자를 위하여 붉은 깃대(특별한 표시)를 세운 것은 아니다" 라고 하면서 교법의 중요성을 지적했다. 이 말은 임제종을 따르며 경론을 멀리하는 한국 출가자가 귀담아 들어야 할 경구이다.

파릉 선사는 "닭은 추우면 횃대에 올라가고 오리는 추우면 물속으로 들어간다. 근원은 같으나 계통이 다르다" 라고 하면서 방편이 다를 뿐 교와 선의 근원은 같다고 했다. 그러나 교와 선의 선택은 단순히 방편의 문제가 아니라 불법의 근본 이해에 관련된 문제이다. 즉 불교가 인간 중심적인 종교인지 아니면 우주 만유를 위한 종교인지를 분명히 가려야 한다. 만약 불교가 인간 중심적 사상을 바탕으로 한다면 불교는 타종교와 다를 바 없는 초월자(부처나 보살)를 신앙의 대상으로 하는 종교로서 논리적이고 철학적인 바탕이 없게 되므로 현대과학시대에 적합하지 않게 된다.

그런데 만약 불교가 우주 만유의 연기적 이법을 근본으로 하고 과학적 우주관을 내포한다면 불법은 과학철학을 지니게 되므로 현대 첨단과학문명시대에 필요한 종교로서 중시되어야 한다. 이러한 관점에서 볼 때 불교는 단순히 교와 선의 선택의 문제만이 아니라 오늘날 불교라는 종교의 본질이 무엇인지 분명히 밝혀져야 한다.

124 동산수초 선사
洞山守初禪師

● 운문 선사가
동산수초 선사에게
묻는다
「요즘 떠돌다가
어디에서 오는가?」
수초 선사가 말한다
「사도에서 옵니다」
운문 선사가 묻는다
「여름에는 어디에
있었는가?」
수초 선사가 말한다
「호남 보지사에
있었습니다」
「그곳에서 언제
떠나 왔나?」
「팔월 이십오일입니다」
운문 선사가 말한다

「그대를 몽둥이로
세 차례 때리겠네」
다음날 수초 선사가
묻는다
「어제 화상께서
저를 세 차례나
몽둥이로 때렸는데
저의 허물이 어디에
있습니까?」
운문 선사가 말한다
「이 밥통,
강서와 호남에도
이렇게 다녔는가?」
수초 선사가 그 말에
크게 깨닫는다

운문 선사는 수초 선사에게 이리저리 다니면서 한 철씩 수행한들 얻는 것 없이 지낸다면 언제 불법을 깨닫겠느냐고 했다. 이런 수행에서 과연 얻어지는 것이 무엇인가? 특히 교학을 멀리하고 오직 참선 수행으로 마음공부에만 몰두한다면 천지 만물에 대한 지식과 이해의 부족으로 심오한 우주적 불법을 깨닫기는 요원해질 것이다. 오늘날 젊은 출가자들은 과연 운문 선사의 몽둥이를 맞지 않을 정도로 수행 정진하면서 철저히 교학에 힘쓰고 있는지 묻고 싶다.

125 천복승고 화상
薦福承古 和尙

● 천복 화상이
대중에게 말한다
필히 자기 몸이
이루어지기 이전의
공겁 때를
잘 알아야 한다
무엇이 공겁 때의
자기인가?
본래 이름이 없지만
방편으로
여래의 정법안장
열반묘심이라 부른다

성주괴공에서 공겁은 만물이 특이점이란 한 점으로 붕괴되어 사라진 시기이다. 여기에서는 오직 특이점만이 존재하고 어떠한 물리 법칙도 성립하지 않은 상태이다. 물론 공간이란 것도 없다. 공의 상태가 텅 빈 공간이 아니라 만물과 모든 법칙이 사라진 상태를 일컫는다. 우주 만물이 존재하는 시기는 성겁, 주겁, 괴겁에 국한된다. 즉 이들 시기에 물질이 존재하며 공간이 존재한다. 우주 만물이나 인간의 육신도 바로 이러한 시기에 존재하게 된다.

천복 화상이 "무엇이 공겁 때의 자기인가?" 라고 물었지만 공겁 때는 어떠한 것도 존재하지 않으므로 논의 대상이 안 된다. 다만 이 시기에는 다음 시기에 어떤 형태의 물질이 생성될 수 있는 가능성 즉 잠재적 이법을 내포하고 있을 뿐이다. 결국 공겁은 성주괴공의 순환 과정에서 성겁을 위한 준비단계에 해당한다. 인간의 경우에는 아기집에서 아기의 몸이 생성되기 위한 조건이 갖추어지기 직전의 시기에 해당한다. 아기집에서는 정자와 난자가 만나기 직전의 상태가 공겁의 시기에 해당한다. 일단 정자와 난자가 만나 결합되면 세포분열로 조직과 기관이 생기면서 사람의 형태가 갖추어진다. 이 모든 과정은 만물의 생성 이법을 따른다.

천복승고 화상은 공겁 때의 자기를 여래의 정법안장 열반묘심이라 했다. 즉 공겁의 시기를 선문의 공에 해당하는 것으로 보고 공의 바른 이해가 곧 여래의 깨달음 그 자체라는 뜻에서 정법안장 열반묘심이라고 했다. 이 경우는 교외별전 불립문자의 근본 원리를 나타내는 것으로 결국 모든 것은 마음에 달렸다는 유심사상을 나타낸다. 그러나 실제 우주나 인간의 경우에 성주괴공에서 공은 연기적 공으로서 물리적 의미를 지니는 것이지 관념적인 것이 아니다. 따라서 공겁 때의 '자기'란 존재하지 않으므로 불법도 존재할 수 없는 시기이다.

126 청활 선사
淸豁 禪師

◉ 청활 선사가
계여 암주를 참례한 뒤에
수룡 선사를 친견한다
수룡 선사가 하루는
청활 선사에게 묻는다
「어떤 존자를 친견하며
다녔기에 아직 깨닫지
못하는가?」
청활 선사가
할을 하고 말한다
「청활이 일찍이
대장(大章)을 방문하고
들어가는 곳을
알았습니다」
수룡 선사가 상당해서
대중을 모아놓고
청활 선사를 부른다
「향을 피우고 대중에게
깨달은 바를 말해 보라
노승이 그대와 함께
증명해 보겠다」
청활 선사가 곧 나와서
향을 들고 말한다
「향은 이미 피웠지만
깨달음이란 깨달음이
아닙니다」
수룡 선사가 크게
기뻐하며 허락한다

인간은 인간이 만들어 놓은 언구에 얽매여 그 본래의 뜻을 잊은 채 희론하는 경우가 많다. 깨달음이라는 것도 인간이 만든 말로서 주로 비논리적인 관념적 의미를 많이 내포하고 있다. 청활 선사는 설령 깨달았다고 해도 그 깨달음이 입에 오르내리면 이미 깨달음에 대한 집착으로 깨달음의 진의는 사라진다고 했다. 이미 마신 물은 물이 아니다. 따라서 마시기 전의 물을 마신 후에 찾는다면 이는 물이 무엇인지를 모르는 것과 같다. 진리는 무위적으로 몸에 녹아 들어가서 실제 행으로 나타날 때 비로소 참된 진리가 구현되는 것이다. 진리를 진리라고 말한다면 그 진리는 그냥 지나가는 말일 뿐 진리의 내면을 드러내는 것은 아니다.

이런 관점에서 청활 선사가 "깨달음이란 깨달음이 아니다"라고 말한 것처럼 깨달음이란 이름일 뿐이며, 본래의 깨달음은 실제 행에서 자연스럽게 저절로 드러나는 것이다. 인간이 만든 언구는 분별을 위해 유위적으로 지어낸 것이며 그 참뜻은 모두 실제 언행에서 이루어져야 한다.

그래서 깨달아도 깨달음을 말하지 않고 또 깨달음 자체를 모르고 행할 때 타자에게 깨달음으로 인식될 수 있다. 연기의 세계에서는 나의 모든 행은 타자를 봄으로써 알 수 있고, 타자는 상대를 봄으로써 참모습을 알 수 있게 된다. 깨달음이라는 것도 이와 같아야 한다. 자신이 스스로 깨달았다고 하는 것은 타자의 존재를 망각하거나 경시함으로써 자타의 연기적 이법을 모르는 무지를 드러내는 것으로 삼독과 사상(四相)의 늪에 빠진 것과 다를 바 없게 된다.

127 현각 도사
玄覺道師

◉ 현각 도사가
비둘기 우는
소리를 듣고
어떤 스님에게 묻는다
「이것이 무슨
소리인가?」
「비둘기 소리입니다」
현각 도사가 말한다
「무간지옥에
떨어지는 업을
초래하고 싶지
않다면
여래의 정법을
비방하지 말라」

우주 만물은 자연의 이법에 따라 무위적으로 연기적 진화를 이어간다. 비둘기 소리는 비둘기의 존재를 알린다. 비가 오면 빗방울이 땅에 떨어지며 소리를 낸다. 인간은 이런 소리를 듣고 비가 오는 것을 알게 되고 여러 가지 상념을 일으키게 된다. 이처럼 인간은 자연의 무위적인 설법을 바르게 듣고 이로부터 만유에 대한 불법을 깨우쳐야 한다. 그렇지 않고 자신의 유위적 사고나 식정(識情)에 얽매이면 불법의 근본을 깨우치지 못하기 때문에 무간지옥으로 떨어질 수 있다는 것이다.

"이것이 무슨 소리인가"라고 물었을 때 "비둘기 소리입니다"라고 대답했다. 그러나 스님은 소리에 내포된 불법을 물었다. 그래서 "무간지옥에 떨어지는 업을 초래하고 싶지 않다면 여래의 정법을 비방하지 말라"라고 질책한 것이다. 비둘기 소리가 나기에 스님이 소리를 들은 것이고, 스님이 소리를 들었기에 그 뜻을 물은 것이다. 그렇다면 이 모두가 상호 연기적 관계에서 일어난 것이다. 이런 연기적 관계를 통해서 비둘기 소리의 무정설법을 잘 들을 줄 알아야 한다.

소리는 존재를 알리는 것이고, 존재는 상의적 연기관계를 나타낸다. 인간은 대체로 자신의 좁은 우물 속에 갇혀서 바깥세상의 외물에 대해서는 별로 관심을 기울이지 않는다. 설령 관심을 가지더라도 주로 자신에게 유리한 이기적이고 주관적 견해에 빠지기 쉽기 때문에 외물의 존재와 자신과의 연기적 상호 관계는 별로 중시하지 않게 된다. 불교에서는 만물이 부처라고 하면서도 자신의 부처에만 관심을 기울일 뿐 다른 존재 특히 인간 이외 존재의 부처에 대해서는 별로 관심을 갖지 않는다.

만물이 법성을 지닌 부처라는 것은 불교의 근본 사상이다. 이런 관점에서 "저 소리는 무슨 소리인가"라는 것은 곧 인간 이외의 존재에서 나오는 소리가 인간에게 전해 주는 무정설법이고 만물이 부처라는 만불사상으로 이해되어야 한다. 그렇지 않으면 현각 도사의 말처럼 인간은 무간지옥으로 떨어질 것이다. 이것은 만유 중에서 여래의 정법을 따르는 인간이기를 거부하는 것과 다를 바 없기 때문이다.

128 천태덕소 국사
天台德韶 國師

◉ 어떤 스님이
덕소 국사에게 묻는다
「나타 태자가
뼈를 부수어
아버지에게 돌리고
살을 쪼개
어머니에게 돌린 뒤에
연꽃 위에서
본래의 몸을 나타내어
어머니를 위해서
설법한다는데
무엇이 태자의 본래
몸입니까?」
덕소 국사가 말한다
「대중은 이 스님이
질문하는 것을
보았는가?」
스님이 말한다
「그렇다면 대천세계가
같은 진여 성품입니다」
덕소 국사가 말한다
「곡조가 어렴풋이
비슷해서 겨우
들을 만하더니
다시 또 다른 곡조에
바람을 불어 넣는구나」

인도 종교 철학자 고빈다(670?~720?)는 "명상이나 요가 수행을 통해 … 잠재의식 속에 숨겨진 무한한 기억의 보물 창고를 열 수 있다. 그 안에 전생의 기록뿐만 아니라 우리 종족의 과거, 인류의 과거 그리고 인간이 되기 이전에 살았던 온갖 형태의 삶의 기록들까지 보관되어 있다" 라고 했다.

비사문천왕의 맏아들인 나타 태자의 이야기는 결국 아버지로부터 뼈를 받고 어머니로부터 살을 받아 자식이 탄생한다는 것이다. 이때 부모로부터 선천적으로 유전되는 정보를 이어받게 된다. 여기에는 고빈다의 말처럼 인간의 조상, 조상 이전의 인류의 원초적 정보 그리고 인간 이전의 모든 우주적 정보까지 받게 된다. 이런 우주적 정보가 바로 불법의 청정한 근본심이며 이를 지닌 것이 본래의 몸이다. 그래서 탄생과 더불어 불성을 받아 나오게 된다. 이러한 불성은 우주 만유에 내재해 있는 법성과 같은 것이므로 삼천대천세계인 화엄세계 자체가 법성을 지닌 법계이다.

덕소 국사는 대천세계가 진여 성품의 법성을 지닌다는 것에 못마땅했지만, 실은 그렇지 않다. 진여 성품이 어찌 인간에게만 국한될 수 있는가? 만약 그렇다면 불교는 오직 인간 중심적인 좁은 범위의 사소한 종교에 지나지 않게 된다. 그러나 불교는 우주 만유의 종교로서 만유의 생주이멸과 성주괴공을 주재하는 연기적 이법을 근본으로 한다.

인간의 육신이 특별한 것으로 보일지 모르나 실은 별의 잔해에서 태어난 극히 미비한 존재로서 우주를 구성하는 평범하고 보편적인 존재라는 것을 잊지 말아야 한다. 인간이 삼독에 치우치게 되면 인간뿐만 아니라 지상의 만물에 막대한 피해와 파괴를 초래하게 되고 궁극에는 그에 따른 과보를 받아 인류가 지상에서 사라질 수도 있다. 하지만 불법이 지상에서 사라지는 것은 아니다. 그러므로 인간이 불법을 따라야 하는 것이지 불법이 인간을 따르는 것이 아님을 알아야 한다. 즉 만유의 존재에 의해 불법이 무위적으로 이루어지는 것이지 인간에 의해 인위적으로 불법이 이루어지는 것이 아니다.

129 목암법충 선사
牧菴法忠 禪師

◉ 목암법충 선사가 말한다
대중이여
알고자 하는가?
골육을 모두
부모에게 되돌리고 나면
분명히 본래 몸을
볼 것이다
그래서 부모는 나와는
친한 이가 아니다
누가 가장
친한 사람인가 라고
말하는 것이다
여러분에게 매일
울력을 시켜서
흙을 나르고 나무를
짊어지게 했는데
자 말해보시오
이것이 본래 몸인가?

이것이 부모가 준 몸인가?
만약 부모가 준
몸이라고 한다면
본래 몸을 저버리는
허물이 되고
만약 본래 몸이라고
한다면 또한
부모가 준 몸을
저버리는 허물이 된다
말해 보아라
결국에는 무엇인가?
홀연히 어떤 사람이
나와서 두 개다 라고
말하면
그대는 어떻게 그 사람을
대할 것인가?

인간의 몸을 구성하는 원소들은 모두 별에서 온 것이다. 별의 근원은 태초의 우주 물질에서 비롯되었다. 부모는 양식을 섭취하고 이를 재료로 하여 생명의 씨앗이 생성되고 이로부터 몸이 만들어져 세상 밖으로 나온다. 이처럼 자식은 분명히 부모로부터 몸을 받아 세상에 나온다. 부모 또한 그 윗대 조상의 몸을 받아 태어났다. 그래서 목암법충 선사가 “만약 부모가 준 몸이라고 한다면 본래 몸을 저버리는 허물이 되고, 만약 본래 몸이라고 한다면 또한 부모가 준 몸을 저버리는 허물이 된다” 라고 말한 것이다.

결국 인간의 몸을 구성하는 재료가 우주에서 온 것이므로 본래 몸의 기원은 우주이다. 인간이 이러한 자연의 보시물로 태어나 일생을 마치면 다시 한 줌의 보시물로 자연으로 돌아가 다음 생명을 탄생시키는 씨앗이 된다. 이와 같이 만물이 만물을 양육하는 것이 바로 생주이멸이 순환하는 연기의 세계이므로 여기에서는 ‘한 개다’ 또는 ‘두 개다’라는 것은 아무런 의미가 없다. 즉 양식이 순환하는 세계에서는 본래의 몸이란 아무런 의미가 없다. 이 세상에 본래의 돌이 없고 본래의 나무가 없듯이 만유는 오직 생주이멸의 연기적 순환을 따를 뿐이다. 이것이 바로 우주 만유의 생멸에 대한 연기적 이법이다.

130 낭야혜각 선사

瑯琊慧覺 禪師

◉ 장수 좌주(講師)가
낭야혜각 선사에게
묻는다
「본래 청정한데
어찌하여 홀연히
산하대지가
생겼습니까?」
낭야 선사가
큰 소리를 지르면서
말한다
「본래부터 청정한데
어찌하여 홀연히
산하대지가
생겼는가?」
좌주가 그 말에
크게 깨닫는다

"본래부터 청정한데 어찌하여 홀연히 산하대지가 생겼습니까?"라는 장수 좌주의 물음은 실상을 모르기 때문에 물은 것이고, 낭야 선사가 "본래부터 청정한데 어찌하여 홀연히 산하대지가 생겼는가?"라는 말은 만유가 본래 청정한 법성을 지니고 있다는 것을 암시하는 물음이다.

인간이 보는 중생계나 산하대지는 현상계이다. 이런 현상계는 연기적 불법을 따르며 본래부터 청정한 법성을 드러내고 있다. 그런데 이러한 본래의 청정한 법성을 인간이 유위적인 조작으로 분별함으로써 다양한 현상계가 청정해 보이지 않을 수도 있다. 그러나 현상계가 없으면 본래의 청정한 본체계가 존재할 수 없고 또한 본래의 청정한 본체계가 없다면 현상계가 존재하지 않게 된다. 이러한 진속불이의 세계가 바로 이사무애하고 사사무애한 화엄법계이다.

131 우적 상공 于迪 相公

◉ 우적 상공이 특별히
약산 선사를
방문해서 묻는다
「무엇이
부처입니까?」
약산 선사가
상공을 부르니
상공이 대답한다
약산 선사가 말한다
「이것(대답
하는 자)은
무엇인가?」
상공이 그 말에
깨닫는다

우주 만유가 법성을 지녔다. 어느 하나 부처가 아닌 것이 없다. 우적 상공의 "무엇이 부처입니까?"라는 물음은 이미 만물을 유위적으로 분별하고 차별하는 데서 나온 말이다. 약산 선사의 부름에 우적 상공이 대답했을 때 "이것은 무엇인가?" 라고 묻는 것은 "무엇이 부처입니까?" 라는 물음에 대한 대답이다. 즉 "지금 대답하는 너는 누구냐?" 라는 물음을 통해서 '네가 곧 부처'라는 것을 가르쳐 준 것이다. 만물은 모두가 법성을 지녀 평등한 불법의 세계를 이루고 있으며, 모두가 부처이다.

흔히 선가에서 많이 거론되는 '이것이 뭣고'라는 화두 역시 '무엇이 부처인가'라는 질문과 다를 바 없다. 이것이면 어떠하고 저것이면 어떠한가? 모두를 분별하지 않고 여여하게 불법의 세계로 들어가면 그곳이 바로 만유가 존재하는 부처의 세계이고 연기적 화엄세계인 것이다.

132 수산성념 선사
首山省念禪師

◉ 어떤 스님이
수산 선사에게
묻는다
「모든 부처님이
이 경전으로부터
나왔다고 하는데
어떤 것이
이 경전입니까?」
수산 선사가
말한다
「조용히, 조용히」

우주 만유가 법성을 지닌 부처로서 존재하는 곳이 바로 이 화엄세계요, 이 세계가 바로 살아 있는 경전이다. 글 속의 경전은 다만 법성을 지닌 부처의 세계를 가르쳐 줄 뿐이다. 그래서 수산 선사는 '조용히, 조용히'라고 했다. 이것은 지금 네가 묻고 있는 경전은 삼라만상의 여러 부처님들이 계시던 옛 세상이니 그분들의 무언의 설법을 조용히 잘 들어보도록 하라는 뜻이다.

산천초목 일월성신을 멀리하고는 글 속의 부처를 수억 년 동안 들여다보아도 부처의 숨결은 결코 느낄 수 없으며 또한 자신이 부처인지도 깨닫지 못하게 된다. 경전 속의 부처들은 대자연의 산 부처들의 그림자일 뿐이므로 살아 있는 우주 만유의 부처의 소리를 조용히 잘 들어 보아야 한다.

133 신조본여 법사
神照本如 法師

◉ 신조본여 법사가
법지 존자에게 묻는다
「어떤 것이 경전의
왕입니까?」
존자가 말한다
「그대가 삼년 동안
창고의 일을 맡아주면
말해주겠네」
본여 법사가 그 명령을
공경히 받아들여
삼 년을 마치고
다시 청한다
「지금 곧 말씀해
주십시오」
법지 존자가
본여 법사를
큰 소리로 부르자

그가 홀연히 깨닫고
게송으로 말한다
곳곳마다
돌아가는 길(귀결처)을
만나고
날날이 옛 고향이로다
본래 이루어진 일
어찌 사량할
필요가 있겠는가

우주 만유의 대자연이 살아 있는 부처요, 이들의 무언설법이 바로 경전이다. 경전에서는 글로써 부처의 길을 가리켜 주고 이들의 설법을 조금 보여줄 뿐이다. 그런데 경전에 무슨 왕이 있고 신하가 있겠는가? 3년 동안 창고의 일을 맡아 열심히 일하고 난 후 법사가 자신을 부르는 소리에 홀연히 깨닫고 읊은 게송의 내용은 다음과 같다.

가는 곳마다 오는 곳마다 살아 있는 경전을 대하는데 구태여 어디에 가서 다시 경전을 찾고 부처를 찾겠는가? 모두가 본래부터 완전하게 이루어진 것인데. 그러니 사량 분별에 얽매이지 말고 옛 고향 보듯이 자연 만유의 무언설법을 들어보자. 삼라만상의 연기적 불법이 바로 눈앞에 펼쳐지고 있는데 어디에서 따로 경전의 왕을 찾을 것인가.

134 서천 칠현녀 西天 七賢女

◉ 서천의 현녀(賢女)
일곱 명이 함께
시체를 버리는
숲에서 놀다가
한 시신을 본다
그 가운데 한 여인이
시신을 가리키면서
동생들에게 말한다
「시신은 여기에 있는데
사람은 어디에 갔는가?」
그중에 한 여인이
말한다
「어찌 이럴 수 있나
어찌 이럴 수 있나」
여러 현녀가
자세히 관찰하면서
각각 깨닫는다
감동한 제석천이
꽃을 흩뿌리고
공양을 올리며 말한다
「원컨대
여러 현녀들이여
필요한 것이 무엇인가?
내가 반드시
종신토록 공급하리라」
현녀가 말한다
「우리 집에는
네 가지의 사물과
일곱 가지의 보물을
다 갖추고 있습니다
오직 세 가지 물건이
필요합니다
첫째는 음과 양이 없는
땅 한 조각이 필요하고
둘째는 뿌리 없는
나무 한 그루가
필요하고
셋째는 불러도
메아리가 없는
산골짜기
한 곳이 필요합니다」
제석천이 말한다
「일체 필요한 것은
모두 갖추고 있으나
이와 같은
세 가지 물건은
나에게 없습니다」
현녀가 말한다
「그대는 이러한
물건이 없으니
어찌 사람을
제도하며
다스리겠습니까?」
제석천은 말이 없다

음과 양은 서로 반대되는 것으로 동시에 존재할 수 없는 연기의 양면성을 지닌다. 나무는 뿌리에서 수분과 영양분을 섭취한다. 따라서 뿌리 없는 나무는 땅과의 연기적 작용을 할 수 없기 때문에 생존이 불가능하다. 산골짜기에서 소리를 내면 산에 반사되어 메아리를 만든다. 이는 산과 소리 즉 공기와의 상호 연기적 작용으로 일어나는 현상이다.

결국 음양이 없는 땅, 뿌리 없는 나무, 메아리 없는 골짜기는 연기관계가 없는 것으로 존재가 불가능한 것들이다. 따라서 현녀가 말한 것은 이 세상에 연기적 관계가 없는 것은 어떤 것도 존재할 수 없다는 연기적 이법의 중요성을 역설한 것이다.

135 광효안선사 光孝安禪師

◉

광효 안 선사가
천태산 운봉에서
띠집에 살면서
장좌불와하고
하루 한 끼를 먹으며
비단이나 솜옷은
입지 않고
한 벌의 누더기 옷으로
겨울과 여름을 지낸다
덕소 국사가
그를 보자 묻는다
「삼계에 법이 없는데
어디에서
마음을 구하며
사대는 본래 공한데
부처는 어디에 머물며
그대는 어느 곳에서
노승을 보는가?」

광효 안 선사가 말한다
「오늘 화상의
견처를 잡아
깨뜨리겠습니다」
덕소 국사가 말한다
「이것이 무엇인가?」
라고 하니
광효 안 선사가
향로받침을 흔들어
넘어뜨리고
나가버리자
덕소 국사가 그를
법의 그릇으로
생각한다

출가자들은 독특한 방법으로 수행하기도 한다. 광효 안 선사처럼 외딴 조용한 곳에서 살면서 잠을 자지 않고 앉아 참선하고, 하루 한 끼의 적은 양식으로 지내며 한 벌의 누더기 옷을 입고 고행을 하는 경우가 있다. 이것은 자신의 마음을 단련시켜 불성을 깨닫고자 하는 강렬한 소망 때문이다. 그런데 불교의 근본 바탕을 이루는 불법에서는 특수성을 배재하고 보편성을 중시한다. 남보다 특별한 행위는 자칫 아상이나 아만을 드러내어 자기중심적이며 자타의 대립적 차별심을 드러내기 쉽다.

그래서 덕소 국사는 "삼계에 법이 없는데 어디에서 마음을 구하며, 사대는 본래 공한데 부처는 어디에 머물며, 그대는 어느 곳에서 노승을 보는가?" 라고 했다. 즉 이 세상에 특별한 법이 무엇이며 어디에서 찾아야 하는지, 만유가 연기적 이법을 따르므로 고정 불변한 것이 없는데 어디에서 특별한 부처를 찾으려 하는가라고 물었다. 그러면서 국사 자신을 어떤 입장에서 생각하느냐고 물었다.

이를 알아차린 광효 안 선사가 "오늘 화상의 견처를 잡아 깨뜨리겠습니다" 라고 했다. 이것은 화상이 지적한 의문을 타파하겠다는 뜻이다.

변치 않는 것이 없다는 것은 변하지 않는 이법으로 불법의 근본인 연기법을 말한다. 이것을 안다면 어찌 특별한 수행이나 특별한 대상을 통해서 보편적인 불법을 찾아 불성을 드러내고자 하겠는가? 그러니 너무 높은 곳에 올라가서 아래를 내려다 보려고 애쓰지 말고 모두가 동등한 부처의 세계에서 무위적 연기법을 따라 여여하게 살아가면 부처를 모르는 사이에 부처의 경지에 저절로 이르게 될 것이다. 광효 안 선사가 바로 이러한 경지에 이른 사람이다.

◉ 광효 안 선사가
하루는 화엄경을 읽다가
몸에는
취할 바가 없고
수행에는
집착할 바가 없고
법에는 머무는
바가 없으며
과거는 이미 소멸했고
미래는 아직
오지 않았으며
현재는 공적하다
라는 곳에 이르러
활연히 선정에 들었다가
십여 일이 지나서야
깨어났다
심신이 상쾌해서
몰록 현묘한 뜻을 발한다

《화엄경》에서 이르기를 "몸에는 취할 바가 없고, 수행에는 집착할 바가 없고, 법에는 머무는 바가 없으며, 과거는 이미 소멸했고, 미래는 아직 오지 않았으며, 현재는 공적하다"라고 했다. 즉 태어남은 죽음을 향해 가는 연기적 과정이므로 몸에서 어느 것 하나 특별히 취할 것이 없다. 불법을 찾아서 수행이란 방법을 쓰지만 이에 집착하면 오히려 보편적인 불법이 달아나고 아상만 높아지니 수행에 집착할 바가 아니다. 이 세상 만유가 서로 주고받음의 연기적 관계를 이루고 있으니 어느 하나의 법에 머물며 집착할 수가 있겠는가. 광효 안 선사는 이 뜻을 깨달았다.

그리고 생주이멸과 성주괴공이 일어나는 대자연에서 만유는 시간 따라 변하며 흘러가는데 과거·현재·미래 어느 특별한 한 곳에 점을 찍어 이에 집착하고자 하겠는가? 만유가 항상 변화한다는 연기적 이법의 바른 이해와 실천이 따른다면 그대로 불성이 드러나게 된다. 여기에는 어떤 특별한 깨달음도 없으며 오직 연기법의 바른 체득과 실천만이 있을 뿐이다. 인간만이 아니라 우주 만유가 함께 연기적 화엄법계에 이르는 길을《화엄경》에서 제시한 것이 다.

◉ 그 뒤 오직 좌선에
힘을 쓰며 깊은 선정에
들어갔다
하루는 선정 중에 보니
두 스님이 법당 난간에
기대어 이야기를 하고
있는데 천신이 호위하며
오랫동안 듣고 있다
갑자기 악귀가 침을 뱉고
그 스님들의 발자국을
쓸어버린다
그래서 그 스님들에게
까닭을 물으니
처음에는
불법을 의논하다가
나중에는
세상 이야기를
했다고 한다

광효 안 선사가 말한다
예사로운 말도 그러한데
하물며 법을 주관하는
사람이 북을 치고
법좌에 올라서 쓸데없는
이야기를 하면
되겠는가?
광효 안 선사는
이때부터 하루도
세상일을
이야기 한 적이 없다
그래서 광효 안 선사가
돌아간 후 화장을 하니
혀가 타지 않고
그대로 남아
유연하기가
붉은 연꽃과 같다

스님들은 주로 경에 있는 불법을 공부하며 이를 바르게 펼치기 위해 서로 의논하기도 하고 또 대중에게 귀한 불법을 자세히 가르쳐 주기도 한다. 그런데 스님들도 사회의 한 구성원이며 대중 또한 사회를 이루는 주된 사람들이다. 그렇다면 세상의 평범한 일을 서로 의논하는 것이 유익하기도 하다. 이런 행동이 불법의 본질을 어기는 것은 아니다. 왜냐하면 세속에 진리가 들어 있고 진리가 세속을 이끌어가기 때문이다.

다만 스님들이 법좌에 올라서 자신의 과거사를 자랑스럽게 이야기하거나 또는 자신이 대단한 깨달음을 얻은 것처럼 아만을 보이거나 경전 속의 방편에 지나치게 치우쳐 불법의 근본을 벗어난 흥미 위주의 법문을 하는 등의 일을 법상에서 해서는 안 된다. 법상이란 귀한 불법의 근본을 이야기함으로써 어떻게 이법을 체득하며 실천할 수 있는가를 언행으로 보여주는 자리이다. 만약 오늘날에도 스님들이 권위나 인기에 치우쳐서 불법의 근본을 바르게 펴지 못한다면 귀신들이 침을 뱉고 스님의 발자국을 모두 쓸어버리고 말 것이다.

136 화엄온광 좌주
華嚴溫光 座主

● 화엄온광 좌주가
선사에게 묻는다
「무슨 까닭으로
푸르고 푸른 대나무가
모두 진여이며
울창한 누런 꽃이
반야 아님이 없다고
인정하지 않습니까?」
대주 선사가 답한다
「법신은 형상이 없지만
대나무에 응하여
형상을 이루고
반야는 무지하나
누런 꽃에 응하여
형상을 나타낸다
저 누런 꽃과
대나무가 아니라
법신과 반야가 있다

그래서 경에서 이르기를
부처님의 참다운 법신은
마치 허공과 같아서
사물에 응하여 형상을
보이는 것이
물에 비친 달과 같다
라고 한다
누런 꽃이
만약 반야라면
반야는 곧
무정물과 같고
대나무가 만약
법신이라면
대나무가 또한 능히
응하여 작용하게 된다」
좌주가 항복하고
그 뜻을 깨닫는다

"부처님의 참다운 법신은 마치 허공과 같아서 사물에 응하여 형상을 보이는 것이 물에 비친 달과 같다" 라고 했다. 여기서 법신은 진리를 나타내는 형상이 없는 존재이고, 반야는 형상이 없는 불법의 현현에 관한 앎의 지혜이다. 따라서 형상이 있는 법신이 없고, 반야 없는 법신이 없다. 만물의 연기적 진화는 법신의 반야를 드러냄이며, 법신의 존재는 반야의 현현이다. 만물이 모두 생의를 지닌 생명체로서 여기에는 인간이 만든 유정물과 무정물의 분별이 존재하지 않는다. 그러기에 우주 만유의 화엄법계가 바로 법신이 현현하는 세계이며, 여기에서 불법의 연기적 진리가 작용하면서 반야가 드러난다. 그래서 "부처님의 참다운 법신은 마치 허공과 같아서 사물에 응하여 형상을 보이는 것이 물에 비친 달과 같다"라고 한다.

우주 만물에는 연기적 환경에 따라서 다양한 형상과 사물이 존재하며 그리고 이에 상응하는 다양한 불법의 법신이 드러나게 된다. 푸른 대나무를 주재하는 법신이 있고, 누런 꽃을 맺게 하는 법신이 있다. 이처럼 형상이나 사물의 종류에 따라 법신과 반야가 다르게 현현할 뿐이지 생주이멸에 따른 연기적 이법은 동일하다.

137 덕산연밀 선사
德山緣密 禪師

● 덕산연밀 선사 회하에
어떤 한 선객이 있다
열심히 공부하며
개에 불성이 없다
라는 화두를 들었지만
오랫동안
깨치는 바가 없다가
하루는 개의 머리가
마치 해처럼 커져서
입을 벌리고
그를 잡아먹으려고
하는 것을 보았다
선자가 두려워서
자리를 피해
도망을 가는데
이웃 사람이
그 까닭을 묻는다
선자가 그 사실을

모두 잘 설명한다
그러다가
덕산연밀 선사에게
이것을 알리니
선사가 말한다
반드시 두려워할
필요는 없다
다만 통렬하게
정신을 가다듬어
개가 입을 크게
벌리기를 기다렸다가
그 속으로
치고 들어가면
끝날 것이다
선자가
이 가르침을 믿고
한밤중에
앉아 있는데

개가 다시
앞에 나타난다
선자가 머리로
있는 힘을 다해서
한번 치고 들이받으니
궤짝 속으로
머리가 들어가 있다
이로써 확연히
깨닫게 된다
뒷날 문수사에서
출세하여
도법을 크게 떨치니
그가 바로
응진(應眞) 선사이다

조주 선사는 "개에 불성이 있습니까?" 라고 묻자, 무(없다)라고 답했다. 여기서 조주 선사의 '무' 는 단순히 '없다' 는 것이 아니라 연기관계에 따른 무상과 무아를 뜻하며 그리고 연기법의 실천으로 불성의 현현을 강조한 것으로 볼 수 있다. 즉 "개에 불성이 있는가?" 라는 질문에 대한 '무' 라는 답은 단순히 불성의 유무가 중요한 것이 아니라 불성을 밖으로 드러내는 구체적 행에 그 의미를 두고 있다. 결국 무라는 언구에 대한 집착을 버리고 그 내면의 연기법을 깨달으라는 뜻이다. 그래야만 본래의 불성을 바르게 드러낼 수 있기 때문이다.

우주 만물은 법성을 지닌다. 이는 만물이 서로 연기적 수수관계를 조화롭게 이루어가는 불법의 연기적 이법을 잘 따르기 때문이다. 그러면 왜 "개에게 불성이 있느냐" 라고 묻는가? 이는 아직 불법의 이치를 잘 이해하지 못해서 그렇다. 즉 우주 만물 중에서 인간만이 불성을 지닌 유일한 존재로 보는 그릇된 인간 중심주의 때문이다. 불법은 유정물이나 무정물을 분별치 않고 우주 만유에 적용되는 것으로 모두가 생의를 지닌 생명체로서 불법을 따르는 법성을 지니고 있다.

선가에서는 화두 참구라는 방편으로 화두를 들고 어떤 의심을 풀기 위해 좌선하는 경우가 흔하다. 불법이 좁은 방안에만 존재하거나 또는 자신의 마음속에만 존재하는 것이 아니라 광대한 대자연이 바로 불법의 세상이다. 그런데 화두를 들고 홀로 오랫동안 한 곳에서 좌선하면 때로는 정신적 불안정으로 헛것이 보이면서 기이한 행동이 일어나게 된다.

예컨대 개가 벌린 입 속으로 머리를 넣는다는 것이 궤짝 속으로 머리를 처박게 되는 일이 생기게 된다. 물론 덕산 선사의 말대로 두려움을 통렬하게 헤쳐나감으로써 깨달음에 이르는 경우도 있을 수 있다. 그런데 이런 경지를 통해서 '홀연히 깨달았다' 라는 것이 과연 참된 불법의 깨침일까? 때로는 혼미한 상태를 벗어나 정신을 차리고 보면 자신의 허망한 짓을 뉘우칠 경우도 있을 것이다.

《수능엄경》에서 이르기를 "견성은 도를 증득한 뒤에야 볼 수 있는 것이다. 화두를 가지고 견성한다는 말은 어리석은 사람이 꿈속에서 황금을 얻는 것과 같으니 내가 상관할 것이 아니며 네가 물을 것도 아니다" 라고 했다.

불법의 근본이 그렇게 쉽게 깨쳐지는 것이 아니다. 그리고 단순히 안다는 것이 중요한 것이 아니라 실제 체험으로 터득하여 실천함으로써 부처의 성품을 드러내 보이는 것이 불법 수행의 근본 목적이 되어야 한다. 이를 위해서는 무엇보다도 다양한 대상과 연속적 연기관계를 이어가야 한다. 그렇지 않고 한적한 곳에서 홀로 참선 수행만 한다면 수억 년이 지나도 연기적 불법을 깨치기는 어려울 것이다.

138 규봉종밀 선사
圭峯宗密禪師

◉ 규봉종밀 선사가 말한다
오직 공적(空寂)으로써
자신의 체를 삼고
색신을 인정하지 말라
영지(靈知)로써 자신의
마음을 삼고
망념을 인정하지 말라
만약 망념이 생기더라도
절대로 따르지 않으면
목숨이 끝날 때
자연히 업에
얽매이지 않고
천상이나 인간 세상을
마음대로 가게 된다
이것이 이치를 깨달은
사람이 아침저녁으로
수행하는
요긴한 조목이다

지수화풍 사대로 이루어진 몸은 연기적 구성물이므로 끊임없는 변화로 본래의 자성이 사라지면서 공적해진다. 그래서 규봉종밀 선사의 말처럼 연기적 공을 근본으로 삼아 자신의 육신이 무자성임을 살피고, 반야의 지혜를 발현하면서 망념을 여의도록 하라는 것이다. 수행이란 바로 불법의 근본 바탕이 되는 이러한 연기법의 바른 이해와 실천이어야 한다.

사후에 천상으로 가거나 인간으로 다시 태어나고자 하는 것은 삶에 대한 집착이요, 죽음의 두려움에 대한 집착이니 이 모두를 여의고 생사불이한 무생법인을 깨닫도록 하는 것이 수행의 요긴한 조목이다.

139 장졸 상공 張拙 相公

◉

장졸 상공이
석상 선사를 참배하자
석상 선사가 묻는다
「선배는 성이
무엇입니까?」
「이름은 졸이고
성은 장입니다」
석상 선사가 말한다
「교묘함을 찾을 수
없는데 서투름은
어디에서 오는가?」
장졸 상공이
그 말에 깨닫고
이에 게송을 짓는다
광명이 고요히
온 세상에
두루 비추니

범부와 성인과
생명체가 모두
한 가족이네
한 생각이
일지 않으면
전체가 나타나고
육근이 움직이면
저 구름에 가린다
번뇌를 끊어 없애면
병만 더 무거워지고
보리에 나아감도 또한
삿된 짓이다
온갖 인연을 따름에
걸림이 없으니
열반과 생사는
허공의 꽃이로다

인위적 작위가 없는 무위적 서투름이 불법임을 석상 선사가 말하자 이를 알아차리고 장졸 상공이 게송을 읊었다. 삼라만상이 모두 불법을 따르거늘 범부와 성인 그리고 만유의 생명체에 대한 차별이 어디에 있겠는가. 모두가 동등한 한 집안의 식구일 뿐이다. 한 생각 집착으로 불법이 가려지는 것이 인간사이다. 그렇다고 온갖 번뇌를 끊고 신선처럼 사는 것 또한 허공의 꽃처럼 허망한 것으로 불법을 떠난 짓이다. 그래서 "번뇌를 끊어 없애면 병만 더 무거워지므로 보리를 찾는 것은 삿된 짓이다"라고 말한 것이다.

이 세상의 만물은 언제 어디서나 서로 주고받는 연기적 관계에 따라 움직이면서 고요하고, 고요하면서 움직이는 동정불이의 불법을 따른다. 그러니 인간이 유위적으로 만든 번뇌니 보리니 하는 말에 치우치지 말고 무위적 불법을 따라서 사는 것이 곧 열반이고 해탈인 것이다. 다시 말하면 생주이멸을 이어가는 일상의 삶 자체가 그대로 열반의 상태이다.

실은 열반이니 해탈이라는 것도 인간이 만든 말로 이에 집착함은 병이 된다. 그래서 "온갖 인연을 따름에 걸림이 없으니 열반과 생사는 허공의 꽃이다"라고 했다. 이와 마찬가지로 용수 존자도 "나는 부처의 가르침도 환상과 같고 꿈만 같다고 말하고, 나는 열반도 환상과 같고 꿈만 같다고 말한다. 만약 열반보다 뛰어난 법이 있다 하더라도 나는 역시 환상과 같고 꿈만 같다고 말한다" 라고 했다. 이것은 열반이 이루어진다 해도 이것 역시 연기법에 따라서 변한다는 뜻이다. 다시 말하면 세간과 열반이 모두 연기적 공이기 때문에 "세간의 고통을 싫어하지 않고 열반의 즐거움을 기뻐하지 않는다"는 것이 대승불교의 근본정신인 것이다.

모든 집착은 연기적 관계를 거역하는 것으로 불법에 어긋나는 근원이 된다. 그런데 실은 집착 속에 불법이 있음을 잊지 말아야 한다. 집착이라는 것은 진화의 과정에서 나타나는 불안정한 상태(현상)일 뿐이지 특별한 것이 아니다. 다만 그 집착에 지나치게 오래 머무는 것은 유위적인 조작으로 자칫 남에게 해를 끼칠 수 있기에 이런 헛된 조작을 삼가는 것이 마땅하다.

불법은 〈고/락〉, 〈동/정〉, 〈안정/불안정〉 등 서로 상반되는 것에 두루 내재한다. 왜냐하면 이 상반된 현상 각각이 연기적 관계에서는 언제나 일어날 수 있기 때문이다. 예를 들면 고통(불안정)이 지나면 기쁨(안정)이 나타나고, 또한 기쁨이 지나면 고통이 나타는 것이 자연의 연기적 이치이다. 다시 말하면 고통에도 불법이 있고 기쁨에도 불법이 있는데 이 중에서 기쁨은 좋아하고 고통은 싫어한다는 것은 곧 불법을 따르지 않는 것과 다를 바 없다. 그러니 인간이 만든 조작된 언구에 지나치게 집착하는 것은 불법을 여의는 것과 다르지 않다.

140 운문문언 선사
雲門文偃禪師

◉ 운문 선사가
어떤 스님에게 묻는다
「광명이 고요히
온 세상에 두루
비춘다는 것이
장졸 상공의
말이 아닌가?」
그 스님이
「그렇습니다」
라고 하자
운문 선사가 말한다
「말에 떨어지도다」

"광명이 고요히 온 세상에 두루 비춘다" 라는 말의 진의를 제대로 알지 못하고, 말만 듣고 "그렇습니다" 라는 것은 말소리에만 집착했다는 뜻에서 운문 선사는 "말에 떨어지도다" 라고 했다. 광명이 온 세상에 두루 비춘다는 것은 불법이 온 우주에 두루 내재하며, 이에 따라 만유가 서로 조화로운 연기적 관계를 이루고 있음을 뜻하는 것이다.

말이란 사물이나 현상 또는 생각 등을 언어로 표현한 것이다. 일종의 기호를 발음의 순서에 따라서 배열한 것이다. 따라서 말은 생각의 표현이며 지극히 주관적이다. 그래서 자칫 말이 말의 놀이, 즉 말의 유희로 변질될 수도 있다.

제이콥 브로노우스키에 따르면 인간의 언어에는 새로운 용도, 즉 언어의 내면화가 존재하므로 언어는 단지 의사소통의 수단에 머무는 것이 아니라 반성과 탐구의 도구가 될 수 있다. 그러므로 말이 진리나 논리의 핵심에서 벗어나지 않도록 말의 표현은 더욱 간명하고 단순해야 한다. 그렇다고 논리적 해석을 거부하는 화두 같은 언구가 가장 좋다는 것은 아니다.

141 향엄지한 선사
香嚴智閑禪師

◉ 향엄 선사가 말한다
「지난해의 가난은
가난이 아니다
올해의 가난이
비로소 가난이다
지난해에는
송곳을 꽂을
땅도 없었는데
올해는 송곳마저 없다」
앙산 선사가 말한다
사형에게
「여래선은 허락되나
조사선은
꿈도 꾸지 못합니다」
향엄 선사가
다시 말한다

「나에게
한 기틀이 있어서
눈을 깜짝이며
그대에게 보일 것이니
만약 그것을
알지 못하면
따로 사미를
부르겠소」
앙산 선사가 말한다
「사형이 조사선을
알고 있다니
매우 기쁩니다」

가난(번뇌)에 따른 세월의 연기적 변화를 언급하면서 깨달음의 경지를 향엄 선사가 말하자, 앙산 선사가 이에 대해 여래(부처님)의 교설에 의한 사물의 논리적 변화는 알지만 논리를 초월한 조사들의 조사선은 모른다고 했다. 즉 선과 교 중에서 교에 치우친다는 것이다. 그러자 향엄 선사가 눈 한번 깜짝하는 것이 연기적 변화임을 모르는가라고 하자, 선을 중시하는 앙산 선사가 "사형이 조사선을 알고 있다니 매우 기쁩니다"라고 했다.

여래의 교설에 의거하는 경론을 중시하며 논리적 사고를 요하는 여래선과 불립문자, 직지인심, 이심전심으로 논리를 초월하는 조사선은 성도를 이루는 방편의 차이일 뿐이지 모두가 불법의 근본인 연기적 이법을 벗어나지 않는다. 사실 이 세상에서 어느 것 하나 연기적 이법을 따르지 않는 것이 없다. 눈의 깜빡거림도 그러하고 번뇌의 발생도 그러하다. 이처럼 불법의 세계는 일상의 세계 그 자체이지 특별히 따로 있는 것이 아니다.

142 도오 선사
道吾禪師

◉ 어떤 스님이
도오 선사에게
묻는다
「무엇이
조사선입니까?」
도오 선사가 말한다
「멀리 추억하네
강남땅 삼월
자고새가 울고
백화 향기
그윽하도다」

때가되면 자고새가 날아와 울고, 백화가 만발해 향기를 풍기는 것, 이 모두가 연기적 불법을 따르는 무위자연의 모습이다. 이런 시간적 변화는 곧 연기적 변화를 따르는 것으로 이런 생멸의 불법을 자연의 평범한 현상으로 표현하는 것이 조사선의 묘미이다.

여기에는 어떤 거창한 논리가 필요치 않다. 다만 청자가 듣고 그 이치의 깊은 뜻을 헤아려 볼 뿐이다. 이를 위해서는 사물에 대한 다양한 연기적 변화에 대한 이법의 이해가 선행되어야 한다. 그렇지 않고 '만물은 내 마음이 짓는 것이다'라는 주관적 관념에만 빠져서 불법의 진리에 대한 논리적 이해가 없다면 선어에서 간단히 제시되는 사물이나 현상에 내재된 깊은 연기적 이법을 바르게 깨닫지 못할 것이다.

143 백운수단화상 白雲守端和尙

◉ 백운수단 화상이 말한다
깨달음은 반드시
사람을 만나는 데서
시작해야 한다
만약 사람을
만나지 못하면
오직 꼬리 없는
원숭이와 같아서
재주를 보이려 하면
사람들이 곧 비웃게 된다
이 도리를
깊이 믿는 사람은
만 명 중에
한 사람도 없다니
정말로 불쌍하고
불쌍하구나

깨달음이란 무엇인가? 초월적이고 신비로운 관념의 세계를 체험하는 것이 아니라 지극히 평범한 연기적 이법의 바른 이해와 실천이 곧 깨달음이다. 다시 말하면 불법의 근본을 이해하고 실천하는 것이다. 그렇게 하려면 연기관계를 이룰 수 있는 사람을 만나야 하고 또 자연의 다양한 사물과 현상을 주의 깊게 관찰하면서 이들의 연기적 현상을 잘 이해해야 한다. 만물 사이의 주고받음이 연기적 관계이며 여기에는 주고받는 마음이 서로 청정하고 또 주고받는 매체도 청정한 삼륜청정이 필수적이다. 그래서 백운수단 화상이 "깨달음은 반드시 사람을 만나는 데서 시작해야 한다"라고 했다.

연기의 세계에서는 어떤 특별한 사람과의 관계란 있을 수 없다. 특별하다는 것은 그렇지 못한 것과의 분별에서 일어나는 주관적 관념일 뿐이지 결코 연기의 세계에서 특별한 것이란 존재하지 않는다. 흔히 선지식을 만나야 깨달음에 이를 수 있다고 한다. 선지식을 만나면 불법을 이해하는 데 도움이 될 수는 있지만 불법의 근본은 이해에 있는 것이 아니라 체득에 의한 실천이다. 왜냐하면 연기란 현실적 행위와 과정을 뜻하는 것이지 순수한 관념적 이해를 뜻하는 것이 아니기 때문이다. 실천이 없는 이해는 오히려 아상이나 아만을 높이기 때문에 불법을 그르칠 수 있다.

이런 관점에서 다양한 사상이나 사물을 접하며 상호 의존적 관계를 이어감으로써 우주 만유의 생주이멸과 성주괴공의 이법을 바르게 알고 또한 이법에 따라서 바르게 행할 수 있게 된다. 그래야만 조화로운 화엄법계가 이루어질 수 있다. 백운수단 화상의 말대로 사람을 만나지 않고 소외된 상태에서 수행을 아무리 오랫동안 닦아도 불법을 깨치기는 요원해질 것이다. 비록 자연과의 연기관계는 맺고 있더라도 인간과의 연기관계를 이루지 못하면 인간세계와 멀어지므로 불법의 바른 이해가 이루어질 수 없게 된다. 소위 세속에서 진리를 찾지 못하면 불법에서 멀어지게 된다.

특히 선가에서는 선지식을 매우 중시한다. 불법을 바르게 체득하고 실천하는 선지식을 통해서 자신의 공부를 점검 받아 불법의 바른 이해를 가늠하게 된다. 이런 경우는 주로 출가자들에 국한된다. 그런데 불법은 출가자나 재가자를 구별치 않고 만유에 적용되는 일종의 우주철학이다. 그러니 '만약 사람을 만나지 못하면 다만 일개 꼬리 없는 원숭이와 같아서 재주를 보이려 하면 사람들이 곧 비웃는다'라는 백운수단 화상의 말처럼 불법은 현실의 연기적 세계에 있는 모든 사람들을 두루 만나야 한다. 그렇지 않고 특정한 사람들끼리만 만난다면 백운수단 화상의 말대로 꼬리 없는 원숭이가 되어 다른 부류의 사람들로부터 비웃음을 받게 될 것이다.

144 원오극근화상
圓悟克勤和尙

◉ 원오극근 화상이
오조법연 화상을
모시고 있을 때이다
뜻밖에 진제형
이라는 사람이
벼슬을 그만두고
촉나라로 돌아올 때
산중을 지나면서
도를 묻는다
말을 나누는 도중에
오조법연 화상이
묻는다
「제형은 일찍이
소염시를
읽어보았는가?
두 구절이 매우
선지에 가깝네
이를테면 소옥이를
자주 부르는 것은
다른 일이 아니라
오직 단랑에게
자기의 목소리를
알리고자 함이다
라는 것이네」
진제형이
「예, 예」
하고 대답하자
오조법연 화상이
말한다
「또한 자세히
살펴보시오」

양귀비가 애인인 단랑을 몰래 만나기 위해 서로 정한 신호가 몸종인 소옥이를 부르는 소리였다. 소옥이를 부름은 상호간의 의사 전달의 신호에 해당하는 연기적 약속이다. 선사들은 소염시(小艶詩)에서 보인 것처럼 선지(禪旨)에서도 언구를 통해서 선의 심오한 뜻을 암시하는 방식을 쓴다. 여기에는 어떤 세속적인 논리가 필요치 않다. 오조법연 화상은 이러한 방식의 의사전달이 소위 조사선임을 잘 살펴보라고 했다.

145 응암담화화상
應菴曇華和尙

◉ 응암담화 화상이
말한다
옛날의 스님들은
마음의 눈이
밝지 않으면
급히 도인을 찾아가서
자신을 바로잡는다
일단 마음의 눈이
환하게 밝아지면
본래의 원력을 위하여
산 속으로
자취를 감춘다
이십 년
삼십 년
꾸준히 힘쓰며
심식을 갈고 닦아
마음의 때를
깨끗이 없애어
털끝만한 허물도
없도록 한다
경계나 인연을 만나면
그것을 마치 담장의
기왓장이나
돌멩이를 보듯이
세속의 생각을 끊는다
마음은 마치
허공과 같아서
맑고 고요하다
이를 일러 금강의
정체(正體)라 한다
벗은 듯이 깨끗하고
원만해지면
무공용으로써 행한다
비록 세상에
응하는 마음이 없으나
세상에 응하는 마음은
언제나 변함없으며
비록 만물을
제도할 마음이 없으나
만물을 제도할 마음은
비를 뿌리듯이
무궁하다
옛날의 큰 스님들은
도인을 찾아가서
자신을 바르게 잡는다
깨달음의
묘용에 계합함은
마치 열 개의 태양이
한꺼번에 뜬 것과 같다
잠시 짐을 지고 있는
사람은 아니다

선사들이 선지식을 만나 도에 계합하며 깨달음을 이루는 이야기다. "경계나 인연을 만나면 그것을 마치 담장의 기왓장이나 돌멩이를 보듯이 세속의 생각을 끊는다. 마음은 마치 허공과 같아서 맑고 고요하다"라고 했다. 이처럼 선종에서는 외물을 경시하고 세속적 인연을 멀리한다. 그래서 홀로 고고함을 자처하기도 한다. 담장의 기왓장이나 마당에 굴러다니는 돌멩이를 경시함은 자신의 존재를 경시함과 다를 바 없다. 왜냐하면 기왓장과 돌멩이를 생명이 없는 무생물로 보는 것은 인간 중심적 생명사상에 근거한 것이기 때문이다.

불법에서는 만물이 생의를 지닌 생명체로 보며, 이들 모두가 법성을 지닌 부처이다. 그런데 어찌 기왓장과 돌멩이를 생명이 없는 무생물로 경시할 수 있겠는가? 밟고 다니는 땅이 생명이 없고 몸을 감싸는 대기가 생명이 없다면 우리는 어디에서 생명의 양식을 얻고 또 생명을 유지하게 해 주는 공기를 얻을 수 있겠는가? 흙이 살아 있기에 살아 있는 양식을 얻게 되고, 공기가 살아 있기에 살아 있는 공기를 마시며 산소를 몸속에 공급할 수 있는 것이다. 이처럼 우리는 만유와 연기적 관계를 맺으면서 살아간다. 이러한 연기의 세계에서는 서로 주고받는 관계가 연속적으로 일어나면서 무엇에나 무위적으로 응한다.

우리의 세계는 누가 누구를 제도하는 종속적 세계가 아니라 서로가 서로를 이끄는 자타불이의 협동적인 원융한 불법의 세계이다. 그리고 염오의 번뇌 속에 진리가 있고 그리고 움직임 속에 고요함이 있고 고요함 속에 움직임이 있는 것이 불법의 세계이다. 그런데 구태여 마음을 허공처럼 비우고 세속을 떠나 고요함을 찾는 것은 유위적 조작으로 진속불이와 동정일여인 원융한 연기적 불법의 세계를 벗어나는 것이다. 평범하고 보편적인 삶이 바로 불법을 따르는 것인데 구태여 특별한 수행으로 뛰어난 선지식이 되어 만인의 존경을 받고자 하는 것은 허망한 허공의 꽃을 찾고자 하는 것과 다를 바 없다.

노자는 "공(功)이 이루어지면 몸이 물러가는 것은 하늘의 도이다"라고 했다. 그러니 공을 이루고 그 공을 누리고자 함은 하늘의 무위적 연기의 도리에 어긋하는 것으로 자신의 몸을 망치는 것과 다를 바 없게 된다. 물은 아래로 흐르고 불은 꺼지기 마련이다. 만유는 언제나 가장 낮은 안정된 에너지 상태를 유지하려고 한다. 이런 경우에 해당하는 것이 바로 계·정·혜 삼학의 성취이다. 선가의 근본이 삼학의 성취라면 세상을 특별하게 살려는 생각을 버리고 자신을 낮추면서 응암 선사의 말처럼 비록 세상에 응하는 마음이 없으나 세상에 응하는 마음은 언제나 변함없으며, 비록 만물을 제도할 마음이 없으나 만물을 제도할 마음은 언제나 비를 뿌리듯이 무궁해야 한다. 이것이 바로 불법을 따르는 참된 길일 것이다. 그리고 평범한 삶 속에 불법이 있는 것이지 특별하고 유별난 것에는 불안정한 번뇌가 따르게 되므로 불법의 세계에서 멀어지게 된다.

146 고령신찬 선사
古靈神贊 禪師

◉ 고령신찬 선사가
행각할 때
백장 선사를 만나
깨닫는다
뒤에 복주에 있는
대중사로 돌아간다
은사스님이 묻는다
「그대가 나를 떠나
밖에 있으면서
무엇을 했는가?」
「아무것도 하지
않았습니다」
스님이 노동이나
하라고 한다
하루는 목욕을 하는데
고령 선사가
때를 밀어달라고 한다
고령 선사가

스님의 등을
어루만지면서 말한다
「법당은 참 좋은데
부처님이
영험이 없구나」
스승이 고개를
돌려서 보자
고령 선사가
「부처님이 비록
영험은 없지만
능히 방광은 하는구나」
라고 말한다
또 하루는 스승이
밝은 창문 아래에서
경을 읽고 있는데
마침 벌이 들어와서
창문을 두드리면서
밖으로 나가려 한다

고령 선사가
이것을 보고 말한다
「세상은
이렇게 광활한데
쉽게 나가지 않고
무엇 하려고
저 낡은 종이만
뚫으려 애쓰는가?」
그 스승이 경을
치우며 묻는다
「그대가 행각을 하면서
어떤 사람을
만났는가?
행각하기 전과
그 후를 살펴보니
말하는 것이
이상하구나
나에게 설명해 보아라」

고령신찬 선사가 "법당은 참 좋은데 부처님이 영험이 없구나" 라고 했다. 이는 법당 안에 불법은 있는데 이를 알고 행하는 자가 없다는 뜻이다. 스승이 이상한 소리에 고개를 돌리니 다시 "부처님이 비록 영험은 없지만 능히 방광은 하는구나" 라고 했다. 즉 불법은 아직 모르나 이를 알고자 돌아보는 사람이 있다는 것이다. 그리고 방안에 들어 온 벌이 밖으로 나가려고 애쓰는 모습을 보고 "세상은 이렇게 광활한데 쉽게 나가지 않고 무엇 하려고 저 낡은 종이만 뚫으려 애쓰는가?" 라고 했다. 이것은 불법의 세계는 넓고 넓은데 어찌 방안에서만 불법을 찾으려 애쓰는가라고 빗대어 말한 것이다.

이처럼 불법은 우주 어디에나 존재한다. 반드시 법당 안에만 있는 것이 아니다. 그리고 경전 속에만 있는 것도 아니다. 법당에 모신 부처님의 조각상에 수만 번 절을 한들 불법 깨치기 쉽지 않으며 또한 경을 수없이 읽고 사경을 한들 어찌 살아 있는 불법을 찾을 수 있겠는가?

◉ 고령신찬 선사는
법좌에 올라서
백장 선사의 가풍을
드날린다
신령한 광명이
홀로 빛나고
육근과 육진을 멀리
벗어나네
체가 진상을
드러내니 문자에
구애받지 않도다
심성에는 염오가 없어
본래 저절로 원만하게
이루어지니
오직 망령된 인연만
벗어나면
곧 여여한 부처로다

"신령한 광명이 홀로 빛나고 육근과 육진을 멀리 벗어난다"라고 했다. 육근과 육진을 멀리 벗어나고자 하는 것은 자신의 눈, 코, 귀, 혀, 몸,

생각 등의 육근을 막아 색(물질), 소리, 냄새, 맛, 촉감, 외물 등을 멀리하고자 하는 것이니 자신과 외경이 단절된 이런 상태에서 어찌 신령한 광명이 나올 수 있겠는가? 태어남이 바깥 세계와의 연기관계에서 일어났고 살아감도 외부와 연기적 관계를 맺으면서 이루어진다. 이것이 불법의 연기적 세계이다. 그렇다면 세속의 염오와 번뇌를 피하려는 것은 불법의 세계를 벗어나려는 것과 다를 바 없다.

염오, 번뇌, 망령 그리고 청정 등은 본래부터 있는 것이 아니라 인간의 조작된 분별에 의해 만들어진 것이다. 그리고 이들 각각에는 불법이 들어 있으므로 청정한 것은 불법이고 망령된 것에는 불법이 없다는 생각은 연기적 불법의 바른 이해가 아니다. 흔히 깨끗한 것에는 불법이 들어 있고, 더러운 것에는 불법이 없다고 보지만 불법은 이 세상에 존재하는 모든 것에 다 들어 있다.

다만 인간이 유위적인 조작된 마음으로 분별하여 취사선택할 뿐이다. 이런 행위는 당연히 연기적 불법에 어긋난다. 그러므로 만사를 분별하고 차별하며 조작하는 마음을 여의는 것이 불법을 따르는 첫 번째 지름길이다. 예를 들면 "오직 망령된 인연만 벗어나면 곧 여여한 부처이다"라고 했지만, 실은 망령된 인연을 피해 떠날 것이 아니라 이를 붙잡고 함께 할 수 있을 때 비로소 여여한 부처로 드러날 수 있게 된다.

147 학림현소화상
鶴林玄素 和尙

◉ 하루는 현소 화상에게
백정이 예배하며
공양하고자 한다
현소 화상이
흔쾌히 따라가니
대중들이 모두
놀라워한다
현소 화상이 말한다
불성은 평등하여
어진 이나
어리석은 이가
모두 같다
단지 제도할 수
있는 사람은
내가 곧 제도한다
무슨 차별이 있겠는가?

현소 화상은 "불성은 평등하여 어진 이나 어리석은 이가 모두 같다. 단지 제도할 수 있는 사람은 내가 곧 제도한다. 무슨 차별이 있겠는가?"라고 했다. 그렇다. 불법의 평등성에 따르면 어진 사람이나 어리석은 사람, 성인이나 백정이 따로 없다. 다만 현자는 현자의 할 일이 있고 백정은 백정의 할 일이 있을 뿐이다. 세상의 생주이멸의 이법을 잘 모른다고 해서 삶의 가치가 떨어지는 것은 아니다. 단지 서로 간의 연기적 관계가 좀 불편해질 경우가 생길뿐이다. 사실 이런 것도 연기적 상황에 따라 다양하게 달라지므로 현자가 반드시 어리석은 사람보다 낫다는 법도 없다.

농부는 세상 이법은 잘 모르지만 계절에 따른 농사일은 제일 잘 안다.

그래서 농부가 현자를 볼 경우에는 오히려 현자가 농사일에 대해 어리석은 사람이 된다. 마찬가지로 소를 잡는 것은 현자보다 백정이 더 잘 안다. 세상 사람들 누구나 나름대로의 재능을 갖추고 있다. 재능에는 높고 낮음이 있는 것이 아니며, 또한 누가 누구를 제도하는 주종의 관계보다는 재능에 따라서 각기 어떠한 일을 할 수 있느냐가 중요하다. 그러므로 누구나 자신의 능력과 소질에 알맞은 자리에서 최선을 다한다면 연기적으로 원융한 화엄세계가 저절로 이루어지게 될 것이다.

148 대전보통화상
大顚寶通和尙

◉ 대전보통 화상이
처음 석두 선사를
참례하는데
석두 선사가 묻는다
「어느 것이 그대의
마음인가?」
대전 화상이
「말하는 사람입니다」
라고 하자
곧 꾸짖어 내보낸다
열흘이 지나서
대전 화상이
다시 묻는다
「앞서 말한 것이
옳지 않다면
이것 외에 무엇이
마음입니까?」
석두 선사가 말한다

「눈썹을 치켜들며
눈을 움직이는 것 말고
마음을 가져오너라」
대전 화상이 말한다
「가져올 마음이
없습니다」
석두 선사가 말한다
「원래 마음이 있는데
왜 마음이
없다고 하는가?
무심도 모두 비방이다」
대전 화상이 그 말에
크게 깨닫는다

흔히 불교는 마음의 종교라고 해서 인간의 마음을 중시한다. 그렇다면 마음은 무엇이며, 어디에서 왔는가? 현대 과학에 따르면 정신작용이 마음이며, 정신은 인간을 구성하는 분자활동의 복잡계(複雜系)에 근거한다. 미국 생화학자 제럴드 에덜먼에 따르면 시냅스라는 신호전달체가 뇌신경세포(뉴런)에 수없이 많이 연결되어 있고 이들을 통해서 육근에 전달된 외부 정보가 뉴런에 저장되고 그리고 이 정보가 시냅스를 통해서 안팎으로 전달된다. 이런 모든 활동이 바로 마음이다.

따라서 마음이란 태어날 때 가지고 나오는 선천적 마음과 살아가면서 경험과 교육을 통해서 훈습된 후천적 마음으로 구성된다. 이와 같은 마음은 외부 경계와 연기적 관계를 통해 다양하게 나타난다. 이런 마음의 연기적 현상을 깊이 다루며 중시하는 것이 불교의 수행이다. 그러므로 불교는 단순한 마음의 관념적 종교라기보다는 연기적 행을 중시하는 실천적 종교이다. 그래서 마음은 곧 실천에서 나오므로 실천이 없는 마음은 죽은 마음과 다를 바 없다.

"마음을 보여라"라고 하면 "말하는 그대로가 바로 마음이다"라고 할 수 있다. 그리고 "어느 것이 그대의 마음인가?"라고 물으면 "지금 말하는 것이 바로 나의 마음이다"라고 할 수 있다. 나무의 마음은 무엇일까? 바람이 불면 잎이 흔들리는 것이 바로 나무의 마음이며, 별들의 마음은 빛을 내는 그 자체가 별의 마음이다.

결국 생의를 지닌 만물은 생의 그 자체가 마음의 표현이다. 그래서 만물이 법성을 따르는 마음을 지닌 부처라고 말할 수 있는 것이다. 석두 선사가 "원래 마음이 있는데 왜 마음이 없다고 하는가? 무심도 모두 비방이다"라는 말은 만물이 탄생과 함께 법성을 지닌 마음(生意)을 가지고 나온다는 뜻이다. 따라서 원래부터 마음이 있는데 가져올 마음이 없다는 것은 비방함이라고 했다. 결국 마음은 어디에서 가져오는 것이 아니라 원래 있는 것을 항상 그대로 비추어 드러내보일 뿐이다.

149 조산탐장 선사
曹山耽章 禪師

● 조산탐장 선사에게
종이로 만든
옷을 입고
호를 종이 옷 도인
(紙衣道者)이라고 하는
어떤 스님이
동산에서 왔다
조산 선사가 묻는다
「무엇이 종이 옷
아래의 일인가?」
스님이 말한다
「한 벌의 옷을 겨우
몸에 걸침에
만 가지 일이 다 그와
같습니다」
조산 선사가 또 묻는다
「무엇이 종이 옷
아래의 작용인가?」

스님이 앞에 나와서
공손히 서서
「예」 하고는
곧 옷을 벗어버리고
가자 조산 선사가
웃으면서 말한다
「그대는 이렇게
가는 것만 알고
그렇게 돌아올 줄은
모르는구나」
스님이 홀연히
눈을 뜨고 말한다
「하나의 신령한
참 성품이
포태(胞胎)를
빌리지 않았을 때는
어떻습니까?」
조산 선사가 말한다

「이것은 아직
미묘한 것이 아니다」
스님이 말한다
「그러면 무엇이
미묘한 것입니까?」
조산 선사가 말한다
「빌리지 않고
빌리는 것이다」
그 스님이 승당으로
물러나 앉아서
열반에 든다

종이 옷 아래의 일이란 육근을 가진 육신의 일이다. 그래서 "한 벌의 옷을 겨우 몸에 걸침에 만 가지 일이 다 그와 같습니다"라고 하는 것이다. 그리고 조산 선사가 "무엇이 종이 옷 아래의 작용인가?"라고 묻자, 스님이 옷을 벗어버리고 가버린다. 이것은 종이 옷 아래의 작용이란 육신이 외경과 접해 일어나는 연기적 관계를 나타낸 것이다.

스님이 "하나의 신령한 참 성품이 태를 빌리지 않았을 때 어떻습니까?"라고 물었다. 하나의 신령한 성품이란 인간의 탄생 이전, 인류의 출현 전부터 존재한 우주 만유의 법성이다. 그러므로 이런 법성은 어머니의 태를 빌렸건 빌리지 않았건 늘 존재하는 것으로 만유의 생주이멸과 성주괴공과 함께 존재하는 원초적인 우주의 보편적 특징인 우주심이다. 이것은 조산 선사의 말처럼 누구나 빌리지 않고 빌리는 것이다.

◉ 조산 선사가
게송을 지어 말한다
깨달음의 성품은
원만하고 밝아
형상의 몸이 없으니
지견을 가지고
망령되게
멀고 가깝다
차별하지 마라
생각이 달라지면
곧 현묘한 본체가
달라지고
마음이 어긋나면
도에 가까워지지
못하네
정념이 흩어지면
만법이 앞의
경계에 빠지고
의식으로
많이 살피면
곧 본래의
진성을 잃네
만약 언구에서
모두 환히 알게 되면
무사(無事)를 요달한
옛 사람이로다
조산 선사가
이처럼 상근기를
계발했으니
한번도 그 자취를
찾을 수가 없었다

우주 만유는 무위적 연기법을 따라 진화한다. 인간이 유위적으로 조작된 언구와 식견 등에 집착한다면 무위적 연기세계의 불법을 바르게 이해할 수 없게 된다. 그러면 대자연의 실상이 우리로부터 멀어지므로 자연의 법성을 바르게 알 수 없게 된다. 그래서 조산 선사는 "깨달음의 성품은 원만하고 밝아 형상의 몸이 없으니 지견을 가지고 망령되게 멀고 가깝다 하지 마라"라고 하였다.

조산 선사는 "정념이 흩어지면 만법이 눈앞의 경계에 빠지고, 의식으로 살피면 곧 본래의 진성(眞性)을 잃는다"라고 했다. 이것은 자연의 참성품인 법성을 알고자 한다면 유위적인 조작이나 부질없는 생각을 피하고, 있는 그대로의 자연과 연기적 관계를 맺을 때 비로소 자연과 인간이 합일되는 경지에서 참성품이 드러나게 된다는 것이다. 이러한 경지는 인간우월주의나 인간중심주의를 여읠 때 달성된다.

따라서 참된 깨달음이란 그릇된 지혜를 벗어나는 탈자적 무아의 경지에서 이루어지는 우주적 연기법의 체득과 실천이다. 이런 경지에 이른 사람을 조산 선사는 "언구에서 모두 환히 알게 되면 훤히 밝아 무사(無事)하니 옛날의 사람이로다"라고 했다. 여기서 무사란 일이 없으므로 번뇌나 집착이 없는 여여함이다.

150 몽산덕이 화상
蒙山德異 和尙

◉ 몽산덕이 화상이 말한다
마음을 밝힌 후에는
항상 마땅히
진공삼매에 들어가서
다생의 습기와 번뇌를
제거해야 한다
번뇌와 습기가
가볍고 맑아지면
능히 금생에 모태에서
나올 때의 일을
알 수 있게 된다
그리고 일세(一世)나
이세(二世)의 전생
또는 십세의
일도 알 수 있다
번뇌와 습기가
깨끗해진 사람은
능히 많은 전생의 일을
알 수 있으며 이를
숙명지신통이라 한다
다음에는
이근(耳根), 안근 내지
육근이 청정해진다
일체의 육근과
육진을 씻어서
청정해진 사람은
여러 가지 삼매,
큰 지혜, 큰 변재,
큰 신통, 큰 기용이
모두 진공실상
속에서 나타난다

몽산덕이 화상은 삼매를 통해서 선의 경지에 이르는 것을 보였다. 즉 마음을 밝힌 후에 진공삼매에 들어가서 많은 생애의 번뇌와 습기를 씻어 제거하면 숙명지신통(宿命智神通)에 이르게 된다. 그리고 육근과 육진이 청정해지면 여러 가지 신통과 변재와 기용이 모두 진공실상 가운

데서 밖으로 나타난다고 했다.

공을 철저하게 관하며 삼매에 든다고 해서 과연 생애의 번뇌와 습기가 저절로 제거될 수 있을까? 번뇌와 습기는 사람과 사물과의 연기적 관계를 통해서 형성되는 것이지 이들과 무관하게 이루어지는 것이 아니다. 특히 습기란 후천적인 교육과 실제 경험에서 형성되어 아뢰야식에 저장되는 정보로서 성품과 연관된다. 따라서 조용히 앉아 실체가 없다는 공을 관하며 삼매에 든다고 해서 나쁜 습기가 좋은 것으로 바뀌는 것이 아니며 또한 번뇌가 저절로 사라지는 것도 아니다.

육신의 육근과 외부 대상의 육진은 원래부터 청정하다. 다만 육근과 육진을 이어주는 육식에 의해서 청정하지 못한 것이 생기게 된다. 예를 들어 외부 대상의 꽃이나 이를 보는 눈은 청정하지만 이것을 인식하는 눈의 안식이 바르게 작용하면 뇌에 올바른 상분(相分) 즉 올바른 외부 정보가 전달되어 마음에서 바른 견분(見分) 즉 바른 인식을 통해 꽃을 아름답게 보며 만족할 수 있게 된다. 그런데 상분이나 또는 견분이 잘못 되면 꽃을 보고 좋은 마음을 내지 못하게 된다. 결국 청정한 마음을 이루도록 하는 의식과 인식은 육식에 연관되며 육근과 육진은 인간의 마음에 따른 청정의 대상이 아니므로 "일체의 육근과 육진을 씻어서 청정해진 사람은 여러 가지 삼매, 큰 지혜, 큰 변재, 큰 신통, 큰 기용 등 모두가 진공실상 속에서 나타난다"라는 말은 바른 것이 못된다.

아뢰야식에 저장된 염오심을 여의면 청정한 불성이 밖으로 드러난다. 청정한 법성은 태어나기 이전, 인류의 탄생 이전, 태양계의 탄생 이전 그리고 우주의 탄생과 함께하는 모든 정보를 담고 있다. 이러한 정보가 인간의 잠재의식에 내재해 있다. 연기적 관계를 통해서 번뇌 망상

등의 모든 염오심만 여의면 태어나기 이전뿐만 아니라 먼 과거의 우주적 정보까지 잠재의식으로부터 알 수 있다. 이것이 바로 우주적 법성인 우주심으로 우주 만유에 내재해 있다. 진정한 깨달음이란 바로 이러한 우주심의 발현 상태를 뜻한다. 비록 이런 깨달음에 이르렀다고 해도 전생을 보는 숙명지신통과 같은 신기한 기적적 행위가 일어나는 것은 아니다.

흔히 깨달음은 신통이나 큰 변재 그리고 큰 기용 등이 일어나는 것으로 말하기도 하지만 이러한 신비적 깨달음이란 불법에 어긋나는 것으로 자신이 특별한 존재라는 아상이나 증상만의 표출에 불과할 뿐이다. 불법은 지극히 평범한 진리를 추구하고 실천하는 것이지 결코 요술적이거나 몽환적이고 특수한 환상의 체험이 아니다.

숙명지신통으로 태어나기 이전의 전생은 무엇 때문에 알려고 하는가? 또 확실히 알 수 있는 것인가? 불교는 현실적 삶의 과정을 중시하는 과정철학에 바탕을 두고 있다. 지난 과거나 다가올 미래에 얽매이는 것은 순전히 신앙에 근거한 미신적 사고로 불법의 근본에 어긋난다. 흔히 수행을 통해 초자연적인 경지에 이르는 것을 깨달음의 성취로 보기도 하지만 이것은 보편성을 중시하는 연기적 불법에서 거리가 먼 자기중심적 믿음에 대한 아집에 불과하다.

◉ 또 들으니
장로가 말하기를
「도는 보고 느끼고
아는 것에
속하지 아니하며
또한 보고 듣고
느끼고 아는 것을
떠난 것도 아니다
라고 합니다
지금까지 무엇이
도인가를
의심해 옵니다
오늘 바라옵건대
화상께서는
저에게 가르쳐
주십시오」
산승이 말한다
「바르게 참구하고

의심을 놓아 버려서는
안 됩니다
왜냐하면 큰 의심에는
반드시 큰 깨달음이
있기 때문이다」
산승이 또 묻는다
「지난날 그대가
희사한 돈을 바라는
마음이 없는가?」
그 여인이 말한다
「저에게 원하는 것이
있습니다
삼보와 인연을 맺어서
심오한 도를 깨닫고
빨리 여자의
몸을 버리고
서방 안락세계에 태어나
아미타불을 친견하고

친히 보리의
미묘한 수기를 받으며
빈곤한 고통을
영원히 벗어나
다시 이 세계에 와서
큰 시주가 되어서
중생을 널리
제도하는 것입니다」

도란 우주 만유의 실상 그 자체의 생주이멸의 이법이다. 그러므로 도라는 것이 따로 있는 것이 아닌데 인간이 특별해 보이려고 도나 견성 등의 말을 만들어 집착한다. 자연과 더불어 무위적으로 서로 연기하면서 살아가면 그만인 것이다. 도의 경지에 이르기 위해 화두를 들고 의심하며 참구하라고 한다. 이는 간화선의 특징이다.

"바르게 참구하고 의심을 놓아 버리지 마라. 왜냐하면 큰 근심에는 반드시 큰 깨달음이 있기 때문이다"라고 했다. 만유가 서로 주고받으면서 조화를 이루는 것이 불법을 따르는 것인데 무엇을 의심해야 하는가? 화두를 들고 마음속으로 의심을 참구한다고 해서 우주 만유를 마음속에 넣을 수 있는 큰 깨달음이 생기는가? 연기는 존재의 원리이다. 만유와 연기적 관계를 맺지 못한 채 홀로 화두를 들고 참구해 가는 수행은 자신이 만유와 동등한 연기적 관계를 맺고 있음을 부정하는 것과 다를 바 없다. 그러므로 고립된 화두 참구는 자신이 우주적 존재이기를 거부하는 것과 다를 바 없다.

모든 것은 상호 관계 속에서 이해하고 또 실천해야 한다. 그렇지 않고 자신의 좁은 마음속만 들여다보며 의심을 해서 설령 깨쳤다고 해도 이는 우주 만유의 이법인 연기적 불법을 깨달은 것이 아니라 자신이 특별한 존재로 승격된 듯한 아상만 심어지게 된다. 평범하고 보편적인 삶이 불법을 따르는 올바른 삶이다. 그런데 무엇 때문에 자신을 의심의 굴레에 묶어서 타자와 소외된 채 허공의 꽃을 찾으려 애쓰는가?

깨달음이 중요한 것이 아니라 깨달음 자체를 여의고 자신을 낮추면서 여여하게 사는 것이 타자를 위해 더 좋은 연기적 삶이 아니겠는가? 불법은 조작되지 않은 무위적 연기를 근본으로 한다. 그런데 화두를 들고 의심하는 참구는 이미 유위적으로 조작된 고립된 세계로 들어가는 것이므로 연기적 불법의 세계를 벗어나게 된다.

돈을 희사한 여인이 "삼보와 인연을 맺어서 심오한 도를 몰록 깨닫고 여자의 몸을 빨리 버리고 서방의 안락세계에서 태어나 아미타불을 친견하고 친히 보리의 미묘한 수기를 받으며 빈곤한 고통을 영원히 벗어나 다시 이 세계에 와서 큰 시주가 되어서 중생을 널리 제도하는 것입니다"라고 했다. 왜 남녀를 분별하는가? 가난이 고통이 아니라 그렇게 느끼는 마음이 고통을 낳으며, 큰 시주가 되어 중생을 제도한다는 것은 아상에 빠진 탐욕이며, 서방의 안락세계는 바로 자신의 마음속에 있는 것이다. 그리고 다시 태어나면 새로운 인간이 된다고 생각하는가? 현실에서 새로운 인간이 되어야 한다. 여인이 생각하는 이 모든 것은 현실을 그대로 받아들이며 적응하기를 거부하는 이기적 탐욕 때문에 생기는 것으로 불법과는 거리가 먼 생각이다. 심오한 도를 몰록 깨친다는 것이 결코 현실 도피의 수단이 될 수는 없다.

151 낙보원안화상
樂普元安和尙

◉ 구름 낀 하늘에서
비가 내려
뜰에 물이 고인다
물위에서 떠돌다가
거품을 보내
앞의 것이 사라지면
뒤에 것이 생겨
앞뒤가 끝없이 이어지네
본래는 빗방울이었는데
물이 되어
거품을 일으키고
바람이 불면
거품은 다시 물이 되네
거품과 물은 그 본질은
다르지 않으나
변하고 바뀌면서 달라지니
밖은 밝고 안은 비어
안팎이 영롱한 보배구슬 같네

맑은 물결에서는
있는 듯 보이더니
다시 움직여 없는 듯하니
유무와 동정은
밝히기 어려운 것
형상 없는 가운데 형상이 있다
거품은 단지
물에서 나온 것이니
물 또한 거품에서 나옴을
어찌 알겠는가
방편으로 거품과 물을
내 몸에 비유컨대
오온이 헛되이 모여
임시로 사람을 이루네
오온도 공하고 거품도
실체가 아님을 통달하면
본래의 이치를
분명히 알 수 있도다

물과 거품 사이의 연기적 관계를 보였다. 수증기가 모여 구름이 되고, 이들이 응결하여 물방울이 되고, 땅에 떨어져 거품을 일으킨다. 이처럼 물은 외부 온도에 따라서 기체, 액체, 고체 등의 물리적 성질이 다른 세 가지 태(態)를 가지는 연기적 현상을 보인다. 모든 변화는 연기적 관계에 의해 일어난다. 그러므로 있다는 것과 없다는 것은 단지 형상이 다를 뿐 그 본질은 같은 것이다.

즉 물에는 거품이 내재하지만 물이 나타나면 거품이 숨어서 보이지 않고, 거품이 나타나면 물이 숨어서 보이지 않는 〈은/현〉이 곧 〈유/무〉의 비동시적 동거성을 나타내는 연기의 양면성이다. 동과 정의 경우도 마찬가지다. 즉 움직임이 나타나면 고요함이 숨고, 고요함이 나타나면 움직임이 숨는다. 동과 정은 늘 함께 있지만 어느 것 하나가 나타나면 다른 것이 숨게 되는 연기의 양면성을 보인다. 그래서 이런 연기의 양면성을 유무불이(有無不異)나 동정불이(動靜不異)라고 해서 유와 무가 둘이 아니고 동과 정이 둘이 아니라 실은 같으면서 다르다고 한다. 여기서 다르다는 것은 현상적인 것이고, 같다는 것은 본질적인 것이다.

인간의 몸도 여러 구성 분자들로 이루어진 연기적 집합체이므로 자기가 있지만 동일한 자기로 존재하지 못하고 늘 연기적 변화를 겪게 된다. 그러므로 "나는 존재하지만 존재하지 않는다"라고 말하는 것이다. 즉 구성 요소 사이나 외부와 연기적 수수관계로 '나'라는 고정된 실체 즉 정체성은 계속 사라지지만 '나'라는 개체는 존재한다. 그래서 낙보원안 화상은 "오온도 공하고 거품도 실체가 아님을 통달하면 본래의 이치를 분명히 알 수 있다"라고 했다. 이런 현상이 만유의 연기적 이법이며, 이것의 바른 이해와 실천이 곧 불법의 깨달음이다.

152 등등화상
騰騰和尙

◉ 도를 닦는다고 하나
도는 닦을 수
있는 것이 아니며
법을 묻는다고 하나
법은 물을 수
있는 것이 아니다
미혹한 사람은 물질이
공임을 알지 못하나
깨달은 사람은 본래
따르고 거역함이 없도다
팔만 사천 법문의
지극한 이치는
마음을 떠나 있지 않으니
자신의 집을 잘 알아서
남의 고향을 찾지 말라
널리 배우고
많이 들으려 하지 말며
변재와 총명도
필요치 않네
달이 커지고
작아짐도 모르고
해의 남은 윤달도
상관이 없네
번뇌가 곧 보리이며
깨끗한 꽃은
진흙에서 피어나니
누가 나에게
무엇을 하느냐고
물으면
그와 함께
이야기할 수 없다네
아침 일찍 죽으로
주린 배를 채우고
낮에는 한 차례
밥을 먹도다
오늘도 마음대로
등등하며
내일도 마음대로
등등하도다
마음은 분명히
다 알고 있으나
일부러 어리석고
바보처럼 산다네

만유가 연기적 관계로 생주이멸을 이어가는데 특별히 도나 법을 닦을 것도 없고 또 물을 것도 없다. 그냥 무위적으로 연기법을 따르면 그만이다. 8만 4천 법문도 모두 이런 연기법을 설한 것이니 나를 떠나고 남을 떠나서 따로 찾을 수 있는 것이 아니다. 다만 집착을 버리고 타자와 역동적인 연기관계를 이루어가면 그 속에서 불법이 그대로 드러나게 된다. 특별히 많이 안다고 해서 알려지는 것이 아니며 또한 신통과 변재를 부린다고 해서 더 잘 아는 것도 아니다. 연기법은 실제의 행을 통해서 익히고 실천할 때 그 본래의 뜻이 드러난다. 이를 위해서는 제법실상에 대한 여실지견을 갖추어야 한다.

그런데 등등 화상은 "널리 배우고 많이 들으려 하지 말며 변재와 총명도 필요치 않다"라고 했다. 이 경우에는 자칫 독단적인 고정된 관념에 빠지기 쉽다. 또한 그는 "깨끗한 꽃은 진흙에서 피어나니 누가 나에게 무엇을 하느냐고 물으면 그와 함께 이야기할 수 없네"라고 했다. 깨끗한 꽃이 반드시 진흙에서만 피어나는 것도 아니다. 깨끗한 것을 찾는 그 자체가 집착이다. 연기의 세계에서는 번뇌와 보리의 차별이 없고 또한 깨끗하고 더러움의 차별도 없이 모두가 그대로 다 여실하게 드러난다.

화상은 "오늘도 마음대로 등등(騰騰)하며 내일도 마음대로 등등하도다"라고 했다. 이것은 기세가 높은 걸림 없는 자유로움을 나타낸 것이다. 흔히 깨달음의 경지에 이르면 대자유나 절대 자유를 얻고 모든 것이 마음속에 분명히 드러날 것이라고 생각한다. 그러나 연기의 세계는 모두가 서로 주고받음의 연기적 굴레에 묶여 있기 때문에 어느 것 하나도 이런 구속을 벗어나서 자기만의 고유한 자유를 누릴 수 없다. 구속이 자유요, 자유가 구속인 것이 바로 연기의 세계이다. 여기서 자유란 타자에게 베풀 수 있는 기회를 뜻하는 것이지 결코 타자와 무관하게 독립된 상태를 의미하는 것이 아니다.

실은 자유롭다는 그 자체가 유위적인 조작으로 무위적 연기를 거부하는 것이다. 하루 한 끼를 먹어도 자연으로부터 양식을 얻어야 한다. 이는 곧 자연에 구속된 상태로서 완전한 자유가 아니다. 다만 그러한 연기적 구속을 느끼지 못할 뿐이다. 그러므로 완전한 자유의 상태는 사멸을 뜻한다. 불법은 구속이니 자유니 하는 인간의 유위적 언구에 구애받지 않는다. 왜냐하면 이들 언구가 모두 집착의 근원이 되기 때문이다.

또한 깨달으면 마음이 훤히 밝아져 모든 것이 그대로 비추어지지만 이를 드러내지 않고 어리석은 바보처럼 산다고 한다. 그러면 깨닫지 못한 사람의 마음은 어두운 것인가? 밝음과 어둠의 분별 그 자체가 그릇된 생각이다. 밝음과 어둠이 따로 있는 것이 아니라 밝음 속에 어둠이 있고, 어둠 속에 밝음이 있다는 것이 〈명/암〉의 연기적 양면성이기 때문이다.

등등 화상은 "마음은 분명히 다 알고 있으나 일부러 어리석고 바보처럼 산다"라고 했다. 억지로 바보처럼 보이는 것도 위선이요, 가식이다. 일부러 어리석은 바보처럼 보이려는 마음 그 자체가 이미 깨달음을 이루지 못했다는 증거이다. 여여함이 불법을 따르는 삶인데 무엇 때문에 자신을 거짓으로 치장하면서 남과 분별하려 하는가? 오늘날 문명시대에 과연 거짓으로 치장된 존재를 구별하지 못하는 사람이 있을까?

도나 깨달음에 목을 맨 자는 이미 현대의 연기의 세계를 떠난 어리석은 사람에 속한다. 왜냐하면 연기의 세계에서는 평범하고 일상적인 삶 그 자체가 곧 깨달은 열반의 상태이기 때문이다. 등등 화상의 말처럼 도를 닦는 다고 해서 닦을 도가 있는 것이 아니며, 법을 묻는다고 해서 물을 법이 있는 것도 아니다. 이런 것이 바로 만유가 도이고 만유가 법이라는 연기의 세계이다.

153 지공화상
誌公和尙

◉ 대승찬송 一-一

대도(大道)는 항상
눈앞에 있다
그러나
보기는 어렵다
도의 진제(眞諦)를
깨닫고자 하면
사물과 소리와
말을 없애지 말라

진제(眞諦)는 도의 참된 본체로 불법이며 우리는 언제나 불법과 함께 있다. 아니 우리가 그 불법 속에 들어 있다. 그런데도 이를 잘 이해하지 못하는 것은 인간이 어리석기 때문이다. 그러니 불법을 바르게 보고 듣고 알고자 한다면 천지만물의 실상과 이들 사이에 일어나는 연기적 설법을 잘 들어야 한다. 또한 인간이 만든 유위적 언어도 세상의 실상을 드러내어 알고자 함에서 나온 것이니 언구를 지나치게 피하지 말고 이를 통해 사물의 연기적 이치를 잘 살펴보도록 해야 한다. 그래서 "도의 진제를 깨닫고자 한다면 사물과 소리와 말을 없애지 말라"라고 했다. 이와 반대로 말과 글을 떠나 마음속에서만 대자연의 이법을 찾고자 한다면, 이는 우물 속에서 천지를 찾으려는 것처럼 허망한 짓이다.

"대도는 항상 눈앞에 있도다. 비록 눈앞에 있으나 보기는 어렵다"라고 했다. 우리가 보고 느끼는 만유의 생주이멸이 바로 대도이지만 이를 멀리 있는 것으로 여기고 사는 것이 인생이다. 만약 대도를 찾고자 한다면 반드시 물아일여로 대자연과의 연기적 관계를 소홀히 하지 말아야 하며 또한 옛 사람의 글을 멀리하지 말아야 한다. 그리고 자신의 생각을 타인과 나누어 비추어 봄으로써 불법의 진리에 더 잘 계합할 수 있도록 해야 한다. 이런 점에서 경론을 멀리하는 교외별전은 불법의 이해나 수행을 위한 바른 방편으로 보기는 어렵다.

◉ 대승찬송 一-二

언어가
곧 대도이다
번뇌도
끊어버릴 수 없다
번뇌는 본래
공(空)해서 없는 것
망령된 생각이
얽히고설키었도다

인간은 생각하는 동물이다. 이런 생각을 전달하는 수단이 언어이다. 따라서 우주 만유의 이법을 언어로 서로 교환하고 이해하면서 연기적 세계를 알게 되는 경지에 이를 수 있다. 이런 점에서 언어야말로 불법을 이해하는 근본 수단이므로 '언어가 곧 대도이다'라고 부르는 것이다.

번뇌란 연기적 수수관계에서 생기는 상념으로 평범한 불안정 상태에 해당한다. 비록 번뇌가 사라진다고 해도 연기적 관계에서 새로운 번뇌의 불안정 상태가 발생하게 된다. 이처럼 고통이나 번뇌는 모두 연기의 세계에서 일어나는 일반적인 현상이다. 불안정한 상태는 연기적 관계를 거치면서 다시 안정된 상태로 이행하므로 불안정과 안정은 진화 과정에서 생기는 보편적 현상이다.

그래서 번뇌는 본래부터 존재하는 것이 아니라 연기적 과정에서 생기는 일종의 불안정으로 고정된 자성을 갖지 못하고 사라진다. 이런 정체성의 소멸 현상을 공이라 부른다. 그래서 "번뇌는 본래 공(空)해서 없는 것, 망령된 생각이 서로 얽히고설키었도다"라고 했다. 이처럼 연기의 세계에서는 특별한 상태나 현상이란 존재하지 않는다. 그러므로 망령된 집착의 여읨이 바로 불법에 이르는 길이다. 그러나 집착에도 불법이 들어 있음을 잊지 말아야 한다.

◉ 대승찬송 一-三

모든 것은
그림자 같고
메아리 같아
무엇이
나쁘고 좋은지
알 수 없네
마음으로 형상을 취해
진실한 것으로 여기면
견성하지 못했음을
반드시 알게 되리라

'변하지 않는 것이 없다'는 것이 변하지 않는 법칙이며, 이것이 바로 연기법이다. 그러니 우주 만유에서 모든 것이 그림자처럼 생겼다가 사라지고 메아리처럼 들렸다가 사라지는 것이다. 이러한 연기의 세계에서 어떻게 어느 한 곳에 집착할 수 있으며, 좋고 나쁘고를 분별하며 가릴 수 있겠는가?

그러므로 "마음으로 형상을 진실한 것으로 여기면 견성하지 못했음을 반드시 알게 된다"라고 했다. 그러니 어느 하나에도 집착하면 연기적 세계의 불법을 따르지 못하므로 견성은 물 건너가게 된다. 오면 가고 가면 오고, 머물면 움직이고 움직이다 머물며, 밝았다가 어두워지고 어둡다가 밝아지는 것이 바로 불법이 자연스럽게 펼쳐지는 연기의 세계이다. 그러니 집착과 분별을 여의고 여여하게 지내는 것이 변화의 법칙인 연기적 불법을 깨닫는 견성의 길이다.

● 대승찬송 一-四

업을 지어
부처를 구하고자 하면
업은 생사의
큰 조짐이 된다
생사의 업은
항상 몸을 따르니
캄캄한 지옥에서
깨닫지 못하리라

업이란 몸과 말과 생각으로 짓는 작용 또는 결과를 말한다. 선한 행은 선업을 짓고 악한 행은 악업을 짓는다고 한다. 선업을 지으면 다음 생에 천상에 태어나고 악을 지으면 지옥에 떨어진다는 것을 두고 업은 생사의 근원이 된다고 한다. 이 경우는 생전에 지은 업에 따라서 천상이나 지옥에 다시 태어난다는 윤회사상에 근거한 것이다. 그래서 생사의 업은 항상 몸을 따른다고 한다.

경에서 이르기를 "마음을 혼란스럽게 하는 것을 가지고 있으면 윤회하게 되고, 그런 것이 없으면 윤회하지 않느니라. … 이 몸을 버리고 다른 몸으로 태어나는 경우에는 집착이 기름이 된다고 말할 수 있다. 정말로 집착은 윤회에 있어서 기름이니라"라고 하면서 "육신과 마음이란 의식이 사라진 자에게는 더 이상 헤아릴 기준이 없다. 그에게 더 이상 이렇다거나 저렇다고 말할 수 있는 그 무엇이 없다. 모든 것들이 없어졌을 때 논쟁할 모든 것들 또한 없어지는 것이다"라고 했다. 결국 집착이 없으면 윤회하지 않게 되고 또한 죽어서 의식이 사라진 자에게 영혼이 있다든지, 다음 생을 받아 윤회한다는 등의 논쟁은 아무런 의미가 없다는 것이다.

서로 주고받는 연기의 세계에서는 자기의 탐욕 때문에 타자에게 피해를 끼치게 되면 나쁜 업을 짓게 된다. 또한 특별한 방법으로 깨달음을 이루어 부처의 경지에 이르고자 하는 것도 자칫 그릇된 업을 짓게 되어 자신의 부처마저 잃게 된다. 이러한 업을 짓지 않으려면 나와 연관된 우주 만유와 더불어 조화로운 무위적 연기관계를 맺으며 자신의 부처를 드러내는 것이다.

자신이 불성을 지닌 부처임을 잊고 그릇된 업을 짓거나 다른 것으로부터 부처를 찾고자 한다면 오히려 자신의 부처를 죽이는 업을 짓는 것이다. 그래서 "만약 업을 지어 부처를 구하려 하면 업은 생사의 큰 조짐이 된다"라고 했다. 그러므로 지극히 자연스럽게 만유와 더불어 무심의 경지로 살아가는 연기의 세계가 바로 부처의 세계이고 그리고 만물이 모두 자신의 부처를 드러내는 조화로운 화엄세계이다.

◉ 대승찬송 一 - 五

이치를 깨닫고 보면
본래 다름이 없다
깨달은 뒤에
누가 늦은 것이고
누가 이른 것인가?
법계의 양은
허공처럼 큰데
중생의 지혜가
스스로 작구나
오직 나라는 생각만
일어나지 않으면
열반의 법식(法食)으로
늘 포식하리라

우주 만유의 생주이멸과 성주괴공의 불법을 깨닫는 데 이르고 늦음이 있겠는가! 모두가 서로 연기적 관계로 이어진 광대한 불법의 세계에 존재하므로 너와 나의 차별이 없는데 불법을 드러냄에 선후가 있고 빠르고 늦음의 분별이 존재하겠는가? 그래서 "이치를 깨닫고 보면 본래 다름이 없다. 깨달은 뒤에 누가 늦은 것이고 누가 이른 것인가?"라고 한 것이다.

다만 '나'라는 생각만 여의면 너와 내가 없이 자타불이이므로 연기적 불법이 그대로 발현된다. 뿐만 아니라 내가 바위이고 나무이며, 또한 바위와 나무가 내가 되는 물아일여로 나와 대자연이 하나 되는 천인합일의 경지에 이르게 된다. 이처럼 자연 만물은 법성을 지닌 부처로서 우주 법계를 이루고 있다. 그러나 연기법에 대한 지혜가 적은 사람은 이러한 거대한 우주 법계를 잘 모르게 된다. 이런 경지를 지공 화상은 "법계의 양은 허공처럼 큰데 중생의 지혜가 스스로 작구나. 오직 나라는 생각만 일어나지 않으면 열반의 법식(法食)으로 늘 포식하리라"라고 했다.

◉ 대승찬송 二-一

허망한 몸이 거울에
그림자를 비추네
그림자와 허망한 몸은
다르지 않으니
그림자를 없애고
몸을 남겨두면
몸도 본래 허망한
것인 줄 모르게 되네
몸은 본래 그림자와
다르지 않으니
하나를 두고 하나를
없앨 수 없도다
그러니 하나를 두고
하나를 버리게 되면
진리와는 영원히
멀어지게 되리라

이 몸은 지수화풍 사대로 이루어진 물질의 연기적 구조물이다. 숨을 쉬고 양식을 취하면서 성장하고 또 노쇠해 간다. 그러다가 태어나면서부터 예정된 사멸의 길로 접어든다. 이처럼 몸은 연기적 존재로서 늘 변화하기 때문에 고정된 자성 즉 정체성이 존재하지 않게 된다. 그래서 몸은 항상 그림자를 남기면서 생주이멸의 과정을 밟아가는 셈이다.

"몸은 본래 그림자와 다르지 않으니 하나를 두고 하나를 없앨 수 없다"라고 했다. 나의 그림자는 보이지 않는 그림자이다. 그러나 항상 달라진 그림자를 남겨둔 채 불법을 따르면서 나라는 개체는 살아간다. 이처럼 그림자 없는 개체는 우주 어디에서도 존재하지 않는다. 흔히 이와 같은 보이지 않는 연기적 그림자를 공이라고 부른다. 연기의 세계에서는 연기적 공의 그림자를 앎으로써 실상을 알게 되고, 실상을 알면 연기적 공의 그림자를 찾아 볼 수 있다. 이것이 바로 실재성에 대한 연기법의 이해이다.

사람은 자신의 실상을 허위의 겉치레로 가릴 수 있지만 그 실상의 그림자는 자신의 본래 모습을 그대로 비춘다. 그러니 아무리 큰 깨달음을 성취한다 하더라도 그림자가 이를 뒷받침하지 못하면 허위의 탈을 쓴

악인으로 전락되고 말 것이다. 거울에 비치는 자신의 그림자가 단순히 기하학적 모양에 불과해 보이지만 실은 자신의 성품을 드러내 보이는 연기적 그림자이다. 그래서 "하나를 두고 하나를 버리면 진리와는 영원히 멀어지게 되리라"라고 했다. 현자는 사람을 보면 그 사람의 현재와 과거의 [연기적] 그림자를 엿볼 수 있다. 이는 삶의 그림자에는 거짓이 없기 때문이다.

◉ 대승찬송 二-二

성인을 좋아하고
범부를 싫어하면
생사의 바닷속에서
부침하게 되리라
번뇌는 마음 때문에
생기는 것이니
무심하면 번뇌가
어디에 있겠는가
애써 분별하며
취하고 버리지 않으면
순식간에 저절로
도를 이루리라

우주 만유는 모두가 존재 가능하기 때문에 태어나 살아가면서 연기적 환경에 따라서 다양한 모습을 보이게 된다. 성인이나 범부도 원래는 동등하지만 각자의 환경에 따라서 지나온 역사가 다르고 또 살아갈 역사가 달라진다. 우주에서는 무엇이든 똑같은 것으로는 한 번밖에 태어나지 않는 유아독존의 산물로서 이들의 존재가치는 모두 동등하다. 그러므로 이들을 분별해 집착함은 불법에 따른 존재의 평등성과 보편성에 어긋난다. 그래서 "성인을 좋아하고 범부를 싫어하면 생사의 바닷속에서 부침하리라"라고 했다.

다만 성인이 할 일과 범부가 할 일이 따로 있을 뿐이다. 즉 각자의 재능과 소질[異相]에 알맞은 위치에서 자신의 재능을 충분히 발휘하는 괴상(壞相)이 다를 뿐이지 인간적인 차별은 본래부터 존재하지 않는다. 이처럼 차별적인 분별심과 집착심만 여의면 번뇌라는 조작된 마음의 작용은 일어나지 않는다. 인간은 이러한 분별적 집착만 여의면 그대로 불성을 드러낼 수 있는 부처로 현현할 수 있다. 그래서 지공 화상은 "애써 분별하며 취하고 버리지 않으면 순식간에 저절로 도를 이룬다"라고 했다.

◉ 대승찬송 二-三

꿈꿀 때 꿈속에서
하는 것과
깨었을 때
깨어 있는 경계가
모두 없네
깨었을 때와
꿈꿀 때를
뒤집어 생각하니
전도된 두 가지 견해가
다르지 않도다

꿈속에서 일어나는 현상은 주로 잠재의식 속에서 이루어지는 것이지만 이들 역시 생시처럼 연기적 세계이다. 비록 비현실적 사건이나 현상이 꿈속에서 나타나지만 모두가 현실 세계에서 일어난 연기적 사건의 훈습된 정보를 근거로 한다. 이는 잠재의식이 연기적 현실 세계의 바탕에서 이루어지기 때문이다. 그래서 "깨었을 때와 꿈꿀 때를 뒤집어 생각하니 전도된 두 가지 견해가 다르지 않다"라고 했다.

흔히 꿈의 세계를 허망한 것으로 보지만 꿈속에도 진실성이 내포될 수 있다. 그래서 꿈을 분석하여서 환자의 병을 치료하기도 한다. 따라서 꿈의 세계나 꿈에서 깬 현실 세계 모두가 연기적 세계로서 변화하는 세계이지 결코 모두가 허망한 것은 아니다. 그래서 "꿈꿀 때 꿈속에서 하는 것과 깨었을 때 깨어 있는 경계가 모두 없다"라고 한다. 결국 인간은 자나(어리석으나) 깨나(깨달으나) 연기의 세계를 벗어나지 못한다. 이는 연기적 불법이 만유의 존재를 주재하고 있기 때문이다.

◉ 대승찬송 二-四

미혹을 고쳐
깨달아서
이익을 구하면
물건 파는 장사꾼과
무엇이 다르랴
동정(動靜)을
모두 잊고
마음이
항상 고요하면
저절로 진여에
계합하리라

수행자가 미혹을 벗어나 깨달음을 이루었다고 하면서 아상을 드러내어 남을 속이고 이익을 취한다면 나쁜 업을 짓는 것이다. 물건을 팔아 이익을 취하는 것은 보편적인 삶의 과정이므로 장사꾼을 미혹한 범부라고 볼 수는 없다. 자기 이익을 지나치게 많이 취하지 않는다면 장사꾼도 부처로서 가족을 부양하기 위해 최선을 다하는 부처의 삶이다.

그런데 몰록 깨달았다고 하면서 도인 행세를 하고, 이를 통해 명예를 얻고 권력을 찾아 이곳저곳을 기웃거린다면 이는 불법의 탈을 쓴 위선자와 다를 바 없다. 이런 경우를 흔히 양의 가죽을 뒤집어 쓴 이리와 같다고 한다. 이를 두고 지공 화상은 "미혹을 고쳐 깨달아 이익을 구하면 물건을 파는 장사꾼과 무엇이 다르랴"라고 했다.

이처럼 비리가 허용되는 사회는 불법이 사라진 세상이다. 깨달음이 깊고 넓을수록 계·정·혜 삼학을 바르게 따르며 항상 들뜨지 않은 안정된 정(定)의 상태에 머물게 된다. 물은 깊을수록 고요하고 산은 높을수록 안정하다. 이런 세계가 움직이면서 고요하고 고요하면서 움직이는 동정일여인 연기의 세계이다. 따라서 "동정을 잊고 늘 적적하면 저절로 진여에 계합하리라"라고 하지만 이런 경우가 역동적인 연기의 세계에서는 결코 존재할 수 없다.

◉ 대승찬송 二-五

만약 중생이
부처와 다르다고
말한다면
아득히 부처와는
멀리 떨어지리
부처와 중생이
둘이 아니니
저절로 끝내는
남음이 없도다

"만약 중생이 부처와 다르다면 부처와는 아득히 멀리 떨어지리"라고 했다. 우주 만물이 법성을 지닌 부처이니 어느 것 하나 부처 아닌 것이 없다. 중생이 부처요, 산천초목이 부처요, 일월성신이 부처이다. 이와 같이 부처와 중생이 둘이 아니며 또한 만유가 부처임을 알면 저절로 불법이 현현하는 구경에 이르게 된다. 그래서 "부처와 중생이 둘이 아니니 저절로 구경에는 남음이 없도다"라고 했다. 경에서도 이르기를 "마음, 부처, 중생의 셋은 차별이 없다"라고 했다. 그런데 지혜를 가진 인간은 이기적인 집착심 때문에 자신의 본성을 잘 드러내지 못하므로 내면의 부처를 밖으로 드러내기가 어려울 뿐이다. 그래서 석가모니부처님이 수많은 방편을 설하며 길을 열어 보인 것이 8만 4천 법문이다.

또한 부처에는 옛 부처가 있고 오늘날의 부처가 따로 있는 것이 아니라 단지 변화하는 연기적 세계에서 부처의 역할이 시대에 따라서 달라질 뿐이다. 사람이 적고 비교적 조용했던 옛날에는 탐심이 적고 자연과 더불어 살아갈 수 있는 여건이 되었지만 오늘날에는 복잡하고 다양한 환경에서 수많은 사람들이 보다 적극적 연기관계를 맺으며 경쟁적으로 살아가기 때문에 대체로 자연과 분리된 채 인간중심주의로 치닫게 되었다. 그래서 현대인은 자신의 부처를 밖으로 드러내기가 더욱 어려워진다. 뿐만 아니라 부처가 부처를 알아보지 못하기 때문에 자신의 이익을 위해서는 주저하지 않고 살생도 저지르는 것이 불법을 벗어난 오늘날의 현실이다.

◉ 대승찬송 三-一

법성은 본래
늘 고요하고
넓고 넓어
그 끝이 없는데
마음을 취하고
버리는 데 두면
두 경계에
이끌리게 되리라

우주 만물은 연기적 관계에서 언제나 최소작용의 원리에 따라서 가장 안정된 낮은 에너지 상태에 머물려는 성질을 지닌다. 지공 화상은 이를 '법성은 본래 항상 고요하고 넓고 넓어 그 끝이 없는데'라고 했으며, 이것이 바로 만물의 본래의 법성이다. 연기적 세계가 넓을수록 안정된 상태가 쉽게 유지된다. 좁은 개울물은 약한 바람에도 쉽게 흔들리지만 넓은 바닷물은 비교적 조용한 상태를 유지하는 것도 이런 이치 때문이다.

그러니 집착심과 분별심을 여의고 연기적 세계에서 무위적으로 반응하며 순응하고 적응한다면 어찌 번뇌를 일으키는 불안정한 상태에 놓이겠는가? 그래서 "마음을 취하고 버리는 데 두면 두 경계에 이끌리게 되리라"라고 했다. 따라서 자신의 불성을 드러내고자 한다면 취하고 버리는 간택을 여의고 중도의 길에서 넓은 우주 만유와 더불어 연기적 관계를 조화롭게 이어가도록 해야 한다.

◉ 대승찬송 三-二

모습을 감추고
선정에 들어
좌선하면서
경계를 잡고
마음을 안정시켜
각관(覺觀)하는 것은
나무로
조각된 사람이
도를 닦는 격이라
어느 때 피안에
이르리오

외부 경계와 담을 쌓고 앉아 선정에 들어서 자신의 마음을 뚫어지게 들여다본들 무엇이 나오겠는가? 세상 만유는 서로 간에 주고받는 연기적 관계를 이루어가면서 존재의 의미를 찾는다. 무엇이든 고립된 상태로 존재할 수는 없다. 그래서 연기적 이법의 이해와 실천을 강조한 것이 불교의 불법이다.

만약 외부와 단절된 채로 어떤 신비적 경지를 찾고자 한다면 이는 이미 연기적 법계를 떠난 것으로 불법과 무관한 외도의 짓이다. 나무조각이 도를 닦을 수 없고, 벽돌을 갈아 거울을 만들 수 없듯이 연기의 세계를 벗어난 외로운 좌선 참구로는 결코 불성을 지닌 부처를 만날 수 있는 깨달음의 언덕으로 갈 수 없다는 것이다. 그래서 "모습을 감추고 선정에 들어 좌선하며 경계를 잡고 마음을 안정시켜 각관(覺觀)하는 것은 나무로 조각된 사람이 도를 닦는 격이라 어느 때 피안에 이르리오"라고 했다. 이것은 나무로 조각된 사람처럼 홀로 가만히 앉아 깨달음을 이루는 것이 아니라 부처와 부처가 서로 긴밀한 연기관계를 이루면서 제법 실상을 여실하게 드러냄으로써 깨달음의 도피안에 이를 수 있다는 뜻이다.

◉ 대승찬송 三-三

모든 법은
원래 공하여 집착할
대상이 아니다
뜬 구름이 모이고
흩어지는 것과 흡사하네
본성이 원래 공한 줄을
홀연히 깨달으면
흡사 열사병으로
땀을 흘리는 것과 같네
지혜가 없는 사람
앞에서는 말하지 말라
그대의 몸을 때려서
별이 흩어지듯 하도다

우주 만유는 서로 주고받는 연기적 관계를 이어가므로 항상 변하면서 진화한다. 따라서 고정된 자성이 존재하지 않으므로 이를 공이라 한다. 이를 지공 화상은 “모든 법은 원래 공하여 집착할 대상이 아니다. 뜬 구름이 모이고 흩어지는 것과 흡사하네”라고 했다. 따라서 무자성한 연기적 공에 집착할 것이 아니라 변화의 상태를 주시하며 보다 조화로운 연기적 관계를 이루어가도록 해야 한다. 이것은 태어나 사는 것이 바로 연기적 삶이며 변화의 삶이기 때문이다.

이러한 연기적 과정을 거치다가 최후에는 한 줌의 재를 남기면서 새로운 연기적 생의 씨앗으로 바뀌게 된다. 이처럼 만유의 생주이멸이 바로 변화하는 연기적 존재의 순환과정을 나타낸다. 그러니 만유의 변화는 과거도 그러하고 현재도 그러하며 미래도 그러하므로 모든 존재는 그 본성이 원래부터 정체성이 없는 연기적 공이다. 이를 두고 지공 화상은 "본성이 원래 공한 줄을 홀연히 깨달으면 흡사 열사병으로 땀을 흘리는 것과 같다"라고 했다. 이것은 만유가 외부 경계와 밀접한 상호 의존적 관계에서 그 존재를 드러내는 연기적 불법을 따르기 때문이다.

◉ 대승찬송 四-一

그대 중생에게
직접 말하노니
비유(非有 즉 無)가
곧 비무(非無)이다
비유(非有)와
비무(非無)가 둘이 아니니
어찌 있는 것에 대해서만
허망을 말하리오
있음과 없음은 망심에서
이름 붙인 것이니
하나를 깨트림에
다른 하나도 없어지도다
두 가지 이름은 그대
생각으로 짓는 것이니
생각이 없으면 본래로
진여로다

비유(非有)는 바꾸어 말하면 무(無) 즉 없음을 뜻하고, 비무(非無)는 유(有)를 뜻한다. 그리고 있음이란 없음의 반대이다. 그런데 연기적 세계에서는 모든 것이 상호 관계에 의해 연속적으로 변화하므로 고정된 실상이란 존재할 수 없다. 그러므로 유이지만 곧 무가 되고, 무이지만 곧 유가 되어 유무가 연속적으로 바뀌어 나타난다. 예를 들면 나라는 존재는 있지만 연기적 과정을 통한 변화로 기존의 자성이 사라지면서 새로운 나로 존재하게 된다.

이처럼 연기적 관계에서는 〈유/무〉가 함께 있지만 이들이 동시에 나타나지는 않는다. 이런 비동시적 동거상이 바로 연기의 양면성이다. 그래서 유무불이로서 유와 무는 본래부터 전혀 다른 것이 아니라 연기적 변화를 통해서 다르게 나타날 뿐이다. 그러니 연기적 세계에서는 유와 무를 분별하는 자체가 그릇된 것이다. 이것을 지공 화상은 "비유(非有卽無)가 곧 비무(非無)이다. 비유(非有)와 비무(非無)가 둘이 아니니 어찌 있는 것에 대해서만 허망을 말하리오"라고 했다.

이것은 마치 흐르는 물에서 어느 한 곳에 점을 찍어 두려는 어리석음과 같다. 관념적으로 점을 찍지만 그 점이 한 곳에 머물 수 없기에 이에 대한 집착은 허망한 것이다. 〈선/악〉, 〈미/추〉, 〈고/락〉 등이 모두 연기의 양면성을 나타낸다. 이들은 모두 인간이 유위적으로 만든 말임에도 불구하고 연기적 이법을 몰라 어느 한 쪽에 집착하여 번뇌를 일으킨다. 그래서 "두 가지 이름은 그대 생각으로 지었으니 생각이 없으면 본래로 진여이다"라고 했다. 이것은 연기적 양면성에 집착하지 말고 여여하게 중도를 따르라는 뜻이다.

◉ 대승찬송 四-二

만약 분별심으로
깨닫기를 바란다면
그것은 산에서 그물로
고기를 잡는 격이다
공부를 해도
세월만 보내나니
이익이 없으리라
긴 세월 동안
잘못 공부한 탓이로다

우주 만유는 법성을 지닌 부처이다. 인간이 그렇고 산하대지와 일월성신이 그러하다. 그런데 어찌 분별심, 즉 알음알이로 부처를 찾을 수 있겠는가? 만유의 법성을 나타내는 부처는 인간의 분별심으로는 찾기 어렵다. 그래서 지공 화상은 "만약 분별심으로 깨닫기를 바란다면 그것은 산에서 그물로 고기를 잡는 격이다"라고 했다.

성불을 바라며 가부좌를 틀고 앉아 깨닫기를 바란다면 분별심을 버려야 한다. 또 어떠한 목적의식도 버려야 한다. 목적의식을 가진다는 것은 욕망이다. 특별한 목적을 세우고 밖에서 부처를 찾아 헤매기보다는 자신이 부처라는 것을 잊지 말고 남들과 실제적인 연기관계를 맺으면서 청정한 자기 부처를 밖으로 드러내는 것이 불법을 따르는 바른 길이다. 그러므로 공부를 해도 이익이 없으면 산에 가서 고기를 잡으려는 것처럼 아무리 긴 세월이 흘러가도 올바른 결과를 얻지 못하게 될 것이다.

◉ 대승찬송 四-三

마음이 곧 부처임을
알지 못하면
진실로 나귀를 타고
나귀를 찾는 격이네
일체를 미워하지도
사랑하지도 않는다면
이러한 번뇌는
반드시 없어지리라
번뇌를 없애면
몸을 없애게 되고
몸을 없애면 부처도
없고 원인도 없도다
부처도 없고
원인도 없게 되면
자연히 법도 없고
사람도 없게 되리라

"마음이 곧 부처임을 알지 못하면 진실로 나귀를 타고 나귀를 찾는 격이다"라는 말은 나 자신이 바로 부처라는 것이다. 마음과 몸으로 이 부처를 바르게 드러내고자 불법을 닦는다. 부처란 원래부터 있는 것이 아니라 인간이 만들어낸 말이다. 만유는 본래부터 법성을 지니고 있기에 따로 부처라는 말을 쓸 필요가 없다. 때로는 부처라는 말에 집착하여 자신이 부처임을 잊고 다른 곳에서 부처를 찾는 허망함을 드러내기도 한다.

연기의 세계란 바로 법성이 발현되는 세계이다. 그러므로 〈선/악〉이나 〈애/증〉 등의 분별적 언구에 대한 집착을 떠나 무위적인 연기관계만 잘 이루어간다면 구태여 다른 데서 부처를 찾을 필요가 없다. 왜냐하면 무위적인 연기적 행위 그 자체가 바로 부처의 경지이기 때문이다. 여기에서는 자기라는 존재자나 법이라는 존재가 특별히 따로 있는 것이 아니다. 그래서 "부처도 없고 원인도 없게 되면 자연히 법도 없고 사람도 없게 되리"라고 했다.

◉ 대승찬송 五一

대도는 수행으로
얻어지는 것이 아니다
수행이란
어리석은 범부를 위한
방편이다
이치를 안 다음에
수행이란 것을
돌이켜 보면
비로소
잘못 공부해 온 것을
알게 되리라

일반적으로 도를 얻고자 하는 수행은 좁은 한쪽만 보고 달리는 것이니 넓고 넓은 연기의 세계를 모르게 된다. 도의 성취라는 한 가지 목적을 가지게 되면 그 목적에만 집착하게 되므로 이기적이며 자기중심적인 좁은 견해에 묶여 다른 것에 무관심하며 배타적이 되기 쉽다. 이와 같은 수행의 방편에서는 결코 연기적 불법을 찾을 수 없으므로 도와는 거리가 멀어지게 된다. 오히려 그릇된 수행으로 불법에 어긋나게 아상만 높아져 남을 헛되게 제도할 위험성이 따른다.

"대도는 수행으로 얻어지는 것이 아니며 수행이란 어리석은 범부를 위한 방편이다"라고 했다. 그러면서 "이치를 안 다음에 수행이란 것을 돌이켜 보면 잘못 공부해 온 것을 알게 된다"라고 했다. 큰 도란 특별하거나 대단한 것이 아니라 무위적 연기의 세계에서 만유와 더불어 조화롭게 살아가는 평범한 삶의 길이다. 그리고 만유는 법성을 갖추고 있으므로 자신에게 원래 불성이 들어 있다. 이러한 이치를 안다면 굳이 특별한 방법으로 수행을 할 필요가 없다는 것이다. 불법의 발현에는 성인과 범부가 따로 있는 것이 아니다. 누구나 만유와 더불어 일상적으로 살아가는 연기적 과정이 바로 수행이며, 여기서 자신의 부처를 밖으로 드러내기만 하면 저절로 도의 경지에 이르게 되는 것이다.

◉ 대승찬송 五-二

완전히 통한 큰 이치를
깨닫기 전에는
반드시 언행이
서로 일치해야 한다
다른 알음알이에
집착하지 말고 돌이켜
근원으로 돌아가면
모든 것은 무(無)이니
누가 이 말을
알고 있겠는가
그대 스스로 자기를
추구하게 하라
옛날의 허물을
스스로 살펴보아
오욕의 상처를
없애버려라

"완전히 통한 큰 이치를 깨닫기 전에는 반드시 언행이 서로 일치해야 한다"라는 것은 자연의 연기적 이법을 이해하고 실천하는 것은 자신의 말과 행동이 서로 일치하도록 해야 한다는 것이다. 즉 서로간의 주고받음에서 생각과 행동이 언제나 같아야 한다. 그렇지 못하고 이기적인 것에 집착하거나 고정된 관념에 집착하면 원활한 연기관계를 이룰 수 없게 된다. 그래서 지공 화상은 '돌이켜 근원으로 돌아가면 모든 것은 무(無) 즉 없는 것'이라고 했다. 이것은 연기법에 따라 만유의 고정된 자성이 없다는 제행무상과 제법무아를 뜻한다. 그러므로 불필요한 알음알이에 집착하지 말고 만유의 연기법을 따르라는 것이다. 그러면 언제나 자기가 타자이고 타자가 자기인 것처럼 외부 대상과 합일하는 연기적 관계를 이어가므로 그 누가 불행하며 그 누가 피해를 입겠는가?

만약 자신을 중시하면서 자기중심적으로 추구한다면 이는 상의적 연기관계에 어긋나므로 타자에게 피해를 끼치게 된다. 그래서 언제나 불법에 비추어 자신을 보고 타자에 비추어 자기를 보아야 한다. 이것이 곧 자등명 법등명이다. 이것은 상즉상입한 주객의 평등성과 주관과 객관이 다르지 않다는 주객불이의 사상에 근거한다.

이 세상에서 어느 것 하나 타자 없이는 존재할 수 없다. 자기란 원래 타자 없이는 태어날 수 없기 때문이다. 그러므로 자신이 존재하게 된 연기적 근원을 잊지 말아야 한다. 그래서 지공 화상은 "그대 스스로 자기를 추구하게 하라. 옛날의 허물을 스스로 살펴보아 오욕의 상처를 없애 버려라"라고 했다.

◉ 대승찬송 五-三

해탈하여
소요자재하며
어디서나 풍류를
천하게 싸게
팔고 있네
누가 발심하여
살 사람인가
모두 나와 같이
근심이 없도다

'해탈하여 소요자재하다'라고 했다. 해탈이 특별한 것인가? 이 세상의 모든 것은 마음에서 짓는 것이라는 일체유심조에서는 주관적 해탈이 대단한 것으로 보일 수도 있다. 그러나 불법의 연기법을 따르는 무위적 삶이 진정한 해탈이고 열반이다. 연기가 상호 의존적 관계이므로 해탈이나 열반도 역시 상호 의존적인 연기법을 따라서 이루어진다. 그런데 어찌 해탈하면 타자는 관심도 없이 홀로 소요자재하며 풍류를 즐기게 될 수 있는가? 실은 해탈도 연기적 공으로서 변하는 것인데 어찌 어리석게 해탈을 기뻐하며 즐길 수 있겠는가?

용수는《대지도론》에서 "나는 부처의 가르침도 환상과 같고 꿈만 같다고 말하고, 나는 열반도 환상과 같고 꿈만 같다고 말한다. 만약 열반보다 뛰어난 법이 있다 하더라도 나는 역시 환상과 같고 꿈만 같다고 말한다" 라고 했다.

해탈은 절대 자유의 상태도 아니며 불가사의한 초월적 상태도 아니다. 설령 해탈을 하더라도 그 이전이나 이후에 사람의 모습이 달라지는 것이 아니며 또한 근심 걱정이 모두 사라지는 것도 아니다. 인간의 삶에서 근심 걱정이 없다면 이는 죽음과 다름이 없다. 왜냐하면 외부에서 양식을 구해야 하는 인간의 삶은 전적으로 양식을 제공해 주는 자연에 의존하고 또한 사람들에게 의존하는 연기적 관계를 유지하기 때문이다. 그래서 근심이라는 불안정은 정도의 차이가 있을 뿐이지 늘 상존하는 것이 자연이고 인간사이다.

인간이 안정과 불안정을 분별해서 차별하지만 실은 연기적 삶에서는 이런 상태가 번갈아 발생하는 자연스럽고 보편적 현상이다. 그러니 근심 걱정이나 안정과 불안정 등 어느 하나에 집착할 필요가 없다. 불교의 근원적 문제의 하나는 바로 해탈이니 열반이니 하면서 마치 대자유나 절대 자유를 얻어 자기와 만유 사이의 연기관계를 완전히 벗어난 초인이 되어 아무런 근심 걱정 없이 소요자재하게 신선 같은 경지를 추구하고자 하는 잘못된 경향이 있다. 이것은 연기적 불법을 벗어나려는 허망한 집착에 불과하다. 연기의 세계에서는 모두가 연기의 끈으로 서로 얽매여서 연기적인 구속 상태로 존재하므로 권위적 종속 관계를 조성할 수 있는 대자유나 절대자유는 일체 허용되지 않는다.

◉ 대승찬송 六-一

내견(內見)과
외견(外見)이
모두 나쁘고
불도와 마도(魔道)가
다 그르치도다
이 두 큰 마왕이
고통을 싫어하고
즐거움을 구하네
생사를 깨달으면
본체가 공한데
부처와 마군이
어디에 안착하는가
오직 망령된 생각으로
분별하니
전신(前身)과 후신이
외롭고 천박하도다

지공 화상은 "내견(內見)과 외견(外見)이 모두 나쁘고 불도와 마도가 다 그르치도다"라고 하면서 내면의 세계와 외부 세계인 외경이 모두 나쁘다고 했다. 나쁘다는 것은 아마도 집착에 근거해서 말한 것으로 보인다. 인간은 자신의 내면의 세계를 가진다. 이것은 자신의 선천적 무의식과 후천적으로 훈습된 정보에 의해 이루어지는 것으로 인생관, 세계관, 우주관에 속한다. 특히 세계관과 우주관은 외부 대상으로부터 얻는 정보에 의해 형성된다. 불법에 따르면 내면의 세계나 외부 대상에 대한 세계관의 형성은 반드시 연기적 이법을 따라야 한다.

그렇지 못하면 주관적 관념에 비추어서 세상이나 인간세계를 관찰함으로써 연기적 이법에 어긋나는 언행이나 사고를 드러내게 된다. 연기법을 따르는 인생관과 세계관 및 우주관에서는 인간이 만들어 놓은 불도나 부처, 마도나 마군 같은 말에 집착하지 않고 자연의 무위적 연기법을 따르면서 고락이나 생사를 여의고 여여하게 살아가게 된다.

◉ 대승찬송 六-二

육도를 윤회하며
머물지를 않으니
업에 얽혀
제거할 수 없네
생사에 유랑하는
까닭은
경영과 지략이
바르지 못한 탓이네

지공 화상은 업에 얽혀 생사에 유랑하는 육도윤회는 모두 개인의 경영과 지략을 잘못 냈기 때문이라고 한다. 그러나 우주 만유는 서로 연기적 관계에 얽혀 있다. 어느 것도 이런 관계를 벗어날 수 없다. 이와 같은 관계에서 생긴 업이 마치 육도윤회처럼 순환적 관계를 통해서 반드시 업을 지은 자가 과보를 받는다고 본다. 그런데 경에서 이르기를 "업을 지은 자와 그 과보를 받는 자가 같다면 상견에 떨어지게 되고, 업을 지은 자와 그 과보를 받는 자가 다르다면 단견에 떨어지고 마느니라" 라고 했다. 흔히 업은 개인에 국한하여 언급하는 것이 보통이다. 그러나 인간이나 자연 만물은 집단을 형성하면서 생주이멸을 이어간다. 그러므로 업이나 과보는 인간의 집단이나 자연의 집단에서 일어나는 거시적인 연기적 과정에서는 업을 지은 자가 반드시 과보를 받게 되는 것은 아니다.

연기집단에서 업은 한 개인에 국한되는 것이 아니라 모든 구성원 사이의 주고받는 연기적 관계에서 생기는 평범한 연기적 현상이다. 업에는 이기적이고 집착심에 근거한 것도 있지만 연기집단에서는 구성원 전체의 연기적 관계에 의해 규정된다. 그러므로 업이 어느 한 개인에 국한되는 것이 아니라 집단의 구성원 모두에게 관련되는 공업(共業)으로 나타나게 된다. 어느 집단에서나 무위적 연기법을 따르며 자신의 존재마저 의식치 않고 주어진 일에 최선을 다한다면 업이나 과보란 특별한 것이 아니라 단순히 상호 의존적 과정에서 일어나는 평범한 인과적 현상에 지나지 않게 된다. 그리고 이때 업이나 과보는 구성원 개체보다는 집단 전체의 안정성에 영향을 미치게 된다.

따라서 집단이나 사회에서 인간은 항상 연기적인 관계에 얽혀 있으므로 업을 벗어나는 것이 아니라 업에 얽혀 사는 것이 바로 평범한 연기적 삶이다. 그러므로 연기집단에서 업이나 과보는 특별한 것이 아니라 연기적 관계성에 관련된 평범한 현상일 뿐이다.

◉ 대승찬송 六-三

몸은 본래 허무하여
진실한 것이 아니니
근본으로 돌아감을
그 누가 짐작하리오
있음과 없음은
내가 스스로
짓는 것이니
허망한 마음으로
힘들게 헤아리지 말라

몸이란 지수화풍 사대로 이루어진 것으로 만유와 동등한 존재가치를 지니는 우주에서 단 한 번 태어나는 것이다. 그래서 천상천하 유아독존이라 한다. 비록 몸을 이루는 구성 성분이 살아가면서 변하기 때문에 고정된 자성이 없을 뿐이지 몸 자체가 사라지는 것은 아니다. 따라서 몸을 단순히 허무한 것으로 보아서는 안 된다. 흔히 마음이 가장 중요하고 몸은 헛것으로 경시하는 경향이 적지 않다. 그러나 몸이 없다면 마음 또한 존재할 수 없다. 그런데도 몸보다 마음이 더 중요한 것으로 볼 수 있겠는가? 만약 그렇다면 그런 생각을 하는 사람은 자신을 속이고 남을 속이는 가식적인 속물이다. 마음이 가장 중요하다면서 왜 음식을 먹으면서 건강을 찾아야 하는가? 또 몸이 아프면 마음으로 치유하면 될 것이지 무엇 때문에 약을 먹거나 병원에 가는가? 실수로 뜨거운 물에 손을 담그면 자기도 모르게 고함을 치면서 아파한다. 그런데도 몸을 한갓 헛된 것이라고 말할 수 있겠는가?

아기는 귀한 몸을 가지고 태어나며 모든 감각기관을 통해서 외물을 인식하고 분별하면서 정신작용을 통해 마음이 생기게 된다. 결국 몸이 있기에 마음이 일어나며 작용하는 것이다. 그러므로 몸이란 잘 가꾸고 돌보아야 하는 귀중한 대상이다. 몸이 있기에 생존하는 것이며 그리고 타자와 조화로운 연기적 관계를 이룰 수 있으며 또한 이에 따른 연기적 불법이 존재하게 되는 것이다. 다만 만유의 생주이멸의 이법에 따라서 육신도 언젠가는 사멸하여 사라지고, 그 잔해가 씨앗이 되어 다음 생명이 또 탄생하게 된다. 이것이 생과 사는 다르지 않다는 생사불이에 따른 생멸의 순환의 이법이다. 그러므로 생(有)과 사(無)에 대한 집착을 여의고 무위적 연기관계를 잘 이행해 가는 것이 생사불이의 근본적인 뜻이다. 그래서 지공 화상은 "있음과 없음은 내가 스스로 짓는 것이니 허망한 마음으로 힘들게 헤아리지 말라"라고 했다.

● 대승찬송 六-四

중생의 몸이
큰 허공과 같아
번뇌가 어디에
달라붙겠나
일체 희구하는 것만
없으면
번뇌는 저절로
녹아 없어지리라

먹고 살아가는 이 몸은 태어나 자라다가 늙으면 성장이 멈추면서 노쇠해진다. 그러다 먹지 못하게 되면 생을 마치게 된다. 이처럼 몸은 고정된 것이 아니라 연기적 변화를 이어가므로 어느 것이 내 몸이라고 말할 수 없다. 그래서 "중생의 몸이 큰 허공과 같아 번뇌가 어디에 달라붙겠나"라고 했다. 그러면서 "일체 희구하는 것만 없으면 번뇌는 저절로 녹아 없어지리라"라고 했다.

그러나 인간은 생멸을 알기에 생에 대한 집착을 버리지 못하고 보다 좋은 것을 구하고자 하는 것이 인간의 마음이다. 그래서 번뇌가 일어나게 된다. 그러나 만유가 모두 연기적 변화를 이루어가는 데 특별히 어디에 집착하여 이기심을 낼 수 있겠는가? 설령 집착하여 이기심을 낸다고 한들 이것이 얼마나 오랫동안 지속될 수 있을 것인가?

찰나처럼 지나가는 인생에서 집착도 한 순간의 허무한 마음일 뿐이다. 순간의 집착이 찰나적 인생을 망치게 해서야 되겠는가? 그러니 찰나적 인생을 뜻있게 살고자 한다면 변하는 것에는 고정된 것이 없으므로 그냥 무위적인 연기적 변화를 따르는 것이 마땅하다. 그러면 얻고자 하는 집착이나 번뇌라는 의미 그 자체를 잊게 될 것이다.

◉ 대승찬송 七-一

꿈틀거리는 중생의
모습이 가소롭구나
각각 한 가지의
다른 견해에 집착하네
냄비 옆에서
떡을 구하려 하면서도
근본이 되는 밀가루를
보고자 하지 않네
밀가루는 삿되고
바른 것의 근본이니
사람이 조작함에 따라
백 가지로 바뀐다
구하는 것은 종횡으로
뜻을 따르나
자칫 치우쳐서
탐내고 애착하지 말라

중생이 각자의 생각을 가지고 연기적 관계를 이루어가는 것이 삶의 평범한 과정이다. 물론 어느 하나에 집착하는 이기적 생각을 내기도 하지만 이는 인간이란 종의 일반적 특성이니 이를 나쁘다고만 말할 수 없다. 떡을 굽는 냄비 옆에서 떡을 얻고자 하는 마음도 일상의 마음이요, 밀가루로 다양한 음식을 만들 수 있다는 생각도 일상의 경험에서 일어나는 마음이다. 즉 어떠한 조작으로 자신이 원하는 것을 얻을 수 있다는 것이 그릇된 것이 아니라 다만 이기적 조작은 삼가야 한다는 것이다.

그래서 연기적 이법을 익혀 가능한 한 유위적으로 조작된 이기적 생각을 버리고 모두가 함께 조화로운 연기적 관계를 이루어가도록 해야 한다. 이를 위해 불교가 있고 불법을 익히는 것이다. 인간 이외의 만물은 무위적으로 자연에 순응하고 적응하며 자연스럽게 연기관계를 따른다.

지혜를 지닌 인간은 그 근본을 안다고 해도 여러 가지 방편을 쓰면서 살다 보면 불법에 어긋나는 행위를 할 수도 있다. 그러니 우선 이기적인 자기중심적 생각을 버리고 남과 함께 더불어 지날 수 있는 평등사상으로 바꾸어야 한다. 그렇지 않으면 나의 구원이 남에게 피해를 끼칠 수 있게 된다. 그래서 지공 화상은 "구하는 바는 종횡으로 뜻을 따르나 자칫 치우쳐서 탐내고 애착하지 말라"라고 했다.

사실 연기의 세계에서는 종횡으로 자유로이 자신의 뜻을 펴는 것이 쉬운 일이 아니다. 오직 가능한 한 연기적 불법을 따라 살면서 모두가 삶의 가치와 존재가치를 평등하게 달성케 할 뿐이다. 이를 위해서 탐하고 애착하는 자기중심적 생각을 여의도록 해야 한다.

◉ 대승찬송 七-二

집착이 없으면
곧 해탈이니
구하고자 하면
곧 그물에 걸리네

어떤 것에 집착하면 다른 것을 제대로 볼 수 없기 때문에 연기적 관계가 원활하지 않게 된다. 그리고 자신의 집착심 때문에 남에게 피해를 끼치게 된다. 그런데 일반적으로 종교를 믿는 목적은 현실의 행복 추구와 내세에 천국에 태어나는 것에 둔다. 그래서 "불교는 행복을 추구하는 종교이다"라는 말을 흔히 듣는다. 이처럼 무엇을 구하는 이기적 집착이 있으면 의식적이든 무의식적이든 타자에게 피해를 끼치게 되고, 나아가서 행복과 편익을 위해서 무절제한 자연의 이용으로 인간의 삶의 터전인 지구를 훼손하며 파괴하게 된다.

이처럼 인간은 자기가 원하는 것을 충족시키기 위해 유위적인 여러 가지 조작을 수행한다. 이런 과정에서 타자에게 피해를 끼치게 되면 그에 따른 응당한 과보를 받게 된다. 그래서 "구하고자 하면 곧 그물에 걸린다"라고 하는 것이다. 연기적 세계에서는 자타를 분별치 않아야 하고 또한 자기중심적인 유위적 조작으로 집착하지 않아야 한다. 그래야만 지공 화상의 말처럼 집착이 없으면 곧 불성이 드러나는 해탈의 경지에 이를 수 있을 것이다.

◉ 대승찬송 七-三

자비로운
마음으로
모두 평등하면
진여와 보리가
저절로 나타나리라
남과 나라는
두 마음이 있으면
부처님과 대면해도
그 얼굴을
보지 못하리

연기적 세계는 나와 남을 구별하지 않는 자타동일의 화엄세계이다. 여기에서는 모두가 평등하고 보편적이므로 차별과 분별이 없고 높고 낮음이 없이 법성을 드러내는 부처이다. 그래서 "자비로운 마음으로 모두 평등하면 진여와 보리가 저절로 나타난다"라고 한다. 그런데 연기적 세계에서는 인간이 유위적으로 만들어 놓은 자비니 보리니 진여니 하는 분별적인 말은 필요치 않다.

진실로 불법의 세상을 만들고자 한다면 자신을 버리고 타자와 더불어 원융무애하게 살아가는 보편적인 사람이 되어야 한다. 그렇게 하려면 자신에게 유리하도록 조작된 마음을 갖지 않고 여여한 삶을 영위할 수 있어야 한다. 우주 만유가 모두 법성을 지닌 부처이다. 그래서 만약 남과 나라는 두 마음이 있으면 서로 대면해도 부처의 얼굴을 보지 못하게 될 것이다. 그러니 자신의 부처를 속인다면 어떻게 남의 부처를 제대로 바라볼 수 있겠는가? 돌멩이 하나도 부처이며 떨어지는 빗방울도 부처인 줄 안다면 돌멩이와 빗방울도 나처럼 귀하지 않겠는가! 이런 마음과 행이 바로 자비요, 진여이며 보리인 것이다. 자비와 진여가 어찌 인간에게만 적용될 수 있겠는가!

● 대승찬송 八-一

세간의 많은
어리석은 사람들이
도(道)로써
도를 구하고자 하네
이리저리 뜻을 찾아
분주히 헤매나
자기 자신도
구제하지 못하리라

우리가 살아가는 세상은 서로 주고받는 연기의 세계이다. 서로 주고받는 과정이 바로 도의 실현이다. 도란 신비로운 초월적 경지가 아니라 만유가 생주이멸을 이어가는 과정 그 자체가 도이다. 이와 같은 삶의 도를 따르면서 다시 도를 찾는 것은 여러 가지 탐욕과 집착 때문에 생기는 것이다. 그러면 "자기 자신도 구제하지 못한다"라고 말하게 된다.

연기적 과정에서 이기적 탐심을 버리고 남을 원만하게 배려하며 피해를 끼치지 않고 자신의 역할을 충실히 수행한다면 그 자체가 바로 도의 실현이다. 무엇이든 복잡하고 어려운 것에는 도가 없다. 그래서 지공 화상은 "이리저리 뜻을 찾아 분주히 헤매나 자신도 구제하지 못한다"라고 했다. 도나 불법은 지극히 간단한 것에 있다. 연기관계에서 취하고 버림의 간택을 피하고 또한 이기적 집착을 여의면서 자신을 낮추고 무위적으로 주고받음을 이어간다면 불법의 도를 따르는 삶이 저절로 이루어지게 될 것이다.

◉ 대승찬송 八-二

온전히
남의 글을 찾아
어지럽게 말하며
자칭 지극한 이치가
좋고 훌륭하다네
수고로이 일생을
헛되게 보내면서
영겁토록 생사에
빠지도다

글이란 어떤 대상에 대한 생각을 기술한 것이다. 여기에는 자기의 주장이 있고 또 비판이 있다. 글을 통해서 자신이 살아가는 데 도움이 되는 것을 취하기도 하고 또 미처 생각하지 못한 것을 깨우치기도 한다. 일반적으로 글을 통해 각자의 인생관 내지 세계관의 형성이나 삶에 유익한 이법을 찾게 된다. 이 경우에 남의 글을 무조건 받아들이는 것보다는 비판적으로 읽고 생각하는 것이 바람직하다. 이 세상의 진리는 불변하는 것이 아니라 시대와 환경에 따라 변하는 일종의 가설이므로 절대 진리란 존재하지 않는다. 경전 속의 글도 마찬가지로 모두 절대 진리가 아니므로 주어진 시대에 맞지 않은 내용이나 방편이 있을 수도 있다.

마음속으로 아무리 많은 것을 생각해도 글로 남기지 않으면 그 마음을 어떻게 알 수 있겠는가? 그래서 글을 읽을 때 글 속의 생각과 마음을 읽을 줄 알아야 한다. 왜냐하면 글이란 그 사람의 마음의 거울이기 때문이다. 각자가 서로 다른 마음을 가지므로 글도 역시 여러 마음의 거울로 나타나게 된다. 이런 점에서 여러 사람의 글이나 옛글을 통해 여러 가지 생각과 마음을 비추어보면서 자신의 사상체계를 구축하게 된다. 이것은 만유가 유익하도록 하는 불법에 바탕을 두어야 한다. 만약 글을 읽지 않거나 글을 멀리한다면 다른 사람이나 세상일에 무관심하게 될 것이다. 즉 연기적 불법의 세계를 떠나 순수 주관적 관념의 세계에 몰입됨으로써 자신의 연기적 존재가치를 망각하게 된다.

지공 화상이 "온전히 남의 글을 찾아 어지럽게 말하며 자칭 지극한 이치가 좋고 훌륭하다네"라는 것은 글의 내용을 바르게 이해하지 못하고 겉으로 흉내만 내고 있다는 뜻이다. 마치 앵무새처럼 경전의 글을 무비판적으로 읽고 그대로 흉내를 내면서 자신의 생각처럼 떠드는 경우가 예나 지금이나 적지 않다. 이런 경우를 두고 지공 화상은 "수고로이 일생을 헛되게 보내며 영겁토록 생사에 빠지도다"라고 했다.

◉ 대승찬송 八-三

혼탁한 애착에
마음이 묶여
버리지 못하네
청정한
지혜로운 마음이
스스로 고뇌하네
진여법계의 총림이
도리어
가시덤불로 우거진
거친 풀밭이 되었네

불법의 세계는 청정하고 조작이 없는 무위의 세계이다. 그러나 인간 세상은 항상 청정한 상태를 유지하지 못한다. 주고받음의 연기관계에서 이기적인 집착을 가지게 되면 당장에는 기쁜 마음이 생기지만 언젠가는 싫어하는 마음을 내게 된다. 이렇게 마음에서 고뇌가 시작되며 청정한 불심이 사라지게 된다. 인생 여정에서 이런 고뇌는 누구나 다 한번은 겪는 것이 인간사이다. 그러므로 "혼탁한 애착에 마음이 묶여 버리지 못해 청정한 지혜로운 마음이 스스로 고뇌한다"라는 것은 특별한 현상이 아니다. 여기에서 지혜란 단순히 총명함이나 변재를 뜻하는 것이지 연기법의 바른 이해를 뜻하는 것이 아니다.

연기의 세계에서 고뇌란 특별한 것이 아니다. 수많은 사람들이 함께 살아가는 삶의 과정에서는 다양한 불안정한 상태가 일어나기 마련이며, 이런 상태는 영속되는 것이 아니라 언젠가는 다시 안정된 상태로 바뀌게 된다. 안정과 불안정이란 연기의 양면성의 근본적 특성이므로 어느 한 극단에 집착하게 되면 연기적 불법을 따르지 않게 된다.

따라서 연기적 관점에서 볼 때 지극히 보편적인 것을 지나치게 특별한 것으로 볼 경우에 혼탁한 염오심 때문에 진여법계 총림이라는 불법의 세계가 가시덤불로 우거진 거친 풀밭이 될 것이라는 견해는 지나친 우려이다. 왜냐하면 이런 풀밭에도 언젠가 아름다운 꽃들이 다시 화사하게 피어날 때가 반드시 오기 때문이다.

◉ 대승찬송 八-四

황색 낙엽을
금이라 여기며
삼(麻)을 버리고
금을 구할 줄을
모르네
생각을 잊고
미쳐서 달아나며
억지로 꾸미며
서로 좋아하도다

인간의 마음에는 타고난 선천적 무의식이 있고 또 후천적으로 배우고 경험한 정보가 들어 있다. 특히 후천적 정보에 의해 자기주장이 생기고 인생관이 형성된다. 그래서 낙엽을 금으로 착각하게 되는 것처럼 불법에 어긋나는 것도 불법의 참된 이치로 잘못 알고 믿고 따르게 된다.

그리고 오래된 습 때문에 과거를 버리지 못해 진리를 보아도 진리로 받아들일 줄 모르게 된다. 그래서 비록 성품이 착하고 온화하더라도 자라면서 바른 진리를 깨닫지 못하면 과거에 이루어진 습을 버리기가 매우 어렵게 된다. 이런 관점에서 바른 교육과 바른 경험이 필요한 것이다.

특히 불교에서도 불법의 연기적 근본 이법을 모르고 무조건적 신앙으로 기원과 기복을 중시하며 자신과 가족의 복만을 빈다면 이것은 일종의 미신적 종교이지 결코 연기적 불법을 바탕으로 한 석가모니부처님의 근본 불교는 아니다. 과연 오늘날 불교에서는 과연 낙엽을 금이라고 배우고 또 가르치지는 않는지? 불법의 진리는 어려서부터 익혀서 실천하도록 해야 한다. 그래야만 나쁜 습이 쌓이지 않아 바른 불법을 세상에 널리 펼 수 있게 된다.

◉ 대승찬송 八-五

입으로
경전을 외우고
논을 외워도
마음속은 항상
메말라 있네
하루아침에 본심이
공함을 깨달으면
진여를 구족하여
모자람이 없도다

"입으로는 경전을 외우고 논을 외워도 마음속은 항상 메말라 있다"라고 했다. 이것은 경전을 외우고 논을 외워도 이를 행하지 않으면 오히려 독이 될 수 있다는 뜻이다. 왜냐하면 많은 것을 알고 재능이 뛰어났다는 아상과 상대를 차별적으로 보는 인상으로 연기적 불법을 바르게 따르지 않기 때문이다. 그래서 머릿속에 생각만 있을 뿐 자신에 대한 집착인 아집과 외물에 대한 집착인 법집에 둘러싸여 자신의 부처를 드러내지 못하게 된다. 그러니 경론을 수 없이 읽고 외운들 무슨 소용이 있겠는가?

모든 것은 연기적 불법의 이해를 바탕으로 실천함으로써 비로소 자신이 부처로 드러나게 되는 것이다. 경과 논은 자신의 부처를 밖으로 드러내기 위한 것이지 결코 자신의 특별한 재능을 돋보이게 하는 방편적 수단이 아니다. 설령 경과 논을 모른다고 해도 타자와 더불어 연기적 관계를 잘 이루어간다면 자신의 부처를 드러내는 것은 매우 쉬운 일이다. 오히려 경론의 문자에만 집착하고 연기적 실천이 없다면 부처되기는 요원할 뿐이다. 이를 위해서는 먼저 이기적인 염오심을 버리고 청정심을 드러내야 한다. 그러면 자신의 진여 불성을 잘 드러낼 수 있게 된다. 이런 경우를 지공 화상은 "하루아침에 본심이 공함을 깨달으면 진여의 구족으로 모자람이 없다" 라고 했다. 여기서 공은 연기적 필경공으로서 본심이 연기법에 근거함을 뜻한다.

◉ 대승찬송 九-一

성문은
마음과 마음으로
미혹을 끊으니
능히 끊는 그 마음이
바로 도적이네
도적과 도적이
서로 번갈아 제거되니
언제 본래대로 말하고
침묵함을 알겠는가

남의 말을 들어 깨닫는 성문은 객체를 중시하기보다는 자신의 주관적 마음을 중시한다. 객체나 객관을 소홀히 하면 타자와의 연기적 관계를 도외시하게 되므로 불법을 바르게 깨달을 수 없다. 그렇다고 지나치게 객관에 치우치면 객체를 따라서 생각이 변화하므로 연기의 보편적 이법을 드러내기가 어렵게 된다. 그래서 성문은 [주관적] 마음과 마음으로 미혹을 끊으니 능히 끊는 그 마음이 곧 도적이고, 이런 도적이 계속되면 언제 본래의 마음을 드러내겠느냐고 했다.

우리의 5관을 통해 얻어지는 정보가 뇌에 투사되는 것을 상분이라 한다. 이러한 정보는 모두 아뢰야식에 저장되며 이를 바탕으로 일어나는 마음작용을 견분이라 한다. 우리의 인식은 상분에 대한 견분으로 이루어진다. 만약 상분이 바르지 못하면 이에 따른 바른 견분을 낼 수 없고 또한 바른 상분에 대해서 견분을 바르게 내지 못하면 올바른 인식이 이루어질 수 없게 된다. 따라서 바른 상분에 대해 바른 견분을 낼 때 비로소 바른 인식이 이루어지게 된다.

상분은 외부 대상에 관련되는 것으로 객관적이라면 견분은 마음작용에 따른 것으로 주관에 해당한다. 객관적인 상분과 주관적인 견분은 서로 별개의 것이 아니라 서로가 서로를 존재하도록 하는 주객불이의 관계로서 불법의 이해와 실천의 근본이 된다. 흔히 연기관계를 순수한 객관적 관계로 보기도 하지만 실은 이러한 관계의 이해와 실천은 아뢰야식에 저장된 정보를 근거로 한 주관적 사고에 의존한다. 즉 상분과 견분이 모두 바르게 일어날 때 비로소 사물이나 현상에 대해 정견을 낼 수 있다. 그러므로 상분과 견분 중 어느 한쪽에 치우치면 불법을 바르게 이해할 수 없게 된다.

◉ 대승찬송 九-二

입으로 천 권의
경전을 외우지만
본체 상에서
경전에 대하여 물으면
알지 못하네
불법이 원통(圓通)함을
알지 못하고
힘들게 글줄과
글자만 찾는구나

경전은 부처님의 교설을 정리한 것이다. 여기에는 석가모니부처님의 인생관, 세계관, 우주관이 들어 있다. 이를 대중에게 알리기 위해 근본 원리나 이론을 직설적으로 설명하기보다는 사람의 근기에 따라서 여러 가지 방편을 쓴다. 만약 경전의 글자에만 관심을 두며 읽고 외운다면 그 글의 근본 뜻을 알지 못하게 되므로 장님과 다를 바 없게 된다. 흔히 중요한 경을 열심히 외우고 많이 사경하면 불법을 잘 아는 것처럼 생각하기도 한다. 그러나 글을 외우는 것도 중요하지만 글이 내포하는 불법의 근본 뜻을 이해하지 않고는 아무 소용이 없다.

본체란 바로 불법의 근본 이법이다. 그러므로 경의 본체 즉 이법을 이해하고 실천하는 것이 불교의 근본 목적이다. 그렇지 못한 경우를 두고 "입으로는 천 권의 경전을 외우지만 본체 상에서 경전에 대하여 물으면 알지 못하네. … 힘들게 글줄과 글자만 찾는구나"라고 하는 것이다.

2,600여 년 전에 쓰인 경전의 내용이 현대에도 그대로 적용될 수 있는지의 여부를 비판적으로 사고하면 불법을 더욱 더 구체적으로 넓게 확장하며 심화시킬 수 있다. 그렇지 않고 경전의 내용을 무조건 믿고 따른다면 변화하는 열린 불교가 아니라 닫힌 협소한 종교로 전락되어 석가모니부처님의 뜻을 어기게 된다.

선가에서는 교외별전이라 하여 문자에 얽매이지 않도록 한다. 그래서 마음에서 마음으로 법을 전하는 이심전심을 중시한다. 그러나 이런 방법도 주관이라는 한 극단에 치우치므로 타당한 것이 못 된다. 왜냐하면 연기적 수수관계는 객체를 대상으로 하기 때문에 주관적 견해에 치우침은 주체와 객체 사이의 상호 의존적인 연기법에 어긋나기 때문이다. 그리고 불교의 경전을 도외시하면 석가모니부처님의 불법으로부터 멀어지게 된다.

◉ 대승찬송 九-三

한적한 곳에서
두타행으로
고행을 하면서
후신(後身, 내생)의
공덕을 바라네
바램은 곧
성스러움과는
멀어지니
대도를 어찌
깨달을 수 있겠는가

두타행으로 걸식하고 수행하면서 깨달음을 얻고자 고립된 한적한 곳에서 생활하는 것은 고행이다. 이런 수행에서는 타자와의 적극적인 연기관계를 가지지 못하므로 불법의 근본 이치를 깨닫기는 어렵다. 이런 경우에는 비록 신비하고 초월적인 경지의 깨달음을 성취한다 해도 이것은 우월성이나 권위를 나타내기 쉬우므로 오히려 연기적 불법에 장애만 일으킬 뿐이다. 그래서 "한적한 곳에서 두타행으로 고행을 하면서 … 대도를 가히 어찌 얻을 수 있겠는가"라고 한 것이다.

불교란 특별한 종교가 아니라 평범한 삶의 길이나 존재가치의 구현을 가르치는 우주철학인 동시에 현실적 삶에 대한 과정철학이다. 그런데 외부 대상을 멀리하고 홀로 고립된 상태에서 수행한다는 것은 이미 보편적인 연기적 삶을 떠난 것이므로 불법의 근본인 연기법을 깨치기는 어렵다. 사실 소외되고 고립된 삶은 작은 우물 속에 갇혀서 잘 보지도 못하고 잘 듣지도 못하며 살아가는 고립된 개구리의 삶과 다를 바 없다. 단 한 번 뿐인 삶에서 광대하고 다양한 대자연과 인간 세상을 멀리하고 살아간다는 것은 밝은 천국이 아니라 암흑의 세계에서 사는 것과 다르지 않다. 여기에는 어떠한 연기적 불법도 존재하지 않는다. 그런데 무슨 공덕이 생기겠는가? 공덕은 반드시 서로 주고받음의 관계에서 이루어진다.

◉ 대승찬송 九-四

비유컨대 꿈속에서
강을 건너는데
뱃사공이 하북 땅에
건네주었으나
홀연히 꿈을 깨니
침상에서 편안히
자고 있네
배와 강을 건너는
일을 다 잊으며
뱃사공과
강을 건너는 사람
두 사람 본래
서로 알지 못하도다

찰나마다 변해가는 인생이 꿈처럼 허망해 보일 수도 있다. 꿈이란 비현실적인 세상이다. 머릿속에서 일어나는 세계이며 몸은 움직이지 않는 세계이다. 비록 꿈속에서 뱃사공과 나 그리고 강을 건너는 행위 이 모두는 어떤 필연에서 생긴 것이 아니라 우연히 이루어진 환상의 한 장면이다. 그렇지만 꿈이 현실 생활에서 생긴 정보를 토대로 한 무의식의 세계라면 거기에도 불법은 존재한다. 즉 꿈속에서 일어나는 사건도 연기적 관계를 따른다. 이것은 현실 세계와 같은 연기의 세계이다.

그러니 비록 인생이 꿈처럼 허망해 보이지만 그 속에 진리의 불법이 들어 있다. 흔히 깊은 수행에서 꿈을 깨고 보면 깨달음이 이루어진 것과 같다고 한다. 꿈도 삶의 한 과정이다. 그러므로 꿈과 현실을 구태여 분별할 필요가 없다. 꿈의 세계에도 그 세계 속에 불법의 이치가 있고, 현실의 세계에서도 그 속에 불법의 이치가 있다. 따라서 잠 속의 꿈이나 현실적인 이상의 꿈이나 그 모두가 불법의 연기적 이법을 따르는데 꿈과 현실을 구태여 분별할 필요가 있겠는가?

다만, 불법을 떠난 꿈만 피한다면 모두가 삶의 평범한 과정일 뿐이다. 그러니 힘든 수행으로 깨달음을 구하고자 하는 것도 천상에 새로 태어나는 것이 아니라 현실적인 삶의 꿈에 불과한 것이다. 꿈속에서 꿈을 먹고 사는 것이 꿈같은 인생이 아니겠는가?

◉ 대승찬송 九-五

중생이 미혹하여
굴레에 얽매여서
삼계를 왕래하니
심히 피로하네
생사가 꿈과 같음을
깨달으니
일체 구하는 마음이
절로 없어지도다

중생이 미혹하다는 것은 미혹하지 않은 성인이나 현인에 반대되는 말이다. 이 세상에 중생이 없다면 성인과 현인도 없다. 누구는 깨쳤고 누구는 깨치지 못했다는 기준은 인간이 만든 말일 뿐이다. 예컨대 불법을 잘 따르는 이는 깨친 사람이고 그렇지 못한 사람을 중생이라 부른다. 과연 모든 중생이 불법을 어기면서 살아가고 있는가? 이 세상에서 중생

따로 성인 따로 있는 것이 아니다. 모두가 서로 연기적 관계에 얽혀 살아가고 있는 것이다. 다만 그 연기적 관계성의 이해와 실천에 차이가 있을 뿐이다.

인간은 어차피 밖에서 양식을 구해야 하므로 근본적으로 탐욕을 완전히 버릴 수 없다. 그러므로 서로가 보다 효율적인 연기관계를 이루면서 살아가야 한다. 이런 점에서 중생의 삶이 반드시 고통스러운 것도 아니요, 또한 어리석어서 잘못된 업을 많이 짓는 것도 아니다. 그런데 어째서 중생이 미혹하여 삼계에 오가며 피로가 심하다고 할 수 있겠는가? 연기적 삶이 비록 짧다고 하나 태어나면 누구나 최선을 다해 노력하며 남과 더불어 살아간다. 인생이 짧아 꿈처럼 보이지만 그 꿈속에 인간이 쌓아 올린 문명이 있고 문화가 있다. 이것은 성인이나 현인에 의해서만 이룩된 것이 아니다. 오히려 지극히 평범한 보통 사람인 중생들이 오랜 역사를 거치면서 이룩해 온 것이다.

불교에서는 대체로 중생을 과소평가하고 출가자는 우월한 존재로서 중생을 제도할 능력을 갖춘 사람으로 높이 평가한다. 과연 그럴까? 불법에 따르면 각자는 자신의 재능에 알맞은 자리에서 능력을 충분히 발휘하며 동등한 존재가치를 지니는 연기집단의 육상원융을 중시한다. 따라서 연기집단 내에서 각자는 각자의 할 일이 있을 뿐이지 사람 자체에 차별이 있는 것은 결코 아니다. 흔히 어리석은 집착으로 삼독에 빠진 중생은 짙은 업장 때문에 깨닫지 못한다고 본다. 그런데 집착에는 이기적인 것도 있고 그렇지 않은 것도 있다. 인간사회나 자연에서 새로운 이법을 찾아내어 이를 현실에 적용하는 발명이나 발견은 호기심이라는 집착심이 없다면 불가능한 것이다. 이러한 중생의 노력과 탐구로 불법의 세계가 점차 더 넓게 확장되며 심화되고 있다.

우주 만유에서 누구의 삶이든 삶은 결코 꿈같은 것이 아니라 연기적 불법을 실현하는 구체적 과정이며 결과적 산물이다. 여기서는 유위적으로 조작된 이기적 집착에서 무엇을 구하는 것이 아니라 불법을 따라서 무위적으로 동등한 연기적 생존을 이어갈 뿐이다. 이것이 지공 화상의 말처럼 "생사가 꿈과 같음을 깨달으니 일체 구하는 마음이 저절로 없어지네"라는 것이다. 즉 일체 구하는 마음 없이 연기법에 따라 여여하게 살아가는 것이 불법을 따르는 올바른 삶이다.

◉ 대승찬송 十一

깨달으면
곧 보리이니
근본을 알면
차례가 없네
슬프다
범부들이
구부정하여
팔십 살에도
걸을 수가 없도다

불교에서 깨달음이란 석가모니부처님의 정각의 지혜로서 최고의 이상으로 본다. 그러면 석가모니부처님의 정각이란 무엇인가? 첫째는 계·정·혜 삼학의 깨침이고, 둘째는 우주적 연기법의 이해이다. 그래서 현자는 삼학을 실현하면서 연기적 이법을 체득하여 실천하는 사람이다. 여기서 연기란 서로 주고받음이다. 우주 만물은 모두 서로 주고받는 상호 의존적 관계에 얽혀 있다. 이는 타자 없이는 자기가 존재할 수 없다는 뜻이다.

범부도 성인과 마찬가지로 연기적 관계를 지니며 살아간다. 인간과 자연 사이의 연기관계가 연속적으로 이어지는 적극적이고 역동적인 주고받음이 일어나는 곳이 곧 삶의 세계이다. 연기관계는 삼륜청정을 근본으로 한다. 그리고 연기의 양면성 때문에 중도를 취함이 마땅하다. 대중은 불법의 연기적 관계를 바르게 이해하지 못해서 타자에게 피해를 끼치는 수수관계를 이루기도 하고 또 삼독 때문에 이기적 관계를 이끌어 가기도 한다. 이러한 관점에서 불법의 바른 이해는 필수적이다.

이 세상은 주로 범부들에 의해 이끌려간다. 비록 삶의 과정에서 불법에 어긋나는 일들이 일어나기도 하지만 이것은 연기적 이법을 따르는 복잡한 과정에서 자연스럽게 생기는 산물이다. 그러다가 노년기에 이르면 불법의 여여한 이법을 저절로 터득하게 된다. 특히 오늘날의 발전된 문명사회에서 비록 불법의 바른 실천은 어렵지만 연기적 불법의 중요성은 누구나 알고 있다. 그러므로 범부라는 차별적 범주를 만들어 놓고 이를 지나치게 비하해서는 안 된다. 이런 점에서 "슬프다. 범부들이 구부정하여 80살에도 걸을 수가 없도다"라는 말은 대체로 범부를 출가승려들에 대비한 것으로 바른 것이 못 된다.

인간이 만들어 놓은 언구에 불과한 깨침이라는 것이 그렇게 대단한 것인가? 주어진 여건에서 충실하게 남과 더불어 조화롭게 살면 만족한 것이지 특별한 깨침을 통해 이상세계를 만들려고 애쓸 필요는 없다. 깨달음을 초월적인 이상세계로 보고 이를 성취하려는 것은 실제는 자기중심적 집착에 따른 현실 세계의 부정에 불과하다. 이상세계란 존재하지 않는다. 왜냐하면 연기적 불법의 세계에서 이상세계는 특수한 세계로서 오랫동안 지속될 수 없는 불안정한 비정상적인 세계이기 때문이다. 세속이 진리의 바탕이므로 진리는 세속에서 찾아야 한다.

그러므로 깨달음이니 보리니 하는 것은 모두 인간이 유위적으로 만든 언구에 지나지 않기 때문에 이런 조작된 것에 얽매일 필요는 없다. 진리는 언제나 지극히 보편적인 것에 존재하며 우리가 일상적으로 살아가는 연기적 세상이 바로 진리의 세계이고 보리의 세계이다. 여기에서는 어리석음과 깨침 등의 차별적 분별이 존재하지 않는다.

연기법의 일반적 특징 중에는 연기적 양면성 이외에 우연성과 불확실성이 있다. 인간 세계나 자연에서 일어나는 모든 현상은 필연적인 것보다는 우연적인 것이 더 많으며 이러한 우연성 때문에 반드시 불확실성이 따르게 된다. 그래서 연기의 세계에서는 변하지 않는 것이 없다. 그러므로 연기의 세계에서는 절대자유나 또는 필연성에 관련되는 절대성 및 초월적 이상세계 등이 허용되지 않는다.

그런데 선가에서는 절대 평등, 절대 자유, 절대 초월, 절대 애, 절대 자주, 절대 자율, 절대 모순, 절대 고민, 절대 긴장 등등 절대성을 매우 선호한다. 일반적으로 절대란 비교되거나 대립되는 것이 없이 그 자체로서 독립적인 것을 뜻하는 개념이다. 그리고 선가에서 언급되는 절대성에는 대체로 불변의 초월성이나 신비성의 뜻이 내포된다. 그러나 상호의존적인 연기의 세계에서는 만유의 정체성이 연속적으로 변하기 때문에 어떠한 고정된 절대성도 허용되지 않는다. 그렇다고 해서 연기적 관계가 단순히 상대적이거나 대립적인 것은 아니다. 왜냐하면 연기법이란 만유가 동등한 호응적 관계에서 서로 주고받는 평범한 존재론적 이법이기 때문이다.

◉ 대승찬송 十一二

한갓 일생을
헛되이 보내면서
날과 달이 가는 것도
알지 못하네
위로 향하여 감에
스승의 입만 바라보니
흡사 어미를 잃은
어린아이 같도다

"한갓 일생을 헛되이 보내면서 날과 달이 가는 것도 알지 못한다"라고 했다. 일상의 삶에서 하루하루를 보내는 것이 소득 없이 시간을 낭비하는 것처럼 느껴지기도 한다. 특히 진리를 설하는 스승의 입에서 나오는 말에만 귀기울이고 실천하지 못한다면 더욱 아쉬운 일이다. 그러나 세월을 헛되이 보내는 것 같아도 실은 그 속에 연기적 관계가 이어지고 있다. 연기적 관계가 따르는 한 그곳에는 불법이 있다. 구태여 어느 것이 불법이고 어느 것이 불법에 어긋나는 것이라고 가리지 않아도 불법은 불법인 것이다.

진실한 삶은 불법을 잘 따름이요, 그렇지 못한 삶은 불법을 바르게 따르지 못할 뿐이지 사람의 존재가치에 차이가 있는 것은 아니다. 가능한 한 불법을 바르게 따르는 것이 인간다운 삶이다. 그렇지 못한 경우를 두고 지공 화상은 "위로 향하여 감에 스승의 입만 바라보니 흡사 어미를 잃은 어린아이 같도다"라고 했다. 그러나 비록 헛된 세월을 지났다 해도 실망할 것은 없다. 살아온 그 자체가 이미 자신도 모르게 불법을 따르며 노력해 온 삶인 것이다. 옳고 그르고, 참되고 거짓됨은 모두 상대적이다. 오직 열심히 살아가는 것이 삶의 가치 실현이 아니겠는가?

각자의 인생은 어차피 각자가 책임지고 이끌어 가는 것이다. 인생에서 자랑스러운 일도 있고 후회스러운 일도 있을 수 있다. 이것은 자신이 스스로 이룩한 삶의 역사이다. 그런데 누구를 칭찬하고 누구를 원망하겠는가? 인생이라는 주어진 연기적 환경에 지배되어 살아오기 때문에 각기 그 나름대로 가치가 있는 것이다. 그러니 인생에서 낙관과 비관 그리고 칭찬과 원망 이 모두가 소득 없는 분별이니 여여히 지냄이 불법을 따르는 삶일 것이다.

◉ 대승찬송 十一三

수행자와 속인들이
다투어 모여들어
온 종일 죽은 말만
듣는구나
자기 몸이
무상함을
보지 못하고
마음으로
탐함이 이리나
호랑이 같도다

"수행자와 속인들이 다투어 모여들어 온 종일 죽은 말만 듣고 있구나"라는 것은 말 많은 세속을 뜻한다. 비록 탐욕 때문이라고 하더라도 말이 없이는 살아갈 수 없는 것이 인간 세상이다. 사람과 사람 사이에 의사 전달은 말로 이루어지고, 말은 다시 글로 남겨져서 다른 사람에게 읽혀지게 된다. 따라서 글이나 말은 연기적 관계에서 매우 중요한 매체이다. 그러나 말을 잘 듣고 글을 잘 읽어도 실제로 그 내용을 이해하고 이를 실천에 옮기지 못한다면 말과 글은 그 자체로 의미를 가질 뿐 실제 삶에는 아무런 도움을 주지 못하게 된다. 그러면 죽은 말, 죽은 글이 된다. 사실 죽은 글이나 죽은 말이 되는 것은 말과 글 자체도 문제이지만 이야기하는 사람이 전하고자 하는 내용이 더 중요하다.

흔히 말은 많은데 그 속에서 건질 것이 없다면 그 말은 쓸데없는 사설(私說)로 죽은 말에 해당한다. 글도 역시 그 내용이 간단명료하여 실천 가능한 것이면 누구나 생활에 유용하게 적용할 수 있다. 그렇지 않고 뜬구름 잡듯이 관념적 내용으로 서술된다면 그 뜻을 따르기는 매우 어렵게 된다. 따라서 간단명료하게 조리 있는 말이나 글은 누구나 그 뜻을 새겨 실천에 옮기기 쉽지만 그렇지 못한 말과 글은 공허한 소리요, 속빈 껍데기와 같다.

인간의 삶은 인구가 많아지고 생활이 복잡해질수록 연기적 관계도 다양하고 복잡해진다. 수많은 사람들의 말을 듣게 되고 또 많은 글을 읽게 된다. 비록 사람을 많이 만나지 않고 또 글을 많이 읽지 않는다 하더라도 환경은 역시 복잡하고 번잡스럽다. 그리고 현대의 물질문명시대에는 행복과 편리함을 추구하므로 자연히 탐·진·치가 따르게 된다. 그래서 "자기 몸이 무상함을 보지 못하고 마음으로 탐함이 마치 이리나 호랑이와 같다"라고 할 수 있다. 그러나 이러한 삶이 오늘날 환경에서는 특별한 것이 아니라 지극히 평범한 것이다. 이런 여건에서는 삶이 쉽게 탐욕에 물들게 되므로 고귀한 글과 말을 소홀히 함을 책망할 수는 없다.

오늘날 성인이나 현자라 일컫는 사람은 옛날처럼 고귀한 위치에 있는 사람이 아니라 대체로 속세에서 이기적 탐심으로 잘 치장된 사람이라면 그릇된 생각일까? 오늘날의 삶은 워낙 빠르게 지나는 복잡한 시대이므로 자신이 무상하다는 생각조차 할 겨를도 없이 흘러간다. 삶이 그만큼 심각하고 각박해졌다. 따라서 현대에는 성인이나 현인들이 대중을 탓하기 이전에 스스로 대중 속에서 그들과 함께 실천하면서 몸소 모범을 보이는 것이 중요하며, 말과 글은 그 후의 문제이다. 현대는 남을 탓하기 전에 자신을 탓해야 한다. 왜냐하면 연기적 관계가 매우 빠르고 역동적으로 이어지므로 남을 원망할 겨를이 없기 때문이다.

◉ 대승찬송 十-四

슬프다, 이승들은
좁고 용렬해서
육부만 조복하려 하네
술과 고기와 오신채를
먹지 않고
삿된 눈으로
남이 먹는 것을
곁눈질하네
또한 삿되고
미친 짓이 있으니
정기를 닦느라
소금과 식초를 먹지 않네
최상승의 지극한
진리를 깨닫는다면
남녀의 분별을
하지 않으리라

"슬프다, 이승(성문승과 연각승)들은 좁고 용렬해서 육부만 조복하려 하네"라는 것은 승려들이 몸에서 육부(대장, 소장, 위장, 담, 방광, 삼초)만을 잘 다스리려고 한다는 것이다. 출가자들은 예로부터 내려오는 신행(身行)에 대한 계율을 엄격히 지킨다. 홀로 사는 몸이기에 정욕을 억제해야 하며 여자를 멀리한다. 그리고 오직 참선수행으로 마음을 다스리는 것으로 삶의 목적으로 삼으며 깨달음을 갈구한다.

부처님 당시에는 걸식을 했기에 재가자가 주는 대로 무엇이든 받았다. 구걸하는 입장에서 무엇을 가리겠는가. 또한 불법은 무엇이든 분별과 차별은 집착의 근원이므로 싫고 좋고를 가리지 않는다. 그런데 불교가 중국으로 전해오면서 출가자를 위한 계율이 생겨서 먹어야 할 것과 먹지 말아야 할 것, 가까이 할 사람과 멀리할 사람을 가리며 또한 남녀의 구별을 엄격히 했다. 그런데 지공 화상은 "최상승의 지극한 진리를 깨닫는다면 남녀의 분별을 하지 않으리라"라고 했다.

걸식이 아니라 출가자들 스스로 식생활을 해결해야 하는 절 살림에서는 자신들이 먹을 수 있는 것과 먹어서는 안 되는 것을 계율로 정했다. 예를 들면 술과 고기를 금하고 그리고 정력에 자극을 미치는 오신채(마늘, 파, 생강, 부추, 달래)도 금했다. 이를 두고 지공 화상은 "술과 고기와 오신채를 먹지 않고 삿된 눈으로 남이 먹는 것을 곁눈질하네. 또한 삿되고 미친 짓이 있으니 정기를 닦느라 소금과 식초를 먹지 않네"라고 했다.

인간의 육신은 일정한 영양분이 충족되지 않으면 신체 기관에 장애가 생긴다. 단백질의 결핍은 특히 정신작용의 원활한 활동을 약화시키며 또한 생선이나 고기를 먹지 않으면 칼슘 부족으로 골격이 약해진다. 이처럼 반드시 필요한 음식을 금지시킴으로써 노년에 이르러 여러 종류의 병이 생기게 된다. 불도를 이루고자 지극한 서원을 세워도 육신이 이를 받쳐주지 못하면 무슨 소용이 있겠는가?

불법은 만유의 조화로운 연기관계를 중시하며 분별과 차별을 여의도록 한다. 그런데 삶의 방법에 대한 계율이 오히려 외부 대상과의 연기적 관계를 벗어나게 하여 불교를 빙자한 가식의 삶에서 도인의 행세를 하게 되는 결과를 낳게 된다. 현대는 과거와 달리 음식문화가 다양하게 발달하였으며, 절은 점차 산에서 도시로 내려오고 있다. 그러기에 음식에 대한 유혹은 더욱 심해져서 출가자도 남몰래 고기를 먹고 술을 마시는 경우가 적지 않다. 이런 형태는 불교에서 출가자가 지키도록 정한 과거의 계율이 무의미함을 뜻한다. 불교는 시대와 환경에 따라 변하며 적응해 가는 열린 종교임에도 불구하고 실제는 과거의 제도나 계율의 사슬에 묶인 닫힌 불교로서 겉으로는 현실과의 화합을 거역하고 있다.

육신이 있기에 마음이 있고 또 불법이 있는 것이다. 그리고 현실을 직시하면서 자신을 속이지 않는 것이 진정한 불법의 따름이다. 불법 따로 있고, 깨달음 따로 있는 것이 아니다. 자신의 육신도 제대로 잘 가꾸지 못하면서 무슨 깨달음이 필요하며 그리고 어떻게 대중 앞에서 설법하며 제도할 수 있겠는가? 불교에는 소승과 대승의 분별이 없다. 불교의 불법은 오직 연기법을 근본으로 한다. 지공 화상의 근심과 달리 오늘날에는 많은 승려들이 몸의 중요성을 잘 알고 있으며 이를 위해서는 대중의 보시가 절대적으로 요구된다.

경에서 이르기를 "출가 수행자들이 출가 수행자답게 살아가는 것을 찬탄하고 받아 들여야 할 것이니라. 그런데 요사이 수행자들은 재물이 많은 사람이 오면 반가이 맞이하고 찬탄하느니라. 이는 이익이 있을 것이라고 생각하기 때문일 것이다. 그런 수행자는 사문의 근심이요, 착하지 못한 법이니라. 그런 태도는 번뇌의 원인이 되어 윤회를 벗어나지 못하느니라" 라고 했다. 이 말은 오늘날에도 참된 경구이다.

● 십사과송 1-1

중생들이
도(道) 닦는 방법을
알지 못해
번뇌를
끊고자 하도다
번뇌는 본래
공(空)한데
도로써 도를
찾고자 하네

도란 인간이 만든 말이다. 불교에서는 도가 성불의 성취요, 불법의 이해와 실천이다. 그러나 도라는 이름 자체는 인간이 삶을 살아가는 길 즉 인간으로서 존재가치의 실현일 뿐이며 결코 수십 년 동안 힘든 고행을 거쳐서 이루어지는 신비롭고 초월적인 불가사의한 경지에 이르는 것이 아니다. 대중은 도를 알지 못해도 살아가는 데 크게 지장이 없다. 남에게 피해를 끼치지 않고 오히려 남과 유익한 관계를 맺어간다면 이것이 바른 삶이다.

번뇌라는 말도 인간이 만들어 놓고 사람들로 하여금 그 번뇌 속에 빠지도록 한다. 만물의 진화란 불안정한 상태를 만나면 다시 안정된 상태로 돌아가는 연기적 진화의 역사이다. 그런데 불안정한 상태를 특별한 상태로 보고 번뇌니 고통이니 하면서 이에 집착하게 한다. 번뇌가 없으면 편안한 상태가 존재할 수 없다. 그러므로 번뇌는 도의 근원이다. 그래서 지공 화상은 "번뇌는 본래 공(空)한데 도로써 도를 찾고자 한다"라고 했다. 삶의 과정에서 일어나는 여러 현상을 무위적으로 순응하고 적응하면서 연기관계를 이어간다면 그것이 바로 불법의 실현이다.

◉ 십사과송 一-二

한 생각의 마음이
바로 이것인데
어찌 특별한
곳에서 찾는가
대도가 눈앞에
환하게 나타나 있지만
미혹한 어리석은 자는
알지 못하네
불성은 천진하고
자연스러워
인연을 짓고 닦는 것이
아니로다

"한 생각의 마음이 바로 이것인데 어찌 특별한 곳에서 찾는가"라는 말은 불법은 삶 그 자체에 있다는 뜻이다. 그런데 자신의 현재 삶을 떠나서 깨달음이라는 이상적인 세계에서 불법을 찾으려는 것은 어리석은 짓이다. 이는 현실의 삶에 충실하지 못하고 깨달음이라는 비현실적 세계를 바라기 때문에 생기는 것이다. 우주 만물이 물 흐르듯이 흘러가는 것처럼 인간의 삶도 역시 무위적으로 흘러가야 한다. 그런데 탐욕과 집착으로 흐르는 물을 막아 더 많은 것을 얻고자 하거나 남의 물을 막아 피해를 끼친다면 이는 고의적으로 짓는 악업이다. 모두가 인연이라는 연기적 사슬에 얽혀 흘러가는데 어찌 자신의 좁은 소견에 집착하여 타자와의 인연줄을 끊으려 하는가?

지공 화상은 "불성은 천진(天眞)하고 자연스러워 인연을 짓고 닦는 것이 아니다"라고 했다. 이것은 세상 만물이 서로 주고받는 자연스러운 무위적 연기관계를 통해서 생주이멸과 성주괴공을 이루어가고 있다는 뜻이다. 따라서 이 세상 어느 것도 이러한 연기관계를 벗어날 수 없다. 지공 화상이 '한 생각의 마음이 바로 이것인데'라고 말한 '이것'은 바로 성불이다. 성불이라는 한 생각의 마음은 특별한 것이 아니라 연기의 세계에서 한 순간의 진화적 상태에 해당한다. 이런 연기적 이법을 모르는 사람을 미혹하고 어리석은 사람이라 한다.

연기의 세계는 자연스럽게 물이 흐르듯 지나간다. 이처럼 흐르는 물이 법성이요, 불성이므로 이를 거역하거나 해친다면 스스로 악업을 짓는 것이다. 그러므로 인연 따라 무위적으로 흘러가는 삶이 그대로 불법을 따르는 것이며 법성의 현현으로 도에 이르는 길이다.

◉ 십사과송 一-三

삼독이 헛것인 줄
알지 못해
허망하게 생사에
집착하고 부침하네
옛날에는 몰랐으나
본래로 해탈인데
오늘 깨달아도
이른 것이 아니로다

탐·진·치 삼독이라는 것도 인간이 만든 말이다. 지혜를 지닌 인간은 분별하기를 좋아하고 이로부터 차별적 간택이 생기게 된다. 탐욕, 화냄, 어리석음이라는 것도 실은 특별한 것이 아니다. 사람이 살아가는 과정에서 탐하기도 하고 화도 내며 또 어리석은 짓도 하게 되며 또한 생로병사에 집착하기도 한다. 이런 행위나 생각이 복잡한 연기의 세계에서는 자연스럽게 발생하는 경우가 흔하다. 그래서 타자에게 피해를 끼쳐서 연기관계가 원활치 않게 되기도 한다. 해탈이나 깨달음이라는 것도 삼독이 있기에 생긴 말이므로 결국 삼독과 해탈은 동전의 양면과 같은 것으로 이들은 삶의 과정에서 평범하게 존재하는 것이다. 따라서 "삼독이 헛것인 줄 알지 못해 허망하게 생사를 집착하여 부침한다"라고 하나, 실은 삼독이 헛것이 아니라 삼독에도 불법이 내재하며 그리고 해탈에도 불법이 내재한다.

인간이나 자연은 연속적이고 반복적인 수수과정을 거치면서 안정된 상태를 유지하려고 한다. 이 과정에서 불안정한 상태가 생기면 연기적 과정을 거치면서 다시 새로운 안정된 상태로 이행하게 된다. 그러므로 불안정한 상태나 안정된 상태 중에서 어느 한 상태에 집착하거나 선호하며 그 상태에 머물려는 것은 불가능하다는 것을 알 수 있다. 따라서 연기적 변화에 무위적으로 순응하고 적응함이 삶의 바른 길이며 해탈의 길이다. 실은 인간을 포함한 만물은 모두 본래부터 법성을 지닌 부처이다.

그러므로 해탈이라는 특별한 목적을 세우고 이를 추구한다면 오히려 흐르는 물을 자연스럽게 따르지 않고 유위적 조작으로 거슬러 올라가려는 것과 다를 바 없다. 그러면 최소작용의 원리에 해당하는 삼학의 실현에 어긋나게 되므로 불법을 어기게 된다. 그래서 "옛날에는 몰랐으나 본래로 해탈인데 오늘 깨달아도 이른 것이 아니로다"라고 말한 것이다.

◉ 십사과송 二-一

대장부는 행동에
걸림이 없이
계율의 제지를
받지 않는다
지키고 범함이
본래 무생이나
어리석은 자는
계율에 얽매이도다

삼학에서 계율이란 무엇인가? 불법에 따르면 연기적 집단에서 형성되는 일반적 특성을 따름으로써 안정된 연기관계를 이루게 되는 일종의 질서체계이다. 자연에서는 무위적으로 연기관계가 이루어지므로 계율이란 바로 무위적 진화의 이법에 해당한다. 그런데 인간사회에서는 밖에서 양식을 구해야 하므로 이기적 탐심과 취착심이 강하게 나타난다.

그래서 사회라는 구조 속에서 일정한 규범이나 제도 등을 만들어 이기적인 연기관계를 통제한다. 따라서 대장부든 소인배든 누구나 사회라는 집단에서 주어지는 법과 질서를 반드시 지켜야 한다. 그런데 "대장부는 행동에 걸림이 없이 계율의 제지를 받지 않는다"라고 하는 것은 연기적 관계를 무시한 경우이다. 흔히 선사들이 말하는 '대자유'나 '절대자유'는 사회 집단의 연기적 계율이나 규범에 속박되지 않는 초인이 되고자 하는 권위적인 아상이나 아만의 상징으로 비칠 수 있다.

"지키고 범함이 본래 무생(無生)이나 어리석은 자는 계율에 얽매인다"라고 했다. 지키고 범하는 것이 본래부터 있는 것이 아니지만 어리석은 사람들이 이러한 계율에 스스로 얽매여 속박된다는 뜻이다. 연기의 세계에서 질서나 계율은 속박이 아니라 자연스러운 연기적 관계이다. 만약 이러한 계율이라는 연기적 관계에 속박되지 않으려면 이 세상을 하직하거나 고도에서 홀로 사는 길밖에 없다.

불법은 자기 마음대로 자유를 누리는 것이 아니라, 연기집단의 존속과 안정을 위해 필요한 연기적 질서를 따르는 것이며, 이것이 방편적 불법이다. 불법은 칼날처럼 날카롭고 엄격하므로 인욕바라밀이 필수적으로 요구되며, 여기에서는 개인적인 무절제한 자유는 일체 허용되지 않는다. 실은 자유니 구속이니 하는 말 자체가 연기의 세계에서는 아무런 의미가 없다.

일반적으로 계율은 연기관계를 안정되게 유지하기 위한 수단이다. 실은 불법의 근본이 연기법이며, 만물은 서로 주고받는 연기적 관계를 이루고 있으므로 완전히 자유로운 상태가 아니라 언제나 연기적 규칙과 질서에 얽매여 있다. 이것이 바로 우주 만유의 연기적 계율이다. 생사나 고락에 대한 집착을 여의고자 만든 계율은 유위적으로 조작된 것으로 우주 만유의 무위적인 연기적 계율과는 무관하다.

집단에서는 구성원들 사이의 역동적인 연기관계를 통해서 그 집단의 고유 특성이 형성된다. 이 특성은 집단의 안정성을 유지해 주는 필요조건으로서 일종의 연기적 계율에 해당한다. 주변 환경이 변하면 그에 따라서 집단의 구조적 변화를 통해서 새로운 질서체계의 계율이 형성된다. 인간의 역사는 이와 같이 사회나 국가라는 집단의 연기적 질서나 고유 특성 등이 변화하면서 발전해 왔다.

불법에서는 무위적 연기를 강조하지만 인간사회에서는 어떻게 사느냐가 중요하므로 유위적으로 조작된 제도를 만들어 따르기 때문에 불법에 어긋나는 경우가 많다. 대표적인 예가 오늘날 시장경제를 중심으로 한 자본주의 체제이다. 이러한 인간 중심적인 행복 추구를 표방하는 한 언젠가는 자연의 무위적 연기법을 어김으로써 그에 따른 악업으로 인류가 지상에서 완전히 사라질 수도 있다. 인간의 유위적 연기법이 무위적 연기법을 따르는 자연을 훼손하고 파괴하여 이에 따른 생물 종이 멸종되고 먹이 사슬이 끊어지면 사슬의 최정상에 있는 인간도 멸종을 면치 못하게 된다. 하기야 멸종이라는 종의 사멸도 연기적 이법의 따름이지만 인간이 이런 상태의 도래를 스스로 재촉하고 있을 뿐이다.

◉ 십사과송 二-二

지혜로운 자가
하는 것은
모두 공하나
성문(소승)은
부딪치는 길마다
막히네
보살은 육안이
원통(圓通)하지만
이승(二乘)은
천안이
가려져 있도다

인간세계에서 지혜로운 깨달은 자와 보살 그리고 어리석은 성문과 연각 등으로 분별하는 것은 바른 생각이 아니다. 모두가 연기적 관계에 얽혀 있으므로 때에 따라서 어리석게 보인다고 해서 그를 완전히 어리석은 사람으로 규정지을 수는 없다. 마찬가지로 지혜로운 도인이라고 해서 매사에 지혜로움을 보장할 수 있는 것도 아니다. 실은 지혜로운 자와 어리석은 자 모두 연기적 관계를 이루며 함께 살아가기 때문에 지혜로움과 어리석음의 구별은 어느 특정인에게 속하는 것이 아니라 모두에 관련되는 문제이다. 왜냐하면 올바른 연기의 세계에서는 지혜와 어리석음이라는 분별이 존재할 수 없기 때문이다. 이러한 차별적 분별이 존재하는 집단은 연기적으로 불안정한 집단에 해당한다.

진실로 지혜로운 도인이라면 어찌하여 어리석다고 보는 사람을 지혜롭게 인도하지 못하는가? 그러고도 지혜로운 도인이라 할 수 있는가? 사람이 하는 일은 연기적 관계에 따라서 달라지며 변하기 마련이다. 그래서 자성이 변하기 때문에 이런 현상을 연기적 공이라 한다. 지혜로운 자도 공하고 또 그가 하는 일도 공하며 그리고 어리석은 자도 공하고 또 그가 하는 일도 공하다. 다만 공한 연기법을 바르게 이해하고 행하면 이를 지혜롭다고 하고 그렇지 못한 경우를 어리석다고 한다.

실은 지혜나 어리석음이라는 말도 인간이 분별해서 만든 것이지 무위적 연기의 세계에서는 모두의 조화로운 연기적 세계의 달성이 중요하다. 성인이라고 해서 온 우주를 다 아는 것도 아니며 어리석은 자에게도 숨겨진 재주와 고결한 성품이 있다. 그래서 바보에게도 배울 것이 있다고 말하는 것이다. 이 세상은 결코 특별히 뛰어난 자들에 의해서 만들어지고 유지되는 것이 아니다.

◉ 십사과송 二-三

일체가 공(空)인데도
허망하게
있고(有) 없음(無)에
집착하여
몸과 마음이
걸림 없음을
깨닫지 못하네
보살은 세속과
함께 지내지만
청정하여
세속에
물들지 않도다

연기이면 자성의 소멸로 공인데 이를 모르고 유와 무의 어느 한쪽에 집착함은 허망한 것이다. 마찬가지로 마음과 몸도 서로 연기적 관계를 이루므로 어느 한 쪽에 집착하면 병이 된다. 즉 마음에 집착하면 몸이 상하게 되고 몸에 집착하면 마음에 고통이 따른다. 이처럼 몸과 마음이 걸림이 없이 만유와 더불어 청정하게 주고받는 삼륜청정을 이루어가는 사람이 보살이다. 그래서 "보살은 세속과 함께 지내지만 청정하여 세속에 물들지 않네"라고 한다.

따라서 보살은 세속에서 연기법을 잘 따르며 어느 것에도 집착하지 않으므로 번잡한 세속에 쉽게 물들지 않는 사람이다. 실은 세속에 삶과 존재의 진리가 내포되어 있으며 그리고 만유가 법성을 지닌 부처이므로 세속에 물드는 것이 실은 진리에 물드는 것과 다름이 없다. 그러므로 보살 따로 속인 따로 분별하지 말고 세속에서 청정한 연기법을 따르도록 노력하는 것이 불법에 이르는 최상의 길일 것이다.

◉ 십사과송 二-四

어리석은 자는
열반을 탐착하지만
지혜로운 자는
생사를 곧
진리로 여기네
법성은 공하여
언설(言說)이 없다
인연 따라
게송을 짓노라
백 살이 되어도
무지(無知)하면
어린아이다
어린아이도
지혜가 있으면
백 살 어른이다

어리석은 사람이 열반을 탐착한다는 것은 우주 만유의 연기적 이법을 모르면서 깨달음에 집착한다는 것이다. 그러나 연기적 이법을 아는 지혜로운 사람은 삶과 죽음이 다르지 않다는 생사불이의 진리인 무생법인을 알기 때문에 어디에도 집착하지 않는다. 이러한 만유의 연기적 이법을 모르면 백 살이 된 노인도 어린아이와 다를 바 없다는 것이다.

그런데 어리석은 사람과 지혜로운 사람의 분별이 실은 지혜로운 자에 의해 만들어진 것이 아닌가? 어리석은 자가 비록 열반을 탐착한다고 하지만 실제는 열반의 뜻도 잘 모른다. 이 세상에서 어렵고 고상한 언구는 대부분 지혜로운 자가 만든 것이다. 그리고는 어리석은 자들로 하여금 이러한 언구의 늪에 빠지도록 이끌어들이는 것이 아닌지? 그래서 지혜로운 자가 어리석은 자를 통해서 진리를 찾고자 하는 것은 아닌지? 만약 그렇다면 그는 선을 통해서 악을 얻게 되므로 가장 어리석은 자가 될 것이다.

◉ 십사과송 三-一

중생과 부처는
다르지 않고
큰 지혜는
어리석음과
다르지 않네
어찌 밖에서
보배를 구하려 하나
내 몸에 본래
밝은 진주가 있는데

자연 만물은 그 자체가 자연의 구성원으로서 연기적 생주이멸을 이어가는 법성을 지닌 법신인 부처이다. 그리고 어리석음은 지혜를 내포하고 지혜는 어리석음을 내포하므로 지혜와 어리석음은 다르지 않은 것이다. 이것이 연기의 양면성으로 어느 것에도 집착할 필요가 없다. 이러한 집착을 여의고 연기의 이법을 따른다면 중생이 부처이고 부처가 중생이다.

그런데 "어찌 밖에서 보배를 구하려 하나. 내 몸에 본래 밝은 진주가 있는데"라는 것은 자신이 부처이므로 만법이 모두 자신의 내면에 들어있기에 구태여 바깥의 외물에 의지할 필요가 없다는 유심주의에 해당한다. 이는 지극히 주관적이고 관념적인 것으로 외부 경계와의 긴밀한 주고받음의 연기적 관계를 경시하는 경우이다.

외물을 상대하지 않고 인간은 하루도 살아갈 수 없다. 즉 숨도 쉬지 않고, 물도 마시지 않고, 양식도 먹지 않고는 살 수 없는 것이 인간이다. 그런데 어찌 외물을 무시할 수 있겠는가? 비록 인간이 내면에 불성이란 밝은 진주를 지닌 부처라고 하더라도 자신을 외부 경계와 연기적 관계를 거치지 않고는 불성을 지닌 자신의 부처를 밖으로 드러낼 수 없다. 그러므로 밖에서 불성이라는 보배를 구하는 것이 아니라 타자의 불성이라는 보배에 자신을 비추어 봄으로써 자신의 내면의 불성을 밖으로 드러낼 수 있게 된다.

◉ 십사과송 三-二

정도와 사도가
둘이 아니듯
알고 보면
범부와 성인도
같은 길이네
미혹과 깨달음이
본래 차별이 없고
열반과 생사가
하나로다

〈정도/사도〉, 〈범부/성인〉, 〈미혹/깨달음〉, 〈열반/생사〉 등은 모두가 상대적 언구로 인간사에서 보이는 현상적인 것을 대별한 유위적 조작이다. 그리고 이들의 대비는 연기의 양면성으로 근본은 다르지 않다. 그래서 불교의 근본은 유위적 조작을 벗어나 무위적 연기법을 따르며 어느 한 극단에 집착하지 않고 중도를 따르도록 한다.

흔히 성인은 인격적으로 높고 범부는 낮은 사람으로 본다. 그렇다면 성인이 바보의 마음을 어떻게 잘 알 수 있으며 또한 바위 끝에서 자라는 소나무의 마음을 어떻게 알겠는가? 성인은 특별한 사람이 아니라 우주 만유의 연기적 이법을 범부보다 좀 더 잘 알고 행할 뿐이지 태어날 때는 범부와 똑같은 사람이었다. 범부는 만유의 이법은 잘 모르지만 살아가는 도리는 잘 알고 있다. 결국 범부와 성인이 해야 할 일이 다를 뿐이지 인간 자체가 근본적으로 다른 것은 아니다. 그래서 "알고 보면 범부와 성인이 같은 길이다"라고 한다.

어리석고 미혹해도 그 속에 진리의 법성이 내재하며 그리고 깨달음도 실은 미혹에서 비롯된다. 그러므로 연기의 세계에서는 미혹과 깨달음이 본래 차별이 없다고 한다.

또한 열반이라는 것도 삶의 연기적 과정에서 생사불이의 이법에 이르는 것으로 생사가 열반이고 열반이 생사이다. 즉 양식이라는 물질을 먹고 만들어 낸 생명의 씨앗이 생겨 형태를 지닌 생명체로 태어나 살다가 죽어서 한 줌의 재로 남게 되면 이것이 다음 생의 씨앗이 되면서 생사가 순환한다. 이것이 대자연의 생주이멸의 이법이며, 이를 깨닫는 무생법인의 경지에 이르면서 미망이 사라지는 적멸 상태가 열반이다. 그래서 열반과 생사는 하나라고 한다.

◉ 십사과송 三-三

궁극에는 반연이
다 공적한 것이니
오직 맑고 텅 빈
생각을 구할 뿐이다
한 가지 이치도
얻을 것이 없으면
홀연히 저절로
무위로 들어가리라

외경을 상대하여 반연하지 않으면 궁극에는 마음이 맑고 비어 공적하며 무위의 경지에 이른다고 한다. 과연 그럴까? 인간이 외물과 떨어져서는 잠시도 살아갈 수 없는 것이 진리이다. 즉 외물과 연기관계를 맺지 않고는 지날 수 없는 것이 인간이다. 이것은 생주이멸이 일어나고 있는 연기적 세계의 특징이다.

지혜로운 사람은 공적하여 얻을 마음도 없고 또한 다툼도 없으며 시끄러움도 없다고 하겠지만 이것은 지혜로운 사람이 아니라 연기적 이법을 모르는 무지한 사람이다. 왜냐하면 주고받는 연기의 세계는 매우 역동적이고 창조적이므로 고요하면서 시끄럽고 시끄러우면서 고요하기 때문이다. 즉 동정일여의 상태가 바로 세속의 세상이다. 그러므로 공적한 세상이란 생동하는 연기의 세계에서는 존재하지 않는다. 타자와 주고받음에서 얻기도 하고 잃기도 하면서 어떠한 주관적인 관념이나 집착도 없이 무위의 경지에 이르는 것이 진정으로 불법을 따르는 길이다.

"한 가지 이치도 얻을 것이 없으면 홀연히 저절로 무위로 들어가도다"라고 하지만 실제는 연기법이라는 이치의 체득과 실천이 곧 무위의 경지에 이르는 것이다. 따라서 한 가지 이치도 얻을 것이 없이 무위의 경지에 이름은 실제적인 연기의 세계가 아니라 순전히 관념적인 비연기의 세계를 뜻할 뿐이다. 왜냐하면 무위의 세계에서는 특별히 잃을 이치도 없고 얻을 이치도 없이 여여하기 때문이다.

◉ 십사과송 四 – 一

마음은 자유롭고
편안하며
법성은 본래
열 가지 번뇌가 없어
일체가 불사가
아닌 것이 없는데
어찌 생각을 거두어
좌선만 하겠나

만유의 연기적 존재 이법이 법성이다. 여기에는 유위적인 어떠한 번뇌도 없이 모든 것이 무위적으로 이어진다. 그리고 만유가 연기적으로 서로 얽매여 있는 세계에서는 인간이 분별해서 만든 자유나 구속이나 편함이라는 언구가 아무런 의미를 갖지 못한다. 이러한 연기의 세계에서는 절대 자유나 절대 구속이나 절대 편안함이라는 것은 존재하지 않는다. 이런 특별한 것을 갈구하는 것 자체가 집착이고 번뇌이다.

위에서 언급한 열 가지 번뇌란 참(慚－잘못에 대한 부끄러움), 괴(愧－죄악에 대한 수치심), 질(嫉－질투), 간(慳－인색), 분(忿－분노), 뇌(惱－번민), 도거(掉擧－마음이 다른 곳에 가 있음), 혼침(昏沈－흐리멍텅함), 교(憍－교만), 부(覆－숨김) 등이다.

삶은 동정일여의 연기관계에서 이루어지고 있다. 이러한 관계를 따른다면 자신의 몸을 얽매는 유위적인 좌선이라는 구속이 필요치 않다. 오히려 구속시킴으로써 번뇌 망상을 일으킬 뿐이다. 그래서 "일체가 불사가 아닌 것이 없는데 어찌 생각에 잡혀 좌선만 하겠냐"라고 한다. 가만히 앉아 있으면 편해 보이고 안정된 듯하나 실제는 인생의 귀중한 시간을 잃고 있는 것이다. 왜냐하면 움직임 속에서 고요함을 찾는 것이 연기의 이법을 따르는 것인데 이를 거부하는 것은 삶과 존재의 가치를 부정하는 행위에 지나지 않기 때문이다. 그래서 타자의 존재를 망각함으로써 오히려 자신이 속한 집단의 연기적 안정성을 해치게 된다.

◉ 십사과송 四－二

망상은
본래 공적하니
반연을 끊어
제거할 것이 없네
지혜로운 자는
얻을 마음이 없으니
저절로 다툼도 없고
시끄러움도 없도다

"망상은 본래 공적하다"함은 망상이라는 자성이 없기 때문이다. 따라서 망상을 여의기 위해 외물을 멀리할 필요가 없다. 실은 연기적 세계에서는 서로가 주고받으며 존재하므로 망상이니 번뇌니 하는 말 자체가 필요없다.

연기적 관계를 지니는 속세에서는 다양한 사건들이 발생한다. 선과 악, 시끄러움과 고요함, 고통과 즐거움, 다툼과 평화 등은 지극히 자연스러운 것으로 인간 세상의 특성이다. 단지 상대적인 여러 가지 말들을 만들어 분별할 뿐이지 그 자체에 집착함은 '모든 것은 변한다'는 연기의 이법을 모르기 때문에 일어나는 것이다. 이런 집착을 여의는 것이 얻을 것도 없고 줄 것도 없는 무위적 연기를 따르는 사람이다.

"지혜로운 자는 가히 얻을 마음이 없으니 저절로 다툼도 없고 시끄러움도 없다"라고 하지만 연기의 세계에서는 지혜로운 자도 타자로부터 얻을 마음이 있고 또한 줄 마음도 있으며 그리고 다툼과 시끄러움도 자연스럽게 일어날 수 있게 된다. 이것이 곧 주고받음의 연기적 세계이다. 만약 이런 세계를 거부한다면 그는 적극적인 연기적 삶이 일어나고 있는 세속의 이법을 모르는 어리석은 사람에 속한다.

◉ 십사과송 四-三

무위의 대도를
알지 못하면
언제 유연한 도리를
증득하랴
부처와 중생은
한 뿌리이니
중생이 곧
세존이로다

무위의 대도란 무위적 연기법을 따르는 경지이다. 즉 무위적 연기관계를 따라 행하는 것이 무위의 도에 이르는 길이다. 여기서는 어떠한 것도 특별하거나 특수한 비정상적인 존재가 있을 수 없으므로 중생과 세존 모두가 법성을 지닌 부처로 동등하다. 어디 인간뿐인가! 연기의 세계에서는 우주 만물이 모두 법성을 지닌 부처이다. 그런데 인간이 만물의 영장이라는 오만한 인간우월주의를 표방하면서 자연의 여러 생태계를 파괴하면서 생명체를 멸종시키고 있다. 연기의 세계는 만유가 모두 더불어 살아가는 세계이므로 만물이 인간과 동등한 존재가치와 삶의 가치를 지닌다는 생명평등사상을 근본으로 한다.

인간의 존재 역사는 가장 기본적인 물질로부터 시작해서 진화해 온 것이다. 이 물질의 근원이 별이므로 인간의 근원적 조상은 별인 셈이다. 인간과 마찬가지로 별도 생명체이다. 실제로 별도 인간처럼 유년기, 청년기, 장년기, 노년기, 쇠퇴기, 임종 등의 삶의 여러 단계를 거친다. 결국 무한한 우주에서 인간은 별에서 온 지극히 미비한 우주의 한 구성원임을 알아야 한다.

따라서 무위대도(無爲大道)란 단순한 인간중심적인 관념적 깨달음이 아니라 우주 만유의 무위적 연기법의 올바른 이해와 실천으로 자연과 하나되는 천인합일의 경지에 이를 때 비로소 달성되는 것이다. 이런 상태를 "부처와 중생은 한 뿌리이니 중생이 곧 세존이다"라고 한다. 여기에서 중생은 인간을 포함한 우주 만물을 나타내며, 세존은 법신으로서 우주적 이법을 나타낸다. 그래서 "중생이 곧 세존이다"라는 말은 중생이 연기적 불법을 따르고 있다는 뜻이다.

◉ 십사과송 四-四

범부는 허망하게
분별을 내어서
없는데 있다고
집착하며
헛되이 헤매네
탐·진·치가
공적함을 통달하면
어딘들
진리의 세계가
아니겠는가

"범부는 허망하게 분별을 내어 없는데 있다고 집착하며 헛되이 헤맨다"라고 했다. 분별은 범부만 하는 것이 아니라 성인도 분별하지만 단지 집착하지 않을 뿐이다. 일반적으로 분별은 주로 주관적 관념에 기인한다. 그래서 없는데 있다고 하고 있는데 없다고 하는 그릇된 집착을 하게 된다. 그런데 이것이 특별한 것이 아니라 복잡한 연기적 삶에서는 누구에게나 일어날 수 있는 평범한 착각이다. 마찬가지로 탐욕이나 성냄 그리고 우매함이 마치 특별한 것으로 나쁘게 보기도 하지만 이것들도 삶의 과정에서 언제든지 생길 수 있는 보편적 현상이다.

자연에서나 인간세상에서 일어날 수 있는 것은 언제나 일어난다. 다만 발생하는 장소와 시간이 다를 뿐이다. 그러므로 무엇이든 의도적으로 애써 피하기보다는 자연스럽게 수용하고 적응하면서 보편타당한 진리의 연기법을 따름이 마땅하다.

진리란 일어날 수 있는 모든 현상이나 사물의 존재를 뜻한다. 따라서 이 세상에 진리 아닌 것이 없으며, 이런 진리의 세상이 바로 변하는 연기의 세계이다. 따라서 탐·진·치에도, 허망과 집착에도 진리가 들어 있다. 다만 인간이 객관적인 보편타당한 연기법을 따르지 않고 자신의 잣대로 세상을 가늠하기 때문에 분별하고 차별하면서 아집과 법집에 싸이게 되는 것이지 집착 자체가 그릇된 것은 아니다. 다만 이기적인 집착을 갖지 않으면 타자에게 피해를 끼치지 않는 원융한 화엄세계를 이룰 수 있다. 따라서 "탐·진·치가 공적함을 통달하면 어딘들 진리의 세계가 아니겠는가" 라는 말은 연기적 이법을 따르면 탐·진·치 삼독이 해로운 독이 아니라 평범한 진리로 다가온다는 뜻이다.

● 십사과송 五 – 一

성문은 시끄러움을
싫어하여
고요함을 구하니
밀가루를 버리고
떡을 구하는 것과 같네
떡은 본래 밀가루이니
만드는 사람 따라
백 가지로 변하도다

인간세상이나 대자연에서 모두가 보이지 않는 서로 주고받는 연기의 끈으로 얽혀 있다. 그래서 연기적 세계가 매우 역동적이고 복잡하므로 시끄럽기도 하고 고요하기도 하다. 이런 세계가 바로 생동하는 동정일여한 연기적 세계이다. 따라서 시끄러움을 싫어하고 고요함을 찾는다면 이는 연기의 세계를 벗어나고자 하는 것과 다를 바 없으므로 "마치 밀가루를 버리고 떡을 구하는 것과 같다"라고 말한 것이다. 그리고 떡은 본래 밀가루와 같다는 말은 시끄러움(동)은 고요함(정)과 같다는 뜻이다.

예를 들면 고요한 바다에서 바람이 불면 파도가 일면서 요동친다. 그러다가 바람이 자면 다시 바다는 고요해 진다. 이처럼 동은 정에서 나오고 정은 동에서 나온다. 이러한 동과 정의 상태는 연기적 관계에 따라서 다양한 모습으로 나타난다. 그래서 "떡은 본래 밀가루이니 만드는 사람 따라 백 가지로 변한다"라고 한다.

인간의 삶에서는 시끄러움 속에서 고요함을 느끼기도 하고 고요함 속에서 격렬한 요동을 느끼기도 한다. 이 같은 상태가 바로 조작이 없는 무위의 세계이다. 그런데 고요함과 시끄러움 중에서 어느 것이 좋고 어느 것이 싫다고 분명히 말할 수 있다면, 그는 타자와 상의적 관계를 싫어하는 이기적인 사람으로 밀가루로 떡을 만들 줄 모르는 사람이다.

◉ 십사과송 五-二

번뇌가 곧 보리이니
무심하면
경계가 없도다
생사는 열반과
다르지 않고
탐욕과 분노와
증오는 아지랑이나
그림자 같네

무엇에 열중하면 흥미롭기도 하고 또는 괴롭기도 하다. 여기에서 괴로운 상태를 번뇌라고 한다. 불교적 의미로는 탐·진·치와 같은 아집에 따른 나쁜 마음 작용을 뜻한다. 여기에서 왜 나쁜 마음이 생기는 가를 안다는 것은 곧 연기적 진리를 찾아내는 것이다. 그래서 번뇌 속에 깨달음의 진리인 보리가 있다고 하여 번뇌가 곧 보리라고 한다.

'무심하다면 경계가 없다' 는 데서 무심은 그냥 아무런 생각이 없는 것이 아니고 조작이 없는 무위적 마음이다. 이러한 무위적 경지에서는 자신과 외물이 합일하기 때문에 특별히 외부 대상에 집착하지 않게 된다.

따라서 아집과 법집이 없으며 아지랑이나 그림자같이 허망한 탐욕과 분노를 여의게 되면 생사의 구별이 없는 열반의 경지에 이르게 된다.

◉ 십사과송 五-三

지혜로운 자는
부처를 구하는
마음이 없고
어리석은 자는
밖을 향해 달리도다
힘들게 일생을
헛되게 보내며
여래의
미묘한 정수리는
보지 못하네
음행과 분노의 성품이
공함을 깨달으면
확탕지옥·노탄지옥이
저절로 시원해지도다

"지혜로운 자는 부처를 구하는 마음이 없고 어리석은 자는 밖을 향해 달린다"라고 했다. 연기의 세계에서는 만유가 법성을 지닌 부처이므로 지혜로운 사람은 따로 부처를 구하지 않는다. 그런데 연기의 이법을 모르는 사람은 자신의 내면에 불성을 지닌 부처가 있는 지도 모르고 밖으로 부처를 찾아 헤매게 된다. 이렇게 일생을 허비하면 여래의 미묘한 이법인 연기법을 알기는 어렵다. 자신의 내면의 부처를 드러내는 것은 외부 대상과 연기관계를 통해서 타자의 부처에 자신을 비추어 볼 때 가능하다. 그렇지 않고 모든 것은 내 마음에서 짓는 허상이라는 관념적 깨달음만을 찾는다면 자신의 부처를 영원히 밖으로 드러내 보일 수 없게 된다.

서로 주고받는 연기의 이법을 모르면 이기적인 탐·진·치 삼독으로 번뇌 망상에 휩싸여 음행과 분노의 성품을 드러내기 쉽다. 그러나 연기의 세계에서는 만유가 무자성으로 동등하고 평범하다는 연기적 이치를 깨달으면서 번뇌의 집착을 저절로 여의게 된다. 이러한 경우를 지공 화상은 "음행과 분노의 성품이 공함을 깨달으면 확탕지옥·노탄지옥이 저절로 시원해지도다"라고 했다.

◉ 십사과송 六-一

나 자신의 심신이
쾌락하니
선과 악에
얽매이지 않네
법신은 어디서나
자재하여
보이는 곳마다
정각이로다

선과 악은 서로 상반되는 것으로 연기의 양면성을 나타낸다. 즉 선이 나타나면 악이 숨고 악이 나타나면 선이 숨는다. 이처럼 선과 악은 늘 함께 있지만 동시에 모두 나타나지 않는 비동시적 동거성을 지닌다. 이러한 연기의 양면성은 선이 악을 내포하고 악이 선을 내포하고 있다는 뜻이다. 따라서 선과 악은 둘이 아닌 선악불이이다.

변화하는 연기의 세계에서는 선과 악은 환경에 따라서 선해 보이기도 하고 악하게 보이기도 한다. 그러나 선의 상태가 영속될 수도 없고 악의 상태가 영속될 수도 없다. 따라서 선과 악에 대한 집착을 여의게 되면 깨달음에 이르면서 우주 만유가 모두 법신으로 드러나게 된다. 그래서 "법신은 어디서나 자재하여 보이는 곳마다 바른 깨달음(正覺)이다"라고 하는 것이다. 이런 경지에서는 쾌락이란 특별한 감정도 없이 그냥 여여할 뿐이다.

◉ 십사과송 六-二

육진이 본래
공적한데
범부는 허망하게
집착하네
열반과 생사가
평등한데 세상에서
누구를 후하고
박하게 하리오

연기의 세계에서는 만물이 끊임없이 변화하므로 언제나 한결같아 보인다. 그래서 외경의 육진이 공적하다고 한다. 육진이 언제나 한결같아 보이지만 실은 만유가 형태를 지닌 것으로 태어나 지내다가 마지막에는 형태가 없는 것으로 사멸하면서 잔해를 남기고, 이 잔해에서 다시 새로운 생명이 태어나므로 육진이 연속적으로 변하게 된다. 그런데 어리석은 사람은 이런 이치를 모르고 육진에 집착하게 된다.

한편 생주이멸에서 생이 사이고 사가 생이 되는 생사불이의 이법을 깨닫는 무생법인의 경지에 이르는 것이 열반이다. 생사와 열반이 다르지 않으므로 생사가 곧 열반이다. 이처럼 아집과 법집을 여읜 경지에 이르면 만유가 평등하고 보편적인 세상이 되는데 누구는 좋아하여 후하게 대하고 또 누구는 싫어하여 박하게 대하는 차별이 생기겠는가.

◉ 십사과송 六-三

무위의 대도는
저절로 그러하니
마음을 가져 꾀하고
헤아리지 말라
보살은 한가롭고
신령스럽게 통하며
일마다 항상
깨달음이 들어 있도다
성문이 법을 집착하여
좌선하는 것이
누에가 실을 토해
자박하는 것 같도다

연기의 세계는 무위자연의 세계이다. 이런 무위적인 연기의 세계를 바르게 이해하고 실천하는 것이 곧 대도(大道)이다. 무위의 대도가 저절로 그러하다는 것은 대도가 무위의 연기법을 여여하게 따른다는 뜻이다. 이런 무위의 경지에서는 집착하며 가늠하고 헤아리는 마음을 갖지 않는다. 만유가 유위적 조작이 없이 평등하고 보편적이기 때문이다.

보살이란 무위적 연기의 이법을 따르는 사람이므로 자신이나 외물에 얽매이지 않는다. 그러므로 언제나 타자를 위하는 연기적 관계를 지니며 대도를 따른다. 그러나 자신의 내면의 세계에 집착하는 사람은 자기와 외물 사이의 연기적 관계를 바르게 알지 못하고 오직 좌선으로 대도를 이루고자 한다. 그래서 "성문이 법을 집착하여 좌선하는 것이 마치 누에가 실을 토해 자박(自縛)하는 것 같다"라고 했다. 이것은 누에가 실을 토해서 스스로를 속박하여 자신을 고립시키고 이에 따라서 외물을 멀리함으로써 불법의 근본인 연기법을 어기게 된다는 뜻이다.

이런 경우에는 깊은 우물 속에 갇힌 좁은 세상만 보고 사는 경우와 다를 바 없으므로 우주 만유에 대한 대도를 이를 수 없을 뿐만 아니라 오히려 타자에게도 해를 끼칠 수 있다. 왜냐하면 고립된 수행은 자칫 자기중심적인 아상에 따른 아만이나 증상만을 낳기 쉽기 때문이다.

◉ 십사과송 六-四

법성은 본래
원만히 밝아서
병이 나았는데
어찌 약에 집착하리오
알고 보면 모든 법이
평등하여
훌연히 맑고 비어
쾌락하도다

병이란 원만하게 순환하지 못하고 어느 한 곳에서 연기적 관계가 원활하게 이루어지지 않는 경우에 생긴다. 그런데 연기법을 따르는 경우에는 모든 곳에서 주고받음이 원만하게 이루어지므로 어느 곳에든 막힘이 없는 특성을 지닌다. 이런 연기적 이법을 법성이라 한다. 우주 만유는 본래부터 막힘이 없는 원융무애한 법성을 지니므로 병을 고치는 약이 필요없다. 이처럼 연기의 세계에서는 만유가 평등하고 보편적이다. 그래서 "법성은 본래 원만히 밝아서 병이 나았는데 어찌 약에 집착하는가"라고 한다.

그러나 인간 세상에서는 차별과 분별이라는 조작이나 집착으로 말미암아 원활한 순환이 잘 이루어지지 못해 심신에 병이 생기고, 이를 치료하기 위해 약이 필요하다. 바른 약을 쓰지 못하면 자칫 다른 병을 유발하기도 한다. 특히 종교적 신앙이 마음의 병을 치료하기 위한 약으로 쓰이기도 한다. 그런데 문제는 올바른 약으로 치료하지 않는 경우에는 자칫 병을 고질적으로 악화시킬 수도 있다.

예를 들면 불법의 근본인 연기법을 모르고 무조건적 신앙이라는 약으로만 치료한다면 연기적 불법을 바르게 깨닫지 못하여 평생 동안 무명이라는 병을 안고 살아가게 될 것이다.

◉ 십사과송 七-一

법성은 본래 푸르고
누르지 않는데
중생이 문장을
만들어 속이며
나라고 하면서
지관을 말하고
스스로 어지럽게
전도되어
미쳐 날뛰도다

우주 만유는 연기적 이법을 따르므로 차별이 없이 원융무애하다. 이를 두고 "법성은 본래 푸르고 누르지 않다"라고 했다. 그런데 사람들은 〈선/악〉, 〈고/락〉, 〈행/불행〉, 〈미/추〉 등 대별적인 말을 만들어 놓고 이들에 집착하여 분별하고 차별하면서 번뇌를 일으킨다. 이런 번뇌와 고통을 없애기 위해 마음을 쉬고 한 곳에 집중하는 지관(止觀) 수행을 한다. 그러나 자신의 내면의 세계를 아무리 오랫동안 들여다보아도 우주 만유의 연기적 세계를 멀리하는 한 자신의 불성을 찾아 밖으로 드러내기는 불가능하다. 그래서 "스스로 어지럽게 전도되어 미쳐 날뛴다"라고 하는 것이다.

우주의 어느 것 하나도 홀로 존재하지 않는다. 모두가 연기의 사슬로 얽혀 조화로운 주고받음의 연기적 인드라망을 이루고 있다. 그러므로 이런 연기의 세계를 도외시하고는 타자와 조화로운 연기관계를 유지하기가 불가능하다. 그러면 전도된 인생의 삶을 영원히 면치 못하게 된다.

◉ 십사과송 七一二

원만히 통한
미묘한 이치를
알지 못하니
언제 참되고
항상함을 알겠는가
자신의 병도
치료하지 못하면서
도리어 남에게
약과 처방을
가르치도다

원만히 통하는 연기적 이법을 모르면 우주 만유의 무위적인 생주이멸과 성주괴공의 이치를 어떻게 알겠는가? 이러한 연기적 이법을 모르고는 자신의 무지의 병을 치료할 수 없다. 그런데 자기가 무지한지도 모른 채 남의 병을 치료한다는 것은 위험하기 짝이 없는 노릇이다. 그래서 "자신의 병도 치료하지 못하면서 오히려 남에게 약과 처방을 가르친다"라고 했다.

약과 처방은 근본 이법과 방편을 뜻한다. 특히 수행자들이 불법의 근본 이해에 대해 무지한지도 모른 채 권위나 아만을 앞세워 자신의 부족한 실력으로 남에게 약과 처방을 해 준다면 이는 위험한 독을 주는 것과 다를 바 없다. 특히 위로는 보리(부처님 정각의 지혜)를 구하고 아래로는 중생을 교화한다는 상구보리 하화중생(上求菩提 下化衆生)을 외치면서 중생을 무조건 제도하려는 것은 분명히 출가자가 재가자보다 위에 있다는 수직적 주종 관계의 사고에서 생기는 권위주의적 현상이다.

연기의 세계에서는 누가 누구를 제도하는 것이 아니라 서로가 이끌고 밀어주는 동등한 평등 관계를 이룬다. 따라서 약과 처방이라는 제도는 거룩하고 유창한 말로 하는 것이 아니라 서로의 실제적 행을 통해서 서로가 서로를 치료(제도)하면서 서로에게 자비를 베풀 수 있어야 한다.

◉ 십사과송 七-三

겉으로 보기는
착한 것 같으나
속마음은 호랑이나
이리와 같네
어리석은 자는
지옥을 두려워하나
지혜로운 자에게는
천당과 다르지
않도다

"겉으로 보기는 착한 것 같으나 속마음은 호랑이나 이리와 같다"라는 말은 겉모습은 보기 좋지만 실제 속은 그 반대라는 것이다. 이런 경우는 주로 자만심과 이기심으로 아상이 생겼기 때문이다. 타자와 연기적 관계가 원활하지 않으면 남에게 불편이나 피해를 끼치는 경우가 허다하다. 이런 현상은 인간과 인간 사이뿐만 아니라 인간과 자연 사이에서도 일어난다.

잘난 체하는 사람이 오히려 두려움이 많다. 이는 자기 자신에 대한 집착인 아집과 외물에 대한 법집이 강한 만큼 죽음을 두려워하기 때문이다. 그리고 사후에는 지옥보다 천국을 원하는 것도 역시 집착의 소산이다. 이는 살아가는 현실에 지옥과 천국이 있다는 것을 모르기 때문에 사후를 두려워하는 것이다.

지옥이 있기에 천국이 있고 천국이 있기에 지옥이 있으므로 천국과 지옥은 동전의 양면처럼 함께 있으며 근본은 같은 것이다. 이러한 천국이나 지옥은 바로 현실 세계에 있는 것이지 사후 세계에 있는 것이 아니다. 즉 자기 자신이 타자와 연기적 관계를 어떻게 이루는가에 따라서 마음이 천국이 되기도 하고 지옥이 되기도 한다.

지옥이나 천국이라는 말도 실은 선과 악을 구별하기 위한 방편인데 사후 세계를 믿는 사람은 모두가 안락한 천국이나 극락을 원한다. 이것은 연기법에 따라서 남과 더불어 현실을 충실히 살아가지 못하기 때문에 생기는 죽음에 대한 두려움의 표출이다. 즉 생사불이한 무생법인의 연기적 이법을 모르기 때문에 일어나는 현상이다. 그래서 어리석은 사람은 지옥을 두려워하지만 지혜로운 사람에게는 지옥과 천당이 다르지 않다고 한다. 그런데 인간이 천당이나 천국이라는 이상 세계를 만들어 놓았지만 어느 누구도 하루빨리 그곳에 가고자 하는 사람은 없다. 이것은 현실이 비록 지옥 같은 고통의 세계라 하더라도 삶이 죽음보다 더 귀중하기 때문일 것이다. 실은 지옥이니 천당이니 하는 분별조차 하지 않아야 한다.

◉ 십사과송 七-四

경계를 대해도
언제나 마음이
일지 않으며
발길 옮기는 곳마다
도량이로다
부처와 중생이
둘이 아닌데
중생이 스스로
나누어 분별하네

외부 경계를 대하여도 마음이 일어나지 않는다는 것은 외물에 대해 집착이 없다는 뜻이다. 그러나 일상생활에서 외부 대상과 만나지 않고 지내기는 어렵다. 어디 사람뿐인가? 공기와 물 그리고 양식은 모두 자연에서 나오는 것이며 이것을 대하지 않고는 살아갈 수 없다. 따라서 외부 대상을 접하지만 그것에 대한 특별한 집착을 하지 않는 것이 무위적 연기법을 따르는 길이다. 이런 경우에는 어디를 가든 자타가 동일한 연기의 세계이며 법성이 드러나는 도량이다. 그래서 "발길 옮기는 곳마다 도량이로다"라고 한다.

"부처와 중생이 둘이 아닌데 중생이 스스로 나누어 분별한다"라고 했다. 만물은 법성을 지닌 부처인데 부처 중에서 중생의 부처가 있고 진짜 부처가 따로 있는 것이 아니다. 이것은 부처와 중생이 둘이 아닌데도 불구하고 중생이 스스로 이들을 갈라놓고 분별하는 것이다. 이러한 분별은 중생 스스로 부처이기를 거부하는 것과 다를 바 없다. 물론 중생이 부처이기는 하지만 자신의 내면의 부처를 밖으로 드러내지 못하면 부처가 될 수 없다. 이를 위해서는 유위적 조작에 대한 집착을 버리고 무위적 연기법을 따르며 만유와 더불어 조화롭게 살아야 한다.

◉ 십사과송 七-五

만약 삼독을
제거하고자 하면
멀고 멀어서
재앙을 떠나지 못하네
지혜로운 자는
마음이 곧
부처로 알고
어리석은 자는
극락 찾아
서방으로 가네

탐욕과 성냄 그리고 어리석음은 인간이 만들어 낸 말이다. 특히 불교에서는 이러한 탐·진·치 삼독을 매우 경계한다. 사람이 살다보면 경우에 따라서 욕심도 생기고 화도 나고 그리고 어리석은 짓도 하게 된다. 이런 것이 지나치게 이기적이고 배타적이 아니라면 평범한 삶의 과정에서 생기는 감성적 현상으로 볼 수 있다. 그런데 삼독을 지나치게 강조함으로써 오히려 삼독의 굴레에 얽매이게 되어 집착의 병을 얻을 수도 있다.

그러므로 모든 것을 연기적 관계에서 자연스럽게 수용하고 적응하면서 지나도록 하는 것이 최선일 것이다. 이런 점에서 "만약 삼독을 제거하고자 하면 멀고 멀어서 재앙을 떠나지 못하네"라고 말하게 된다.

연기의 이법을 아는 사람은 삼독에도 진리의 부처가 들어 있음을 알게 된다. 그래서 탐·진·치에서 불법을 찾아내게 되므로 지혜로운 자는 마음이 곧 부처로 안다. 그렇지 않고 삼독을 두려워한다면 이를 피해 사후에 서방 정토의 극락세계에서 태어나 부처를 찾으려는 것과 다르지 않는 어리석음을 짓게 되므로 "어리석은 자는 극락 찾아 서방으로 간다"라고 한다. 무엇이든 피해가려 하지 말고 자연스럽게 받아들여 적응하면서 서로가 더불어 원융한 화엄세계를 이루도록 해야 한다.

◉ 십사과송 八-一

세간의 모든 법이
환영과 같고
생사가 마치 우레나
번갯불 같네
법신은 자재하고
원만히 통하여
산하에 출입함에
간격이 없도다

세간의 만물은 연기적 관계로 끊임없이 변화하므로 무자성하다. 그래서 환영과 같다고 한다. 그리고 삶과 죽음은 찰나처럼 왔다가 가는 것이 마치 우레나 번갯불과 같이 짧게 느껴진다. 그러나 비록 찰나의 삶이지만 그래도 우주의 한 구성원으로서 타자와의 연기관계를 충실하게 수행해 가는 것이 인생이다.

비록 인간의 삶이 짧다 하더라도 불성을 지닌 법신으로서 우주 삼라

만상과 더불어 연기의 불법을 펴고 있다. 그래서 "산하에 출입함에 간격이 없네"라고 하는 것이다. 다시 말하면 인간이 자연과 하나 되는 천인합일을 이루어야 한다는 뜻한다. 독일 철학자 칸트는 "조용하게 깊이 생각하면 생각할수록 더욱더 언제나 새롭고 그리고 고조되는 감탄과 숭엄한 감정으로 마음을 채우는 것이 둘이 있다. 그것은 내 위에 있는 별이 빛나는 하늘과 내 안에 있는 도덕률이다" 라고 했으며, 남송의 주희는 "만약 백성을 얻는 도리만 이해하고 하늘의 도를 얻지 못하면 곧 백성의 도리 역시 거기에 있는 것이 아니다. 궁극에 이르러서 이치는 오직 하나이다. 요컨대 모두 두루 보아야 비로소 얻는다" 라고 했다.

이처럼 인간은 우주 만유의 한 구성원이므로 인간의 도덕은 자연의 무위적 연기법을 마땅히 따라야 함을 칸트와 주희가 강조한 것이다. 왜냐하면 하늘의 이법과 지상의 도덕률은 하나의 통섭적인 만유의 존재원리이기 때문이다. 그럼에도 불구하고 과학기술문명이 인간중심사상에 따라서 자연을 소홀히 취급하면서 훼손하고 파괴하는 행위는 오히려 산하에 출입함에 간격을 두고 있는 셈이다. 그래서 인간과 자연을 분리시키고 있다. 인간과 자연이 하나로 합일하는 것이 연기의 이법인데도 이를 따르지 않고 있는 것이 오늘날의 불행한 현실이다. 그에 대한 과보는 반드시 인간이 받게 될 것이며, 이것은 필연적인 연기적 인과응보이다.

◉ 십사과송 八-二

전도와 망상이
본래 공하며
반야는 미혹도 없고
산란함도 없네
삼독은 본래 저절로
해탈이니
어찌 생각만 잡고
참선만 하리오

이치를 벗어나는 전도(顚倒)와 진실하지 않은 것을 진실하게 보는 망상은 본래부터 있는 것이 아니라 경우에 따라서 유위적으로 생겼다가 사라지는 것이므로 공이라 한다. 깨달음의 지혜인 반야도 본래부터 있는 것이 아니므로 또한 공이다. 그러나 반야는 법성을 드러내기 때문에 연기적 이법을 바르게 따른다. 그래서 "반야는 미혹도 없고 산란함도 없다"라고 한다.

삼독을 여의고 해탈의 경지에 이르고자 하지만 실은 삼독에도 불법이 내재하므로 이를 나쁘게 보며 이에 얽매이는 것은 지극히 어리석은 짓이다. 그러므로 삼독을 여의기 위해 고독한 참선 수행에 매달리지 말고 만유와 더불어 원융하게 살아가는 연기적 이법을 배우고 실천하는 것이 바람직한 삶의 길이다. 그래서 "삼독은 본래 저절로 해탈이니 어찌 생각만 잡고 참선만 하리오"라고 했다. 즉 삼독은 본래부터 법성을 지닌 해탈인데 어찌하여 연기의 세계를 떠나서 한 생각만 붙잡고 외로이 참선 수행으로 삼독을 여의려고 부질없이 고생을 하느냐는 것이다.

◉ 십사과송 八-三

어리석은 자는
알지 못하고
계율을 따라서
판단하네
적멸한 진여를
알지 못하니
어느 때에
피안에 이르리오
지혜로운 자는
끊을 악도 없으며
마음대로 운용하여
합치고 흩어지네
법성은 본래 공적하니
생사에 얽매임이
없도다

집단의 구성원들은 서로 주고받음의 연기적 과정을 거치면서 집단 전체의 연기적 특성이 형성된다. 이러한 상즉상입을 통해 "하나가 전체이고 전체가 하나다"라는 일즉다 다즉일이 성립한다. 여기에서 생기는 집단의 고유한 특성이 바로 계·정·혜 삼학의 계율에 해당한다. 집단이 연속적인 주고받음의 연기과정을 통해서 이러한 상태에 이를 때 집단 내 모든 구성원 각자의 고유한 자성이 사라지면서 집단 전체의 이완된 안정된 상태가 이루어지게 된다. 이러한 연기집단의 고유한 특성도 내외의 영향에 따라서 변화한다.

일반적으로 사회나 집단에서는 계율에 해당하는 질서나 제도 및 관례 등이 존재한다. 그리고 이러한 계율은 구성원의 증감이나 외부 영향에 의해 그 특성이 변화한다. 그러므로 계율에 해당하는 것이 고정된 것이 아닌데도 이것을 불변하는 것으로 본다면 집단 내에서 일어나는 불안정한 상태를 예측할 수 없게 된다.

어느 집단에서나 그 집단의 고유한 특성에 해당하는 계율을 보면 그 집단의 연기적 안정성을 판단할 수 있다. 그러므로 "어리석은 자는 알지 못하고 계율을 따라서 판단하네"라는 말은 바르지 않다. 이런 경우는 연기집단의 고유 특성이 형성되는 과정을 잘 모르기 때문에 생기는 착각이다. 그리고 "지혜로운 자는 끊을 악도 없으며 마음대로 운용하여 합치고 흩어지네"라고 하지만 연기의 세계에서는 지혜로운 자도 자기 마음대로 운용하지 않고 집단연기의 이법을 따라야 한다. 이러한 이법은 본래 연기적으로 공적하여 생사에 얽매이지 않는다.

◉ 십사과송 八-四

번뇌를 끊고자 하면
이는 무명의
어리석은 사람이다
번뇌가 곧 보리이니
어찌 따로
참선을 구하는가
실로 부처도 없고
마군도 없으니
마음의 본체는
무형으로
끊을 것도 없도다

번뇌가 있기에 이를 여의고자 하는 지혜가 생긴다. 그러므로 번뇌가 곧 보리인 것이다. 그래서 "번뇌를 끊고자 하면 이는 무명의 어리석은 사람이다"라고 했다. 그러니 억지로 번뇌를 피하려고 할 것이 아니라 이를 끌어안고 여기서 법성을 찾아내야 한다. 그런데 이것을 고독한 참선수행으로 찾는 것이 아니라 인간과 인간 사이 그리고 인간과 자연 사이의 역동적인 연기적 관계에서 찾아야 한다. 왜냐하면 만유가 법성을 지닌 부처이므로 남의 부처를 자신에 비추어 봄으로써 자기의 부처를 밖으로 드러낼 수 있기 때문이다.

부처란 특별한 것이 아니라 불성을 지닌 존재자 그 자체이므로 선인도 부처요, 악인도 부처이고 마군도 부처이다. 그러니 어디에서 따로 부처를 찾아야 하겠는가? 무생물이라 부르는 만물은 그 자체가 무위적 연기법을 따르는 부처이다. 그런데 특히 인간은 이기적인 집착심 때문에

'형체도 없고 끊을 것도 없다' 는 내면의 부처를 밖으로 드러내기가 어려울 뿐이다.

◉ 십사과송 九 - 一

장부는
운용이 당당하고
소요자재하며
거리낌이 없어
해칠 수 있는 것이
일체 없으니
견고하기가 마치
금강과 같도다

불성의 이치를 깨달은 장부는 아무 것에도 걸림 없이 당당하게 불법을 활용한다고 한다. 그 당당함이 마치 금강석과 같다고 한다. 이 경우에는 타자와 연기적 관계를 무시하고 지극히 주관적인 깨달음이라는 것에 국한된 것으로 마치 도인이 우주의 주인공이 된 것처럼 보이고 있다.

연기적 세계에서는 불성을 깨친 자는 금강석처럼 단단하고 당당하게 되는 것이 아니라 오히려 물처럼 어떤 형태의 그릇에 부어도 담길 수 있는 유연하고 부드러운 사람이 되어야 한다. 왜냐하면 연기의 세계에서는 다양한 사물이나 사람과 연기적 관계를 맺기 때문에 어떠한 처지에도 적응하고 수용될 수 있어야 하기 때문이다. 실은 부드러운 것이 강한 것이다. 왜냐하면 강한 것은 부러질 수 있지만 부드러운 것은 마음대로 휘어지기 때문이다. 이처럼 연기의 세계에서는 주인공도 없고 추종자도 없이 모두가 동등한 존재로서 오직 무위적인 불법을 따를 뿐이다.

◉ 십사과송 九-二

두 변과 중도에
집착하지 않으면
홀연히 단절도 아니고
항상함도 아니네
오욕과 탐욕과 진에가
곧 부처이며
지옥이 천당과
다르지 않도다

오욕(재물욕, 색욕, 음식욕, 명예욕, 수면욕)은 인간이기 때문에 생기는 기본적인 욕구에 속한다. 그리고 탐욕, 진에, 지옥, 천당, 있음과 없음 등은 자주 쓰이는 말이다. 인간의 마음을 잘 다스리도록 하기 위해 쓰이는 이들 말에 집착함으로써 오히려 집착이 집착을 불러오게 된다. 어린 아이가 오욕을 어떻게 알며 또 탐욕이니 천당과 지옥이 무엇인지 어떻게 알겠는가? 특히 불교에서는 마음에 관련된 심리적 용어가 너무 많아 그것을 이해하기도 어렵지만 용어 자체가 오히려 집착을 불러일으키는 경우도 적지 않다.

앞에서 본 것처럼 지옥이 있기에 천당이 있고, 탐·진·치가 있기에 부처가 있는 것이다. 왜냐하면 이들 용어 각각에는 불법의 진리가 내포되어 있기 때문이다. 즉 서로 상반되는 말은 연기적 양면성을 지니지만 어느 한 극단에도 집착하지 않는 것이 중도이고, 이런 중도의 경지에 이르는 것이 곧 해탈이고 열반이다. 여기에서 중도에 집착함도 번뇌의 원인이 될 수 있다는 것을 알아야 한다. 그래서 "두 변과 중도에 집착하지 않으면 홀연히 단절도 아니고 항상함도 아니다"라고 했다.

◉ 십사과송 九-三

어리석은 자는
헛되이 분별을 일으켜
생사에 유랑하며
미쳐 날뛰네
지혜로운 자는
사물을 통달하여
걸림이 없고
성문은 알지 못해
혼란하며 당황하도다

우주 만유는 연기적 관계를 이루고 있으며 모두가 평등하고 보편적이다. 이런 연기적 세계에서는 생사에 유랑하는 어리석은 사람, 사물을 통달한 지혜로운 사람, 혼란하며 당황하는 성문, 세상의 이치를 다 아는 성인 등의 구별이 필요하지 않다. 특히 인간의 경우에는 살아가는 환경과 시대에 따라서 어리석게 보이기도 하고 또 지혜롭게 보이기도 할 것이다. 성문이 있기에 성인이 있는 것이니 어찌 성문을 어리석다고만 할 수 있겠는가? 단지 방편적으로 분별하고 차별할 수는 있지만 그 근본은 모두가 하나인 것이다.

그렇다면 수행을 많이 한 출가자는 지혜롭고 재가자는 어리석은 자라고 할 수 있겠는가? 그런데 실제로 이런 차별이 존재하는 것이 현실이다. 출가 수행자는 자신의 마음은 잘 다스릴 수 있지만 기계적인 발명품을 만들 수는 없다. 그러나 재가자는 이러한 생활에 편리한 여러 가지 물건들을 만들어 낸다. 이와 같이 다양한 삶의 방식은 인간뿐만 아니라 만유에도 적용되는 일반적인 생존의 형태이다. 따라서 출가자에게 재가자가 그릇된 업을 많이 짓는 것으로 비추어진다면 그것은 잘못된 권위적 차별에서 비롯된 것이다. 출가자나 재가자 모두가 높고 낮음이 없이 동등한 삶의 가치를 지니는 사회의 평범한 구성원일 뿐이다.

◉ 십사과송 九-四

법성은 본래 허물과
가릴 것이 없는데
중생이 망령되이
집착하여 푸르고
누르다 하네
여래는 미혹하고
어리석은 이를
인도하고자
지옥도 말하고
천당도 말하도다

어리석은 사람을 인도하기 위해서 지옥과 천당을 분별해서 말한다는 것은 모순이다. 왜냐하면 지옥이나 천당을 모르는 사람에게 오히려 분별심을 심어주고 두려움을 일으키는 계기를 마련하기 때문이다. 우는 어린아이를 달래기 위해 호랑이가 온다고 해서 울음을 그치게 했다는 이야기는 아기가 크면 이것이 거짓인지를 알게 된다. 그러나 누구도 그 존재를 알지 못하는 지옥과 천당은 분명히 커다란 번뇌와 집착을 유발할 수 있다. 그리고 일종의 강요된 믿음을 유도하여 종교적 신앙의 기능을 강화하려는 의도가 들어 있다.

연기법을 따른다면 객관적으로 보편타당한 진리가 아니면 방편이라 하더라도 검증되지 않은 것은 쓰지 말아야 한다. 지옥과 천당이나 극락은 사람으로 하여금 죽음에 대한 두려움을 조장하는 역할을 할 수 있다는 것을 잊지 말아야 한다. '법성은 본래 허물과 가릴 것이 없는데' 라고 하면서 어찌하여 연기의 세계에서 부당한 방편을 써야만 하는가? 미혹한 중생이 푸르고 누른 것을 분별한다고 하면서 여래가 중생을 교화하기 위해 지옥과 천당을 분별해서 말한다면 오히려 여래가 중생보다 더 미혹하다는 뜻이 아닌가? 왜냐하면 푸르고 누른 것은 분명히 존재하지만 지옥과 천당은 현실적으로 그 존재를 누구도 모르기 때문이다.

● 십사과송 九-五

미륵이 자신
속에 있는데
어찌 다른 곳에서
사량하는가
진여 불성을 버리면
이 사람은 곧
미쳐 날뛰리라

"미륵이 자신 속에 있는데 어찌 다른 곳에서 사량하는가"라고 했다. 여기서 미륵이 자신 속에 있다는 것은 미래 부처가 자신 속에 있는데 어디에서 부처를 찾느냐는 뜻이다. 그렇다. 우주 만유가 법성을 지닌 부처인데 어찌 자기 안에 부처가 없겠는가? 이처럼 자기가 불성을 지니고 있음을 모른다면 자신의 부처를 버리고 미쳐서 날뛰는 것과 다를 바 없을 것이다.

우주 만유가 법성을 지닌 부처라는 것은 연기적 이법을 따르는 존재자를 일컫는다. 인간도 서로 주고받는 무위적 연기법을 따르는 불성을 지닌 부처이다. 따라서 부처라는 말이 단순히 불교적인 것에 국한된 것이 아니라 만유는 무위적 연기법을 따르므로 종교와 무관하게 어떠한 대상에도 적용될 수 있는 것이다. 실은 지상의 만물이 부처이지만 특히 인간은 이기적인 집착심 때문에 부처로 잘 드러나지 않을 뿐이다.

"진여 불성을 버리면 이 사람은 곧 미쳐 날뛴다"는 말은 진여 불성을 버리면 올바른 사람이 못 된다는 뜻이다. 그런데 불성은 버린다고 해서 버려지는 것이 아니라 언제나 자신 속에 내재해 있다. 다만 불성을 밖으로 잘 드러내지 못해서 인간 본래의 역할을 못하게 될 뿐이다.

● 십사과송 九-六

성문은 마음속을 알지 못해
오직 말과 글만 쫓아다니네
말과 글은 본래
참다운 도가 아니니
더욱 더 강하게
투쟁하도다
속마음은 독사나
전갈 같아서
물리면 곧바로 상처를 입네
글 속의 뜻을 알지 못하니
언제 참되고
항상함을 알리오
죽어서
무간지옥에 들어가면
영혼은 재앙을 받으리라

인간이 태어날 때부터 지닌 청정심은 그대로 법성을 지닌 마음이다. 그리고 살아오면서 얻은 모든 훈습된 지식과 경험은 아뢰야식에 내장되며, 여기에는 염오심도 들어 있다. 따라서 마음이 칼처럼 날카롭게 작용하기도 한다. 말이 유위적인 도구라면 마음도 때로는 유위적인 나쁜 도구가 되어 글보다 더 무섭고 난폭한 형태로 나타날 수도 있다. 그러므로 글을 익히고 지혜를 쌓아서 삶의 도리를 잘 지켜간다면 마음 또한 청정무구한 불성을 드러내게 된다. 그렇지 않으면 그에 따른 대가를 받게 된다. 그래서 "속마음은 독사나 전갈과 같아서 물리면 곧바로 상처를 입네. 글 속의 바른 뜻을 취할 줄 모르니 언제 참되고 항상함을 알리오" 라고 했다.

불교에서는 살아서 지은 나쁜 업이 죽어서 그 과보를 받아 무간지옥에 들어간다고 한다. 이것은 죽으면 육신은 사라져도 육신에 붙어 있던 영혼은 떨어져나가 따로 존재한다는 것이다. 그래서 전생의 업에 따라 육도윤회를 한다고 본다. 즉 업인(業因)에 따라서 윤회하는 길에는 천상, 인간, 아수라, 축생, 아귀, 지옥 등 여섯 가지가 있다. 이 중에서 가장 좋은 것은 천상에 다시 태어나는 것이고 가장 나쁜 것이 지옥에 떨어지는 것이다. 이런 윤회사상에는 절대적 신앙이라는 것이 전제된다. 그래서 어떤 초월자(부처나 보살)에 의해 구제를 받고자 하는 기원이 따르게 된다.

그러나 석가모니부처님의 교설에는 어떠한 초월자나 절대자도 등장하지 않았는데 부처님의 입멸 후에 여러 부파불교가 생기면서 수많은 부처와 보살이 등장했다. 이것은 교단을 유지하기 위해서 많은 신도가 필요했으며 그리고 이들을 끌어들이기 위해서는 생로병사에 깊이 관련되는 기복신앙이 필수적이었을 것이다. 그러나 이러한 신앙이 불법의 이해와 실천을 위한 방편이 될 수는 있지만 근본 목적이 되어서는 안 된다. 그렇지 않으면 석가모니부처님의 불법이 인간 세상에서 영원히 사라질 수도 있다.

◉ 십사과송 十-一

법사의 설법은
지극히 훌륭하나
마음속의 번뇌를
떠나지 못하네
입으로
문자를 말하며
남을 교화하나
더욱 그들을
생사에 헤매게 하네
진실과 허망은
본래 둘이 아니나
범부는
허망을 버리고
도를 찾도다

입으로 말하는 법사의 설법은 설법일 뿐이지 실제적인 진리의 행이 아니다. 더욱이 경전의 내용을 그대로 말하는 것은 남이 싼 마른 똥을 핥는 것과 다름이 없다. 그래서 "입으로 문자를 말하며 남을 교화하나

더욱 그들을 생사에 헤매게 한다"라고 말하는 것이다. 따라서 설법으로 교화하는 것보다는 구체적인 행으로 불성을 드러내 보여야 한다. 진실이니 허망이니 하는 분별 또한 유위적인 말일 뿐이지 그 자체에 법성이 들어 있지는 않다. 그러므로 어느 것 하나에 대한 집착을 여의고 여여함이 불법을 따르는 첩경이다.

진실과 허망은 본래 둘이 아니라는 말은 허망이 있기에 진실이 있는 것이고 진실이 있기에 허망이 있는 것으로 이들은 연기적 양면성을 나타낸다. 여기에서 진실은 진리의 진제를 그리고 허망은 세속의 속제를 나타낸다. 그런데 진실이라는 진제도 어떤 규정된 틀이 있는 것이 아니고, 세속의 속제도 어떤 규정된 틀이 있는 것이 아니며 모두가 편리상 분별된 것이다. 따라서 이 중에서 어느 한 쪽을 택하는 것은 전적으로 유위적인 것이다. 연기의 세계는 연기법을 근본으로 하므로 진제나 속제의 분별 그 자체에는 아무런 의미가 없다. 실은 세속에 진리가 들어 있으므로 속제에 진제가 들어 있고 그리고 진리를 내포하는 진제에는 세속의 모든 것이 내포된다. 이처럼 진제 속에 속제가 들어 있으므로 진속불이이다.

진실과 허망은 본래 같은 것인데 어리석은 범부들이 허망을 버리고 도를 찾는다고 한다. 과연 그러할까? 불교에서는 "범부들이 허망을 버리고 도를 찾도다"라고 하면서 범부나 중생은 불법의 이치를 잘 모르는 어리석은 사람으로 본다. 그래서 범부나 중생은 불교적 신앙심이 깊거나 불법에 능통한 수행 출가자에 대비시켜서 출가자 스스로 자기들의 권위와 위상을 높이는 결과를 초래하게 된다. 실은 선사들의 선어 자체가 그들의 권위의 상징이다. 그래서 후대 출가자나 재가자들로 하여금 시비를 가리지 말고 선어를 믿고 따르게 한다.

그러나 연기의 세계에서는 만유가 평등하고 보편적이므로 중생과 출가자의 분별이 있을 수 없다. 다만 각자의 맡은 바 하는 일이 다를 뿐이다. 따라서 각자의 자질과 재능에 따라서 그에 적합한 일을 충실히 수행한다면 불법의 꽃이 피는 화엄세계가 이루어지게 될 것이다.

◉ 십사과송 十-二

사부대중이 운집하여
강의를 듣는데
훌륭한 강사는
그 논리가 크고 넓다
남쪽 강사 북쪽 강사
서로 다투나
사부대중은 그 말이
훌륭하다네
비록 입으로는
감로 법문을 말하나
마음속은 늘
메말라 있도다
자신에게는 본래
한 푼도 없으면서
밤낮 남의 보물만
헤아리는구나
흡사 지혜 없는
어리석은 자가
진금을 버리고
풀을 짊어진
것과 같네
마음속의 삼독을
버리지 못하니
어느 때 도를
이루리오

경에서 이르기를 경을 많이 외운다고 이익이 될 것이 없고 경을 잘 외운다고 훌륭한 것이 아니며, 목동이 주인의 소를 아무리 세어도 자기의 소는 한 마리도 없음과 같다고 했다. 이것은 자기 자신에게는 한 푼도 없으면서 밤낮 남의 보물만 헤아리지 말고 경론과 체험을 통해서 자기 자신의 것을 찾도록 해야 한다는 뜻이다.

사부대중에게 강의한다는 것이 주로 경의 내용에 관한 이야기나 자기 수행에 관한 이야기를 많이 언급한다. 강의 내용에 상관없이 말만 유창하게 잘하고 또한 법사가 엄숙한 차림새를 갖춘다면 대중의 칭송이 자자해지기 마련이다. 그래서 "사부대중이 운집하여 강의를 듣는데 훌륭한 강사는 그 논리가 크고 넓다. 남쪽 강사 북쪽 강사 서로 다투나 사부대중은 그 말이 훌륭하다"라고 한다. 이때 아무리 놀라운 논리로 이야기 하더라도 말하는 강사의 바른 행이 따르지 않는다면 그의 설법은 살아 있는 설법이 되지 못한다. 그러면 비록 입으로는 감로 법문을 말하나 마음속은 늘 메마르기 마련이다.

그리고 절에서는 대중에게 경을 많이 읽고 또 경을 베껴 쓰는 사경을 하도록 권한다. 이것은 "진금은 버리고 풀을 짊어진 것과 같네"라는 말과 같이 불법의 근본인 연기법은 모른 채 오직 부처님에 대한 신심이 돈독한 불자라는 그릇된 자만심만 키우게 된다. 그러면 강사나 사부대중 모두 불법을 바르게 알지 못하게 되므로 "마음속의 삼독을 버리지 못하니 어느 때 도를 이루리오"라는 의문을 남기게 된다.

◉ 십사과송 十一-一

율사는 계율로써
자신을 속박하니
자신도 속박하고
남도 속박하네
밖으로
위의를 차리니
편안하고
고요해 보이나
속마음은 흡사
커다란 파도와
같도다

계율을 엄격히 지키는 율사는 오히려 계율에 자신과 남을 얽어매어 속박하고 있다는 것이다. 계율이란 한 집단에서 지켜야 할 규칙이며 제도이다. 그런데 이런 계율도 상황이나 시대에 따라서 달라져야 한다. 연기집단에서는 다양한 연기적 사건이나 현상이 생긴다. 이 모든 것을 명문화된 계율에 맞추어 옳고 그름을 판단하기란 매우 어려운 일이다. 그럼에도 불구하고 상황의 경위나 내용을 참작하지 않은 채 계율을 적용한다면 법이 인간보다 앞서는 격이 되어 계율로써 인간을 구속하는 오류를 범하게 된다.

이러한 경우는 단지 율사만의 문제가 아니라 다른 사람과 나아가 집단 전체의 안정성에도 연관된다. 예를 들면 출가자들이 오랜 옛날의 계율을 오늘날에 그대로 적용한다면 이는 현대의 삶을 과거의 삶으로 되돌리려는 것과 같다. 이는 불가능한 것인데도 옛 계율을 그대로 따른다는 것은 현대를 과거로 치장하는 우매한 자가당착이다.

계·정·혜 삼학 중에서 계가 가장 앞에 나오는 것은 계가 그릇되면 정과 혜는 자동적으로 그릇된다는 뜻이다. 그만큼 계율이 중요하다. 이런 중요한 계율이 바르게 정립되고 또 바르게 지켜지지 않는다면 어떠한 집단이나 사회에서도 안정성을 기대하기는 어렵다. 오늘날 불교 사회에서 시행하는 계율은 현실에 알맞은 것인지? 아니면 "밖으로 위의(엄숙한 차림새)를 차리니 편안하고 고요해 보이나 속마음은 흡사 커다란 파도와 같다"라는 말처럼 불안정한 비정상적인 경우에 해당하는 것은 아닌지?

◉ 십사과송 十一-二

생사를 건너는
배를 타지 않고
어떻게 애욕의 강을
건너가리
참된 종지와
바른 이치를 알지 못해
삿된 소견과 말이
매우 번잡하도다

태어나면 멸하는 것이 자연의 이법이다. 이 이치가 바로 생주이멸의 연기법이다. 인간의 연기적 삶의 과정에서는 일어날 수 있는 것은 무엇이든 다 일어난다. 그래서 "생사를 건너는 배를 타지 않고 어떻게 애욕의 강을 건너가리"라고 한다. 예를 들면 애욕, 탐욕, 진에, 우치 등은 특별한 것이 아니라 연기적 환경에 따라서 쉽게 발생할 수 있는 정신적 산물이다. 따라서 생사의 배를 타게 되면 반드시 애욕의 강을 건너게 된다. 애욕은 불안정한 상태로서 번뇌를 유발하기 때문에 가능한 한 이런 상태가 오래 지속되지 않도록 하는 것이 현명한 방법이다. 그렇게 하려면 주어진 집단 내에서 일어나는 연기적 이법을 잘 터득해야 한다. 그렇지 않으면 불법의 근본적인 뜻인 종지(宗旨)와 바른 이치를 알지 못해 삿된 소견으로 말만 매우 번잡해지는 처지에 이르게 된다.

연기법을 잘 따르기 위한 가장 중요한 요건은 무엇보다 자신을 낮추며 겸손해지는 것이다. 부처님이 '내려놓아라' 라고 말한 것은 번뇌를 일으키는 집착심을 여의라는 뜻이다. 이런 집착은 특히 자신이 우월하다거나 또는 특별히 높다거나 특별히 낮다는 차별적 대립 관계에서 일어난다. 즉 아상과 인상을 여의지 못하기 때문이다. 그래서 《금강경》에서 특별히 강조하는 것이 아상, 인상, 중생상, 수자상 등의 사상(四相)을 여의라는 것이다. 연기집단에서는 사상을 여의지 못하면 타자와 연기관계를 잘 유지하지 못하게 되므로 번뇌가 쉽게 일어나며 또한 집단 전체가 쉽게 불안정한 상태에 이르게 된다.

◉ 십사과송 十一-三

계율의 본성은
공과 같아
안팎과 사바에
있지 않네
생멸을 버릴 것을
권해도 응하지 않다가
홀연히 깨달아
석가와 같아지도다

"계율의 본성은 공과 같아 안팎과 사바에 있지 않다"라고 했다. 계율이란 유위적인 것으로 본래부터 있는 것이 아니므로 그 본성은 허공과 같다고 볼 수 있다. 그러나 계율은 이 세상을 떠나 존재하는 것이 아니다. 즉 계율은 오직 마음속에만 존재하는 유심적인 것이 아니다. 연기의 세계에서는 그 조건에 알맞은 일정한 질서가 존재하게 된다. 이것이 바로 진화를 안정된 상태로 이끌어가는 계율에 해당한다.

연기적 수수관계가 일어나고 있는 집단에서는 구성원 전체의 연기적 안정성을 유지하기 위해서는 지켜야 할 규칙이나 제약이 필요하다. 그런데 이런 규칙이나 제약이 어떤 특정한 사람의 뜻에 따라서 임의적으로 정해지는 것이 아니다. 연기의 세계에서는 집단 내 구성원들 사이의 연속적인 수수관계를 거치는 과정에서 자연적으로 집단 전체의 고유한 특성이 형성된다. 그러면 각 구성원의 특성은 그 집단의 고유한 연기적 특성에 의해 규정된다. 그래서 연기집단에서는 한 구성원을 보면 그 집단의 특성을 알 수 있고, 또한 그 집단을 보면 각 구성원의 특성을 알 수 있게 된다. 이러한 경우를 "하나가 전체이고 전체가 하나이다(일즉일체 일체즉일)" 또는 "하나 속에 전체 있고 전체 속에 하나 있다(일중다 다중일)"라고 한다.

집단에서 필요한 규칙이나 제약은 반드시 그 집단의 고유한 특성을 토대로 해서 만들어져야 한다. 즉 계율은 그 집단의 연기적 특성에 의해 규정된다. 그렇지 않고 특정 개인에 의해 계율이 정해진다면 이는 연기집단의 안정성을 위하는 것이 아니라 오히려 안정성을 깨트릴 가능성이 높다.

일반적으로 계율은 생멸을 따라서 무위적으로 이어지므로 깨닫고 나면 생멸이 없듯이 계율 또한 없어진다. 그래서 "생멸을 버릴 것을 권해도 응하지 않다가 홀연히 깨달아 석가와 같아진다"라고 했다. 유위적인 세계에서는 유위적인 계율에 따른 질서를 찾으며 그리고 무질서를 혼돈 상태로 본다. 그러나 무위적인 연기의 세계에서는 혼돈스럽게 보이는 무질서한 상태가 자연의 진화 이법을 가장 조화롭게 따르는 상태이다. 그래서 자연적인 무위의 세계는 무질서 속의 질서를 따르게 된다.

◉ 십사과송 十二-一

선사의 본체는
무명을 떠났으니
어디에서 번뇌가
생기리오
지옥과 천당이
같은 것이며
열반과 생사가
헛된 이름이네
끊을 탐욕과
진에도 없고
이룰 불도도 없네
중생과 부처가
평등하니
자연히
성스러운 지혜가
성성하도다

선사는 무명도 번뇌도 없는 고고한 사람으로 보고 있다. 즉 선사를 일반 대중과 달리 특별한 사람으로 본다. 《유마경》에서 유마 거사는 중생이 아프면 자신도 아프다고 했다. 이는 중생이 번뇌에 싸이면 유마 거사도 번뇌에 싸이게 된다는 뜻이다. 그렇다면 선사들이 대중과 연기적 관계를 맺지 않고 고립된 상태에 존재한다면 중생들과 동체대비를 근본으로 하는 대승불교의 목적을 따르지 않는 것이라고 볼 수 있다. 왜냐하면 대승불교에서는 만유가 동등한 연기법을 근본으로 하는 큰 수레(大乘)에 함께 타고 있기 때문이다.

지옥과 천당은 방편으로 지어낸 헛된 이름이며, 열반과 생사는 생주이멸을 특별하게 보려는 데서 생긴 허망한 말이다. 그리고 탐·진·치가 있기에 불도가 있고, 중생이 있기에 부처가 있는 것이다. 이들 모두는 인간 위주로 조작해서 만든 말이며, 이런 것을 알지 못해도 살아가는 데는 아무런 지장이 없다. 오직 만유가 서로 주고받는 연기적 관계를 원만하게 이어간다면 모두의 존재가치와 삶의 가치가 바르게 드러날 수 있게 된다. 인간이 산천초목이나 하늘의 무수한 별들과 함께 동등한 존재로서 법성을 갖추고 있는데 어찌 인간 세계에만 국한하여 불법을 논할 수 있겠는가?

◉ 십사과송 十二―一

육진에 오염되지
않으니
구절마다
무생에 계합하네
정각의 일념을 깊이
알아보니
삼세가 탄연하며
모두 평안하도다

외부 대상인 육진에 오염되지 않으니 구절마다 무생(無生)에 계합한다는 것은 내 마음속에 만유가 내재하므로 생멸을 벗어나는 무생법인의 경지에 이른다는 뜻이다. 인간은 외물에 의존해서 살아간다. 그런데 어찌 육진의 외물을 벗어날 수 있으며 그리고 인간을 비롯한 외물로부터 영향을 받지 않을 수 있는가? 외물을 벗어날 수 있다면 그것은 오직 관념적인 것에 국한될 뿐이며 실제의 연기의 세계에서는 불가능하다.

"정각(正覺)의 일념을 깊이 이해하니 삼세가 탄연(坦然—마음이 가라앉아 아무런 걱정이 없는 상태)하며 모두 평안하네"라는 말은 과거·현재·미래를 지나는 초월적 경지의 깨달음에 이르러서 안정된 평안한 심정을 나타낸 것이다. 이러한 깨달음은 비이성적인 신비한 초월적 경지에 이르는 것에 해당한다. 왜냐하면 외부 경계와 적극적인 연기관계가 없는 고립된 관념적 세계에서 일어나는 자기중심적인 깨달음이기 때문이다. 진정한 깨달음이란 인간을 비롯한 자연 만물과 적극적인 연기관계를 통해서 이루어진 보편타당한 연기적 이법의 터득이라야 한다. 이러한 연기적 과정에서는 염오와 청정의 분별이 애초부터 존재하지 않는다.

◉ 십사과송 十二-三

법이나 계율로
제지할 바 아니어서
홀연히 원성의
경지에 들었네
사구와 백비를 끊고
허공처럼
조작도 없고
작위도 없도다

어떠한 법이나 계율에도 구애받지 않고 홀연히 원만성취의 경지에 이르렀다. 그래서 사구(四句 : 有－있다, 無－없다, 非有非無－있는 것도 아니고 없는 것도 아니다, 亦有亦無－있기도 하고 없기도 하다)의 논리와 백 가지의 시비를 여의고 유위적인 조작이나 작위가 없는 무위적 깨달음에 이르렀다는 것이다. 이런 경우는 가정을 가지지 않은 출가 수행자에 국한된다.

연기의 세계에서는 주고받음의 관계 자체가 계율이고 구속이다. 그러나 모든 연기적 관계가 원만하게 이루어진다면 어떤 것에 구속된 느낌을 받지 않게 된다. 그렇다고 해서 비이성적이 되는 것은 아니다. 복잡한 논리적 유희나 시비는 피하지만 사고하고 행함에 있어서는 항상 보편타당한 진리에 부응하는지를 가늠해야 한다. 그렇지 않으면 타자에게 무의식적으로도 피해를 끼칠 수 있기 때문이다.

출가 수행자의 경우 정신적인 측면에서 초월적 경지에 이르는 깨달음이 인생의 매우 중요한 목표가 될 수 있다. 그러나 일반 생활에서는 인간과 자연 모두 동등한 연기적 관계에서 올바른 삶의 가치와 존재가치의 구현이 중요하다. 이를 위해서는 인간과 인간, 인간과 자연 사이의 연기적 관계를 보편타당한 진리에 따라서 원만하게 지속해야 한다. 이런 과정에서는 일상적인 삶 그 자체가 깨달음의 경지일 것이다.

◉ 십사과송 十三-一

나는 지금
그침이 없이
자재하여
왕후장상도
부럽지 않네
사계절이
마치 금강과 같아서
고락의 마음은
늘 바뀌지 않도다

지공 화상은 모든 것이 만족스럽고 자유자재하여 어떤 높은 벼슬도 부럽지 않으며 시절이 가도 마음이 늘 금강처럼 단단해서 고통이나 즐거움에도 개의치 않고 여여하다는 무위의 경지를 보였다.

어디 지공 화상뿐이겠는가. 연기의 세계에서는 각자가 해야 할 일이 각기 따로 있는 것이지 일 자체에 높고 낮음이란 본래부터 없는 것이다. 그리고 고통이나 기쁨은 어떻게 받아들이는가에 따라서 고통이 되기도 하고 기쁨이 되기도 한다. 실은 기쁨이니 슬픔이니 하는 것은 유위적으로 조작된 말일 뿐이지 서로 다른 것이 아니다. 그러므로 어느 것 하나에 집착하는 것은 어리석은 짓이 된다.

한옥을 짓는 데는 대들보, 서까래, 기둥, 기와, 창문 등등 여러 가지 재료들이 필요하며, 이들 전체를 총상(總相)이라 하고, 각 구성 재료를 별상(別相)이라 한다. 구성 요소들의 중요성은 모두 동등하므로 이를 동상(同相)이라 한다. 왜냐하면 이들 중에서 어느 하나라도 없으면 집을 지을 수 없기 때문이다. 마찬가지로 왕이나 장상이 높고 다른 사람은 낮은 것이 아니라 왕이 할 일이 있고 또 장상이 할 일이 있으며 그리고 일반 대중이 할 일이 있는 것이다.

이처럼 세상에는 각자가 자기의 자질과 재능 즉 이상(異相)에 알맞은 일이 있는 것이지 일의 가치에 높고 낮음이 있는 것이 아니다. 다만 이러한 이상에 알맞은 자리에서 직책을 원만히 수행할 수 있는 경우에 괴상(壞相)이 잘 맞는다고 한다. 이상과 괴상이 잘 갖추어질 때 집단은 안정된 상태를 이룰 수 있게 되며 이를 성상(成相)이라 한다.

일반적으로 연기집단에서 위의 여섯 가지 상(요소)이 원만하게 잘 갖추어진 상태를 육상원융(六相圓融)이라 한다. 작은 집단이나 사회 및 국가라는 큰 집단에서 조화로운 연기관계를 통해서 육상원융이 달성될 때 그 집단은 안정된 연기적 상태를 이루게 된다. 이러한 육상원융은 연기집단이 안정된 이완 상태를 이루기 위한 필수 조건이다.

지공 화상이 느끼는 무위적 경지가 단순히 개인적인 것이라면, 연기의 세계에서는 집단 전체가 육상원융의 상태에 이를 때 비로소 연기적 안정성이 달성되면서 모든 구성원의 삶의 가치와 존재가치가 바르게 구현될 수 있게 된다.

◉ 십사과송 十三-二

법보는
수미산과 같고
지혜는 강과
바다보다 넓네
여덟 바람에
얽매이지 않으며
또한 정진과
게으름도 없도다

법은 수미산과 같이 높고 우뚝하며 지혜는 바다처럼 넓고, 좋은 것(이익, 명예, 칭찬, 기쁨)이나 싫은 것(쇠락, 비방, 원망, 고통) 등의 여덟 바람에 얽매이지 않고 그리고 정진이나 게으름에도 집착하지 않으며 여여하게 지나는 선사들의 선의 경지를 나타내었다.

법이 높고 지혜가 넓다 한들 연기법을 벗어나지 못한다. 좋고 싫은 팔풍에 얽매이지 않는다는 생각 자체가 집착이다. 우주 만유와 더불어 주고받음의 관계를 원만하게 이루어가면 만족한 것이지 법과 지혜나 행과 불행 등에 집착할 필요가 없다. 선사들은 대체로 대자유를 지닌 주인공으로 일반 대중과 달리 정신적으로 특별한 경지에 이른 권위적인 사람으로 비추어진다. 그래서 선사들이 일반 대중과 조화로운 연기적인 평등 관계를 유지하기 어렵게 되는 것이다.

정신은 물질에 의존하므로 선사들이 매우 높은 선의 경지에 있다고 해도 풍요로운 물질문명시대에 이르면 그들의 정신도 중국의 옛 조사나 선사들의 경우와는 달리 새로운 시대에 적응해야 한다. 즉 과거에는 비교적 고립된 세계에서 지냈지만 오늘날에는 대중과 밀접한 연기관계를 지니고 있다. 그렇다면 물질과 정신의 동등한 관계에서 선의 정신도 신비적인 경지를 벗어나 현실적이 되어야 한다. 그래야만 승려와 대중이 동등한 연기적 관계를 지니며 사회에 기여할 수 있게 될 것이다. 그렇지 않으면 물과 기름 같은 이질적 관계가 계속 지속될 뿐이다.

◉ 십사과송 十三-三

뜻대로 부침함이
미치광이 같고
산만하게
종횡으로 자재하니
막차 검이
머리에 닿더라도
나는 편안하여
관여치 않도다

지공 화상은 마음이 종잡을 수 없이 요동치는 미치광이와 같고, 한가롭게 쏘다니며 어디서나 자유로우니 칼이 머리에 닿더라도 두려움 없이 편안한 상태를 지닌다고 했다. 이것은 선사들이 바라는 생사를 초월한 경지이다.

그러나 연기의 세계에서는 자기 마음대로 미치광이 같은 짓도 할 수 없고 또한 대자유인으로서 한가로이 쏘다닐 수도 없다. 편안하고 불편하고를 가리지 않고 오직 무위적 연기관계에 순응하고 적응하면서 만유와 더불어 안정된 상태를 유지해 간다. 이러한 연기적 사회에서는 만유가 동등하며 잘나고 못나고의 분별이 없으므로 선사도 평범한 사회의 한 구성원일 뿐이다.

일반적으로 자기 자신을 유위적인 조작으로 특별해 보이고자 함은 스스로 집착에 휘말려 불안정한 번뇌 망상을 불러일으키는 것과 다를 바 없다. 여기에서는 어떠한 불성도 드러내 보일 수 없게 된다.

● 십사과송 十四－一

미혹하면 공으로써
물질을 삼고
깨달으면 물질로써
공을 삼네
미혹과 깨달음은 본래
차별이 없으니
물질과 공도 구경에는
같은 것이네
어리석은 자는 남쪽을
북쪽이라 하고
지혜로운 자는
서쪽 동쪽도 없다 하네
여래의 미묘한 이치를
찾고자 하면
언제나 한 생각
안에 있도다

물질이 존재하면 상호간의 연기적 관계를 통해서 물질의 자성이 변화하므로 무자성의 연기적 공이라 한다. 따라서 물질이 있으면 공성이 생긴다. 이를 간단하게 물질이 곧 공이라는 뜻에서 색즉시공이라 한다. 역으로 공이면 곧 물질의 존재를 뜻하므로 공즉시색이라 한다. 결국 《반야심경》에서 보인 것처럼 '색즉시공 공즉시색' 은 물질(色)이면 공(緣起)이고, 공(緣起)이면 물질(色)이라는 것으로 색즉시공과 공즉시색은 같은 뜻이다. 다시 말하면 물질이 존재하면 연기관계가 일어나고, 연기관계가 있으면 물질이 존재하게 된다. 그래서 "연기이면 존재이고 존재면 연기이다"라고 하는 것이다. 이런 점에서 연기법은 물질의 존재이법에 해당한다.

지공 화상은 "미혹하면 공으로써 물질을 삼고 깨달으면 물질로써 공을 삼는다"라고 했다. 이것은 공이면 물질이고 물질이면 공이므로 미혹과 깨달음이 본래 차별이 없이 같다는 뜻이다. 따라서 "깨달으면 공으로써 물질을 삼고 미혹하면 물질로써 공을 삼음이라"라는 말도 성립하게 된다.

방향은 여러 사람의 약속에 의해 정의되는 것이지 누구나 마음대로 정하는 것이 아니다. 천문학적으로는 지구에서 해가 뜨는 쪽을 동쪽, 해가 지는 쪽을 서쪽으로 정했다. 이것은 지구가 "서쪽에서 동쪽으로 반시계 방향 회전한다는 것"과 같은 뜻이다. 그리고 반시계 방향으로 도는 지구의 회전 방향의 위쪽을 북쪽, 그 반대쪽을 남쪽으로 정했다. 그런데 어리석은 사람은 남쪽을 북쪽이라 하고 지혜로운 사람은 서쪽도 동쪽도 없다고 한다는 것은 도리에 맞지 않은 말이다. 어리석은 사람은 외경에 집착하여 마음대로 방향을 정하고, 지혜로운 선사는 여래의 미묘한 이치가 마음속에 있으므로 외경에 무심하다는 뜻이다.

여래의 미묘한 이치가 항상 한 생각 안에 있다는 것은 지극히 관념적인 논리이다. 왜냐하면 불법의 이치는 한 개인의 마음속에 들어 있는 것이 아니라 만유의 연기적 관계에서 찾을 수 있기 때문이다. 결국 선사들은 불법의 진리를 자신의 관념의 세계에서 찾는 유식사상을 근본으로 한다는 뜻이다. 이런 경우에는 우주 만유에 적용될 수 있는 보편타당한 진리를 이끌어내기는 불가능하다.

◉ 십사과송 十四-二

아지랑이는 본래
물이 아니나
목마른 사슴이
미친듯이 바삐 쫓아가네
자기의 몸도 헛것으로
진실이 아닌데
공을 가지고 다시
공을 찾고자 하는가
세상 사람은
심히 미혹하고
전도되어
개가 천둥소리에
놀라 짖는 것과 같도다

깨달은 선사가 어리석은 중생을 꾸짖는 말이다. 그런데 인생이란 때로는 아지랑이를 보고 물을 찾아 헤매기도 하고, 또한 자기의 몸이 존재하는지조차도 잊고 바쁘게 지내기도 한다. 인간 사이의 연기관계가 그렇게 단순하지 않은 참으로 복잡한 현실이다. 부모와 처자식을 거느리는 삶은 홀로 사는 출가자의 삶과는 하늘과 땅 차이이다.

출가자들이 먹을 양식이 없어 굶주리고 있는 가족들의 비참한 처지나, 병든 자식을 간호하는 부모의 애절한 마음이나, 또는 죽은 자식을 품에 안고 울부짖는 부모의 아픈 마음을 어떻게 잘 헤아릴 수 있겠는가? 중생을 너무 어리석다고 보아서는 안 된다. 사람에 따라 다르지만 대부분은 불법이 무엇인지도 모르면서 연기적 사슬에 얽힌 채 착실하게 최선을 다하면서 살아가는 사람들이 중생이다.

서로 주고받는 상호 의존적 관계가 이루어지는 곳이 사회이고 세상이다. 여기에서는 공을 몰라도 좋다. 오히려 공이 번뇌를 일으킬 수도 있다. 연기적 세계에서는 가능한 마음을 비우고 몸으로 행을 통해서 남에게 맑은 거울이 되어야 한다. 오히려 마음이 복잡할수록 이기적 집착에 따른 아집과 법집으로 전도된 망상이 생기기 쉽다.

불법은 지극히 쉽고 간단한데 출가자들이 이를 더 복잡하고 어렵게 만들어 가는 것은 아닌지? 만유가 법성을 지닌 부처인데 어디에서 불법을 찾을 것이며 또한 깨달음을 찾아 어떻게 평생을 헤매야 하겠는가? 마치 개가 천둥 소리에 놀라 짖는 것처럼 미쳐보지 못한 사람은 미친개를 알 수 없듯이 쓰라린 고통 속에 빠져보지 않고 참된 인생이나 불법의 오묘한 진리를 찾기는 쉽지 않을 것이다.

스위스 사상가 칼 힐터는 "위대한 사상은 반드시 커다란 고통이라는 밭을 갈아서 이루어진다. 갈지 않고 둔 밭에서는 잡초만 무성할 뿐이다. 사람도 고통을 겪지 않고서는 언제까지나 평범하고 천박함을 면치 못한다. 모든 고난은 차라리 인생의 벗이다" 라고 했다. 그리고 독일 문호 괴테는 "눈물과 함께 빵을 먹은 자가 아니고서는 인생의 맛을 알지 못한다" 라고 했다. 또한 황벽희운 선사는 "세상사 털어버리기 쉬운 일이 아니다. 밧줄 끈을 단단히 잡고 온 힘을 쏟아 덤벼라. 뼛속 깊이 스며드는 추위를 겪지 않고서 어찌 매화 향기가 그대를 어지럽게 하리" 라고 했다. 결국 지극히 평범한 삶 속에 진리가 있고 불법이 있는 것이다.

154 미증유경 未曾有經

◉ 선남자여,
마음은 머무는
바가 없어서
안팎이나 중간에도
있지 아니하며
마음은 색상이 없으니
청·황·적·백이 아니다
마음은 짓는 것이
아니니 짓는 자가
없기 때문이다
마음은 환화가 아니니
본래 진실하기
때문이다
마음은 무변하니
그지없기 때문이다
마음은 취함과
버림이 없으니
선과 악이 아니기
때문이다
마음은 움직임과
변함이 없으니
생멸이 아니기
때문이다
마음은 허공과 같으니
장애가 없기 때문이다
마음은 더럽고
깨끗한 것이 아니니
일체의 명수를
떠났기 때문이다
선남자여, 모든
지혜 있는 사람은
마땅히 이처럼
관찰하라
이렇게 관찰하는
사람은 곧 일체법에서
마음을 구해도
얻을 수 없다
이것은 마음의
자성이 곧
모든 법성이며
모든 법성의 공이 곧
진실한 성품이기
때문이다
그러므로 그대는
지금 무엇에
응하여
망상을 일으키며
두려워하지 말라

마음은 육신의 물질에 의해서 이루어지는 정신작용이다. 즉 자체나 외부 반응에 상응해서 일어나는 현상으로 육신의 대응을 유도한다. 따라서 마음은 일정하게 고정되지 않고 끊임없이 변하므로 이를 연기적 공이라 한다. 육신의 세포가 활동하듯이 마음도 움직이므로 마음은 생명 현상의 표현이다. 육신과 마음은 긴밀한 상호 관계를 이루며 사고와 행위를 유발시킨다. 깊은 수면 속에서도 마음은 움직인다.

이러한 마음은 형태나 색깔도 없이 변하지만 그 속에는 육신의 구성 물질의 특성에 연관된 청정심이 들어 있다. 이것은 우주 만물의 본질적 특성으로서 무위성, 평등성, 보편성, 이완성으로 우주심에 해당한다. 선과 악이나 더럽고 깨끗함의 분별이나 집착에 따른 염오심 등은 모두 후천적으로 훈습된 마음에서 생기는 것이다. 이런 마음은 대상에 대응해서 움직이기도 하고 고요해지기도 한다. 법성을 지니는 마음은 염오심이 아니라 우주심이며, 이 속에 우주 만유의 원초적 정보가 내재한다.

인간의 삶에서 얻어지는 모든 정보는 아뢰야식에 저장되고 이런 정보를 근거로 하여 사고하고 행하게 된다. 인간이 상대하는 대상은 끊임없이 변하므로 이에 따라서 마음 역시 변하게 된다. 그래서 "사람은 곧 일체법 가운데서 마음을 구해도 얻을 수 없다"라고 했다. 즉 고정된 마음이란 존재할 수 없다는 뜻이다. 일체 사물이 변하면서 무자성하면 마음 또한 무자성이 되므로 "마음의 자성이 곧 모든 법성이요, 모든 법성의 공이 곧 진실한 성품이기 때문이다"라고 했다.

오랜 참선 수행으로 염오심을 여읜다고 해도 바람이 불면 파도가 일듯이 마음도 대상에 따라 움직이면서 염오심을 일으킬 수 있다. 이를 억지로 거역할 필요는 없다. 비록 마음이 일어나도 그에 따른 행이 일어나지 않는다면 타자에게 피해를 끼치지 않게 된다. 만약 마음 깊숙이 간직된 청정한 우주심을 드러낸다면 만유와 합일할 수 있는 깨달음의 경지에 이르게 될 것이다. 그렇다고 해서 이런 경지에 집착하는 것도 또한 병이므로 무위적 연기법을 따라서 여여하게 살아갈 따름이다. 기쁨이나 두려움이란 집착이 있을 때 생기는 것으로 여여한 삶에서는 목석처럼 맛도 없고 멋도 없지만 언제나 한결같은 모습을 지니게 된다.

155 능엄경
楞嚴經

◉ 능엄경에서
이르기를
보는 것과
보는 인연과
생각하는 것의
모습이 마치
허공의 꽃과 같아서
본래 있는 것이
아니다
보는 것과 인연이
원래 보리의
미묘하고 청정한
밝은 체이다
라고 한다

'보는 것과 보는 인연과 생각하는 것' 이란 관측자와 대상 그리고 이들 사이의 연기적 관계의 사고를 뜻한다. 주체와 객체 그리고 인연이란 관계가 법성을 지닌다는 것을 '보는 것과 인연이 원래 보리의 미묘하고 청정한 밝은 체' 라고 표현했다.

보는 현상계는 주체와 객체의 연기적 관계에서 나타나는 실제의 현상으로 시간과 환경에 따라서 변한다. 즉 연기적 진화의 한 단면을 매순간 보이는 것이 현상계로 실존하는 존재자의 표현이다. 관측자의 입장에서 볼 때는 현상계가 관측자의 마음에 따른 것으로 볼 수도 있지만 실제 관측자와 현상계는 별개이다. 다만 관측자는 현상계를 보고 느끼고 사고하는 주관적 행위를 할 뿐 결코 자기 마음대로 현상계를 조정하는 것은 아니다. 그렇다고 해서 현상계가 별도로 존재하는 것이 아니라 관측자란 주체가 존재함으로써 객체라는 현상계는 그 의미를 띠게 된다. 이런 점에서 주체와 객체는 다른 것이 아닌 주객불이로 같은 것이다.

대상에 대해 바른 인식과 견해를 얻고자 하면 주체의 주관이 가능한 한 연기적 불법에 따르는 객관적 타당성을 갖도록 해야 한다. 일반적으로 주관적 사고는 만유의 연기적 이법에 따라서 이루어져야 한다. 그래야만 바른 상분에 대해 바른 견분을 내어 올바른 인식이 이루어지게 된다. 연기적 세계에서는 만유가 끊임없이 변하므로 무자성이다. 이를 객체가 본래부터 허공처럼 공하다고 표현하기도 한다. 그렇다고 해서 객체에 대한 논리적 사유가 불가능한 것은 아니다.

이런 논리적 사유를 끊고 오직 마음속에서 객체의 현상계를 끌어내려 한다면 이는 주관적인 유심적 사유를 따르는 것으로 비이성적이고 비과학적이다. 불교는 지극히 과학적인 연기적 이법을 지닌 종교로서 불법은 우주 만유에 관한 우주철학이다. 이런 관점에서 불법은 불교라는 종교의 테두리를 벗어나는 우주 만유에 대한 일반적 이법에 해당한다고 볼 수 있다.

◉ 또 능엄경에서
이르기를 만약 사람이
진성을 발하여
근원에 돌아가면
시방의 허공이
다 사라져버린다고 한다
예컨대 미혹한 정념이
뒤덮인 것이다
깨달음에서 공을 보니
육진의 그림자가
이미 사라지며
공이 원래의
깨달음으로 나타난다
공이 사라짐을 일컬어
깨달음의 드러남이라 하며
망상이 다함을 일컬어
마음의 열림이라 한다

"만약 사람이 진성을 발하여 근원에 돌아가면 시방의 허공이 다 사라져버린다"라는 말은 외부 경계에 대한 미혹한 정념이 사라져 없어지면 깨달음에 이르고, 깨달아 성불하면 우주 만유 역시 성불한다는 뜻이다. 다시 말하면 내가 성불하면 만유도 성불한다는 것이다. 이것은 모든 존재는 마음의 작용으로 생기는 허상이라는 만법유심을 나타낸다. 그래서 "깨달음에서 공을 보니 육진의 그림자가 이미 사라지며 공이 원래의 깨달음으로 나타난다"라고 한다. 여기서 공은 연기적 필연공이 아니라 허공이나 허무함에 해당한다. 그래서 이러한 허무한 공의 사라짐을 깨달음의 발현이라고 했다.

이처럼 일체 현상을 꿈과 같다는 말로 표현하면서 모든 현상계를 깨달음 속의 일이라고 한다. 이를《능엄경》에서는 "안팎의 모든 법이 실답지 못하고 의식에 따라 변화한 것으로 모두가 거짓 이름이다" 라고 표현한다.

우주 만유는 연기적인 상호 관계에 의해 서로 에너지를 주고받음으로써 고정된 자성을 갖지 못하고 항상 변화한다. 인간이 존재하든 존재하지 않든 연기적 관계는 우주와 함께 지속되고 있다. 따라서 인간이 의식하는 마음은 우주라는 객체가 존재함으로써 생기는 것이다. 그런데 어찌하여 모든 현상이 인간의 마음 작용으로만 일어난다고 할 수 있는가? 그렇다면 내가 죽으면 우주도 함께 사라져 없어지는가?

156 대승기신론 大乘起信論

● 또 기신론에서
이르기를
일체 경계가 오직
망상에 의하여
차별이 생긴다
만약 마음의
생각을 떠나면
곧 일체 경계의
현상이 없어진다
라고 한다

일체의 외부 경계가 오직 인간의 망상을 통해서 차별이 일어나므로, 차별하고 분별하는 생각만 여의면 일체 경계의 현상이 없어진다고 했다. 이에 대해서 지공 화상은 "마음이 생기면 갖가지 법이 생기고 마음이 소멸하면 갖가지 법이 소멸한다" 라고 했다. 결국 외경의 현상이 주관적 마음에 기인한다는 것은 객관이 주관에 의해 지배된다는 것으로 외물의 존재를 순전히 주관에 의존하는 대상으로 보는 것이다. 그렇다면 인간이 사라지면 자연도 사라지는 것인가? 그리고 지상에 인간이 존재하지 않았던 때는 우주도 존재하지 않았는가? 그러면 인간을 이루는 구성 물질은 어디에서 온 것인가?

한편 위의 기신론에서 언급된 것을 다른 측면에서 살펴보면 다음과 같다. 인간의 마음에 의해 다양한 분별과 차별적 망상이 생기기 때문에 조작된 유위적 마음을 버리고 무위적 마음을 가짐으로써 번뇌 망상을 여의게 되면 분별적 현상이 생기지 않게 된다는 것을 강조한 것으로도 볼 수도 있다.

◉ 또 기신론에서
이르기를
깨달음의 의미는
마음의 본체가
생각을 떠난 것이며
생각을 떠난
모습이란
허공계와 같으며
이것이 곧 여래의
평등 법신이다
라고 한다

여기서 마음의 본체란 차별하고 분별하면서 선악, 애증, 고락, 정사(正邪) 등의 차별하고 분별하는 혼탁하게 때가 묻은 염탁심이 없는 본래의 마음을 뜻한다. 따라서 염탁심을 여의면 청정한 평등 법신인 마음의 본체가 드러나면서 깨달음에 이르게 된다. 여기서 평등 법신인 마음의 본체는 타자와 연기적 관계에서 결코 생각을 떠날 수 없다. 그런데 기신론에서는 "깨달음의 의미는 마음의 본체가 생각을 떠난 것이니, 생각을 떠난 모습은 허공계와 같으며 이것이 곧 여래의 평등 법신이다"라고 했다. 여기에서 깨달음을 무심의 경지로 보지만 이 무심은 외경과 무관한 비연기적인 무심이다.

인간은 원초적으로 밖에서 양식을 취해야만 살아갈 수 있는 존재이다. 그러므로 기본적으로 집착하고 사량 분별하는 마음을 지니고 있으며 이것은 일종의 인간 본성이기도 하다. 이런 염오심을 가능한 한 줄인다면 보다 좋은 연기관계를 이루어갈 수 있다. 그런데 이런 마음을 완전히 없앤다는 것은 곧 죽음을 의미한다. 그러므로 깨달음이란 신비롭고 초월적인 것이 아니라, 일상에서 사량 분별하며 집착하는 마음을 적게 가지면서 타자와 원만한 연기관계를 이어가는 상태로 볼 수 있다. 실제로 마음을 허공처럼 완전히 비운다는 것은 불가능하며 또한 그렇게 완전히 비우려는 마음 자체가 아상을 드러내는 집착이고 병이다.

인간 세상에서 우주 만유와 함께 안정된 연기적 관계를 잘 유지해 가는 사람은 누구나 평등한 여래 법신이다. 실은 만유가 모두 법성을 지니고 있는 부처이다. 인간의 경우는 염오심 때문에 법신의 부처를 밖으로 잘 드러내기가 어려울 뿐이다. 정신적으로나 물질적으로 타자에게 피해를 끼치지 않는 그런 사람이 바로 부처일 것이다. 이러한 부처가 우리 주위에는 수없이 많기 때문에 지상의 인류가 사라지지 않고 지금까지 건재할 수 있게 된 것이다.

157 동산양개 화상 사친서
洞山良价和尚 辭親書

◉ 사친서 一

엎드려 드리오니
모든 부처님이
세상에 출현하시어
모두 부모를 의탁하여
태어나고
만물의 탄생도
천지의 덮어주고
실어줌을 빌립니다
따라서 부모가 아니면
태어나지 못하고
천지가 없으면
자라날 수 없습니다
양육의 은혜를 입으며
덮어주고 실어준
은덕을 함께 받습니다

부모가 천지에서 양식을 구해서 먹고 생명의 씨앗을 만들어 자라게 한 후 어머니 자궁 밖으로 나온 것이 천상천하 유아독존인 자식으로 우주에서 단 하나밖에 없는 귀한 존재이다. 빈손으로 태어났기 때문에 자식은 밖에서 양식을 얻으며 살아간다. 결국 부모나 자식 모두를 천지가 먹여주고 길러주는 셈이다. 동산 선사는 이를 "천지의 덮어주고 실어줌을 빌렸습니다"라고 했다. 어디 인간뿐인가. 동물이나 식물도 마찬가지로 천지에 의존하며 살아간다.

《마이뜨리 우파니샤드》에서 "음식에서 생물들이 생겨났다. … 생물은 어떤 것이든 생겨나는 대로 음식에 의지해서 살아가니 다시 삶이 끝날 때 음식에 돌아가 잠기노라"라고 했다. 이것은 만물이 음식에서 와서 생을 마치면 다시 음식으로 돌아감으로써 만물이 만물을 양육하는 것으로서 만물의 생주이멸의 이법을 뜻한다. 결국 천지 만물이 만물을 양육하며 그리고 만물이 만물에 보시한다. 우리는 모두 자연의 보시물에서 태어나 살다가 죽으면 한 줌의 재가 되어 다시 자연의 보시물로 되돌아간다. 부모가 자식을 키울 때 처음에는 부모가 양식을 구해 자식에게 먹이지만 자식이 자라면 스스로 양식을 구한다. 부모가 주는 양식도 자연이 준 보시물이고 자신이 스스로 구한 양식도 자연의 보시물이다. 결국 보시물에서 와서 다시 보시물로 돌아가며 순환하는 것이 만물의 생주이멸의 연기적 이법이다.

일반적으로 은혜란 남으로부터 받은 보시에 대한 빚을 뜻한다. 자식이 이러한 빚을 갚는다는 것은 주고받음의 연기적 이법에 따라 마땅히 지켜야 할 일종의 의무이며 권리이다. 이런 은혜의 빚은 물질로도 갚을 수 있고 또는 정신적인 것으로도 갚을 수 있다. 동산 선사는 이를 정신적 과업으로 갚겠다는 원을 세우고 출가한 것이다. 출가 후 부모의 은덕에 대한 고마움과 가까이서 직접 은혜를 갚지 못해 죄스러워하는 마음을 보이는 애틋한 편지글이다.

◉ 사친서 二

망극한 은혜를
갚고자 한다면
출가한 공덕과 같은
것이 없습니다
생사에 대한
애착의 강을 끊고
번뇌의 고해를 넘어서
천생의 부모님 은혜를
갚고 긴 세월에 걸쳐
자비로운 어버이에게
보답하며
삼유와 사은을
갚지 못할 것이 없습니다
그래서 한 자식이
출가하면 구족이 천상에
태어난다고 합니다

여기서 삼유(三有)는 생유(生有－태어나는 순간), 본유(本有－나서 죽을 때까지 존재), 사유(死有－죽는 순간)이고, 사은(四恩)은 부모, 국왕, 중생, 삼보의 은혜를 뜻한다.

천태덕소 국사는 "모든 부처님의 은혜를 갚기도 어렵고, 부모와 스승의 은혜를 갚기도 어려우며, 시주의 은혜를 갚는 것도 어렵다. 은혜를 갚고자 한다면 반드시 도의 안목을 명철하게 깨달아 반야의 성품 바다에 들어가야 한다"라고 했다. 따라서 진실로 부모나 스승의 은혜를 갚고자 한다면 아상, 인상, 중생상, 수자상 등 사상(四相)의 여읨과 만유가 동등하다는 자타불이 사상을 따라야 한다. 그리고 마음도 아니고 본래의 법도 아닌 청정한 우주적 법성을 깨달아 대승의 동체대비를 실현해야 할 것이다.

동산 선사의 출가 동기는 종교적인 견지에서 그런 대로 이해가 된다. 그런데 오늘날 출가자의 출가 동기를 보면, 특히 선가에서는 주로 수처작주 입처개진이라고 하여 "가는 곳마다 주인공이 되며, 어디서나 모든 진리를 구현한다"는 데 둔다. 이에 따른 출가 동기의 실례를 보면 "마음껏 자유롭게 자기 길을 갈 수 있었다는 사실이 얼마나 매력적인가"라든지 또는 "너는 어째서 출가했는가? 부처님이 지금 이 자리에서 묻는다 할지라도 나는 다음과 같이 간단명료하게 대답할 것이다. 나답게 살기 위해서, 내 식대로 살기 위해서 집을 떠났노라고"하는 것 등이다. 이러한 경우에는 길러준 부모의 은혜를 갚고자 하는 진실한 마음은 내비치지 않을 뿐만 아니라 오히려 초월적인 주관적 성품(주인공)이 강하게 암시된다.

서암(瑞巖) 화상은 날마다 자신에게 "주인공!" 하고 부르고, 스스로 "예" 하고 대답했다고 한다. 여기서 주인공은 주객의 상대를 초월하고, 시공의 제약에서 벗어나 생사에 구속되지 않는 '참사람', '본래인', '본래면목', '절대 주체' 등으로 본다. 한편 광덕 스님은 주인공을 자신과 만유의 근원적 한 물건으로서 본질 이전의 진심을 가리키며, 선에서는 이런 진심을 주관과 객관의 능소(能所)를 벗어난 절대적인 것으로 본다고 했다.

그러나 연기의 세계에서는 상대를 초월한 존재가 있을 수 없고, 또한 진면목은 타자가 보고 말하는 것이지 자신이 스스로 말할 수 있는 것이 아니다. 대자유인으로서의 '주인공'이나 '본래인'이 진리의 다른 표현이라고 하지만 진리는 연기적 관계에서 나타나는 것이지 주관적인 것으로 정의되는 것이 아니다. 그리고 연기의 세계에서 진심은 인간에 국한된 것이 아니라 우주 만유의 불성이나 법성으로서 청정한 우주심에 해당하는 것이다.

불법을 익히고 실천하려면 반드시 출가해야만 하는가에 대해서 운서 주굉 스님이 《죽창수필》에서 다음과 같이 말했다. "다만 요즘 사람들이 출가하기 전에는 자못 신심이 청정하였으나, 머리를 깎고 먹물 옷을 입은 뒤에는 갈수록 세속 인연에 물들어 도리어 타락하는 것을 보면, 차라리 집에서 부모를 공양하고 자식을 가르치면서, 훌륭한 스승을 얻어 정법을 지도받고 그것에 의하여 수행하는 편이 더 나으리라는 생각이 들기도 한다. 이것이 여래의 진실한 재가(在家)제자이니, 어찌 구차하게 아란야(절)에 이름을 붙여두는 짓을 하랴!"

그리고 등활거(鄧豁渠) 선사는 자신을 책망하면서 "출가한 것은 나 자신인데 온 세상의 시주에게 폐를 끼치고 있으니 보답할 길이 없구나!" 라고 했다.

위의 이야기들은 오늘날에도 새겨들어야 할 말이다.

● 후서(後書)

게송으로 말한다

명예와 이익을
구하지 않고
선비도 원치 않으며
불교를 즐기고
세속의 무리를
버리고자 합니다
번뇌가 사라질 때
근심의 불이 꺼지고
은혜의 정이
끊기는 곳에
애욕의 강물이
마릅니다
육근이 선정과 지혜의
향기로운 바람에
이끌리니
한 생각 일어나면
지혜가 굳건히
잡아 줍니다
어머님께
바라옵건데
슬퍼하지 마시고
죽은 자식이나
없는 자식처럼
여기시기 바랍니다

세속을 버리고 특수 집단에 들어가서 수행하여 깨달음을 얻고 그 후에는 중생을 제도하겠다는 것이 일반적인 출가자의 목적일 것이다. 그런데 세속이 특별한 곳이 아니라 명예와 이익 그리고 근심과 번뇌가 따르기는 하지만 실은 여기가 인간이 살아가는 본래의 세상이다. 그리고 진리의 세계가 따로 있는 것이 아니라 연기적 삶이 역동적으로 이루어지고 있는 세속이 바로 불법이 펼쳐지고 있는 곳이다. 비록 출가하여 진리의 세상에서 따로 사는 것 같지만 그곳도 역시 사람 사는 세속의 세상과 크게 다르지 않다. 서로 주고받는 연기의 세상은 어디나 다 비슷하다. 다만 연기집단의 구성원에 따라서 집단의 특성이 조금씩 달라질 뿐이다.

먼 과거에는 교통과 통신 수단이 매우 열악하여 다른 집단 사이의 교류가 원활하지 않았기 때문에 출가자의 세상과 대중의 세상이 많이 달라 보였을 것이다. 그래서 세속을 떠나 출가한다는 말이 성립될 수 있었다. 그러나 오늘날에는 먼 과거와는 달리 세속을 떠나는 것이 아니라 세속에서 불교 공부와 수행에 전념하기 위해 부모 곁을 떠나는 것이 출가의 의미일 것이다. 이것은 비구나 비구니의 경우이다. 따라서 과거처럼 부모와 자식 사이의 관계가 아주 단절되는 경우는 생기지 않을 것이다. 그러니 오늘날에는 “마치 죽은 자식이나 없는 자식처럼 여기시기 바랍니다”라고 말한 동산 선사의 애절한 마음을 어찌 짐작할 수 있겠는가?

158 규봉종밀 선사 송
圭峯宗密禪師頌

◉ 본각의 참 마음이
허망한 생각에 가려짐이
마치 맑은 거울에
먼지가 낀 것 같네
지금 사마타를 통해
망념을 맑게 하니
객진 번뇌가 소멸하고
마음은 텅 비네
이로써 시방의 모든
부처님이 나타나고
범부와 성인이 본래
원융한 유래이로다
내 마음이 본래 부처님
마음속에 있으니
부처님이 내 마음에
나타남을 어찌 의심하랴
몸과 마음을
너그럽게 하여

혈맥을 따르니
면면히 출입함이
고요해 소리도 없네
이에 저절로
마음이 편안하니
부처님과 조사가
무생을 깨닫도다

규봉종밀 선사의 송은 허망한 생각에 가려진 우주 만유의 이법에 대한 진심이 적정으로 망념을 없애니 마음에 시방의 모든 부처님이 나타나면서 내 마음 속에 원래 부처가 있는 것을 깨닫게 되었으며, 그러자 몸과 마음이 하나되어 고요하고 평온해지면서 생사가 하나되는 무생법인을 깨달았다는 내용이다. 무생법인의 이해는 우주 만유의 연기적 생주이멸의 이법을 터득했다는 뜻이다.

우주 만유가 연기적 법성을 지닌 부처이지만 이를 믿고 이해하기란 쉽지 않다. 왜냐하면 불교에서는 대체로 인간과 동물은 감정을 지닌 유정물이고 다른 모든 것은 감정이 없는 무정물로 이분화해서 분별하기 때문이다. 즉 생명이란 무엇인가의 문제이다. 인간이나 동물 그리고 식물은 생명체이고 다른 모든 것은 생명이 없는 무생물로 취급한다. 그래서 무생물은 인간이 마음대로 취급해도 아무런 죄책감도 느끼지 않게 된다. 그 결과 인간이 지구라는 생명체를 마음대로 훼손하고 파괴하면서 지구를 병들게 하고 이에 따라서 다른 생물종이 멸종의 위기를 맞고 있는 것이다. 이런 관점에서 이제는 우주의 유정물과 무정물의 구별이 없이 우주 만유를 생명체로 보아야 한다. 즉 인간중심적 사상을 버리고 자연중심적 사상을 가져야만 불법을 바르게 펼 수 있게 된다.

우주 만유의 연기적 이법을 지닌 본각(本覺)은 본래부터 마음속에 내재하는 근본심으로 진여 법성이다. 이런 법성이 밖으로 드러날 때 부처의 경지에 이르게 되며, 이를 깨달음의 경지라고 한다. 그러나 이러한 근본심이 허망한 망념으로 가려지면 염오심을 드러내는 어리석은 사람이 된다. 이런 염오심이 인간중심적 사상을 일으켜서 다른 생물종이나 무생물을 경시하며 파괴하는 결과를 낳게 된다. 연기적 법성은 인간에게만 있는 것이 아니라 우주 만유에 청정한 우주심으로 들어 있다. 그래서 우주 만유가 모두 청정한 법신으로 부처인 것이다.

159 용아거둔화상 송
龍牙居遁和尙頌

◉ 한번 무심에 이르면
곧 도의 정취요
여섯 문(六根)이 쉬니
형상을 수고롭게
하지 않네
인연이 있어도
나의 벗이 아니고
쓸모없는 두 눈썹이
도리어 형제이네
깨닫고 나면 오히려
깨닫지 못한 것과 같고
승부에 무심하면
저절로 마음이
편해지네
옛날의 큰스님은
스스로 빈도라 불렀나니
이 문중에 그런 사람이
몇이나 있겠는가

"한번 무심에 이르면 곧 도의 정취요"라고 했다. 여기서 무심은 외경에 대한 집착이 없음을 뜻한다. 그런데 인간이 살아가면서 집착을 완전히 여읜다면 먹지 않고 사는 죽음의 상태에 이르게 된다. 왜냐하면 먹는다는 것은 살기 위한 원천적인 집착으로 무의식적인 것이다. 따라서 연기적 생활에서는 가능한 한 적게 가지고 좀 불편하게 지냄으로써 타자와 원만한 연기적 관계를 이어가는 것이 바로 도이다. 이때 도에 따른 무심이란 가능한 이기적 집착심을 여의는 정신 상태이다. 그렇다고 해서 도인은 반드시 가난해야 된다는 것은 아니다. 가난해야 한다는 마음도 또한 집착이다.

용아 거둔 화상은 "여섯 문이 쉬니 형상을 수고롭게 하지 않네. 인연이 있어도 나의 벗이 아니다"라고 하면서 외물과의 인연을 멀리하고자 했다. 이것은 만법이 다 내 마음 속에 있다는 만법유식에 근거한 것이다. 그러나 인간의 생존 자체가 외물과의 인연이라는 연기적 관계에 의지하는데 어찌 이런 인연을 모두 끊을 수 있겠는가? 진실한 도인은 인연을 따라서 물이 흐르듯이 자연스럽게 무위적으로 살아가는 사람이 아닐까? 연기의 세상에서는 특별해 보이는 도인이 중요한 것이 아니라 누구나 만유와 더불어 살아갈 수 있는 지극히 평범한 인간다운 사람이 되는 것이 더 소중하다.

"깨닫고 나면 오히려 깨닫지 못한 것과 같고 승부에 무심하면 저절로 마음이 편해지네"라고 했다. 깨닫고 나면 깨닫지 못한 사람과 같다는 말은 처음부터 무위적인 연기법을 따르지 않고 깨달음이라는 유위적 작위에 집착했다는 증거이다. 그러니 "승부에 무심하면 저절로 마음이 편해지네"라고 하듯이 깨달음이라는 것에 집착하지 않고, 옛날 가난한 도인(빈도)처럼 자연의 이법을 따라서 무위적으로 여여하게 사는 것이 최선일 것이다. 용아거둔 선사의 말처럼 오늘날 "이 문중에 그런 사람이 몇이나 있겠는가?"

160 대법안 선사 인승간경송
大法眼禪師 因僧看經頌

◉ 요즘 사람이
옛 가르침을
대하면서
마음속의 번잡함을
면치 못하네
마음속의 번잡함을
면하려면
오직 옛 가르침을
볼 줄 알아라

대법안 선사는 옛날의 가르침을 알려면 먼저 마음속의 번잡함을 여의라고 했다. 즉 먼저 마음속의 번뇌 망상을 여의고 난 후에 청정한 마음으로 옛글을 읽고 이해하라는 뜻이다. 지극히 당연한 이야기이다.

이 세상에서는 누구나 모두 연기적 관계로 서로 얽혀 있다. 그래서 시끄러움이라는 번뇌가 따르기 마련이다. 그렇다면 번잡함으로 번잡함을 여의어야만 고요한 정(靜)에 들 수 있는 것이지 이것을 피한다고 해서 피해지는 것은 아니다. 이는 동에서 정을 찾고 또 정에서 동을 찾는 동정일여가 되어야 한다는 뜻이다.

"요즘 사람이 옛 가르침을 보면서 마음속의 번잡함을 면치 못한다"라고 했다. 오늘날 옛날의 책이나 경을 읽으면 현대의 생활과 사고방식이 아주 다르기 때문에 이해하기 어려운 점이나 의문이 생기기 마련이다. 이것이 아마도 '마음속의 번잡함'에 해당할 것이다. 그런데 옛 글을 무비판적으로 수용하는 것은 글자를 읽는 것이지 글의 내용을 이해하려는 것이 아니다. 글은 이성적이고 비판적인 시각으로 읽어야만 그 글의 내용과 중요성을 제대로 이해할 수 있는 것이다. 이런 과정에서 고민하는 번뇌가 생기기 마련이며, 이런 고민은 발전이나 창조를 위한 계기를 마련해 준다. 고민하지 않는 사고는 상대를 중시하지 않는 무책임한 무관심에 속한다. 그러므로 마음공부를 위한 참선 수행도 중요하지만 "오직 옛 가르침을 볼 줄 알아라"라는 대안법안 선사의 말을 귀담아 들어야 한다.

161 고덕의 게송
古德 偈頌

◉ 고덕이 게송으로
말한다

오온이 모두
공한 곳을 비추어
반야를 깊이 행하는
시절이네
고통과 액난을
초월하여
반드시 무생(無生)을
증득하라

색(물질), 수(마음의 작용), 상(표상 작용), 행(행위), 식(의식) 등의 오온이 연기적 환경에 따라서 늘 변한다는 것이 《반야심경》의 주된 내용이다. 이런 연기적 변화에 따른 자성의 소멸 현상을 연기적 공이라 한다. 따라서 반야는 이러한 연기법을 바르게 이해하는 지혜이다. 그리고 "고통과 액난을 초월하여 반드시 무생(무생법인)을 증득하라"라고 했지만 고통이나 액난이 닥치면 무위적으로 적응하고 수용하는 것이지 이를 유위적으로 초월할 수 있는 것이 아니다. 그래서 인욕바라밀이 중요한 것이다.

또한 삶과 죽음은 진화의 과정에서 형태가 다를 뿐이지 그 근본은 같은 것이다. 즉 물질이 형태를 갖추어 태어나서 살다가 죽으면 한 줌의 재로 돌아간다. 이 재는 다음 생명의 씨앗이 되어 새로운 형태의 탄생이 생기고, 시간이 지나면 이것은 다시 한 줌의 재로 되돌아가면서 생멸이 순환된다. 그러므로 삶과 죽음의 근본은 같기 때문에 생사불이라 하며, 이것의 바른 이해가 곧 무생의 증득이라는 무생법인의 깨달음이다. 그러므로 불법 공부는 바로 무생법인의 이해와 실천이다. 그리고 이런 경지에 이름을 분별해서 흔히 성도라 일컫는다.

◉ 또 게송으로 말한다

바른 성품을
보고자 하면
먼저 아상을
꺾어 없애라
형용(形容)이
어디에 있겠는가?
육혈(六穴)이 본래
따르지 않는데
신령스럽고
밝은 성품이
활연하면
세계가 자유로이
통하리라

누구나 바른 성품을 갖고자 한다면 제일 먼저 자기가 가장 잘났다는 자기우월주의적인 아상과 아만을 여의어야 한다. 그러면 자기와 타자를 분별하고 차별하는 대립적인 인상(人相)도 저절로 사라지게 된다. 나라고 하는 이 몸이 본래부터 있었던 것이 아니라 부모에 의해 만들어진 육신이며, 이것은 시간이 지나면 죽는다. 그러므로 "육혈(六穴)이 본래 따르지 않는데"라고 하는 것이다. 그러니 나라는 육신이 아상을 가질 만큼 대단한 것이 못 된다.

아상을 여의면 저절로 타자와 연기관계를 원만하게 이루어갈 수 있게 된다. 아상을 여의는 일이 그렇게 쉽지는 않지만 타자와 조화로운 연기적 관계를 충실히 수행하면서 남을 비추어 자기를 볼 줄 알아야 한다.

그렇지 않고 자기 자신에게만 집중하고 남을 의식하지 않는다면 자기의 참 모습을 제대로 찾을 수 없게 된다.

귀한 자식일수록 여행을 자주 시키라는 말이 있다. 이것은 낯선 여러 사람과 환경을 접함으로써 자신의 본래 모습을 찾기 위함이다. 즉 여러 대상과 적극적인 연기관계를 통해서 자신을 평범하고 안정된 상태로 이완시켜 아상을 여의도록 하는 것이다. 그래야만 "신령스럽고 밝은 성품이 활연하면 세계가 자유로이 통하리라"라는 말을 할 수 있게 된다.

● 또 게송으로 말한다

불은 나무에서 나와
다시 나무를 태우고
지혜는
정(情)에서 일어나
다시 정을 제거하네
바른 마음으로
망념을 관찰함이
지혜이며
지혜가 능히
깨달음에 이름이
불가사의하다

나무를 태우면 불이 생기고, 이 불은 다시 나무를 태운다. 결국 나무가 나무를 태운다. 마찬가지로 미혹한 마음이 생기면 여기에서 지혜가 생기고, 이 지혜가 다시 미혹한 정념을 여의게 하면서 깨달음에 이른다는 것이 게송의 뜻이다.

그런데 깨달음으로 들어가는 것이 불가사의하다고 했다. 이것은 깨달음 자체가 주관적이며 신비적이고 초월적인 것으로서 언설로 표현할 수 없다는 뜻이다. 선가에서 추구하는 깨달음은 논리적 설명이 불가능한 초월적인 것으로 신비적 경향을 지닌다.

그러나 불법을 따르는 연기의 세계에서는 불가사의라는 것이 허용되지 않는다. 왜냐하면 연기의 세계에서 일어나는 모든 현상은 객관적으로 보편타당한 연기적 진리를 바탕으로 하기 때문이다. 따라서 불법은 객관적인 논리적 설명이 가능한 것이다. 이런 불법을 바탕으로 한 것이 석가모니부처님의 근본 교설이다.

162 천복승고 선사 면학
薦福承古 禪師 勉學

● 승고 선사가 항상
여러 사람에게 권한다
불법을 배우지 말고
다만 스스로 무심하라
영리한 사람은
한나절에 해탈하고
둔한 사람은 삼 년
내지 오 년이 걸린다
멀어야 십 년을
넘지 않는다
만약 깨닫지 못하면
노승이 그대를 대신해서
혀를 뽑는 지옥에
들어가리라

"불법을 배우지 말고 다만 스스로 무심하라"라는 것은 경론과 같은 책을 읽지 말고 참선 수행에만 정진하라는 뜻이다. 그러면 사람이 근기에 따라서 3년 내지 10년 이내에 깨닫게 된다는 것이다. 깨달음을 성취한 후에는 무엇을 하고자 하는가?

책을 읽어서 얻는 알음알이의 지식으로는 초월적 깨달음에 이를 수 없다는 것이 특히 선가에서 주로 강조해 오는 것이다. 그러나 승려가 지식을 멀리한다면 오늘날 다양한 지식을 습득하고 논리적이며 과학적 사고에 익숙한 대중을 제도하기 어렵다. 그러면 불교는 오직 승려만을 위한 종교로 전락되면서 대중과 멀어지게 될 것이다. 이와 같이 경론 공부를 알음알이로 보는 현상은 불교를 '마음의 종교'라는 관념적인 참선 수행에 치중함으로써 객관적이고 논리적인 보편타당한 진리를 추구할 수 없기 때문에 초래되는 필연적인 결과이다. 그런데 대혜종고 선사는 알음알이로 벗을 삼고 알음알이를 방편으로 삼아 알음알이 위에서 평등한 자비를 실천하고 알음알이 위에서 모든 불사를 짓는 것이라고 하면서 경론을 통한 지해(知解)의 습득을 중시했다.

석가모니부처님의 불법은 논리적이고 보편타당한 연기적 불법을 바탕으로 하며 개인적 깨달음보다는 올바른 삶을 추구한다. 이에 비해 대승불교에 속하는 선불교는 비논리적이며 초월적인 성불을 중시한다. 따라서 선불교가 '사람은 부처다' 라는 개인중심적인 인불사상의 불교라면, 석가모니부처님의 불법은 상호 의존적 연기법을 근본으로 하는 대중적인 만물의 이법이다. 현대인은 체계적인 교육을 통해 학습된 논리적이고 과학적인 사고에 익숙하기 때문에 초월성이나 신비성보다는 논리적인 우주 만유의 보편타당한 이법에 더 많은 관심을 가진다. 그렇다면 오늘날 불교는 석가모니부처님의 이성적이고 논리적인 불법을 따라야 함이 마땅하다.

163 백운화상의 발문
白雲和尙 發文

◉ 성인의 경지에
들어가서
범부를
초월하는 데는
위엄(威嚴)을
짓지 않지만
누운 용은
푸른 못에서
맑은 것을
두려워한다
만약 평생토록
이처럼 한다면
대지(大地)가 어찌
일찍이
이름 하나
남기겠는가?

성인의 경지에 든다는 것은 일반 범부보다 인격적으로 높은 경지에 이름을 뜻한다. 그래서 범부를 제도하려는 욕망을 갖거나 범부와는 차별적 인격체임을 암암리에 드러내 보이게 된다. 만약 이러한 차별적 의식을 가진다면 성인도 더 이상 성인이 아니라 범부로 추락되고 말 것이다.

그런데 선사들이 특별한 수행으로 성인이나 현자의 경지에 이른다 해도 이름이 선사일 뿐이지 평범한 대중과 크게 다를 바 없다. 다만 선사들의 삶에서 배어나오는 향기가 바람직한 삶이 어떤 것인지를 느끼게 해 줄 뿐이다. 이런 향기를 맡고 따르는 것은 선어를 읽고 생각하는 사람의 몫이다.

백운 화상은 "누운 용이 푸른 못에서 맑은 것을 두려워한다"라고 하면서 성인은 자신을 성인으로 드러내 보이는 것을 꺼려한다고 했다. 만약 한 평생 이처럼 산다면 어떻게 이 세상에 귀한 글과 이름을 남겼겠는가? 그래서 백운 화상은 선사들이 전하는 귀한 선어를 모았지만 이것은 결코 특별한 것이 아니라 선사들의 삶의 과정에서 남겨진 평범한 것으로서 이러한 삶의 향기가 후대 사람들에게 젖어들어 보람된 삶이 이루어지기를 바라면서 이 책을 엮었다는 뜻이다.

◉ 생각에는
생주이멸이 있으며
몸에는
생로병사가 있고
국토에는
성주괴공이 있다
이 열두 가지 일이
심히 기특하도다

삶은 육신의 모든 조직의 연기적 작용에 의해 유지된다. 이 과정에서 다양한 현상이 병으로 나타나고 그리고 늙어 가는 진화적 과정을 보이다가 육신의 기능이 끝나면 세상을 떠나게 된다. 지극히 평범한 일생이다. 이 과정에서 생각은 끊임없이 생겼다가 사라지는 생주이멸이 일어나고, 육신은 건강하다가 병으로 고통을 받다가 죽어 가는 생로병사가 이어지게 된다.

어찌 인간뿐이겠는가. 피어난 꽃도 향기를 내다가 점차 시들고 꽃잎이 떨어지면서 꽃으로의 일생을 마치며, 별도 빛을 내며 유년기, 청년기, 노년기를 지나 임종을 맞으면서 빛을 내는 별로서의 일생을 마친다. 이처럼 꽃이나 별도 생로병사와 생주이멸을 거치지만 인간과 달리 고통을 호소하지 않고 모든 것을 무위적으로 받아들이고 인내하면서 생사를 이어갈 뿐이다. 결국 꽃이나 별은 무위적인 인욕바라밀로 무생법인의 경지에서 일생을 지내는 셈이다.

우주도 생겨나서 머물다가 멸하는 성주괴공을 이어간다. 이처럼 인간을 포함한 우주 만물은 연기적 관계를 거치면서 생로병사를 지닌 생주이멸과 성주괴공의 순환을 계속한다. 우주에서 일어나는 이러한 모든 현상은 특별한 것이 아니라 연기적 불법에 따라서 이루어지는 평범하고 보편적인 만물의 존재 방식이다.

화엄법계에서 인간은 찰나처럼 살다가 사라지는 평범한 존재이다. 그러니 이런 찰나적 순간의 세상에서 도인이니 성인이니 범부니 하는 차별적 분별이 무슨 의미가 있겠는가? 오직 각자가 불성을 지닌 부처로서의 소임을 다하면서 우주적 법성에 어긋나지 않으면 그것으로 흡족한 것이 아니겠는가? 그렇다면 우주 만유의 존재와 진화의 연기적 이법인 불법을 따르는 것이야말로 인간의 우주적 의무이며 동시에 권리임을 잊지 말아야 할 것이다.

◉ 천성으로
태어난 석가와
저절로 생긴
미륵은 없다
요컨대
오로지 정채(精彩)를
분명히 드러내어
말 밖의 것을
보아야 하리라

백운 화상은 《직지》에서 선사들의 선어를 모았다. 이들 선사들은 사라지고 그들이 남긴 뜻 깊은 글을 후손들에게 보임으로써 살아가는 데 보탬이 되도록 했다. 그런데 이들 글을 모아 엮은 백운 화상은 약간의 두려움에서 매우 귀중한 글을 남겼다.

그는 "오로지 정채(精彩)를 분명히 드러내어 말 밖의 것을 보아야 옳다"라고 했다. 즉 정묘한 정신의 광채를 내면서 말 밖의 사물이나 현상의 이법을 보아야 한다는 것이다. 그래서 먼 과거에서부터 미래에 걸쳐 인간의 삶에서는 말보다 불법에 따른 실천이 우선이 되어야 함을 강조했다.

아무리 좋은 말을 한들 그 속에서만 이치를 찾고 외물을 경시한다면 우주 만유의 연기적 관계를 잘 따르지 못하므로 불법에 따른 행이 바르게 이루어질 수 없게 된다. 그래서 "말 밖의 것을 보아야 옳다"라고 했다. 불교를 '마음의 종교'로 보면서 외물을 경시하는 경우에는 아무리 좋은 언구를 쏟아 놓아도 현실의 불법에 어긋나면 모래 위에 쌓은 탑에 불과하다.

올바른 지혜는 언구에 있는 것이 아니라 현실 세계와의 연기적 관계를 통한 실천에서 나와야 한다. 이런 관점에서 말 속에 머물러 이치를 찾으려 하지 말고, 그리고 사람이 부처라는 인불사상에서 벗어나 우주 만유의 현실 세계에서 불법의 이치를 찾아보고 이것이 선사들의 뜻과 얼마나 일치하는가를 평가해야 한다. 그렇지 않고 과거 선사들의 선어에만 집착하고 현실 세계의 외물을 경시하면 스스로 옛 조사나 선사들을 다시 죽이는 격이 될 것이다.

◉ 옛 사람들이
말하기를
뜻을 세우고 서원을
발원하는 것이
반드시 얕은 지견에만
있는 것이 아니다
고인들이
친히 증득한 곳에
직접 이르러야
비로소 능히 쉰다
라고 한다
또 이르기를
옛 가르침이
마음을 비춘다
라고 한다

무엇을 성취하기 위해 뜻을 세우는 것은 얕은 생각에서 나오는 것이 아니라 깊은 사유를 거쳐서 이루어지는 것이다. 여기서 뜻을 세운다는 것은 무엇을 목적으로 한다는 뜻이다. 이때 목적에 따라서 한 쪽만을 보고 달리는 경우가 있고, 그렇지 않고 사방을 두루 잘 살피며 달리는 경우도 있다. 적어도 우주 만유의 불법의 이해와 실천을 위한 뜻이라면 후자의 경우를 따라야 마땅하다.

경에서 이르기를 "일체 세간에 있어서 여실하게 일체 세간을 관찰하고, 일체 세간에 대한 집착을 떠나 일체 세간에 안주함이 없도록 하라"라고 했다. 여기에서 일체 세간은 우주 만유의 화엄세계이다. 백운 화상이 "고인들이 친히 증득한 곳에 직접 이르러야 비로소 능히 이에 쉰다"라는 것도 천지 사방을 두루 살피며 제법실상에서 여실지견을 얻음으로써 비로소 고인들이 증득한 곳에 이를 수 있는 것이다. 그래야만 고인들이 증득한 것에서 나온 주옥같은 귀중한 선어를 통해서 우주 만유의 존재와 생멸의 이법을 다시 자세히 살펴보며 따를 수 있게 될 것이다.

"옛 가르침이 마음을 비춘다"는 것은 옛 성현이나 선사들의 글을 통해서 자신의 마음을 비추어 본다는 뜻이다. 그렇게 함으로써 불법의 바른 이해와 실천을 가능하게 한다. 그런데 과거와 현대라는 시간 차이에서 생기는 문화와 문명의 차이를 고려할 때 옛 가르침에서도 현대에 알맞은 것을 가려서 취하여 생각해야 할 것이다. 그래야만 진리의 불법의 세계가 더 넓고 더 깊게 펼쳐질 수 있게 될 것이다.

선불교의 목적은 태어날 때부터 지니고 있는 자신의 부처를 살아가면서 언행을 통해 드러내고 타자와의 조화로운 연기적 관계를 맺는 올바른 삶을 영위하고자 하는 것이다. 여기에서는 의례와 기복신앙 중심의 불교에서 벗어난다. 그리고 전통이나 관습, 권위 등에 얽매이지 않으며, 선행이나 깨달음, 천국 등의 특정한 것을 성취하거나 구하고자 하는 목적의식도 갖지 않고, 마음이나 정신, 육신, 수행 등의 유위적인 언어에 속박되지 않은 채 물이 흐르듯이 연기적 불법을 따라 무위적 행을 이루어갈 뿐이다. 그래서 함이 있되 함이 없고, 생각이 있되 생각이 없고, 움직이되 움직임이 없이 여여한 상태를 이어간다. 이러한 선의 정신을 모아 담은 것이 《직지》이다.

《직지》에서 특히 과거 칠불과 인도 조사들의 선어들에서는 연기법과 중도사상이 비교적 많이 언급되고 있다. 그리고 중국 선사들에게서는 선어의 다양성이 엿보인다. 《직지》의 큰 특징은 보리달마 대사와 생몰 연대가 비슷한 중국의 양보지공(梁寶誌公) 화상의 대승찬송 십수와 십사과송에서 보이는 많은 선어들이며 그리고 이들 선어들은 간결하면서도 선의 정신을 아주 잘 나타낸 것으로서 선의 꽃이라고 할 수 있다.

언어란 말을 위한 일종의 기호에 불과하다. 그런데 인간이 말이나 언어에 집착하게 되면 그것이 내포하고 있는 진의(眞意)를 놓치기 쉽다. 이런 관점에서 선은 언어의 희론을 일체 거부한다. 이는 언어 자체보다 언어에 대한 그릇된 집착을 피하고자 하는 것이다. 만약 선을 마음 수행이나 행복 추구 등의 방편으로 취급한다면 이는 마음이나 행복 등에 집착하게 되므로 육신을 경시하거나 불행을 피하고자 하면서 한쪽으로 치우치는 그릇된 집착을 낳게 되므로 심신일여로 몸과 마음이 둘이 아니며 행복과 불행이 연기적 양면성이라는 중도 사상에서 벗어나게 된다. 이런 점에서 선불교는 마음의 종교도 아니요, 또한 행복을 추구하는 종교도 아니다.

말이나 글은 방편이지만 실제 행은 불법의 본질을 드러내 보이기 때문에 선에서는 말이나 글보다 실제 행을 중시한다. 과거의 선어에서는 옛 선사들의 언행에서 풍기는 향기를 오늘날 직접 맡을 수 없기 때문에 그들이 남긴 선어를 읽으면서 간접적으로 선의 향기를 느끼며 불법을 바르게 따르고자 할 뿐이다. 이를 위해 백운 화상이 모아 엮은 것이 바로 귀중한 《직지》이다. 여기에서 선사들의 선어를 읽고 그 뜻이 자신의 언행에 녹아들었다면 더 이상 그 선에 집착할 필요가 없을 것이다. 그렇지 않으면 선어 자체가 또한 집착을 일으키게 될 것이다.

선불교에서는 구속을 벗어나는 자유로움을 매우 중시하지만 타자와의 연기관계가 무시되는 자유는 오히려 권위의식을 지닌 아상의 표출로 나타날 수 있다. 따라서 진정한 자유는 연기적 구속에서 찾아야 한다. 이런 관점에서 우주의 만유와 더불어 연기법에 따라서 인간 본연의 삶의 가치와 존재가치를 구현케 하는 것이 선을 중시하는 선불교의 목적이 되어야 할 것이다.

과거의 선어들은 주로 인간중심적 사상을 바탕으로 하고 있다. 그러나 오늘날은 지구를 벗어나 우주를 상대로 하는 첨단우주과학시대이다. 그렇다면 선불교도 이제는 인간중심사상을 벗어나 자연중심적 연기사상을 바탕으로 하여 인간의 진면목이 현현토록 해야 할 것이다. 그래야만 현대에 알맞은 인간의 삶을 추구할 수 있게 될 것이다. 따라서 이제는 인간중심적인 인불사상(人佛思想)을 벗어나 우주 만물이 부처이므로 이들과 더불어 공존 공생하는 만불사상(萬佛思想)을 구현해야 할 것이다.